THIRTEENTH EDITION

管理学

MANAGEMENT
A GLOBAL AND ENTREPRENEURIAL PERSPECTIVE

精编中国版
（原书第十三版）

[美] 海因茨·韦里克
Heinz Weihrich
[美] 马克·V·坎尼斯
Mark V. Cannice
[中] 马春光
[美] 哈罗德·孔茨／著
Harold Koontz

经济科学出版社
Economic Science Press

图书在版编目（CIP）数据

管理学精编中国版／韦里克等著 .—北京：
经济科学出版社，2011.12
ISBN 978-7-5141-1390-7

Ⅰ.①管… Ⅱ.①韦… Ⅲ.①管理学 Ⅳ.①C93

中国版本图书馆 CIP 数据核字（2011）第 265578 号

责任编辑：王　丹
责任校对：刘欣欣
版式设计：代小卫
技术编辑：王世伟

管理学

［美］海因茨·韦里克　　［美］马克·V·坎尼斯　　［中］马春光
［美］哈罗德·孔茨／著

经济科学出版社出版、发行　新华书店经销
社址：北京市海淀区阜成路甲 28 号　邮编：100142
总编部电话：88191217　发行部电话：88191540
网址：www.esp.com.cn
电子邮件：esp@esp.com.cn
北京欣舒印务有限公司印装
787×1092　16 开　22.75 印张　500000 字
2012 年 5 月第 1 版　2012 年 5 月第 1 次印刷
ISBN 978-7-5141-1390-7　定价：45.00 元
（图书出现印装问题，本社负责调换）
（版权所有　翻印必究）

作者简介

海因茨·韦里克（Heinz Weihrich）是旧金山大学全球管理和行为科学退休教授。他在加利福尼亚州大学洛杉矶分校（UCLA）获得博士学位，并荣获秘鲁圣玛丁大学名誉博士学位，分别在加利福尼亚州大学伯克利分校、哈佛商学院和韩国高级科技学院（KAIST）商学院做过访问学者。他的研究领域包括管理、国际管理和行为科学。韦里克教授先后在亚利桑那州立大学、加利福尼亚州大学洛杉矶分校以及在奥地利、中国（北京和上海）、埃及、法国、德国、中国香港、牙买加、科威特、马来西亚、墨西哥、新加坡、韩国、瑞士、中国台湾和泰国等国家及地区任教。同时，他还是瑞士苏黎世管理研究生院和中国上海中欧国际工商学院（CEIBS）的教授。此外，他还是北京大学、上海华东科技大学（ECUST）和德国路德维希港应用科学大学的兼职教授。

韦里克教授出版了包括各个不同版本和译文版在内的90多本书籍，是经典之作《管理学——全球化视角》（已故的哈罗德·孔茨和西里尔·奥多奈尔为此书的合作著者，目前已经翻译成了不同版本的16国文字)、《管理学——全球化与创业视角》和《管理学精要》(同样译成了不同版本)的合作著者。多年来,《管理学》一直是世界市场上的畅销书,其西班牙语版本在过去25年中一直位居最畅销书榜首。他的另一本专门探讨目标驱动和成功导向管理系统、名为《管理卓越:通过目标管理提高生产率》的专著,已经被翻译成了中文、德文、希腊文、意大利文、日文和西班牙文。韦里克教授在美国和海外以多种语言在各类期刊上发表了140多篇论文,这些期刊包括《人力资源计划》、《系统管理期刊》、《国际管理评论》、《长期规划》、《行政学院管理》和《欧洲商业评论》(他的其中一篇《用TOWS矩阵分析德国竞争优劣势——波特模型的选择方案》论文于1999年被评选为当年最佳论文奖)。他目前的研究领域包括如何提高企业和国家的全球竞争力、战略管理、管理卓越和全球化领导。

除了从事学术研究外,韦里克博士在美国、欧洲、非洲和亚洲各国积极参与了管理咨询和高层管理人员以及组织发展工作。他所从事的管理咨询、企业管理以及教学工作涉及多许多公司,包括伊斯曼—柯达公司、大众汽车公司、通用汽车公司(英国)、休斯飞机制造公司、ABB(瑞士)、德国梅赛德斯—奔驰汽车公司、中国华润(集团)有限公司、广东企业(中国)以及马来西亚企业研究院(马来西亚)。他多次在美国、欧洲、亚洲和墨西哥等地进行管理学术演讲。此外,他还被推选为国际管理学院院士,这是国际管理学界所授予的最高荣誉。韦里克博士被列入以下名人录:《国际企业家名人录》、《成功人士录》、《国际人物传记词典》、《国际成功人士录》、《加州名人录》、《美国教育名人录》、《西方侯爵名人录》、《美国名人录》、《世界名人录》和《世界五千名人录》。有关他的更多传记信息刊登在他的互联网网页上:www.usfca.edu/fac-staff/weihrichh。

作者简介

马克·V·坎尼斯（Mark V. Cannice）博士是创业和风险资本领域国际著名学者、教师和代言人。他现任旧金山大学商学院创业和创新学教授，以其杰出的研究、教学和服务久负盛名。他也是旧金山大学创业项目（为全美领先的创业学项目之一）的创始人和执行主任。坎尼斯教授是发行量很大的季刊《硅谷风险资本家信心指数报告》的撰稿人，该刊物由ProQuest数据库出版，经彭博财经服务网（彭博股票代号：USFSVVCI）在全球125个国家和地区转载，并被《经济学家》、《华尔街日报》、《纽约时报》、新华社、路透社、《明镜周刊》（Der Spiegel）、消费者新闻与商业频道（CNBC）、全国公共广播网（National Public Radio）以及许多其他媒体广泛引用。此外，他还创办了一个类似的、有关中国风险资本产业的季刊，即《中国风险资本家信心指数报告》（彭博股票代号为：CVCCI）。坎尼斯教授在许多核心学术和专业期刊上发表了他的风险资本和技术管理研究成果，这些刊物包括《管理国际周刊》、《高科技管理研究专刊》、《风险资本：创业融资国际专刊》以及《小企业和企业家杂志》等。

坎尼斯教授给许多亚洲、非洲、欧洲和拉丁美洲政府部门和大学进行过创业教育咨询和授课，给许多首席执行官、首席技术主管、律师、私募管理人员做过主旨报告，给无数的创新企业做过顾问。他还分别在中国的两所顶级大学，即香港科技大学（2006年）和北京大学（2005年）做过访问教授。他在旧金山大学和香港科技大学创建和领导了著名的国际企业规划竞赛。他还组建了自己的国际贸易公司——太平洋商业开发公司。他曾在美国海军服役九年,任海军航空飞行官,曾荣升为统辖太平洋地区的巡航任务司令官,后被晋聘为美国海军预备役部队司令官。他在美国海军学院(安纳波利斯)获得学士学位,在旧金山大学获得工商管理硕士(MBA)学位,在印第安纳大学凯利商学院获得工学硕士和博士学位。

马春光教授 1975年毕业于天津南开大学,获本科学历;1985年在美国旧金山大学获工商管理硕士学位(MBA);1991年在美国乔治·华盛顿大学修完工商管理博士学位(DBA)全部课程,后因校内行政管理和教学工作需要返回学校。现为对外经济贸易大学国际商学院教授、博士生导师,中国企业国际化经营研究中心执行主任。

马春光教授从事工商管理专业教学35年,先后给本科生、研究生、博士生和企业高层管理人员开设了《企业战略管理》、《国际企业管理》、《组织理论》、《人力资源管理》、《组织行为学》等6门课程;指导了600多名企业管理、工商管理专业硕士(MBA)、高级工商管理专业硕士(EMBA)和博士研究生;先后承担了《跨国公司转移定价和中国的管制措施》、《国际企业跨文化管理》等科研项目;著有《管理学精要》、《国际企业管理》、《国际企业跨文化管理》、《中外合资企业案例集》(英文)等专著和教材,发表学术论文、译著等60余篇。多次应邀赴美国哈佛商学院、澳大利亚国立大学、中国香港中文大学、美国马里兰大学管理学院用英语讲授《中国经济和企业管理》课程。

马春光教授在从事管理教育的同时,先后任对外经济贸易大学国际企业管理系主任、国际商学院院长7年。

马春光教授企业管理实践经验和国际化阅历丰富。他曾在国内企业和美国加州某公司工作多年,并在中国驻外大使馆商务处任职数年,在国外工作和学习达10年之久。先后担任利安达咨询公司、中国粮油进出口集团公司、深圳华为技术公司、中国通用技术(集团)公司、中博先进材料股份有限公司等顾问或独立董事。

马春光教授1999年被国务院学位委员会和教育部分别聘为"全国MBA教育指导委员会"委员和"教育部高等学校工商管理类学科、专业教学指导委员会"委员。1996年起享受国务院专家特殊津贴待遇。

已故的哈罗德·孔茨(Harold Koontz)担任过企业和政府的高级管理人员、大学教授、公司董事长和董事、管理顾问,曾多次为世界各地的高层管理人员举办管理学讲座,同时他还是许多专著和论文的作者。从1950年起,孔茨任加利福尼亚大学洛杉矶分校的管理学教授;从1962年开始担任该校的米德·约翰逊管理学讲座教授;1978~1982年间,担任国际管理科学院院长。他独自完成和合著了19本书及90多篇论文,其中包括本书,当时书名为《管理学原理》。他的《董事会和有效管理》一书于1968年获"管理科学院图书奖"。获耶鲁大学博士学位后,孔茨博士曾先后担任纽黑文铁路管理委员会的助理、战时生产委员会运输部主任、美国铁路联合会副会长助理,跨世界航空公司总裁助理和康佛尔公司销售部经理。他还在许多公司担任过管理顾问,包括休斯车床制造公司、休斯飞机制造公司、普里克斯公司、荷兰KLM皇家航空公司、大都会人寿保险公司、西方石油公司和通用电话公司。孔茨教授曾获以下殊荣:当选为美国管理科学院和国际管理科学院院士;并担任一届管理科学院院长;1962年获米德·约翰逊奖;1974年获管理发展协会的泰勒·凯奖。此外,他被收入《美国名人录》、《金融和产业界名人录》和《世界名人录》。他于1984年逝世。

序 言

本书旨在有助于人们投身于令人振奋和回报丰厚的管理职业生涯之中。

正如《管理学》书名所示，本书采用的是全球化视角。众所周知，中国已经成为世界经济舞台上一个举足轻重的参与者，因此，本书特别关注中国企业的管理。当前，国别之间的壁垒日益消除，取而代之的是中国企业和全球企业之间的联盟。

目前，西方大多数管理教材忽视或不太重视中国企业的管理做法和特点，而本书弥补了这方面的空白。书中包括16个中国企业和4个国际企业的案例。管理类书籍的市场反馈信息表明，本人与哈罗德·孔茨合著的《管理学》先前版本是中国市场上最具影响力的管理学教科书。受益于马春光教授做出贡献的本书中国版旨在继续这一传承。

令人敬仰的对外经济贸易大学马春光教授的加盟成为本书的一大特色。他发表了大量的论文和著作，在指导博士生的同时为本科生、硕士和博士研究生讲授了多门管理学和经济学课程。作为本书的署名作者，马春光教授当之无愧。他在许多国家学习和工作过，在美国我们曾一起合作过多年。由他作为合作者我深感荣幸。对他在本书以及在管理思想和实践领域所付出的努力和做出的贡献，我在此表示衷心的感谢！

海因茨·韦里克

于旧金山

2011年10月10日

目 录

第1篇 全球化管理的理论和实践基础

第1章 管理学：科学、理论和实践 / **3**
1.1 管理定义：性质和目的 / 4
1.2 管理：科学还是艺术？ / 9
1.3 管理思想的演进 / 9
1.4 管理分析方法：管理理论的丛林？ / 11
1.5 管理过程的系统方法 / 14
1.6 管理人员的职能 / 17
1.7 协调是管理的核心 / 19
本章小结 / 19
主要概念回顾 / 20
讨论题 / 20
企业案例 《2011年世界投资报告》对中国企业的启示 / 20

第2章 管理与社会：外部环境、社会责任和伦理道德 / **25**
2.1 多元社会结构下的企业运作 / 26
2.2 技术环境 / 26
2.3 生态环境 / 27
2.4 管理人员的社会责任 / 27
2.5 管理的伦理道德 / 29
2.6 信任是变革管理的基础 / 31
本章小结 / 32
主要概念回顾 / 32
讨论题 / 32
企业案例 联想集团的国际并购战略 / 33

第3章 全球化管理、比较管理与质量管理 / **36**
3.1 国际管理和跨国公司 / 36
3.2 国家联盟和地区化经济 / 39
3.3 国际管理：文化和国家差异 / 41
3.4 波特的国家竞争优势 / 46
3.5 通过质量管理获得全球化竞争优势 / 46

本章小结 / 50
主要概念回顾 / 51
讨论题 / 51

企业案例 比亚迪公司的新能源
　　　　 战略 / 51

第2篇 计　划

第4章　计划精要和目标管理 / 57
4.1　计划类型 / 58
4.2　制订计划的步骤 / 61
4.3　目标 / 63
4.4　目标管理理念的演进 / 66
本章小结 / 68
主要概念回顾 / 68
讨论题 / 69
企业案例　华为公司的全球化
　　　　　战略 / 69

**第5章　战略、政策和计划的前提
　　　　条件 / 73**
5.1　战略和政策的性质与
　　　目的 / 73
5.2　战略计划过程 / 74
5.3　Tows矩阵：现代环境分析
　　　工具 / 78
5.4　蓝海战略：抓住无竞争市场的
　　　机会 / 80
5.5　组合矩阵：资源配置
　　　工具 / 81
5.6　主要战略和政策类型 / 82
5.7　公司战略层次 / 82
5.8　波特的产业分析和基本竞争
　　　战略 / 82

5.9　前提条件和预测 / 83
本章小结 / 85
主要概念回顾 / 85
讨论题 / 85
企业案例　万向集团的"走出去"
　　　　　战略 / 86

第6章　决策 / 90
6.1　理性化决策的重要性和局
　　　限性 / 90
6.2　选择方案的拟订和局限性
　　　因素 / 92
6.3　启发式决策 / 92
6.4　选择方案的评估 / 93
6.5　选择方案的确定：三种
　　　方法 / 94
6.6　程序化和非程序化
　　　决策 / 96
6.7　确定性、不确定性和风险
　　　条件下的决策 / 96
6.8　创造和创新 / 97
本章小结　99
主要概念回顾　100
讨论题　100
企业案例　海尔集团的创新
　　　　　战略 / 100

第3篇 组　织

第7章　组织的性质、创业精神和流程再造 / **107**
7.1　正式和非正式组织 / 108
7.2　组织分工：部门 / 109
7.3　组织层次和管理幅度 / 110
7.4　外部创业和内部创新的组织环境 / 112
7.5　组织的流程再造 / 114
7.6　组织结构和组织过程 / 115
7.7　一些有效组织工作的基本问题 / 116
本章小结 / 116
主要概念回顾 / 117
讨论题 / 117
企业案例　ABC集团尼日利亚木薯项目可行性研究报告 / 117

第8章　组织结构：部门 / **121**
8.1　按企业职能划分部门 / 121
8.2　按地区或地域划分部门 / 123
8.3　按顾客群划分部门 / 124
8.4　按产品划分部门 / 124
8.5　矩阵式组织结构 / 124
8.6　战略经营单位 / 126
8.7　全球化环境下的组织结构 / 127
8.8　虚拟组织 / 128
8.9　无边界组织 / 128
8.10　选择部门划分的方式 / 129
本章小结 / 129
主要概念回顾 / 130
讨论题 / 130
企业案例　易趣公司（eBay）的经验能在中国市场复制吗？ / 130

第9章　直线职权、参谋职权、授权和分权 / **133**
9.1　职权与权力 / 133
9.2　授权 / 134
9.3　直线与参谋概念和职能职权 / 135
9.4　职权分权 / 135
9.5　职权委任 / 136
9.6　委任的艺术 / 137
9.7　职权回收和平衡是分权的关键 / 139
本章小结 / 139
主要概念回顾 / 140
讨论题 / 140
企业案例　产业结构调整态势下中国水泥企业的海外投资项目分析 / 140

第10章　组织有效性和组织文化 / **144**
10.1　通过计划避免组织工作中的失误 / 144
10.2　避免组织僵化 / 145
10.3　使参谋人员有效地工作 / 146

10.4 明确责任以避免冲突 / 148
10.5 确保对组织工作的理解 / 150
10.6 培育适当的组织文化 / 151
本章小结 / 153
主要概念回顾 / 153
讨论题 / 153
企业案例 微软（中国）公司的本土化战略 / 154

第4篇 人员

第11章 人力资源管理和选拔 / 159

11.1 人员的定义 / 159
11.2 人力资源管理的系统方法：人员职能的概述 / 160
11.3 影响人员管理的情境因素 / 163
11.4 选拔：按岗择人 / 167
11.5 选拔的系统方法：概述 / 167
11.6 岗位要求和工作岗位设计 / 167
11.7 管理人员应具备的技能和个人特点 / 169
11.8 管理人员条件与职位要求的匹配 / 171
11.9 选拔过程、方法和手段 / 172
11.10 新员工的上岗教育和归属过程 / 176
11.11 迈向2020年的人力资源管理 / 176
本章小结 / 177
主要概念回顾 / 177
讨论题 / 177
企业案例 斯坦威钢琴公司的兴衰带来的启示与反思 / 178

第12章 绩效考评和职业生涯战略 / 180

12.1 选择考评标准 / 181
12.2 按可考核目标考评管理人员 / 181
12.3 按管理人员标准考评管理人员：推荐方案 / 185
12.4 小组评价方法 / 186
12.5 绩效评估软件的应用 / 187
12.6 管理工作的报酬和压力 / 187
12.7 制定职业生涯战略 / 189
本章小结 / 193
主要概念回顾 / 193
讨论题 / 193
企业案例 十年增长100倍的潍柴集团 / 194

第13章 通过管理人员和组织的发展来管理变革 / 198

13.1 管理人员的培养过程和培训 / 199
13.2 管理人员培养方法：在职培训 / 200
13.3 管理人员培养方法：内部和外部培训 / 202

13.4 培训项目的评价和相关
事宜 / 205
13.5 变革管理 / 206
13.6 组织冲突 / 207
13.7 组织发展 / 208
13.8 学习型组织 / 210

本章小结 / 210
主要概念回顾 / 211
讨论题 / 211
企业案例 中粮集团的全产业链
战略 / 211

第 5 篇 领 导

第 14 章 人的因素和激励 / 217
14.1 管理工作中人的因素 / 218
14.2 激励 / 219
14.3 早期的行为模式：麦克雷格的
X 理论和 Y 理论 / 219
14.4 马斯洛的人的需要层次
理论 / 221
14.5 奥德弗的三因素（ERG）
理论 / 222
14.6 赫茨伯格的激励—保健因素
理论 / 222
14.7 激励的期望理论 / 224
14.8 公平理论 / 226
14.9 激励的目标确定理论 / 227
14.10 斯金纳的强化理论 / 228
14.11 麦克莱兰的激励需要
理论 / 228
14.12 特殊的激励手段 / 229
14.13 工作丰富化 / 232
14.14 激励的系统方法和权变
方法 / 234

本章小结 / 234
主要概念回顾 / 235
讨论题 / 235

企业案例 牙膏市场的后起之
秀——云南白药
集团 / 235

第 15 章 领导 / 238
15.1 领导的定义 / 239
15.2 领导的构成要素 / 239
15.3 领导素质论 / 240
15.4 领导行为和领导风格 / 241
15.5 领导情境或权变论 / 245
15.6 交易型和转化型领导 / 250

本章小结 / 250
主要概念回顾 / 251
讨论题 / 251

企业案例 走出国际化"阵痛"的 TCL
集团 / 251

第 16 章 委员会、团队和集体
决策 / 255
16.1 委员会和小组的性质 / 255
16.2 采用委员会和小组的
缘由 / 257
16.3 委员会的缺点和使用
不当 / 258

16.4 委员会和小组的成功
　　 运用 / 259
16.5 与小组相关的其他概念 / 260
16.6 团队 / 262
16.7 委员会、小组和团队的
　　 冲突 / 263
本章小结 / 263
主要概念回顾 / 264
讨论题 / 264
企业案例 以自主创新为导向的仁创
　　　　　　科技集团 / 264

第 17 章　沟通 / 267
17.1 沟通的目的 / 267
17.2 沟通过程 / 268
17.3 组织中的沟通 / 270
17.4 沟通中的障碍和断裂 / 274
17.5 旨在有效的沟通 / 277
17.6 电子媒介沟通 / 279
本章小结 / 281
主要概念回顾 / 282
讨论题 / 282
企业案例 汇源果汁收购案 / 282

第 6 篇　控　制

第 18 章　控制系统和控制
　　　　　过程 / 289
18.1 基本控制过程 / 289
18.2 关键控制点、标准和
　　 对标 / 290
18.3 作为反馈系统的控制 / 293
18.4 实时信息与控制 / 294
18.5 前馈（或预见性）
　　 控制 / 294
18.6 全面绩效的控制 / 296
18.7 利润亏损控制 / 297
18.8 投资回报率控制 / 297
18.9 管理审计和会计师事
　　 务所 / 298
18.10 官僚和小团体控制 / 298
18.11 有效控制的必要条件 / 298
本章小结 / 301
主要概念回顾 / 301
讨论题 / 301

企业案例 金王公司的高端品牌
　　　　　　战略 / 302

第 19 章　控制方法和信息
　　　　　技术 / 306
19.1 预算作为一种控制
　　 方法 / 306
19.2 传统的非预算控制
　　 方法 / 307
19.3 时间—事项网络分析 / 307
19.4 平衡记分卡 / 311
19.5 信息技术 / 312
19.6 计算机在信息处理中的
　　 应用 / 314
19.7 信息技术带来的机遇和
　　 挑战 / 316
19.8 数字经济、电子商务和移动
　　 商务 / 320
本章小结 / 324

主要概念回顾 / 324
讨论题 / 325
企业案例 小肥羊集团的国际化经营战略 / 325

第 20 章 生产率、经营管理和全面质量管理 / 329

20.1 生产率问题及其衡量 / 329
20.2 生产和经营管理：制造和服务 / 330
20.3 信息时代的质量衡量 / 331
20.4 经营管理系统 / 331
20.5 提高生产率的工具和方法 / 334
20.6 供应链和价值链管理 / 339
20.7 价值链与管理职能的整合 / 340

本章小结 / 340
主要概念回顾 / 340
讨论题 / 341
企业案例 谷歌并购摩托罗拉给中国企业的启示 / 341

第1篇
全球化管理的理论和实践基础

第1章 管理学：科学、理论和实践
第2章 管理与社会：外部环境、社会责任和伦理道德
第3章 全球化管理、比较管理与质量管理

管理学：科学、理论和实践

[学习目标]

学完本章后，你应该能够：

1. 解释管理学的性质和目的。
2. 理解管理学（如同本书所示）适用于一切组织机构以及各级层管理人员的道理。
3. 认识到所有管理人员的目的是创造盈余。
4. 确定信息技术和全球化发展趋势。
5. 解释生产率、效益和效率三个概念。
6. 描述管理学的演进过程以及近年来对管理思想的贡献。
7. 描述管理学的各种方法、这些方法对管理学的贡献以及它们的局限性。
8. 表明管理理论和科学的管理过程方法或经营方法是如何自成体系，并汲取其他方法完善自己的。
9. 认识到管理需要采用系统方法，并在实践中必须考虑环境和情境因素。
10. 定义管理的五种职能，即计划、组织、人员、领导和控制。
11. 理解本书的形成结构与框架。

  管理是人类各种活动中最重要的活动之一。自从人们开始组成群体来实现个人无法完成的目标以来，管理工作就成为协调个体努力必不可少的因素了。由于人类社会越来越依赖集体的努力以及越来越多的、有组织的群体规模的扩大，管理人员的任务也就愈发重要了。本书的目的旨在促使组织内所有人员的最佳化，特别是使管理人员、后续管理人员和其他专业人才达到卓越境界*。

---

 * 在某些情况下，非管理者系指那些没有下属的管理人员，所以，非管理者中包括那些在组织中位居高职的专业人才。

1.1 管理定义：性质和目的

管理 设计并保持一种良好环境、使人们在群体状态下高效率地完成既定目标的过程。

管理是设计并保持一种良好环境、使人们在群体状态下高效率地完成既定目标的过程。这一基本定义需要扩展为：
- 管理者要完成计划、组织、人员、领导、控制五个管理职能；
- 管理适用于任何一种组织；
- 管理适用于组织各级层的管理人员；
- 所有管理人员都有一个共同的目标：创造盈余；
- 管理关系到生产率，意指效益和效率。

www.apple.com
www.tata.com
www.virgin.com
www.ford.com
www.ge.com
www.cisco.com
www.microsoft.com

这里是人们所熟悉的管理者：苹果计算机公司的史蒂文·乔布斯（Steve Jobs）；塔塔（集团）公司的拉丹·塔塔（Ratan Tata）；维珍公司的理查德·布兰森（Richard Branson）；福特汽车公司的小比尔·福特（Bill Ford, Jr.）和他的接班人艾伦·穆拉利（Alan Mulally）；通用电气公司的杰克·韦尔奇（Jack Welch）以及他的接班人杰夫·伊梅尔特（Jeff Immelt）；思科公司的约翰·钱伯斯（John Chambers）；以及微软公司的比尔·盖茨（Bill Gates）和他的接班人史蒂芬·鲍尔默（Steve Ballmer）。最有权势的管理者之一当属美国总统巴拉克·奥巴马（Barack Obama）。美国加利福尼亚州州长阿诺·施瓦辛格（Arnold Schwarzenegger）也是个管理者，从某种意义上说，全球最大的组织之一的罗马天主教教皇本笃十六世（PoPe Benedict XVI）也是个管理者。无须赘言，企业中层和基层管理人员也同样会对完成他们所在组织的目标做出重要的贡献。

所有的管理者都在管理组织。我们将**组织**定义为人们一起工作创造盈余的群体。在企业组织中，盈余意指利润。在诸如慈善机构等非营利组织中，盈余可能指需求的满足。例如，大学可以通过知识的归纳和传承以及对所在地区或社会提供服务来创造盈余。

1.1.1 管理的职能

本书将管理知识架构在计划、组织、人员、领导和控制五种管理职能之下。

许多学者和管理者都认为，把知识实用而又有条理地架构在一起有利于对管理进行分析。因此，在研究管理问题时，将其细分为计划、组织、人员、领导和控制五种职能并依据这些职能将知识组织起来是非常有用的。本书将管理的理念、原则、理论和方法贯穿于这五种职能之中。

这一理论框架已在多年的使用中得以检验。尽管架构管理知识的方法不尽相同，但时至今日，大多数的教科书作者在尝试了其他的知识架构方式后，仍然采用这一框架或与此类似的框架体系。

尽管本书着重强调管理人员的工作就是为了保证绩效而对内部环境进行设计，但绝不能就此忽视这样一个事实，管理人员还必须面对一个企业的外部环境。很显然，管理人员如果不懂得影响其经营活动的，诸如经济、技术、社会、生态、政治和伦理的很多外在因素，并且对这些因素及时做出反馈，便不能很好地完成任务。此外，现在许多组织机构都在跨国经营，因此，本书从全球化视角探讨管理问题。富有想象力的人们极大地创造价值，因此，创业理念将贯穿于全书。

> 影响企业经营的外部环境因素包括经济、技术、社会、生态、政治和伦理的因素。

1.1.2 管理是一切组织的根本

管理人员的责任就是要采取措施，使员工个人对集体的目标做出最大的贡献。因此，管理工作适用于各种大小规模的组织，营利与非营利的企事业单位、制造业以及服务性行业。由于本书所提到的几乎所有内容既涉及企业也包括非企业组织，因此**企业**（enterprise）一词系指企业、政府机构、医院、大学以及其他任何组织。管理的有效性是公司总裁、医院院长、政府基层主管、童子军队长、教堂主教、棒球队领队和大学校长共同关心的问题。

> **企业** 指企业、政府机构、医院、大学以及其他任何组织。

1.1.3 不同组织层次的管理职能

本书对经理（managers）、高层经理（executives）、行政人员（administrators）和主管人员（supervisors）没有从根本上进行区分。诚然，一个组织内的各个层次以及各种类型的企业在具体情况下可能相差甚远。同样，管理人员拥有的职权范围上也会有差别，而所要处理的问题更是千差万别。再进一步来说，处在管理岗位上的人所担负的职责也不尽相同，他们可能负责销售部门、工程设计部门或是财务部门。但不管怎么说，作为管理人员，他们都要为群体的卓有成效的努力工作而创造良好的环境。

凡是管理人员都要完成管理职能，然而，花费在每项管理职能上的时间却可能不同。图1-1表明了各级管理人员花在每项管理职能上的大体时间。从图1-1可以看出，高层管理人员用在计划和组织工作上的时间要远远超过低层管理人员，而另一方面，领导工作占据了基层管理人员很多时间。各级管理人员用于完成控制职能的时间略有不同。

> 凡是管理人员都要完成管理职能，然而，花费在每项管理职能上的时间却可能不同。

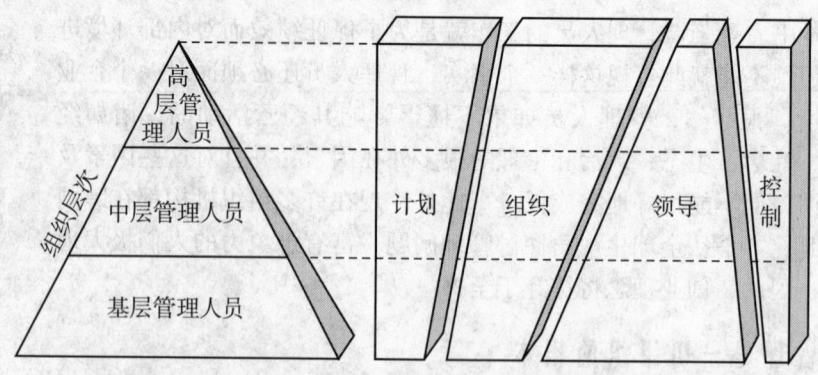

图1-1 各级管理人员履行管理职能所需时间*

1.1.4 管理技能和组织层次

罗伯特·李·卡兹（Robert L. Katz）列举了三种管理人员所需的技能，或许还可以增添第四种技能，即设计方案的能力。

> 管理人员需要掌握四种技能：专业技术、人际交往、理性想象和设计技能。

这些技能在各个不同管理层次上的相对重要程度也有差别。如图1-2所示，对基层管理人员来说，专业技术技能最为重要，人际交往技能在同下属的频繁交往中也非常有用；理性想象和设计技能通常对低层主管们则显得不那么重要；在中层管理人员中，对专业技术技能的要求有所下降，人际交往技能仍然很重要，而对理性想象技能的要求则大大提高了。对高层管理人员而言，理性想象和设计能力以及人际交往技能都很重要，而对专业技术技能

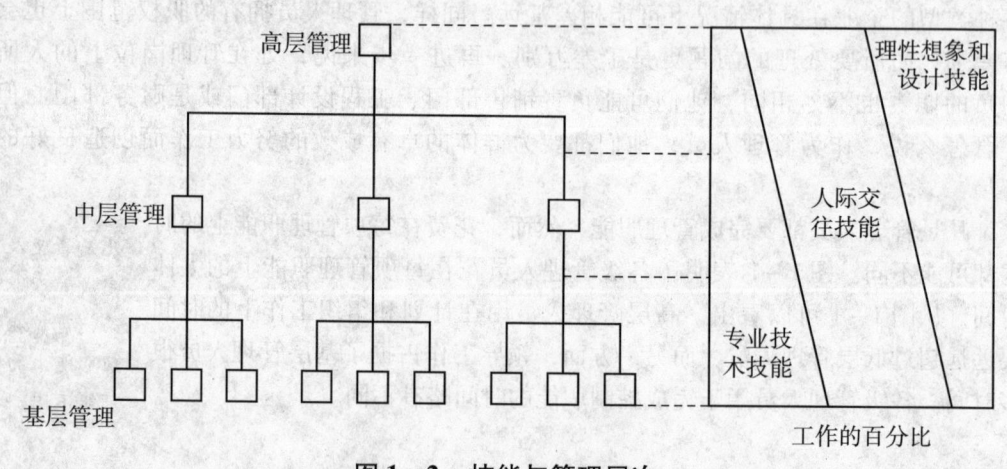

图1-2 技能与管理层次

---

* 部分内容来源于：Thomas A. Mahoney, Thomas H. Jerdee, and Stephen J. Carroll, "The Job (s) of Management," Industrial Relations (February, 1965), pp. 97-110, 并在此基础上进行了改编。

第 1 章　管理学：科学、理论和实践

的要求则微乎其微。可以这样假设，在大公司里，首席执行官（CEO）们可以利用下属们的专业技术技能，但在小公司里，专业技术技能可能依旧十分重要。

1.1.5　管理者和组织的目标

非企业单位的高层管理人员有时会说，企业管理者的目标很简单，就是要创造利润。但是利润只是用来衡量销售收入与生产费用之间差额的一个尺度。对许多公司而言，一个重要的目标就是使上市的普通股能够长期升值。哈佛商学院的迈克尔·波特对强调股东价值颇有独到之处，他曾写道："我们不是把赢利能力作为目标，而是用股票价格衡量股东价值取而代之。"他认为，这样会毁掉许多企业。在真正意义上，不管是企业还是非企业单位，在任何一种类型的组织中，管理人员切合实际而又符合众望的目标就是要创造盈余。因此，管理人员必须创造一种环境，使员工能够以最短的时间、最少的资金和原材料以及最大的个人满意度来实现群体目标，或使员工能够利用现有的资源，尽可能地达到预期的目标。在诸如警察局这样的非企业单位以及企业内部的非营利部门（如会计部），管理人员也要有目标，并应竭尽全力以最少的资源来完成目标，或利用现有的资源最大限度地实现目标。

> 管理人员必须创造一种环境，使员工能够以最短的时间、最少的资金和原材料以及最大的个人满意度来实现群体目标。任何管理者的目标都是要创造盈余。

1.1.6　以技术的进步、全球化竞争态势以及创业聚焦来适应 21 世纪的变革

为了确保在 21 世纪获得成功，企业必须充分利用新的信息技术优势，尤其是互联网、全球化以及创业精神。

技术

技术，尤其是信息技术对组织和个人的巨大影响是不言而喻的。万维网和互联网通过全球性的网络将人们和组织联系在一起。电子商务（e-commerce）越来越多地用于个人与公司之间（B2C）的交易，特别是公司与公司之间（B2B）的交易。应用互联网的人数因国家不同而异，目前，美国、加拿大、北部欧洲国家以及澳大利亚的上网率最高，而许多亚洲国家也在快速跟上。例如，中国上海 1800 万人口中有 1600 多万人拥有手机。其他国家（包括发展中国家）也正以较快的速度接入全球网络。

> 为了确保在 21 世纪获得成功，企业必须充分利用新的信息技术优势，尤其是互联网、全球化以及创业精神。

另一个趋势是移动商务（m-commerce）的应用，即通过手机或掌上电脑等无线移动商务手段购买和销售商品。越来越多的人使用无线通信设备取代计算机进行沟通。例如，在日本，日本通信公司（NTT DoCoMo）开发出了一种称作"图像模式"（i-mode）的互联网服务方式，现已拥有数以百万计的用户。一旦第三代无线移动技术使高速数据（包括视频图像）移动成为可能，这种移动互联网服务会大幅度增加。这些重要的技术

趋势将在本书第19章中进一步阐述。

全球化

第二个大的趋势是全球化。大多数的大型公司都有国际市场业务。作为一个庞大的组织机构，1995年组建的世界贸易组织（WTO）专门协调国际贸易活动。尽管历次世界贸易组织会议都引来大街上的抗议者，全球化仍然在继续。全球化不仅给西方跨国公司带来好处，也给包括中国在内的其他国家的人民带来更高的收入。无须赘言，管理人员必须开拓国际视角。本书第3章将详细探讨几个全球化话题。此外，国际化话题在本书所有的国际视角栏目中都将加以讨论。

创业

人们对创业的日益关注程度以及它的重要程度已经上升到国家和组织的高度，这一点是毫无疑问的。政府将创业视为增加就业和给人们带来财富的途径，而组织（无论其大小）认识到，创业性创新和扩张进入新的市场，对他们在竞争日益激烈的、通过复杂而又应用广泛的沟通技术与全球化紧密联系在一起的市场中能否成功和生存至关重要。

> **创业**是一个创造性的过程，其理念是确定市场机会和尚未满足的需求。

创业是一个创造性的过程，其理念是确定市场机会和尚未满足的需求。创业是在寻求满足这些需求的解决方案，给消费者带来价值。创业者组建的组织所提供的产品减轻了人们的痛苦（如医药公司）或通过提供复杂的通信手段（如信息技术公司）使人们的生活质量得以提高。从硅谷的创业发源地，到遍及世界各地的创业中心，新型企业的出现和创新成为人类进步的驱动力。我们高度重视这些创业趋势以及它们的影响，在本书每篇的结束语部分以及每章中都安排了各种管理挑战片段，以期关注创业对当今组织产生的重要影响。

1.1.7 生产率、效益和效率

就目标而言，另一种看法认为管理人员必须提高生产率。第二次世界大战以来，美国在生产率上处于世界领先地位。但在20世纪60年代后期，其生产率增速开始减慢。现在，全世界各地的政府、产业和大学都充分认识到了改善生产率的迫切性。人们常常面向日本来寻找解决生产率问题的答案（本书第3章将讨论这一问题），然而却经常忽略有效地进行各种管理和非管理活动的重要性。

生产率的定义

成功的企业通过生产性经营活动而创造盈余。虽然人们对**生产率**的真正含义还没有取得一致的看法，但我们可以将其定义为：在保证质量的前提下，企业一定时期内投入和产出的比率。用公式表示，即为：

> **生产率** 在保证质量的前提下，企业一定时期内投入和产出的比率。

$$生产率 = \frac{产出量}{投入量} \quad (一定时期内，在保证质量的前提下)$$

该公式表明，企业可以通过以下方式改善生产率：(1) 投入量不变而增加产出量；

(2)减少投入量,但保持产出量不变;(3)在增加产出量的同时减少投入量以提高生产率。企业的投入包括劳动力、原材料和资金。总要素生产率将各投入要素组合在一起形成综合投入量。以往,提高生产率的方法大多是针对工人的,但是,正如管理学方面学术成果卓著的彼得·德鲁克教授所言:"提高生产率的最大契机来自于知识工作,特别是管理本身。"

效益和效率的定义

生产率意指与个人和组织绩效相关的效益和效率。**效益**是指完成目标的程度,而**效率**则是指以最少的资源完成目标。因此,管理人员要想知道自己是否有成效,必须首先明确自己的目标和组织的目标。本书第4章将讨论这一问题。

> 效益是指完成目标的程度。
> 效率则是指以最少的资源完成目标。

1.2 管理:科学还是艺术?

就实践而言,如同医学、作曲、工程设计、会计甚至棒球运动等实践活动一样,管理工作是一门艺术。管理工作是专门技巧,依据实际情况而行事。运用系统的管理学知识,管理人员会把管理工作完成得更好。正是这种专门的知识构成了科学。因此,管理实践是一门艺术,而指导这种实践活动的、系统的知识,则可以被称之为一门科学。在这一点上,科学和艺术不是相互排斥而是互为补充的。

> 管理实践是一门艺术,而指导这种实践活动的、系统的知识,则可以被称为一门科学。

就像自然科学和生物科学在不断改进一样,管理作为艺术也应当发展。确切地说,管理人员要处理的许多变量是极其复杂的,而指导管理工作的科学理论却相当粗糙,不精确。即使如此,现有的管理知识肯定能够改进管理工作。医生如果不掌握科学,几乎跟巫医一样;而高级管理人员如果不具备管理科学知识,则工作中只能是碰运气,凭直觉,或照老经验行事。

管理工作像其他领域一样,管理人员只有从实践知识的积累中寻求有益的指导,除非他们采取边干边摸索的办法(有人说下属人员的摸索就是管理人员的失误)。

1.3 管理思想的演进

学者和管理工作者们对管理的不同贡献形成了不同的管理方法,形成了一种"管理理论丛林"效应。在这一章的后半部分,读者将学到各种不同的管理分析方式以及如何清理这种丛林。我们将主要探讨弗雷德里克·泰勒(Frederick Taylor)的科学管理理论、亨利·法约尔(Henri Fayol)的现代经营管理理论以及埃尔顿·梅奥(Elton Mayo)和 F. J. 罗特利斯伯格(F. J. Roethlisberger)的霍桑研究(Hawthorne studies)。

1.3.1 弗雷德里克·泰勒和科学管理

弗雷德里克·温斯洛·泰勒（1856～1915年）

弗雷德里克·温斯洛·泰勒于1875年终止了大学课程，开始当制模工和机工学徒；1878年在费城进入米德维尔钢铁公司当机工并在夜校学习，获得工程学位后被提升为总工程师。他发明了高速切削工具，一生中的大部分时间作为一个顾问工程师。泰勒被公认为"科学管理之父"。就管理学的早期发展而言，也许没有别人比他有更大的影响力了。他当过学徒、普通工人、工长、总机械师，而后成为一家钢铁公司的总工程师的经历，使泰勒有充分的机会去直接了解工人的种种问题和态度，并能够发现提高管理质量的极大的可能性。

泰勒的成名著作《科学管理原理》出版于1911年。泰勒提出的科学管理方法的基本原则主要包括以下方面：

- 用科学（系统的知识）代替单凭经验的方法；
- 在群体行动中强调协调以代替不一致；
- 实现人们的彼此合作以代替混乱的个人行为；
- 强调工作的产出最大化，而不是限制产出；
- 全力以赴地培养工人，从而达到他们个人和公司利益的最大化。

显然，泰勒的这些基本管理原则和现代管理人员的基本信念非常接近。

1.3.2 亨利·法约尔：现代管理理论之父

亨利·法约尔（1841～1925年）

或许现代管理理论的真正创始人是法国工业家亨利·法约尔。法约尔充分认识到广泛地运用管理原则和管理思想的必要性，进而将管理划分为14条具体的原则。他认为，管理原则要有灵活性而不能绝对化，其广泛使用性不受环境变化影响。让我们看一下这些原则：

- 职权和职责。法约尔认为职权和职责是互相关联的，后者是前者所产生的。他认为职权是职务因素（来自管理人员的职位）和个人因素（智力、经验、道德价值观、过去的贡献等）的综合，是"智商、经验、道德品质和过去经历等因素的集成"。
- 命令的统一。员工应该从一个上司那里获得指令。
- 等级系列。法约尔把这看做从最高级到最低级的"上级管理人员系列"。虽然没有必要去故意违反这个系列，当在严格遵循它反而有害时，应该减少层次。
- 团队精神。这是"团结就是力量"的原理，也是命令统一原则的扩展，强调团队工作的必要性和信息沟通的重要性。

法约尔把管理要素视为计划、组织、指挥、协调和控制职能。

1.3.3 埃尔顿·梅奥和F. J. 罗特利斯伯格以及霍桑研究

埃尔顿·梅奥、F. J. 罗特利斯伯格和其他一些人，于1927～1932年间在西方电气公司的霍桑工厂进行了一项著名的试验。早在 1924～1927 年间，国家研究委员会与西方电气公司合作做一项研究，以确定照明和其他工作条件对工人和生产率的影响。他们发现，试验小组的照明无论是增强还是减弱，该小组的生产率都有提高。在研究人员为此打算宣布整个试验归于失败之际，哈佛大学的埃尔顿·梅奥却看出了某些不寻常的东西，于是便和罗特利斯伯格以及其他一些人继续进行研究。

埃尔顿·梅奥
（1880～1949 年）
www.thoemmes.
com/encyclopedia/
mayo. htm

梅奥及其同事所发现的结果，虽然部分上是以维尔弗雷多·帕累托的早期思想为依据，然而这些发现对于管理思想却有着巨大的影响。改变试验小组照明度，改善休息时间，缩短工作日和变换刺激性的工资制度，似乎都不能解释企业生产率变化的原因。于是梅奥和其他的研究人员得出结论，必定有其他因素在起作用。他们认为，一般来说，生产率的提高是由于一些社会因素，如士气、劳动集体成员之间满意的相互关系（归属感），以及有效的管理，如要求了解人的行为，特别是群体行为，并且通过诸如激励、劝导、领导和沟通等人际关系技能而导致的。上述试验小组所出现的现象，基本上是由于参加试验的员工受"重视"而引起的，被称之为"霍桑效应"。

1.3.4 近代管理思想的贡献者

对管理思想的发展做出贡献的人中有政府官员、企业管理人员和行为科学家，他们的重要论著将贯穿于本书加以讨论。我们在这里只提及少数几位贡献者。

彼得·F·德鲁克（Peter F. Drucker）撰写了大量的有关一般性管理专题的论著。基斯·戴维斯帮助人们了解了非正式组织。爱德华·W·戴明（W. Edwards Deming）（已故）和约瑟夫·M·朱兰（Joseph M. Juran）两位美国人就如何提高日本产品的质量做过很多贡献。已故的劳伦斯·彼得（Laurence Peter）提出，人们最终会被提拔到他们的才能不能胜任的职位，从而没有进一步晋升的可能。不幸的是，造成的结果是组织中不称职的人大有人在。威廉·大内（William Ouchi）在他所写的畅销书《Z 理论》中，指出了怎样把一些日本管理方法应用于美国的企业。最后，托马斯·彼得斯（Thomas Peters）和罗伯特·沃特曼（Robert Waterman）讨论了最佳公司的特征。这些著作大多在本书的其他部分进行较为详细地讨论。

1.4 管理分析方法：管理理论的丛林？

虽然在 20 世纪 50 年代早期以前，学者和理论家们对管理学的研究少有贡献，管理学的著作大多出自管理工作者之手，但在过去几十年中却已涌现出了大量出自学术界的著作。管理的各种不同分析方法、大量的研究以及各种不同的观点交织在一起，在对什么是管理、什么是管理理论和科学以及如何分析管理的各种事件等方面出现了一些混乱。实际上，早在多年前哈罗德·孔茨（Harold Koontz）就把这种情况称为"管理理论的丛林"。从那时起，这种丛林里的植物生态结构发生了一些变化，如出现了一些新的方法，一些传统的方法在增添了新词汇后被赋予了新的内涵，但管理科学和理论的发展，仍然呈现为丛林的特点。

1.4.1 管理角色方法

管理角色方法是一种广为探讨的管理理论方法，是由麦吉尔大学（McGill University）的亨利·明茨伯格（Henry Mintzberg）教授推广开来的。他的方法实质上是观察管理人员实际上在做些什么，并从这种观察中归纳出管理人员的活动（或角色）内容。虽然许多研究人员已经对管理人员从首席执行官（CEOs）到基层管理者的实际工作进行过系统研究，但明茨伯格对这种方法的普及功不可没。

明茨伯格在系统地研究了几个不同组织内首席执行官（CEOs）的活动后得出结论，高级管理人员并没有从事传统的计划、组织、领导、协调和控制管理职能。相反，他们进行了一系列的各种其他活动。明茨伯格从他和其他人的、针对管理人员实际工作的同类研究中得出结论，认为管理人员实际承担10种不同的角色：

人际关系角色
1. 挂名角色（作为组织的代表履行仪式和社会责任）
2. 领导角色
3. 联络人角色（特别是同外界人员）

信息传播角色
4. 信息接收者角色（接收关于企业经营的信息）
5. 信息传播者角色（向下属传递信息）
6. 发言人角色（向外部发送本组织的信息）

决策角色
7. 创业者的角色
8. 危机处理者的角色
9. 资源配置者的角色
10. 谈判者的角色（与各类人员和群体打交道）

明茨伯格的角色方法也受到了批评。首先，在他的研究中所用的5名首席执行官（CEOs）的样本实在是少得不足以支持其所下的结论。其次，在分析从首席执行官到基层管理者的实际活动中，任何研究人员都必须牢记，管理人员所做的工作并非全是管理性工作。人们可以预料，即使是大公司的总裁也可能会花费一些时间在公共事务和股东关系上，在筹措资金和处理公司代销商的关系以及市场营销等方面。最后，明茨伯格所发现的管理人员的许多活动，实际上就是计划、组织、人员、领导和控制工作。例如，资源配置是什么，不就是计划工作吗？创业者的角色当然是整个计划工作中的一个要素，而人际关系角色则主要属于领导工作。此外，信息传播角色可以分别纳入几个职能工作的范围。

然而，观察管理人员实际上在做些什么是颇有价值的。在分析各种活动时，一位强干的管理者总希望确定这些活动和方法如何分属于管理人员基本职能中的哪些知识领域。但是，明茨伯格所阐明的那些角色是不完整的，如建立组织、管理人员的选择和考评以及决定主要战略等活动无疑是管理人员重要的管理活动，而这些活动并没有包括在他所阐明的角色中。这些活动的缺失不禁使人们怀疑他样本中的那些高级管理人员是否是能干的管理者。人们当然会提出一个严肃的问题，即管理角色方法（至少如这里陈述的）是否具备基于它去创建一种可行的经营管理理论的条件。

1.4.2 管理过程或运筹法

管理理论和科学的过程或运筹法把管理学的有关知识同管理人员所做的管理工作结合在一起。和其他的运筹科学一样，管理过程或运筹法试图将构成管理任务基础的一些概念、原理和方法结合在一起。

> **管理过程或运筹法**
> 把管理学的有关知识同管理人员所做的管理工作结合在一起。

这一方法认为，有一种仅仅适用于管理领域内的管理核心知识，诸如直线职权和参谋职权、部门划分、管理的评价以及各种管理控制方法所涉及的概念和理论，只会出现在管理人员参与的情境下。此外，这种方法还汲取和吸收来自其他领域的许多知识，包括系统论、质量和流程再造理念、决策论、激励与领导理论、个人和群体行为、社会系统、协作和沟通以及数学分析和概念。

管理过程或运筹法的性质可以从图1-3中看出。如图所示，管理过程或运筹学派

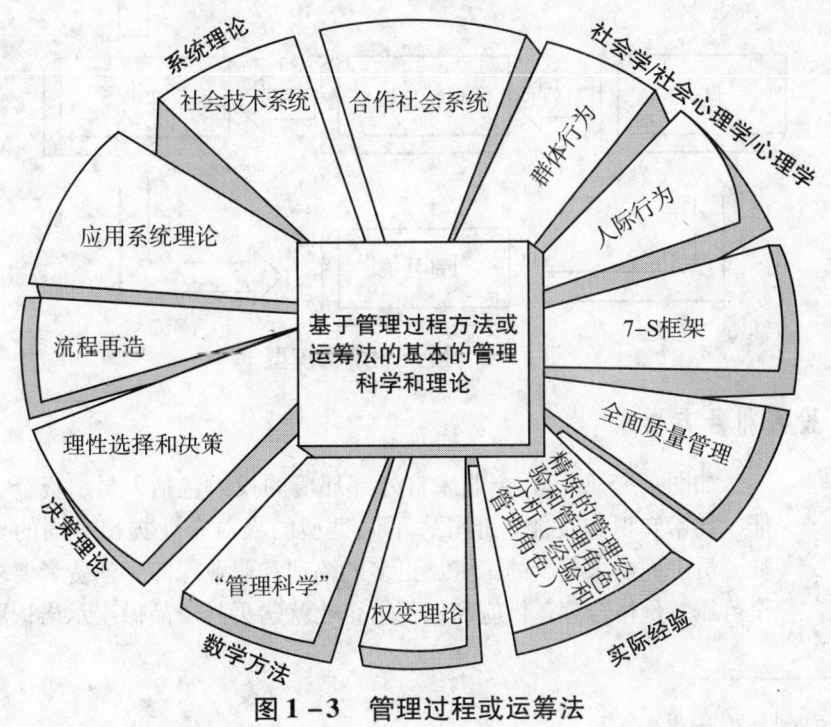

图1-3 管理过程或运筹法

认为，存在一个为管理工作所独有的科学和理论的核心，并且各个其他学派和方法也对这一学派做出了一些重要贡献。此外，管理过程理论家并不是对这些不同领域的所有重要知识感兴趣，而是针对管理方面最有用和最相关的知识。

1.5 管理过程的系统方法

任何一个企业都不会存在于真空之中，更确切地说，其生存和发展依赖于外界环境。正如企业附属于一定的产业、经济制度和社会一样，企业是许多大系统中的一部分。因此，正如图1-4所示，企业吸收投入因素，进行加工并将产品输送给外部环境。但是，这一简单的模型需要加以扩展，使其成为一个过程或经营管理模型，表明企业投入的因素如何通过计划、组织、人员、领导和控制的管理职能转变为产出。当《第五项修炼——学习型组织的艺术与实务》的作者彼得·圣吉被问及当今国内和国际企业面临的最重要的问题时，他说："我认为是管理系统问题。"本书所采用的是管理过程的系统方法，不仅关注企业内部的运作，而且包括企业与外部环境的相互作用。

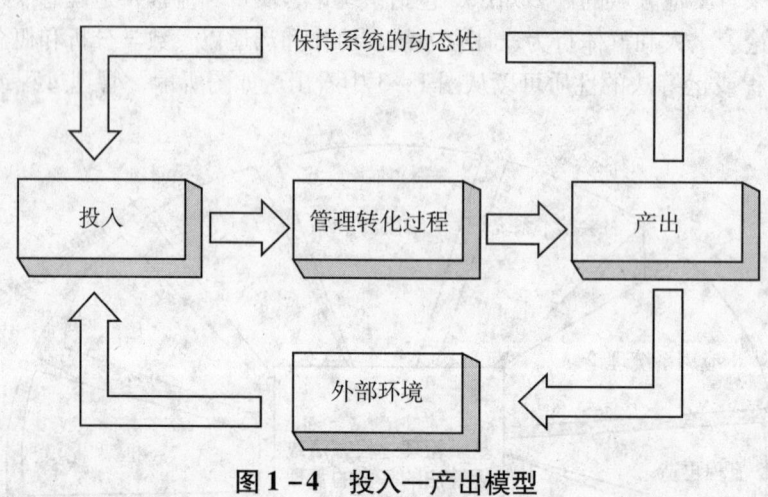

图1-4 投入—产出模型

1.5.1 投入和各方要求*

> 投入：人员、资金、管理技能、技术知识和技能。

如图1-5所示，企业来自外部环境的投入包括人员、资金、管理技能、技术知识和技能。此外，不同类型的人对企业提出不同的要求。例如，员工们要求更高的工资、更多的福利和职业保障；消费者要求产品安全可靠、价格合理；供应商们要求企业就购买其产品做出承诺；股东们不

---

* 各方投入亦称为利益相关者。

仅要求高投资收益,还要求投资的安全性;联邦政府、州政府和地方政府在依赖于企业缴纳赋税的同时,还希望企业遵守其制定的法律。同样,企业所在的社区则要求企业做"好市民",在力求污染最低化的同时为地方最大限度地提供就业机会。可能对企业提出要求的其他单位包括金融机构和工会,甚至竞争对手也有要求公平竞争的合法权利。很明显,许多要求是不协调的,因此,管理人员的职责就是要兼顾各方要求的合理目标。要做到这一点有时需要管理人员做出妥协、让步,甚至是委曲求全。

1.5.2 管理的转变过程

管理人员的任务就是要有效地将一定的投入高效率地转化为产出。当然,可以从不同的角度来探讨转化的过程,因此人们可以将重点放在财务、生产、人员和市场营销等不同的企业职能方面。管理学的作者们根据自己的管理方法来研究转化过程。具体地说,行为学派的学者们强调人与人之间的关系;社会制度理论家们则在分析转化过程时,把注意力集中在社会因素的相互作用上;而决策论的倡导者们则把转化的过程看做是决策体系。但是,在讨论管理人员的任务时,最全面和最有用的方法是运用计划、组织、人员、领导和控制这五种管理职能作为集成管理知识的框架(见图1-5)。

> 管理人员的任务就是要有效地将一定的投入高效率地转化为产出。

1.5.3 沟通系统

沟通贯穿于管理的整个过程,至关重要,其原因有二:第一,沟通将各种管理职能融为一体。例如,制订计划时对目标进行沟通从而设计出适当的组织结构;为充实这些部门而进行选拔、评价和培训相关管理人员时,沟通也是必不可少的。同样的,有效的领导和形成有利于产生激励作用的工作环境也无疑依赖于沟通。此外,只有通过沟通才能确定发生的事件和工作绩效是否符合计划的要求。因此,只有沟通才能使管理成为可能。

沟通系统的第二个作用是把企业与利益相关者所处的外部环境有机地联系起来。例如,人们绝对不能忘记,存在于公司之外的顾客实际上是所有企业赖以生存的条件。正是通过沟通企业才能确定顾客的需求,从而使企业提供的产品和服务有利可图。同样,通过有效的沟通系统使组织能够了解竞争状况、其他潜在的威胁以及制约因素。

1.5.4 外部因素

有效的管理人员应该经常地审视企业的外部环境。诚然,管理人员几乎不可能去改变外部环境,除了适应外部环境外别无选择。本书不少章节(尤其是第2章、第3章和第5章)里将讨论外部环境的影响因素。

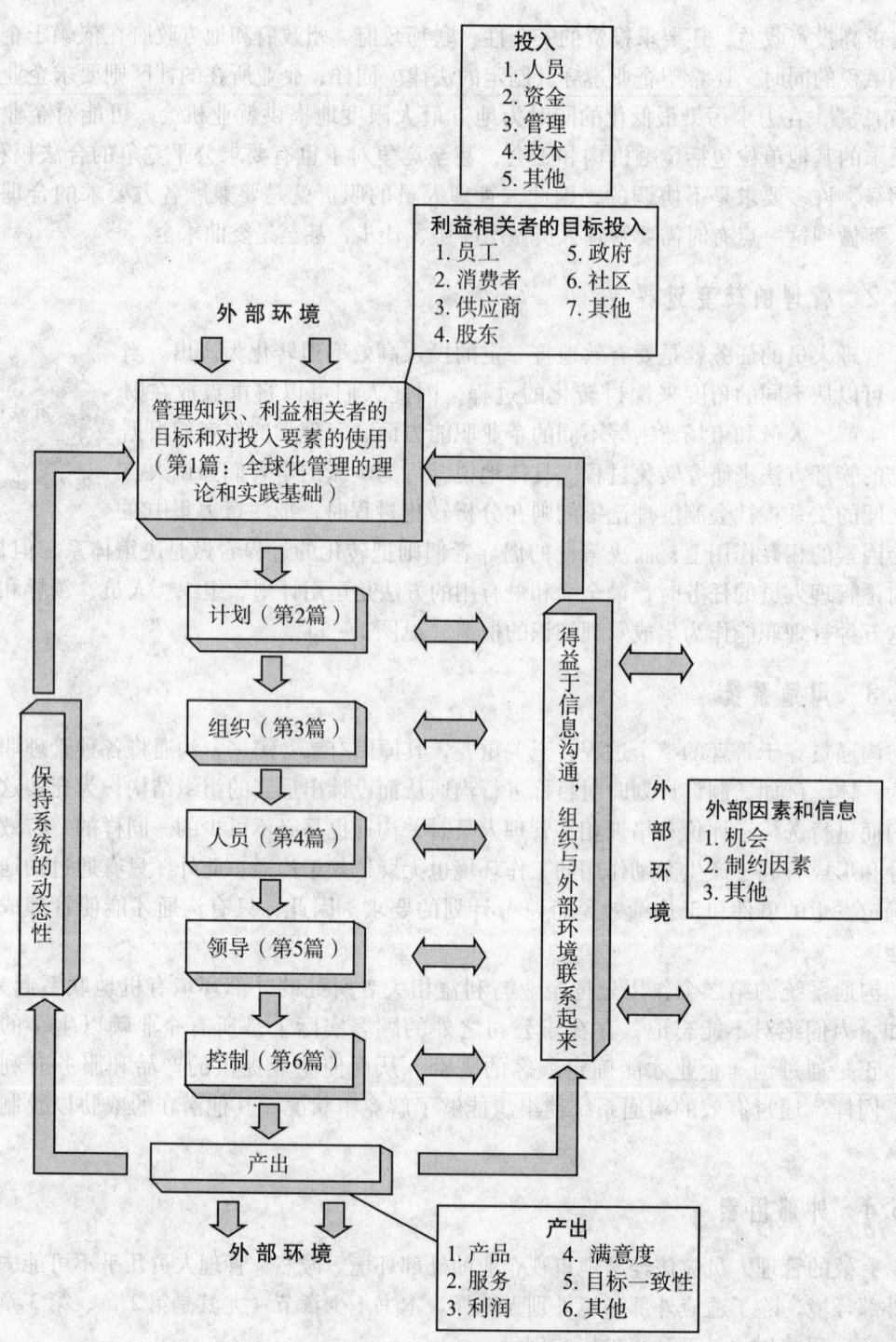

图1-5 管理的系统方法

1.5.5 产出

管理人员的任务是获取企业所需的投入,在充分考虑外部环境因素的前提下,通过管理的各项职能,将投入转化为产出。尽管产出的形式因企业而异,但通常包括以下各点:产品、服务、利润、顾客满意度以及利益相关者对企业提出的各种要求的协调。大多数的产出无须进一步阐述,这里仅讨论最后两项。

> **产出**:产品、服务、利润、顾客满意度以及利益相关者对企业提出的各种要求的协调。

假如一个组织希望留住和吸引其成员做出的贡献,那么它就必须提供多种"满意度"。它不仅要满足成员的基本物质需要(例如员工挣钱支付食宿或职业保障),而且还要满足成员交往、享受平等待遇、受到尊敬,甚至在工作岗位上实现自己长远奋斗目标,即自我实现的需要。

另一个需要提及的产出是目标的协调。如上所述,利益相关者对企业提出的要求不尽相同,且常常相互冲突。管理人员的任务就是要解决这些冲突,协调各方的要求。

1.5.6 保持系统的动态性

最后,人们应该注意到,一些产出在管理过程的系统模式中重新转化成投入。例如,员工的满意度、新知识或技能成为重要的人力资源的投入,同样,收入大于成本剩余部分的利润重新以现金和资本货物的形式(如机器、设备、厂房和存货)进行再投资。很快读者就会发现,图1-5所示的模型是本书集成管理知识的框架。不过,还是首先仔细研究一下管理职能。

1.6 管理人员的职能

管理人员的职能提供了集成管理知识的一个有益的框架。新理念、研究成果或方法可以很容易地按计划、组织、人员、领导和控制五项分类归纳到这个框架之中。

1.6.1 计划

计划涉及使命和目标的选择以及决定完成使命和目标的行动方案,换言之,计划过程需要做出决策,即在各种方案里选择未来的行动方案。本书第4章讨论了各种类型的计划,这些计划大到总体目标规划,小到琐碎的行动计划,例如,为了制造仪器订购一种特制不锈钢螺栓以及为一条装配线雇用和培训工人。在企业没有做出人力和物力资源承诺的决策之前,不可能有真正的计划,即在做出决策之前,所有的只是计划研究、分析或建议,但绝不是真正的计划。本书第2篇将讨论计划各个方面的问题。

> **计划**涉及使命和目标的选择以及决定完成使命和目标的行动方案,即需要做出决策。

1.6.2 组织

> **组织**的目的是建立一个精心策划的、适合企业内部员工配备的角色结构。

人们以群体的方式为实现某些目标而在一起工作,如同演员在戏剧里扮演角色一样,每人都必须担任一定的角色。这些角色可能是他们自己创造的,可能是偶然承担的,也可能是某些人为了让群体成员努力工作而专门确定和设计的。角色这个概念意指人们做事总要有明确的目的或目标,知道自己的工作目标如何与群体的目标相一致,同时拥有必要的职权、手段和信息去完成任务。这个问题可以用为钓鱼而组织的露营这一简单群体活动来加以说明。每个人可以做他或她愿做的任何事情,但是如果组织得好,例如分配一两个人去捡柴,一些人去取水,另外一些人去生火,其他人做饭等,那么,这项活动肯定会更有成效。

因此,**组织**是管理工作的一部分,旨在建立一个精心策划的、适合企业内部员工配备的角色结构。所谓精心策划是指为了完成任务而把必须做的所有工作落实到具体的人头上,而且希望将任务分配给那些最能胜任这些工作的人。

构建组织结构的目的是为了创造一个促使员工完成任务的环境,它本身是一种管理手段,而不是结果。虽然组织结构中一定要规定必须完成的任务,但是,由此而制定的角色却必须根据现有人员的能力和激励程度来确定。

设计一个有效的组织结构不是一件轻而易举的管理工作。为使结构适应各种情况,有许多问题要解决,如不仅要确定必须完成的工作,而且还要物色合格的人选。这些问题以及解决这些问题所涉及的主要理论、原则和方法将在本书第3篇进行讨论。

1.6.3 人员

> **人员**工作涉及在组织结构中配备人员和保持人员的稳定。

人员工作涉及在组织结构中配备人员和保持人员的稳定。人员工作包括明确工作人员必须具备的条件,储备备用人员,招聘、选拔、安置、晋升和评价员工,制定员工职业生涯和工资报酬,培训人员,或用其他方式提高备用人员和在职人员的素质,使其能够高效益和高效率地完成任务。这些问题将在第4篇进行讨论。

1.6.4 领导

> **领导**系指对员工施加影响,使其对组织和群体的目标做出贡献。

领导系指对员工施加影响,使其对组织和群体的目标做出贡献。领导工作主要涉及管理工作中的人际关系方面。管理人员都会同意这样的看法,即他们面对的最重要的问题来自员工,如员工的要求和态度以及他们的个人行为和群体行为;有效的管理人员也应该是有效的领导者。由于领导意味着服从,而人们往往跟随那些能满足大家需求、愿望和想法的领导人,所以领导过程涉及激励、领导作风和方法以及沟通。本书第5篇将就这些细节进行讨论。

1.6.5 控 制

控制是评定和纠正员工和组织绩效的手段,以确保事情的发展符合计划要求。控制是按照目标和计划来评定绩效,找出偏差,并采取措施加以改正。简言之,控制有助于计划的完成。虽然计划在前,控制在后,但计划本身不会自行实现。计划指导管理人员使用各种资源并完成具体目标,然后检查以确定结果是否与计划吻合。

> 控制是评定和纠正员工和组织绩效的手段,以确保事情的发展符合计划要求。

控制活动一般与衡量工作绩效有关。有些控制手段,如费用的预算、检查记录和误工记录是人们所熟悉的。这些手段是用来衡量和显示计划是否在顺利地实施。如果偏差持续存在,就表明应该加以纠正。但是纠正什么?回答是纠正人们的活动。例如关于减少废品、根据规格采购或管理销售利润这类问题,假如你不知道是谁负责这项工作,就将无事可做。促使事态发展与计划要求一致,是检查出工作结果与行动计划不符的人,并采取必要措施改进其工作。因此,控制工作成果要靠控制人们的工作。第6篇中将讨论这个问题。

1.7 协调是管理的核心

有些权威人士认为协调是管理人员的一种单独职能。但是,把协调看做是管理的核心似乎更确切一些,因为通过协调员工个人的努力才能完成群体目标。每一项管理职能都是为了促进协调。

即使在教堂或慈善组织中,个人对共同利益也有不同的解释,他们为共同目标做出的努力,并不一定能自然地和其他人的努力相匹配。因此,协调员工在方法、时机、努力程度或利益方面所存在的差异以及促使个人目标服务于群体目标,就成为管理人员的中心任务了。

本章小结

管理是设计并保持一种环境、以期有效地完成所选定目标的过程。管理人员完成计划、组织、人员、领导和控制五个方面的职能工作。管理在组织的各个层次上都是一项重要的活动,但是所需的管理技能因组织层次的不同而异。所有管理人员的目的都是要创造盈余。企业必须充分发挥21世纪信息技术、全球化和创业优势,同时将重心放在提高生产率上,即在保证质量的前提下,在一定时间内获得投入与产出的优势比率。生产率意指效益(实现目标)和效率(使用最少的资源)两个方面。管理实践活动是一门艺术,而有关管理的系统知识则是一门科学。

许多管理学科的作者和实际管理工作者对管理思想的发展做出了贡献。他们提出了许多管理理论,其中每一种理论都在一定程度上对管理人员了解管理知识有所帮助。其中,管理过程(或运筹)方法汲取了其他管理理论的内容,并将其集成为一个完整的管理系统。

组织是一个开放的体系,在一定的环境内运作并与环境发生相互作用。管理系统方法包括来自于外部环境的投入因素和各方要求、管理的转化过程、沟通系统、外部因素、产出和保持系统的动态性的方法。管理的转化过程包括各项管理职能,这些管理职能为本书提供了集成知识的框架。

主要概念回顾

管理	生产率、效益和效率	近代管理思想的贡献者
管理职能	管理：科学还是艺术？	管理理论丛林
不同组织层次的管理技能	管理思想的主要贡献者	管理角色方法
所有管理者的目标	科学管理贡献者	管理过程或运筹方法
三大主要态势：技术的进步、全球化和创业	法约尔的现代经营管理理论	管理过程的系统方法
	梅奥和罗特利斯伯格	五种管理职能

讨 论 题

1. 你如何定义管理？你的定义是否不同于本书的定义？请加以解释。
2. 什么是管理职能？
3. 管理技能如何因不同的组织层次而异？
4. 各类企业以及各层次中的管理人员的基本目标在哪些方面是根本相同的？
5. 技术的进步、全球化和创业会对企业产生哪些影响？
6. 生产率、效益和效率之间有什么不同？
7. 管理是一门科学，还是一门艺术？这种解释是不是也适用于工程学或会计学？
8. 为什么弗雷德里克·泰勒被称之为科学管理之父，亨利·法约尔被称之为现代经营管理理论之父？
9. "管理理论丛林"一词意指什么？
10. 指出管理分析的各种方法，并讨论它们的特点、贡献和局限性。

企 业 案 例

《2011年世界投资报告》[①] 对中国企业的启示

2011年7月26日，联合国贸易和发展会议（简称"贸发会议"；UNCTAD）在北京发布了《2011年世界投资报告》。联合国贸易和发展会议投资与企业司司长、《世界投资报告》主编詹晓宁表示，2010年，全球外国直接投资（FDI）增长了5%，达到了1.24万亿美元，但仍比全球金融危机前的平均值低15%，而全球工业产出和贸易则已经恢复到危机前的水平。

从全球视角看，2010年中国吸收外资势头良好，国际直接投资的流入量保持了2位数的高增长，达到1057亿美元，相比2009年增长近11%，在全球排名第二。与此同时，中国的对外

---

① http://www.unctad.org/wir.

直接投资也经历了由量的剧增到质的飞跃。2010年，中国对外直接投资（非金融类）601.8亿美元，同比增长25.9%，占全球当年流量的5.2%，位居全球第五，首次超过日本、英国等传统对外投资大国（见图1）。截至2010年年底，中国对外直接投资累计净额（存量）达3172.1亿美元，位居全球第17位。中国在全球178个国家（地区）共有1.6万家境外企业，投资覆盖率达到72.7%。在未来10年中，中国海外投资与吸收外资的比例有可能超过1:1。

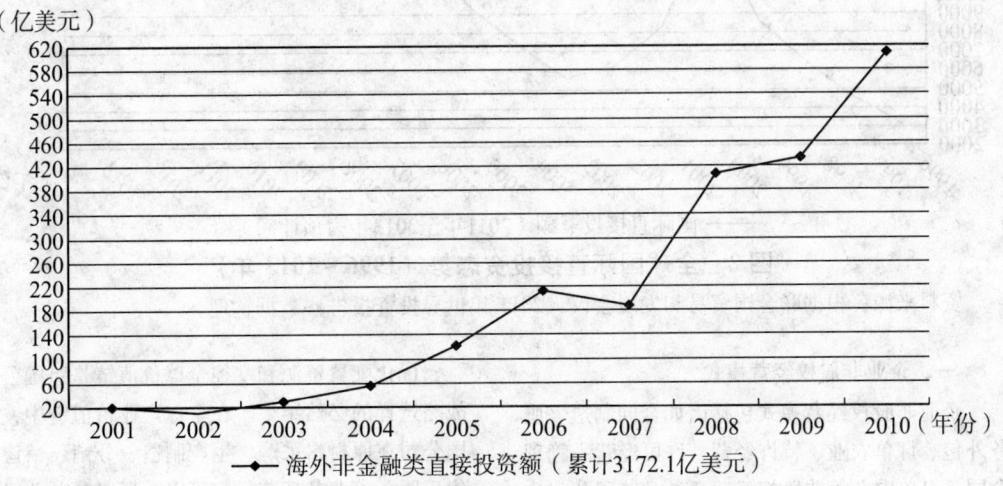

图1　中国企业海外投资额（2001~2010年）

资料来源：根据《2010年度中国对外直接投资统计公报》数据整理。

与以往不同的是，《2011年世界投资报告》的主题为"国际生产和发展的非股权经营模式"。在全球金融危机态势下，在世界经济一体化和企业经营越来越呈现为全球化的过程中，这一命题给研究全球企业投资动态和发展态势的人们提供了一个新的视角和关注点，值得中国企业管理人员重视。据联合国贸发会议公布的数据，2010年，全球范围内跨境非股权经营模式创造了超过2万亿美元的销售额。几乎在所有的行业中，非股权经营模式的增长速度均好于其所在行业的总体增长水平。长期以来，在企业参与国际竞争和全球化的进程中，人们普遍关注企业在国际市场上的直接外资和国际贸易，而对国际生产的非股权经营模式，例如合同制造、服务外包、订单农业、特许经营、许可经营、管理合同等非股权经营活动却重视不够。当前，全球金融危机仍在蔓延，世界经济复苏遥遥无期，企业跨境股权投资信心不足，而非股权经营模式则给中国"走出去"的企业提供了一个新的视角和思路，值得管理人员从竞争战略的高度和全球化竞争的角度，开拓视野，运用新的理念进行深入研究。

据联合国贸发会议预测，全球国际直接投资将在2011年恢复到危机前的平均水平，增加到1.4万亿~1.6万亿美元，并在2013年接近金融危机前的2万亿美元的最高值（见图2）。中国企业应该抓住全球国际直接投资缓慢复苏时机，在未来新一轮的投资周期中，在继续加大对外直接投资力度的同时，高度重视并积极探索非股权经营模式，在实施"走出去"战略的过程中，采取直接投资（股权投资）与非股权经营模式相结合的方式，不断提高其国际竞争力。

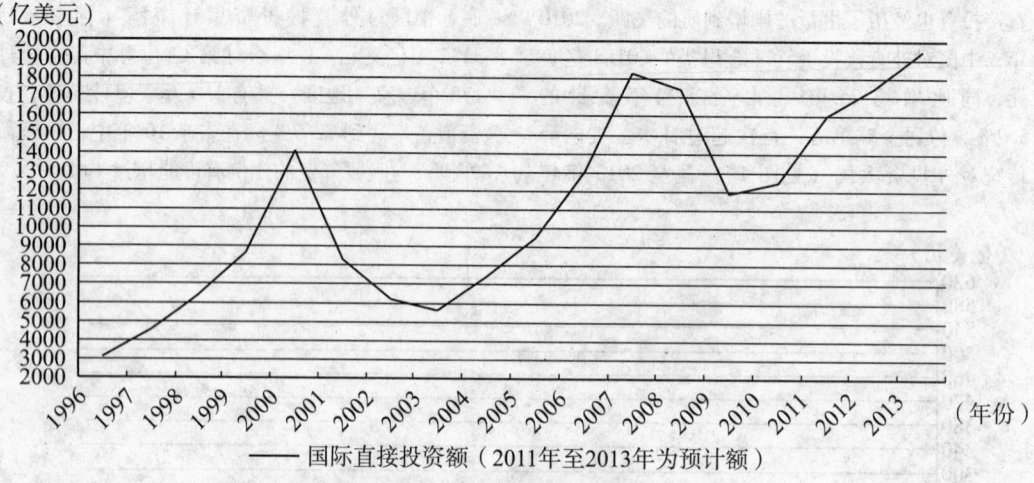

图2 全球国际直接投资态势（1996～2013年）

资料来源：根据联合国贸易和发展会议《2011年世界投资报告》数据整理。

一、企业非股权经营模式

企业非股权经营模式包括诸如合同制造、服务外包、订单农业、特许经营、许可经营、管理合同、订单农业等非股权经营活动，跨国公司和众多的国际企业通过这些非股权经营协调其在全球价值链的经营活动。

世界范围内的跨境非股权式经营意义重大，对于发展中国家尤为重要。非股权经营模式能够产生较大的经济效益，不仅能够增强东道国企业的生产能力，而且会促进当地产业结构的调整和升级。在许多情况下，非股权形式的发展速度超过了其所在产业的发展速度。当前，国际生产已不再仅仅涉及企业的对外直接外资和进出口贸易这两个方面，而是出现了对外直接外资、国际贸易和非股权经营模式三足鼎立的局面。

跨国公司首要的核心竞争力是在全球价值链中协调各项经营活动的能力。它们既可以通过直接外资，将货物、服务、信息和其他资产的国际流动掌控在其内部，也可以通过外部化策略，形成企业间的非股权安排，通过合同协议和相对议价能力来调控东道国企业的运作和行为（例如，要求东道国公司投资设备、改变流程、采用新的程序、改善劳动条件，或使用指定供应商等）。

优化配置资源和掌控全球价值链是跨国公司战略选择的必然结果。在全球产业价值链中，跨国公司在原材料采购、生产制造、分销、销售和售后服务等业务环节，都可以选择以各种非股权经营模式将其经营外部化。例如，将生产外包给当地制造商或允许本土企业加盟其特许经营等。在全球价值链的某些部分，非股权经营模式可以替代直接外资；在其他部分，二者可以兼而有之，起到互补互动作用。

非股权经营模式给发展中国家带来了可观的就业机会。据贸发会议估计，全世界共有约1800万至2100万工人受雇于非股权经营的企业，大多数从事合同制造、服务外包和特许经营活动。例如，订单农业使莫桑比克约40万小型农户加入了全球价值链。同时，非股权经营模式可以促进发展中国家扩大出口，增强其参与国际市场竞争的能力。

非股权经营模式本质上是在合约的保护下向东道国公司转让知识产权。例如，餐饮业国际特许经营实质上是向东道国传承一种饮食文化和价值观，转让一种商业模式，在当地建立一种新的特许经营业态，对当地合作伙伴、管理人员和一线员工提供广泛的培训和支持，对扩大就业和提高当地人才的基本素质和技能发挥着举足轻重的作用。

二、服务外包是非股权经营模式的主体

服务外包是指企业为了将有限的资源优化配置于打造和增强其核心竞争力，以信息技术为依托，利用市场专业服务商的专有知识和技能，来完成原来由企业内部完成的工作流程和经营活动，从而达到降低运营成本、提高效益和效率、提高企业对市场环境应变能力、提升企业核心竞争力的一种服务模式。

作为一个新兴产业，服务外包是在全球产业升级和服务业务活动转移过程中应运而生的。20世纪80年代后期，服务外包起源于美国，之后扩展到日本、欧洲等国家和地区。服务外包作为一种新的商业模式，促进了全球资源的有效配置，深化了国际分工和合作。在改革开放不断深化、中国经济越来越融入全球化的进程中，服务外包这一新兴业态也成了中国经济快速发展中不可或缺的一个重要产业，成为中国企业更大程度地参与国际竞争、加大"走出去"力度的一个新的渠道。

2010年，世界货物贸易的总量是30.6万亿美元，服务贸易总量是7.17万亿美元，服务贸易在世界贸易总额中的占比为19%。2010年，中国服务贸易进出口总额为3624.2亿美元，比"十五"末期翻了一番，世界排名从2000年的第12位上升到2010年的第4位。世界前3位服务贸易大国中，服务贸易在本国贸易总额中的占比分别是21%、17%和28%，而中国仅占10.9%。在服务贸易方面，印度遥遥领先中国。例如，从20世纪90年代开始，印度逐渐成了全球最大的提供软件和服务外包的国家，承接全球65%的软件外包市场业务和46%的服务外包市场业务。与其他服务贸易大国相比，服务贸易在中国对外贸易中的占比不是很高，其结构也有待进一步调整和完善。中国已经是贸易大国，但不是贸易强国。中国外贸只是承担了产品增值链中附加价值较低的加工组装环节，在国际分工体系中还处于较低层，短期内难以摆脱世界"代工厂"的角色。要成为贸易强国，中国企业的出口商品应是产业链条中的高端产品，附加值高，有自主知识产权、自主品牌。发展服务贸易有利于开拓新的经济增长领域、探索新的经济发展方式、促进贸易协调发展，以及搭建新的国际合作平台。

中国"十二五"规划提出，在稳定和拓展旅游、运输、劳务等传统服务出口的同时，要努力扩大文化、中医药、软件和信息服务、商贸流通、金融保险等新兴服务出口，大力发展服务外包。商务部会同有关部门制定的《服务贸易发展"十二五"规划纲要》提出，力争到2015年，服务进出口总额达到6000亿美元（约4万亿元人民币），年均增速超过10%。

2011年9月8日，商务部部长陈德铭在出席2011国际投资论坛时表示，中国入世十年以来，吸收外资规模不断扩大。其中，中国服务业吸收外资的比重占整个吸引外资总额的46%，成为全球第二大的服务外包基地。

三、餐饮服务特许经营是不可多得的非股权经营模式

综观全球市场竞争，近年来国际生产的非股权经营模式可谓异军突起。2010年，国际生产的非股权形式形成的2万多亿美元销售额，主要产生在发展中国家。其中，包括餐饮服务在内的特许经营为3500亿美元，约占总量的18%。[①] 特许经营等非股权形式通过传播知识、技术和技能，为东道国提供就业机会、创造出口和技术引进渠道。在某些敏感地区和国家，非股权形式可能比直接投资（股权投资）更为适宜。而跨国餐饮业特许经营不仅具备上述经营特点和优势，而且是传承本国餐饮文化甚至是深层次社会文化的有效载体和便捷渠道，更宜于获得当地消费者的青睐。无须赘言，麦当劳在全球各地几乎无处不在，不仅给消费者提供了一种快餐方式，实际上是在传承美国的文化、理念和价值观。就中国传统文化在

---

① 联合国贸易和发展组织：《世界投资报告2011：国际生产和发展的非股权形式》，经济管理出版社2011年版。

国际市场的传播而言，与近年来在许多国家和地区出现的孔子学院形成鲜明对照的是，中国特色的餐饮业特许经营店凤毛麟角，在加拿大和美国市场显露头角的小肥羊可谓鹤立鸡群，引人注目。

根据 2011 年中国餐饮产业发展大会发布的《2010 年中国餐饮百强经营情况分析报告》，2010 年全国餐饮收入达 17648 亿元，比 2009 年增长 18.1%。2010 年餐饮百强企业营业额为 1395.84 亿元，增长 11.69%，占 2010 年全社会餐饮收入的比重为 7.91%。2010 年在通胀的压力下，餐饮百强营业额虽然保持着增长的趋势，但增速放缓明显，增速为 11.69%，略低于"十一五"期间 15.71% 的平均增速水平。

2010 年，中国百强餐饮企业的市场集中度进一步提高，营业额超过 10 亿元的餐饮企业数量从 2009 年 26 家增加到 36 家。其中，前 10 强餐饮企业营业额达到 667.22 亿元，增长 5.3%，占 2010 年百强餐饮企业总营业额的 47.8%。①

从经营业态来看，餐馆酒楼、快餐送餐以及火锅类企业依然是百强榜单中的主力军，占据了 84 个席位。在前 10 强中，火锅类企业依然是佼佼者，占据 4 个席位。餐馆酒楼和快餐排在火锅类企业之后，但是，就前 50 强而言，餐馆酒楼类企业多于火锅类企业。快餐类企业虽然从前 10 强和前 50 强的席位数来看，不及火锅及餐馆酒楼类企业，但上榜企业的营业额总和高居榜首，占百强企业营业额的比重接近 40%。

从经营增长能力看，营业收入增长幅度排名前三的业态分别是快餐送餐、西餐和火锅，而从营业利润来看，快餐送餐、休闲餐饮以及餐馆酒楼表现突出。

近几年中国餐饮连锁行业发展速度较快，受益于餐饮连锁行业生产技术不断提高以及下游需求市场不断扩大，餐饮连锁行业在国内和国际市场上发展形势都十分看好。随着中国国民经济的快速发展以及全球金融危机的逐渐消退，中国餐饮连锁行业迎来了良好的发展机遇。与此同时，由于新进入企业不断增多，上游原材料价格持续上涨，导致行业利润降低，中国餐饮连锁行业市场竞争也日趋激烈。在这种竞争态势下，中国餐饮连锁企业拓展国际市场势在必行，颇具现实意义。

在当前全球金融危机后复苏缓慢、不确定因素和风险并存的态势下，诸如国际餐饮连锁等非股权经营模式给中国企业应对挑战、走出国门参与全球竞争提供了新的视角和机会，实为是一种不可多得的战略性选择。

（本案例根据报刊资料整理而成）

◆ 思考题

1. 近年来中国企业加大了"走出去"的力度，对外直接投资经历了由量的剧增到质的飞跃。列举具体数据来阐述这一变化。

2. 何谓非股权经营模式？企业的非股权经营模式与对外直接投资（股权投资）的主要区别是什么？

3. 中国企业在国际市场上拓展服务外包面临的主要挑战是什么？针对目前中国企业服务外包方面存在的主要问题，提出两个具体的解决方案。

4. 中国餐饮企业在"走出去"过程中应如何运用国际连锁经营模式？目前存在的主要障碍是什么？你认为如何解决？

5. 《2011 年世界投资报告》对你有何启示？

---

① 马春光：《2011 年世界投资报告给我国餐饮连锁企业的启示与反思》论文，载于《企业经济》2011 年第 11 期。

管理与社会：外部环境、社会责任和伦理道德

[学习目标]

学完本章后，你应该能够：

1. 描述多元化社会的性质以及所选择的环境。
2. 阐明管理人员的社会责任，并对赞成和反对企业参与社会公益性活动的理由进行解释。
3. 理解伦理道德在管理中的性质和重要性以及将伦理道德制度化和提高伦理道德标准的方式。
4. 认识到伦理道德标准因不同社会而异。
5. 理解信任是人际交往的基础。

　　管理人员在每次做计划时，既要考虑到本组织之外的社会成员的需求和期望，也要考虑到对外部环境中的材料和人力资源、技术和其他方面的需求。他们几乎在各项管理活动中在一定程度上都要这样做。

　　所有的管理人员，不论他们是在企业、政府机构、教堂、慈善组织或是在大学，都必须在不同程度上考虑到外部环境的各种因素和力量。尽管他们不大可能改变这些影响因素，但除了应对别无选择。他们必须对可能影响企业运作的外部力量加以确定、评估并做出反应。外部环境对组织的影响在图 2-1 中加以了说明，而外部因素对企业的制约性影响相对于国际管理更为关键（这一事实将在第 3 章中详细探讨）。

　　本章讨论外部环境（侧重在技术和生态环境）对组织的影响以及企业与其所处的社会之间的关系，首先探讨多元社会的性质，然后引申到企业的社会责任和伦理行为。

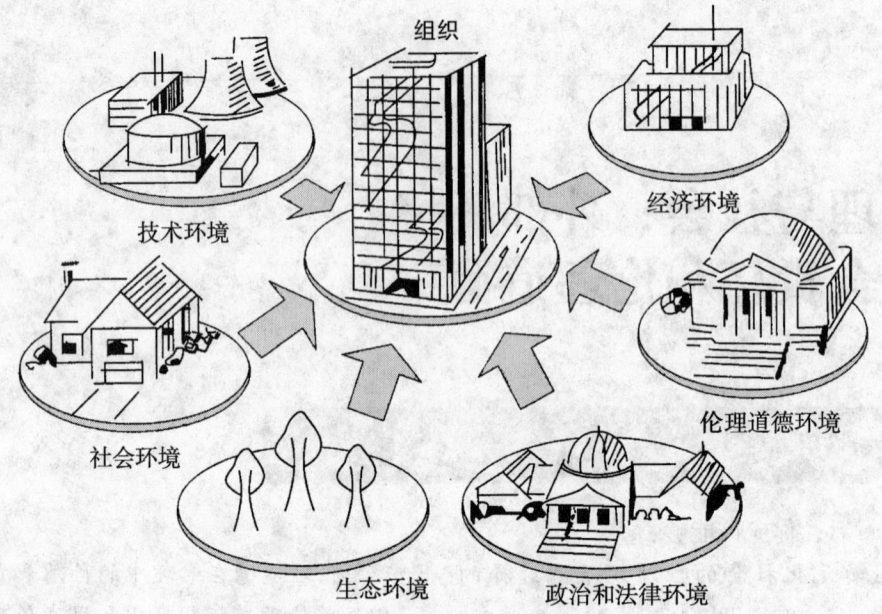

图2-1 组织与外部环境

2.1 多元社会结构下的企业运作

多元社会是一个充满着代表不同利益群体的社会。

管理人员是在一个充满着代表不同利益群体的**多元社会**中从事经营活动的。每一个群体都会对其他群体产生影响,但没有任何一个群体能够产生超越性的影响力。许多群体都会对企业产生一定的影响。如同第1章中提及的,组织外部有许多利益相关者或要求各方,其目标各异,管理人员的任务就是要协调这些目标。

在多元社会中工作对企业而言有不同的寓意。第一,各种群体,如环境群体,平衡企业的权力;第二,企业利益可以通过参与不同的群体(如商会)得到表达;第三,企业可以与其他相关群体参与一些项目造福于社会,例如,城市的内城重建;第四,在一个多元社会中,各个群体之间既有冲突,也有共同之处。最后,在这种社会中,每一个群体对其他群体的所作所为都会了如指掌。

2.2 技术环境

技术是指人们做事方式方法的知识的总和。

外部环境中最常见的因素之一是技术。科学提供知识,而技术运用知识。"技术"一词是指人们做事方式方法的知识的总和。技术包括发明创造、技能方法以及从空气动力学到动物学的浩瀚的系统知识宝库,但技术主要影响做事的方式方法，影响人们如何设计、生产、分销和销售产品及服务。

2.3 生态环境

管理人员在他们做决策时必须考虑生态因素。**生态因素**系指人与环境中存在的、其他有生命的东西之间的关系，例如土壤、水和空气。土地、水和空气污染对人至关重要。土地可能被诸如外包装材料等工业废品所污染，水可能被有毒废品和污水所污染，而空气污染则有可能是由多种途径引起的，如酸雨、车辆排出的废气以及制造过程中产生的致癌物。

> **生态因素**系指人与环境中存在的、其他有生命的东西之间的关系。

针对固体垃圾、水和空气污染方面的问题已经出台了一些立法。管理人员应该了解这些法律和法规，并将有关生态方面的要求始终体现在决策之中。

为了保护环境，欧洲国家推出了 ISO14001 质量标准，以确保公司在其政策上考虑到这些包括防止污染和遵照相关法律和法规在内的公众关心的热点问题。自从 1996 年实施 ISO14001 认证标准以来，截至 2000 年，已有大约 1 万家公司进行了认证。尽管美国在推行这一标准上起步较晚，但在福特汽车公司在其全球所有设施中通过 ISO14001 标准认证后掀起了一个高潮。之后，通用汽车公司、国际商用机器公司（IBM）和施乐公司等其他公司纷纷效仿。ISO14001 标准的实施使福特汽车公司在降低水的消耗、清除油漆酸渣、处理一次性包装材料方面获益匪浅。

> www.gm.com

近年来，生态方面更为关注的是气候变化和全球变暖。全球变暖意指由于人类形成的过度二氧化碳带来的地球大气层和海洋温度的上升。温度的上升可能会导致海平面上升以及突发性天气的增加。管理人员目前必须考虑其产品和生产过程从长远来说对地球会带来何种影响，并寻求最大限度地减少其公司经营活动带来负面影响的途径和方法。

2.4 管理人员的社会责任

20 世纪初叶，企业的使命纯属经济行为，而今天，由于社会中许多集团在一定程度上的相互依存关系，企业更多地参与社会活动。正如第 1 章管理的系统模式中指出的，组织面临许多利益相关者或要求方。确实有这样一个问题：企业的社会责任究竟是什么？而且，原本只同企业有关的社会责任，现在也越来越多地涉及政府、大学、非营利基金组织、慈善组织甚至教会。这样，尽管讨论的焦点是关于企业，但也涉及所有各类组织的社会责任和社会反应。人们已经认识到社会问题的紧迫性，向管理人员尤其是高层管理人员提出质询：为履行社会责任，他们在做些什么以及他们为什么不能更多地承担一些社会责任呢？

2.4.1 社会责任和社会反应

企业的社会责任就是要认真地考虑公司的行动措施对社会的影响。

社会责任并不是新概念。虽然早在20世纪初叶就涉及这一理念，但直到1953年，霍华德·R·鲍恩（Howard R. Bowen）的《企业家的社会责任》一书的出版，才大大推动了有关社会责任的讨论。鲍恩提出了企业应考虑其决策的社会含义。正如人们可能预料的那样，对社会责任的定义目前尚没有完全一致的看法。从对439名管理人员的调查来看，68%的应答的管理人员都同意下述定义："企业的社会责任就是要认真地考虑公司的行动措施对社会的影响。"

社会反应系指一家企业以对自己与社会彼此有利的方式，把公司经营活动及政策方针同社会环境联系起来的能力。

社会反应是一个较新的概念，但非常类似于社会责任。简言之，**社会反应**指"一家企业以对自己与社会彼此有利的方式，把公司经营活动及政策方针同社会环境联系起来的能力"。以上两个定义都集中于企业，然而这些概念应该扩展到事业单位以及事业单位的内部关系。社会责任与社会反应之间的主要差别在于后者意指行动措施和"企业怎样做出反应"。在本书的论述中，这两个词将交替使用。

2.4.2 企业参与社会活动的利弊争论

虽然有不少人对企业参与社会活动持赞成意见，但持反对意见者也大有人在。

现在许多企业都参与社会活动，本·杰里冰激凌公司（Ben & Jerry ice-cream company）不失为一个很好的典型，该公司对雨林的保护做出了贡献。公司从雨林部落人员手中收购坚果，使他们能够不依赖伐木生存，以保护森林资源。至于这些公司是否应该继续扩大它们的社会参与活动，取决于人们对企业参与社会活动的利弊争论进行审慎的研究。很显然，社会的期望值在发生变化，其发展趋势似乎越来越倾向于更大的社会参与。

2.4.3 被动反应还是主动应对？

生存在一定环境中并对之做出反应，并不意味着管理人员仅在面对压力时才做出反应。由于不能期待哪家企业会对意料之外的事态发展迅速做出反应，所以企业必须通过预测来预见事态的发展。例如，一家对事态反应敏捷的公司在没有推出新产品之前，不会坐视产品过时和销售额下降。同样，一个政府机构不会在找到实现其目标的其他办法前就坐视法规过时和丧失信誉。任何企业都不应该坐视问题的发展而事先不做好面对问题的准备，预先反应是计划过程中的一个关键环节。

2.4.4 政府的作用

许多事例说明，只有依靠政府颁布法规才能实施社会变革。然而，许多企业和其他部门的管理人员发现，做一些解决社会紧迫问题的工作对他们是有利的。例如，许多企业从过滤大烟囱的污染物或出售、利用这些回收废料中赚了钱，有些公司因在平民区建造低成本公寓住房而获利。换言之，企业为解决社会问题做出贡献并不一定意味净支出。当然，社会需要立法的强制力来推动和改善社会状况。

2.5 管理的伦理道德

所有的人，无论是在企业、政府部门、大学或其他单位中工作都与伦理道德有关。韦氏第九版《新大学字典》把**伦理道德**定义为"一门探讨好与坏的是非问题以及讨论道德责任与义务的学科"。**企业伦理道德**涉及真实与公正原则，有着诸多的表现形式，如社会期望值、公平竞争、广告、公共关系、社会责任、消费者自主权、企业在本国和东道国的公司行为等。

> **伦理道德**是一门探讨好与坏的是非问题以及道德责任与义务的学科。
> **企业伦理道德**涉及真实与公正原则。

2.5.1 伦理道德理论

在各类组织中，管理人员在信息、影响力和资源方面进行竞争，在选择目标与实现目标的手段方面都存在冲突的可能，这点是易于理解的，而应采用何种标准指导伦理道德行为的问题则变得尖锐起来。

在规范的伦理学领域中已经形成三种基本的道德理论：第一种是**功利主义理论**，提出计划和行动应由其结果来评价，其基本指导思想是计划和行动应该提供给最多的人最大的好处；第二种是**基于权利的理论**，主张所有的人都享有基本权利，诸如思想自由、言论自由、正当法律途径等。人们可以从美国宪法人权法案中找到这些权利；第三种是**公正理论**，要求决策者以公平、平等和公正为指导原则。

> **功利主义理论**提出计划和行动应由其结果来评价。
> **基于权利的理论**主张所有的人都享有基本权利。
> **公正理论**要求决策者以公平、平等和公正为指导原则。

2.5.2 伦理道德的制度化

企业伦理道德问题越来越成为座谈会和研讨会的热点话题。管理人员，尤其是高级管理人员有责任来创造一种组织环境，以伦理道德制度化方式来促成伦理性决策。这就意味着，伦理道德理念与日常经营活动结合起来。西奥多·珀塞尔（Theodore Purcell）和詹姆斯·韦伯（James Weber）提出采取三种方式来做到这一点：(1) 制定适当的公司政策或伦理道德规范；(2) 正式任命伦理道德委员会；(3) 在管理开发计划中列入伦理学内容。伦理道德制度化最常用的方式是制定伦理道德规范，而较少采用伦理道德委员会。涉及伦理道德问题的管理开发计划很少被采用，尽管像美国联合化工公司（Allied Chemical）、国际商用机器公司和通用电气公司等公司都已制订了这类计划。

仅仅公布伦理道德规范是不够的，一些公司要求员工签署伦理道德规范协议，并在绩效评估中加入道德标准。除此之外，某些公司将补贴和奖赏与道德行为挂钩，管理人员应该抓住一切机会鼓励和宣传良好的道德行为。同时，应该鼓励汇报不良行为。最重要的是，管理人员必须身体力行，通过自身的道德行为和规范来影响员工。

> **规范**是一份指导行为的政策、原则和规则说明书。

规范是一份指导行为的政策、原则和规则说明书。当然，伦理道德规范不仅应用于企业，而且也应成为所有组织中人以及他们日常生活行为的指导原则。

仅仅对伦理道德规范进行表述不足以确保实施，而对伦理道德制度化起关键作用的，是要任命一个由企业内部和外界的理事组成的伦理道德委员会。这个委员会的职能包括：(1) 定期举行会议讨论伦理道德问题；(2) 处理"灰色区域"；(3) 让组织中的全体成员熟知规范；(4) 对可能出现的违反规范的行为进行检查；(5) 实施规范；(6) 奖赏遵守规范者，处罚违反规范者；(7) 不断审议和更新规范；(8) 向公司董事会汇报委员会的活动。

2.5.3 提高伦理道德标准的因素

根据一项研究项目所收到的反馈意见，提高伦理道德标准最主要的两个因素是：(1) 曝光和宣传；(2) 信息灵通的公众日益增长的关注。这些因素的产生是政府法规的强化以及提高企业管理人员职业素质教育的结果。

为了使伦理道德规范生效，必须制定实施规范的条款。不良伦理道德的管理人员应当对他们的行为负责，这就意味着，他们享有的特权与福利必须予以收回，并给以制裁。尽管实施伦理道德规范并非易事，但只要有这个规范，就能够通过清晰的期望值来提高管理人员的伦理道德行为。当然，人们也不应当指望伦理道德规范能解决所有问题。事实上，他们形成了一种虚假的安全感。为了确保有效地实施伦理道德规范，要求高层管理人员坚持持之以恒的伦理道德行为和一贯支持。另外一项能够提高伦理道德标准的因素是在高等院校中进行伦理学和价值观的教育。

2.5.4 内部揭发

内部揭发是另外一种鼓励公司伦理道德行为的方法。**内部揭发**意指将公司不良行为向外部机构曝光。布莱克的《法律词典》将内部揭发者定义为"拒绝参与或汇报雇主或同事的非法或错误行动的员工"。更有甚者，有一个专门讨论内部揭发问题（包括法律事务和保护问题）的内部揭发者网站。这个内部揭发中心是一个非营利组织，旨在帮助强化环境法律法规的实施以及落实企业和政府组织应尽的责任。它的主要目标是保护和保卫那些揭发有害环境和公共卫生行为的举报人。

> **内部揭发**意指将公司不良行为向外部机构曝光。

正如我们将在本书后边详细提及的，"挑战者"号航天飞机火箭助推器承包商，同时也是莫顿·西奥科（Morton Thiokol）公司工程师的罗杰·贝奥斯波利（Roger Boisjoly），早就指出了O-型圈（O-rings）在低温下失效的问题，然而，公司管理层却忽略了他的担心和疑虑，结果导致了"挑战者"号惨案。另一个有关内部揭发者的典型事例是拉德（Ruud）先生，他在任西屋电气翰福特公司（Westinghouse Hanford Company）核电厂操作员期间被公司开除了。他向法庭起诉了这家公司，被联邦法官授予了一项公司提前支付其终身工资的权利。在美国，法律加大了对政府内部揭发者的保护力度。有迹象表明，2001年9月11日世界贸易中心自杀袭击事件后，越来越多的员工踊跃揭发安全问题。

2.5.5 不同社会的不同伦理道德标准

伦理道德标准和法律标准是不一样的，特别是在不同国家和不同社会里更是如此。例如，某些国家允许私营公司对政党、竞选活动和候选人提供捐助（美国不允许），在有些国家里，送钱给政府官员和拥有政治影响的人士，以确保商业性交易得以迅速处理或得到有利解决，并不被认为属于行贿，而是对提供服务的报酬。在一些情况下，为了确保合同的签订而支付的款项被看成是可接受的正常的经营方式。以桂格燕麦公司（Quaker Oats Company）为例，外国官员威胁，如果不能满足其"付款"要求就终止桂格燕麦公司在其当地的经营。再说，假如公司不肯支付这笔款项，工厂经理的安全也成了问题。负有责任的国外企业管理人员所面对的问题是，他们应该遵循哪些伦理道德标准？例如，"关系"意指非正式的关系和互相帮忙，在东南亚，关系会影响到企业的经营活动。在美国不会发生这样的情况，管理人员必须拒绝送红包的做法，但他们在这类做法盛行的国家经商时，就遇到了难题。按照美国国会所通过的法律以及"证券与交易委员会"所采用的规定，美国的公司不仅必须向政府报告任何可称之为付酬的事情，而且还视这类付酬为行贿，是非法的。美国《海外反行贿法》（FCPA）中的反行贿条款是这样表述的："试图在海外市场经商的美国公司必须熟悉《海外反行贿法》。总体来说，《海外反行贿法》禁止为了获取或维持经营活动目的而对外国官员行贿。"为此，美国一直试图将其经商标准输出到其他国家中去，这样做有可能提高外国的伦理道德标准。

www.quakeroats.com
www.sec.gov

2.6 信任是变革管理的基础

管理人员面临大量新的管理理念，即使陈旧的理念也常常被换上了新的辞藻，这一切都是由于全球竞争、消费者期望值以及快速应对环境变化要求引发的管理变革而带来的变化。尽管本书全篇都涉及了新时代变革管理的各种方法，人们常常忽略的一个概念是信任。萨尔瓦多·贝拉尔多（Salvatore Belardo）教授指出，"信任是沟通、合作和乐于变革的核心"。从传统意义上讲，信任这个概念意指诚实、忠诚、关怀以及人与人之间关系中的守约,但是贝拉尔多教授认为,信任应超越人与人之间的关系,通过创建植根于领导灵魂中的信任文化,扩展到组织。领导人员频繁更迭,但组织依然存在。例如,惠普公司的创始人戴维·帕卡德(David Packard)身后留下了著名的"惠普之道"(HP Way),这种伦理道德理念使整个组织在他去世后能够长盛不衰。

本书阐述了许多有关新时代管理变革的管理理念、原理、理论和做法,但是,企业本质上是人的组织,只有建立在信任、伦理道德行为以及尊重人的尊严的基础上,组织才能顺利运行。

本章小结

管理人员在复杂的环境中从事管理工作。他们受环境的影响又在某种程度上影响着环境。管理人员身处一个多元化的社会中,在这个社会里,许多有组织的群体代表着不同的利益。

管理人员在制定决策时,必须考虑到外部环境。技术给人们带来了许多利益,也带来了问题。越来越多的公司在考虑管理行动给社会生态环境带来的影响。许多公司和其他组织都在认真努力地建立起对个人、公司和社会都有利的环境。

企业的社会责任要求组织认真考虑其行为对社会所产生的影响。与此类似,企业的社会反应以对企业和社会都有利的方式,把企业的经营和政策同社会环境联系起来。要确定各个组织和社会间的恰当关系并不是一件容易的事,人们可以就企业是否应参与社会活动而发表支持或反对的观点。但是,人们取得了一个基本的共识,即企业的责任不仅仅在于其利润的最大化。

伦理道德面对的是好与坏的是非问题以及道德上的责任和义务。理论体系包括功利主义理论、基于权利理论和公正理论三种伦理道德理论。一些作者认为,公司应当把伦理道德制度化,制定伦理道德规范。其他的因素也可用来提高伦理道德准则,包括内部揭发。在社会标准不统一的情况下,管理人员必须做出艰难地选择。信任是人际关系和现代管理方法的基石。

主要概念回顾

多元社会结构	政府在强制伦理道德行为方面的作用	伦理道德的制度化
技术环境		伦理道德规范
生态环境	伦理道德	提高伦理道德标准的因素
公司社会责任	伦理的功利主义理论	内部揭发
社会反应	基于权利的伦理理论	不同的伦理道德标准
企业参与社会活动的利弊争论	公正伦理理论	信任是变革的关键因素

讨 论 题

1. 为什么说企业的外部环境对所有管理人员都非常重要?管理人员能否免受外部环境的影响?

2. 确定可能对下列各方产生重要作用的外部环境因素:公司总裁、销售部经理、生产部经理、财务总监和人事部经理。

3. 企业管理人员的主要社会责任是什么？政府部门管理人员的主要社会责任是什么？在过去数年中，这些责任是否有所变化？是怎样变化的？

4. 假如你是一家大公司的首席执行官，你如何在本单位内将伦理道德制度化？

5. 对你所在的大学、班级和家庭将提出何种伦理道德规范？应当怎样实施这些规范？

企 业 案 例

联想集团的国际并购战略

PC 的代工模式发展了数十年的时间，但随着生产成本和市场需求的变化，这种模式已经走到了转折的路口。作为全球最大的代工厂，富士康集团已渐露疲态。20 世纪 90 年代，代工笔记本电脑的毛利约 20%，现在不到 5%，与毛利急剧下滑相反的是，用工成本飙升，纯粹的代工模式已难以为继。近年来苹果公司（Apple）软硬件兼容并重的成功商业模式，正冲击品牌同业思维，迫使品牌生产企业反思其推行多年的自控品牌和销售、将研发与制造环节外包给 ODM 厂的经营模式，采用将研发与制造环节置于自己掌控之中的产业链转型。

2011 年 8 月 27 日，全球第三大 PC 厂联想集团宣布，将与第五大笔记本电脑品牌代工厂仁宝公司于安徽合肥合资设厂。双方初期投资 1 亿美元，之后再追加 2 亿美元，联想持股 51%，仁宝持股 49%。预计 2012 年年底形成量产，初期单月笔记本电脑产能达 30 万 ~ 50 万台。联想集团率先采用合资厂模式，打破了笔记本电脑产业数十年来所惯用的代工模式，预示着联想集团未来一系列战略调整的开始。①

2004 年年底，联想集团以 12.5 亿美元并购了 IBM 个人电脑业务。并购之前，集团管理层对其首次国际并购行动非常慎重，对各种可能性进行了充分研究，例如，公司主要想买的是什么东西，品牌、技术还是国际化资源？买了之后，美国人还会再买 ThinkPad 吗？如果公司变成一个中国人做大股东的公司会怎么样？美国员工还会不会继续为联想工作吗？管理层对这些问题都做了详细地考虑和预备方案，后来发现这些问题都不大，最大的问题是文化磨合，即中国人和美国人、欧洲人在一起工作，从董事会到管理层怎么能够配合好，怎么能够不发生矛盾。经过认真研究，管理层认为，并购后的集团 CEO 一定要请美方担任，等到联想管理层真正学会跨文化管理后再考虑其他的选择。

跨国并购不易，成功整合更难。被业界戏称为"蛇吞象"的联想并购案给人们带来了诸多的遐想和疑念。几乎与此同时发生的、TCL 集团并购法国汤姆逊公司历经两年艰苦努力以失败告终的范例，使更多人对联想集团能否走出困境产生怀疑。尤其是并购三年后公司出现 2 亿多美元巨亏，不得不在 2008 年 3 月将手机业务部门以 1 亿美元作价出售给弘毅投资基金的消息传出后，几乎没有人相信这场"蛇吞象"的国际并购能有好的结果。之后发生的全球金融危机使联想集团雪上加霜，每况愈下。危急关头，联想集团创始人、持有集团 40% 以上股份的联想控股有限公司董事长柳传志再次出山，担任集团董事局主席，原董事长杨元庆当首席执行官（CEO），重新调整后情况发生了根本性地改变。

柳传志和杨元庆在董事会里面制订了一个四

---

① http://www.Lenovo.com.cn/.

年激励计划。按照这个激励计划,如果能够完成任务的话,管理团队将会拿到非常高的激励,这是过去他们难以想象的。经过半年时间,一些原打算看看再离开的美国高层管理者发现,新的CEO工作方式和以前不一样。以前的CEO比较强势,对重大问题的决策不是在董事会充分研究,而是征得个别当事人意见后就报到董事会决定了。新的CEO领着一个8个人的核心团队,其中4个外籍人士,4个中国人,每个月会在一个指定的地方一起聚会3天。提倡沟通和谈心的方式,互相之间先进行深入了解,然后对问题从虚到实进行讨论,反复研究后再做决定。8个人都可以充分发表意见,行使话语权。这样做最大的好处是,决定执行起来非常顺利,而且相互之间的关系越来越融洽。经过反复调查研究基础上制定的战略很容易获得成功。

6年多来,公司经历了艰难的消化和磨合过程,在备受煎熬之后,终于迎来曙光。2010年9月30日第二季度业绩显示,公司首次扭亏为盈,净利润8000万美元,现金储备提升到有史以来的最高水平,达24亿美元。

联想集团2010年主营业务增长率是24%,全球PC行业的增长率是-1%,戴尔、HP、宏碁的增长率都远远低于联想。其根本原因是,新的管理层中的中国人、美国人、欧洲人变成了一个非常和谐的团队,他们制定出了很好的战略,并强化了战略执行力。

2010年,联想集团全球营业额为1466.97亿元,位居2011年全国电子百强排行榜第二、2011年中国企业500强排名第59位。①

在2011年7月8日公布的"2011年世界500强企业最新排名榜"上,联想集团名列第449位,其销售收入为215.944亿美元,比上年上升了30%;公司利润额为2.732亿美元,比上年增长111.2%,销售利润率为1%。公司员工人数为27039人,人均利润约合10104美元。公司总资产为107.059亿美元,资产利润率为2.6%。②

联想集团2010年以28.2%的增长超越全球市场平均7.4%的增长,全球市场份额从一年前的8.4%,升至2011年第一季度的10%。2010年年底,联想的PC在中国市场的份额达32.2%,创联想在中国市场份额的历史新高。

联想控股有限公司董事长柳传志认为,联想集团对IBM个人电脑业务的并购是成功的。2004年并购IBM PC业务时,联想营业额是30亿美元,现在是216亿美元。当时其营业额占全球市场份额不到3%,现在是12.2%。按照目前的发展速度,联想将于2011年年底将超过戴尔位居全球第二位。如果联想靠内生性增长建立国际化队伍和销售渠道,是不可能用6年时间做到216亿美元规模的。

经过26年的发展,联想已在全球范围内构建起以北京、美国罗利和日本大和三地为支点的全球创新三角研发体系,拥有遍布全球46个世界一流实验室,掌握了5000多项全球发明专利,基本涵盖了PC发展历程中的所有核心专利。

基于对全球PC市场的判断,联想已经构筑成"Think"、"Idea"和"乐"三大产品系列,紧抓手机、平板电脑、电视等信息终端推出创新型产品,确保走在世界产业最前沿。

联想的战略主要包括两部分:一是保持现有业务的增量趋势(如台式机、笔记本等);二是移动互联网出现后,云计算、平板电脑、数字家庭、智能手机市场走垂直整合的路线,包括软件、硬件和服务,为此联想专门成立了MIDH部门。

2009年11月27日,联想集团以总额2亿美元向以弘毅投资基金为首的一些投资者收购联想移动通信技术有限公司的所有权益,标志着联想

---

① http://www.chinanews.com/cj/2011/09-03/3304464.shtml.
② http://money.cnn.com/Fortune Global 500 2011: The world's Biggest Companies-Lenovon Group/.

将全面进军高速增长的中国移动互联网市场。在出售联想移动不到两年的时间内再次购回,联想集团策略摇摆的背后,是产业、市场需求环境和联想集团自身发生的变化。在中国,由于政府和电信运营商的大力推动,3G网络的发展如火如荼,对移动互联网终端的需求形成了巨大的市场。由于3G的推广,PC产业逐渐向手机设备转移。凭借3G移动宽带的快速发展及伴随而来的多媒体互联网服务,预计2014年中国移动互联网市场规模将超过160亿美元。联想集团首席执行官杨元庆表示,联想将移动互联网视为未来重要的战略方向。联想自主研发了软硬件整合的、全球一流的创新产品,在国内率先推出。

柳传志认为,规模化低成本运作依然是传统PC业务的本质,移动互联网会带来新的模式,这是两种不同的发展模式。新经济是一种颠覆的经济模式,新坐标是放在全球范围内考量未来企业的发展方向和新技术可能对企业带来的改变。在苹果公司软硬件兼容并重商业模式的巨大竞争压力下,全球手机行业巨头诺基亚公司目前所遭遇的教训,令柳传志不得不考虑,联想集团的未来出路和调整的方向在哪里?

(本案例根据报刊资料整理而成)

◆ 思考题

1. 你如何评价联想集团的国际并购战略?
2. 中国企业进行跨国并购不易,成功整合更难。你认为主要难点在哪里?如何解决这些难题?
3. 基于对全球PC市场的判断,联想已经构筑成"Think"、"Idea"和"乐"三大产品系列,联想集团将其未来的战略重心调整到了移动互联网。你对此有何看法?
4. 苹果公司软硬件兼容并重商业模式会对联想集团带来哪些不利影响?面对业界层出不穷的新理念和新技术,联想集团应该如何应对?

3

全球化管理、比较管理与质量管理

[学习目标]

学完本章后,你应该能够:

1. 探讨国际企业和跨国公司(MNC)的性质和宗旨。
2. 理解国家联盟形成的贸易区。
3. 欣赏不同文化和国家之间的差异以及这些差异在管理上的意义。
4. 理解几个选定国家在管理做法上的差异。
5. 描述日本的管理实务以及Z理论。
6. 理解影响国家竞争优势的因素(根据迈克尔·波特的理论)。
7. 认识到在质量管理上的主要贡献,阐述鲍德里奇质量奖(Baldrige Quality Award)、ISO9000品质管理和品质认证技术标准体系(ISO9000)以及欧洲质量奖(European Quality Award)。

本书前几章集中探讨了在国内经营企业的外部因素,但国际企业在经营管理中所面对的制约性因素可能更为复杂。在国外从事经营的管理人员需要大量学习这个国家的教育、经济、法律和政治等制度,特别是了解其社会文化环境方面的知识。

本章第1节论述了国际管理以及跨国公司的作用,然后审视了一些国家环境因素对其管理做法的影响,特别是日本在管理上的做法。最后,对国家竞争优势和质量管理进行了详细讨论。

3.1 国际管理和跨国公司

> **国际管理**问题的研究主要集中在国际企业在东道国中的经营

国际管理问题的研究主要集中在国际企业在东道国中的经营,主要涉及人员、产品与资本流动的管理问题,旨在研究跨越国界情况下如何更好地管理好企业。

影响国内企业的环境因素对在外国经营的公司来说更为重要。国际企业管理人员面对的许多因素不同于内向型的国内企业,管理人员必须同具有不同教育和文化背景以及价值观念的员工打交道,还必须应对各种法律、政治及经济等因素。因此,不难理解,这些环境因素对管理职能和企业职能的实施方式会产生影响。

3.1.1 国际企业的性质和目的

尽管企业从事国际化经营由来已久,但近年来由于大型跨国公司的增长,国际企业才得以崭露头角,获得了高度重视。**国际企业从事于跨越国界的交易活动**,包括商品、服务、技术、管理知识以及资本向其他国家的

> 国际企业从事于跨越国界的交易活动。

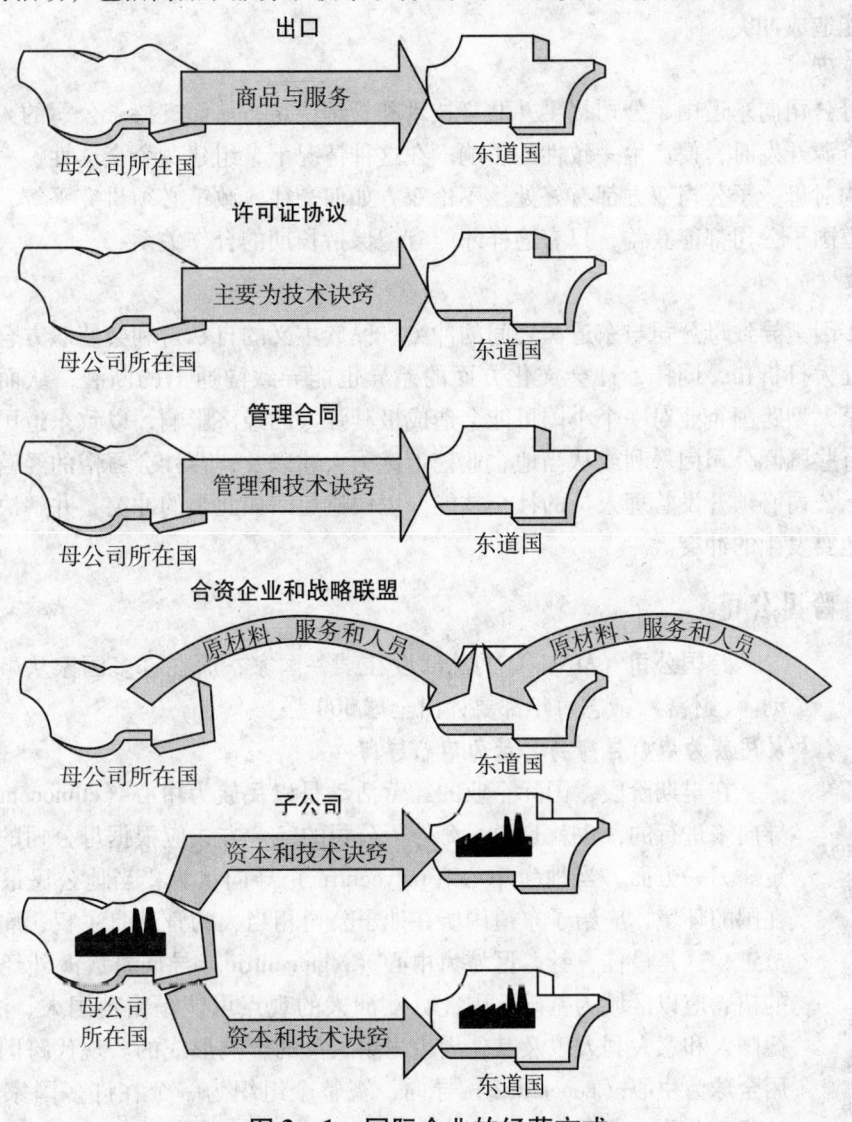

图 3-1 国际企业的经营方式

转移。正如图3-1所示，本国企业同东道国打交道可以采取许多方式，商品和服务的出口是其中之一；另一种是在其他国家生产产品的许可证协议；公司也可通过签署管理合同方式经营外国公司；还有一种方式是同东道国的公司组建合资企业，战略联盟是一种合资的形式（航空公司多采用这种方式），旨在扩大市场的分布或增加产品或服务的市场规模。最后，跨国公司可以建立独资的子公司或分公司，在东道国设置生产设施。因此，国际企业在制定全球化战略时有多种选择。

母公司与东道国之间的交往往往受多种因素的影响，其中有些因素是一致性的，有些则可能造成冲突。

一致性效应

当母公司向东道国子公司提供并共享技术和管理诀窍，从而支持子公司的人力资源和物质资源开发时，便产生一致性的影响。在这种情况下，组建一个全球性、一体化的组织结构对母、子公司双方都有好处。不论双方如何交往，政策必须讲究平等，使母公司和东道国子公司都能获益，只有这样才能有望保持长期的合作关系。

潜在冲突

许多因素导致母公司与东道国之间的冲突。民族主义的自私自利会使双方合作所取得的好处大打折扣，同样，社会文化方面的差异也能导致沟通上的断裂，从而造成误解。一家大型跨国企业对一个小国可能会造成极其强大的经济影响，以致东道国感到被弱化。有些国际公司因暴利或从当地企业挖走优秀人才以及违背社会习俗的经营而受指控。国际公司必须开发管理人员的社交技能，以便避免诸如此类的冲突，并解决那些不可避免地要发生的冲突。

3.1.2 跨国公司

> **跨国公司**的总部设在某一国家，而在许多国家从事经营活动。
>
> **民族**为中心导向认为海外子公司的经营方式应根据母公司的导向而定。
>
> **当地为中心导向**认为，应给予东道国所在地子公司相当大的管理自主权。

跨国公司（MNCs）的总部设在某一国家，而在许多国家从事经营活动。《财富》杂志每年都要评出全球500强。

从民族为中心导向到全球为中心导向

在早期阶段，国际企业的经营活动是以**民族为中心**（ethnocentric）的导向来进行的，也就是说，海外子公司的经营方式应根据母公司的导向而定。另一方面，**当地为中心**（polycentric）导向认为，当地公民最了解驻在国的环境，应给予东道国所在地子公司相当大的管理自主权，雇佣当地员工，这是最佳方针。**区域为中心**（regiocentric）导向赞成海外经营人员的招聘应以区域为基础。因此，欧洲人的观点可能是由英国人、法国人、德国人和意大利人以及其他周边国家人员的影响形成的。现代跨国公司采用**全球为中心**（geocentric）导向，视整个组织为一个在许多国家中经营的相互依存的系统。公司总部与下属子公司之间保持合作的关系和双向沟通。此外，由不同国籍的经理人员担任公司重要职务。总之，跨国公司的导向纯属国际性的，超越了那种狭隘的民族主义观点。

跨国公司的优势

跨国公司有着内向型企业不可比拟的若干优势。显然，跨国公司能够利用许多不同国家中的商业机会，也能在全球范围内筹募资金。此外，跨国公司能够在生产产品最有效率和效益的国家建立生产设施而从中获利。有时，从事全球经营的公司较之国内企业更易于取得自然资源和原材料。最后，大型跨国公司还能够从全球劳动力资源储备中招聘管理人才和其他人员。

对跨国公司的挑战

有必要把跨国经营的有利因素与在国外环境经营中所遇到的挑战与风险加以权衡比较。许多国家中日益高涨的民族主义即是其中的一个问题。多年以前，发展中国家缺乏管理、市场营销和技术等技能，因此，他们欢迎跨国公司。但随着发展中国家的人员逐渐掌握了这些技能，情况也正在发生变化。此外，这些国家不仅充分意识到他们的自然资源的价值，而且在国际商务谈判方面也变得更加成熟。最后一点，跨国公司必须同东道国保持良好关系，但由于东道国政府的层层更迭，公司必须应付并且适应这些变化，所以，事实会证明，这个任务是有难度的。

区域为中心导向认为海外经营人员的招聘应以区域为基础。

全球为中心导向视整个组织为一个在许多国家中经营的相互依存的系统。

3.1.3 从多国公司到全球化公司或从跨国公司到全球化公司的过渡

对大公司而言，只在不同的国家经营还不够，像埃克森石油公司和通用汽车公司那样，在一些国家建立生产制造厂也不足以使这些公司具备国际市场上的竞争力。转变的趋势会朝着**全球化公司**或**跨国公司**的方向发展，这种公司将整个世界视为一个大市场。当然，这也意味着这些公司要适应国家市场甚至当地市场的需求。

尽管许多公司都要全球化，却至今只有为数不多的公司做到了这一点。全球化公司要面向世界来开发产品，特别是面向北美、亚洲和西欧市场。同时，战略决策必须考虑到整个世界的情况，但具体策略的实施要按照国别和当地市场的情况来进行调整。在人力资源方面，要给外籍人员提供进入高层管理班子的机会。在全球化公司无法进入的国家，可能需要同当地公司建立战略联盟。

3.2 国家联盟和地区化经济

有时，一个地区的国家之间相互竞争（现在依然如此），而当今是地区之间的国家结成战略联盟，地区与地区之间展开竞争，例如，欧盟、北美自由贸易协定（NAFTA）、东南亚国家联盟（ASEAN）以及南美六国集团（Mercosur）。

3.2.1 欧洲联盟

"欧洲1992"标志着欧洲经济联盟第一步的完成。欧洲共同体(EC)1992年规划导致经济实体的大幅度调整。一些国家把这个新规划视同为"新欧洲",而其他一些国家,尤其是共同体之外的国家则认为这是一个堡垒,对其他国家(包括美国)构成了巨大的挑战。为了有效地抗衡这个"新欧洲",北美和亚洲国家组建了北美自由贸易协定(NAFTA)和东南亚国家联盟(ASEAN)。

www.siemens.com

欧盟委员会为了打破贸易壁垒和形成内部市场,对300多项法律条款进行了修订。新举措目的是在欧洲共同市场内创造市场机会,加大竞争力度以及引发欧洲共同市场外部公司的竞争。跨国贸易限制的取消和边境控制的减缓对在欧洲参与竞争的美国公司产生了巨大的影响。另外,像德国西门子公司这样的全球化公司在美国市场上成了颇具威慑力的欧洲公司。

"欧洲1992"的目标是通过取消贸易壁垒以及产品、人员、服务和资金的自由流动而形成一个单一市场。这些变化超越经济利益,也带来许多社会变革,例如,教育的质量也会受到影响。欧盟部长委员会颁布了一条法令,宣布承认各国高等教育文凭,以便于专业人员在欧盟各国工作。毫无疑问,欧盟共同市场绝不仅仅是一个经济共同体,而是一个具有政治权力的智能集团。

www.europa.eu.int

"欧洲1992"(后来成为"欧盟")最初有12个成员国,它们是:比利时、丹麦、法国、德国、希腊、爱尔兰、意大利、卢森堡、荷兰、葡萄牙、西班牙和英国。1995年又扩大到奥地利、芬兰和瑞典。之后有塞浦路斯、捷克共和国、爱沙尼亚、匈牙利、拉脱维亚、立陶宛、马耳他、波兰、斯洛伐克以及斯洛文尼亚。

3.2.2 北美自由贸易协定(NAFTA)和其他拉美自由贸易区

www.nafta-secalena.org

1994年,包括美国、加拿大和墨西哥在内的北美自由贸易协定(NAFTA)正式生效。其后,三国之间的贸易大幅度增长。协定的目标是取消贸易壁垒,有助于产品和服务跨国界的移动,促进公平贸易,增加投资机会,保护知识产权,解决争端以及提供旨在改善本协定的机会。该协定涉及诸多方面,如市场进入、产品原产地细则、海关程序、能源、农业以及应急措施。

www.mercosur.org
www.ftaa-alca.org

其他拉美和加勒比国家也相继组建了它们自己的贸易区。阿根廷、巴西、玻利维亚、智利、巴拉圭和乌拉圭成为南美六国集团(Mercosur)成员国。欧盟与南美六国集团(Mercosur)成员国之间贸易往来密切,这一关系随着2001年7月召开的贸易协会第五轮(Fifth Round of Association)谈判的召开得到了进一步的加强。此外,加勒比和中、南美洲国家认为,通过美洲自由贸易区(Free Trade Area of the Americas, FTAA)降低了贸易壁垒,而这一贸易区被人们认为是北美自由贸易协定的延伸。

正如世界贸易组织（World Trade Organization）会议期间总有抗议者出现一样，这些贸易协定的出台并非一帆风顺。批评家认为，这些协定对发达国家更为有利。

3.2.3 东南亚国家联盟（Association of Southeast Asian Nations，ASEAN）

这是一个由文莱（Brunei Darussalam）、柬埔寨、印度尼西亚、老挝、马来西亚、缅甸、菲律宾、新加坡、泰国和越南10个国家组成的贸易联盟，这个联盟不仅在经济上，而且在政治上越来越多地与北美自由贸易协定和欧盟成员国抗衡。

www.aseansec.org

在2003年10月巴厘岛召开的东南亚国家联盟高峰会议上，与会国家领导人与中国、日本、印度和韩国领导人讨论了政治安全、社会文化合作以及经济等问题。东南亚国家联盟经济部长们定期会晤，讨论经济和战略问题。2003年9月在曼谷召开了第35次部长级会议。一个月之后，在马来西亚的卡拉伦坡召开了首届文化和艺术部长级会议，其目的是改善成员国之间的合作，加深人民之间的了解，促进地区一体化。近来，这些国家又就"反恐"问题进行合作。最终，东南亚国家联盟会对北美自由贸易协定和欧盟形成抗衡。

3.2.4 印度在世界经济中的地位

就国家面积而言，印度是世界第七大国，而按人口排序，则是仅次于中国的第二大国。与中国相比，印度人口超过11亿，劳动力位居全球第二，经济实力排名世界第12位。据估计，到2025年，印度消费市场规模将超过德国。尽管经济在快速增长，印度的贫困率和文盲率却很高。印度于1947年从英联邦独立出来，1950年新宪法出台。印度在世界贸易组织（WTO）、东南亚国家联盟（ASEAN）以及南亚地区联盟（SAARC）中的作用日益增长。印度凭借其拥有的大量的训练有素的劳动力大军，在全球服务经济中发挥了越来越重要的作用，与世界经济的接轨越来越密切。

3.3 国际管理：文化和国家差异

了解管理做法上的差异是有益的。格里特·霍福斯泰德（Geert Hofstede）进行的一项详尽的研究给人们提供了一个研究各国不同文化差异的框架。我们的讨论将集中在几个选定的国家，涉及的内容以普遍性为基础，呈例证性特点，而不是包罗万象。我们必须牢记，在任何一个国家，管理人员之间都存在很大的差别。此外，社会也不是静态的，时时在发生变化。例如，德国管理人员传统的武断专行作风正在慢慢地被更加广泛的参与式管理方法取代。

3.3.1 不同文化行为

荷兰籍研究人员格里特·霍福斯泰德的研究发现，一个国家的文化会对其人民的行为产生影响。在他最初进行的、涉及11万人的研究中，他总结了4个维度，其后又补充了一个。它们是：（1）个人主义与集体主义；（2）大的权力距离与小的权力距离；（3）不确定容忍与规避；（4）男性化与女性化或进攻性目的行为与被动性目的行为；（5）短期导向与长期导向。

霍福斯泰德的研究结果表明，个人主义在美国、澳大利亚、英国和加拿大盛行，相比之下，集体主义在危地马拉、厄瓜多尔和巴拿马比较突出。在研究涉及的50个国家和地区里，印度排名第21位，与日本接近（22/23位）。另外，中国香港、新加坡、泰国和中国台湾排名在37~44之间，呈现为集体主义的倾向。在男性化与女性化指数方面，日本、奥地利、意大利和瑞士排名很高，而瑞典、挪威、荷兰和丹麦则排名很低，意味着这些国家倾向于女性化特征。

这些发现说明，管理人员为了在其经营的国家能够成功，有必要了解文化环境以及它们的含义。我们下面将讨论几个国家的管理风格。

3.3.2 法国：政府计划和"领袖"

法国政府制订全国性计划（属于法律—政治的环境因素），有助于协调单个行业和公司的计划（属于管理的计划职能）。政府的目的是要最有效地利用国家的资源和避免非经济领域里的扩张。虽然政府计划（也扩展至地区）由为数不多但颇有能力的人员去实施，但其他政府部门、企业家协会、工会和消费者也提供合作与支援。

有时计划成了有助于特定产业的全球战略，例如，法国政府试图把电子产业整合在一起，以克服法国在信息处理、消费品电子、微电子和自动化方面的弱点。为了实施这一战略，政府计划支持若干国家项目，如语言合成、小型和微型计算机以及大型电脑主机。很明显，政府计划和公司、特别是那些政府所有或资助的公司之间的关系甚为密切。

政府大量参与经济和社会活动带来了大约450万社会服务人员的就业机会。公务员比私人企业的员工有许多优势，如工资高、工时短、休假长、退休金充裕、奖金多、几乎是"铁饭碗"以及其他福利待遇。与欧洲其他国家相比，在1979~1999年，法国政府公务员队伍增长了20%，以至于法国员工中有1/4是拿政府工资的。毫不奇怪，许多法国人愿意成为公务员或"职员"。

让-路易·巴尔索（Jean-Louis Barsoux）和彼得·劳伦斯（Peter Lawrence）不仅注意到法国政府和产业之间的密切关系，还注意到那些著名大学的管理学院对法国管理思想的形成所起的作用，这一管理思想对政府和企业都十分重要。这些学院提供"领袖人物"，即管理界的精英。此外，这些学院广泛的社会关系对管理的成功至关重要。在管理人员身上最为重要的是分析能力、独立见解以及集成事实的熟练能力。在强调书面交流的同时，人们往往忽视口头交流能力。这些管理人员的能力往往表现在知识层面上，而非行动上。要获得政府和企业的高级管理职位，理性分析、解决问题和进行定量分析的能力都是很重要的。事实上，管理人员既为政府部门也为企业工作是很常见的。

法国的管理模式也有不足之处。首先，它可能会使管理人员不太擅长于解决非定量性、非常规性的问题，也不太善于对环境的变化做出快速反应。其次，这一管理模式不一定能选拔出最优秀的管理人员，因为学校的关系网比个人的实际能力更为重要。尽管这种管理模式的特征会限制管理人员从全球化的角度看问题，但是，总的来说，法国的管理人员相当支持欧盟制订的方案，并将此看做重建欧洲的一个契机。

3.3.3 德国：职权与共同决策

在过去，德国文化环境偏爱依赖职权来指挥工人，但现在这种情况已大为减缓，呈现为仁慈专制型领导方式（管理的领导职能）。甚至在今天，虽然管理人员也对下属表示关切，但他们还是期望下属的服从。1951年，德国通过了一条规定**共同决策**的法律，要求某些大公司的监事委员会和执行委员会中有员工的代表。此外，执行委员会要有一名员工选举的理事任委员。这个职位的难度很大，因为员工理事必须代表员工利益，但同时还必须要制订符合企业最佳利益的管理决策。

> **共同决策**要求公司的监事委员会和执行委员会中有员工的代表。

3.3.4 其他西方国家中影响管理的相关因素

在澳大利亚，管理受到这个国家的道德说教以及强调政治与社会价值观，强调成就和承担风险的影响。

意大利的管理人员适合于风险小的经营环境。意大利人富于竞争精神，但同时他们欢迎群体决策。

奥地利（以及德国）的管理人员具有自我实现和领导的特征，注重自主性和竞争力，对承担风险的容忍度相当低。

在英国，应变性、适应性和逻辑性与工作的安全感同为重要。同样，人们崇尚个人主义。

3.3.5 韩国管理

日本式的管理受人关注的部分原因是日本公司在过去经济上取得的成功。韩国也展示出经济上突出的增长，但是，1997年发生的亚洲经济危机使其经济出现重大转折。韩国管理模式鲜为人知，简单地把韩国的管理看做是日本式管理模式的延伸是不正确的。尽管这两个国家间的管理有许多文化和结构上的相似之处，例如都有实力强大的联合大企业存在，但两者并不相同。

> "财阀"（Chaebol）是政府与产业集团之间形成的紧密合作关系。

韩国模式的特点是"财阀"（Chaebol），这是政府与产业集团之间形成的紧密合作关系。然而，金勇南在担任韩国总统时曾建议："我们需要妥善地平衡大企业与小企业的关系。我们不能让财阀靠吞并小企业而发展。"他甚至宣称："靠给人们带来痛苦的外部扩张成长起来的财阀已经到头了。"

> "inhwa"在韩国语中意指和谐。

日本的管理人员强调群体的和谐与一致，即日文里的"wa"，韩国人语言中的"inhwa"也可译为和谐，但并不那么强调群体价值观。韩国的组织结构层次划分清晰，家庭成员担任关键性的职位。除血缘关系以外，聘用高层管理人员的决定性因素常常是曾经就读的大学或是否来自同一个地区。这种领导方式是自上而下的，或者说是独断的或家长式的。这种管理方式可以通过命令手段使公司迅速对环境的需求变化做出反应。终身聘用制在韩国并不流行，事实上，同日本人员的低流动率相比，韩国的人员流动率比较高，而这主要是因为雇员主动辞职而非被解雇。总而言之，韩国的管理既不同于日本的管理也不同于美国的管理。

3.3.6 日本管理和 Z 理论

作为世界上领先的工业国，日本在管理上采取了完全不同于西方发达国家的做法。这里首先讨论日本的两种常见做法：终身雇佣制与一致性决策制，然后比较日本和美国的管理做法，包括 Z 理论。在本书第 2~6 篇结束语中，还对日本在管理上的其他一些做法进行了讨论，并分别将其与美国和中国在管理上的做法进行了比较。

终身雇佣制

> "wa"在日语中意指和谐。

日本式管理的重要特征包括终身雇佣制（与人员管理职能有关）、对员工的高度关心以及注重资历。通常，员工终生都在一家企业工作，这又转而给员工提供安全感和归属感。这种做法从文化理念上将"wa"（即和谐）的概念带入企业，使得员工忠诚于公司，并与公司的宗旨密切认同。然而，由于员工都名列在工资单上，即使工作任务不足也要照发工资，无形中增加了经营成本。因此，有些企业开始对终身雇佣制提出了疑问，事实上，这一制度正在发生变化，不过发展非常缓慢。然而，常常被人忽略的是，主要是大企业采用终身雇佣制，事实上，估计只有大约 1/3 的日本劳动力实行了职业保障制度。

> www.world.sony.com

同终身雇佣制密切相关的便是年功序列制，是给予已在本企业工作了很长时间的老年职工的优惠待遇。但有迹象表明，这一制度可能会被一种较为开放的做法所取代，即给年轻人提供晋升的机会。例如，历史较短的索尼公司中，班组长（注意不称他们为工长）往往是十八九岁的年轻女孩，实际上这些班组长同她们所领导的操作工在年龄上所差无几。

日本的决策方式

日本管理中的决策方式也与美国大相径庭，其决策的思想基础是变化和新思路主要应来自基层。所以,低层次员工向高层次人员提出建议,上司对建议不是简单地表示接受或拒绝,而是要老练地质疑、提出建议和鼓励下属。如有必要,把建议退给建议者要求补充更多的信息。然而,在重大决策上,高层管理人员保留其权力。

日本式管理则采取一致性的决策方式来处理日常遇到的问题。低层员工首先提出设想并把它送交较高层人员,一直送到最高层主管的办公桌上。如果建议被批准,则把它退交建议者,由其去实施。

Z 理论

Z 理论中挑选出的一些日本式管理做法适用于美国的环境,并由诸如国际商用机器公司、惠普公司以及从事多元化经营的戴顿—赫德森零售公司(Dayton-Hudson)等美国公司所运用。威廉·大内(William Ouchi)教授提出,Z 型组织的特征之一就是强调为群体相互交往所必要的人际关系技能。尽管强调群体决策,然而责任仍归属个人(这点完全不同于日本式做法,其强调的是集体责任)。另外,还强调建立在信任基础上的、非正式的、民主的关系。不过,像国际商用机器公司那样,其等级制度结构仍然是原状,在此基础上,不仅公司的目标,而且公司的职权、规章制度和纪律指导着公司的行为。

> Z 理论中挑选出的一些日本式管理做法适用于美国的环境。
> www.ibm.com
> www.hp.com

3.3.7 印度的崛起

印度自 1991 年进行改革以来大大减少了官僚机构,经济得到了快速发展。随着进口限制的取消,出口在增长,而这一切是与印度企业界领袖们在高科技领域做的变革密不可分的。值得一提的是纳拉亚纳·穆尔蒂(Narayana Murthy),他被很多人视为是印度的比尔·盖茨(Bill Gates)。他和他的助手们创办了 Infosys 信息系统技术有限公司。

另一个受人尊敬的企业领袖是拉丹·塔塔(Ratan Tata),他挑起了塔塔钢铁集团现代化的重任。塔塔先生是一名建筑师,在美国获得教育,人们常常把他比作通用电气公司的杰克·韦尔奇。近年来,他因于 2008 年推出 2500 美元的塔塔轿车而名声大震。印度政治家们非常关注中国的经济发展。印度比中国相差甚远,在许多领域正向中国看齐。印度许多地方需要改进,其中之一是它的基础设施,这也是一些外国公司不愿在印度投资的原因之一。

中国在发展制造业,而印度的优势在于高科技领域。班加罗尔被称作印度的硅谷,其他一些城市也在建技术中心。在班加罗尔,人们可以看到许多诸如诺基亚、英特尔、飞利浦和通用电气等外国跨国公司的身影。

虽然印度的变化非常快,但是相比中国还有很大的差距。要把不同利益集团的想法形成共识需要相当长的时间。当然,与 50 年前相比,今日印度的进步是不可想象的。以下的国际视角栏目对中国和印度一些不同之处进行了比较。

3.4 波特的国家竞争优势

管理人员除了了解管理方式上的文化差异外,还应该理解其他国家的经济环境。迈克尔·波特是哈佛商学院的教授,他对比较优势经济理论提出了质疑。他认为,四组因素影响一个国家的实力。第一组是要素因素,如一个国家的自然资源、劳动力成本,以及人们的技能和受教育的程度等;第二组是一个国家的需求条件,如市场规模、产品做广告的方式以及消费者的成熟程度;第三组是供应商因素,即当提供各项支持的公司都位于本地时,公司会兴旺起来;第四组包括公司的战略、结构以及竞争对手之间的竞争状况。

这四组因素结合在一起就构成了竞争优势。一方面,当只有两组因素有利时,竞争优势很难保持;另一方面,资源的可供性也未必总是一个必要的条件。例如,日本缺乏自然资源,但日本却很繁荣。事实上,经济发展上的困境可能会刺激经济活动和经济成功,这已经被第二次世界大战后的日本和德国证明了。但是,这两个国家的消费者都需要高质量的高级消费品。同样地,日本和德国的公司同其供应商之间都有着良好的关系,也有良好的教育制度和高水平的劳动大军。尽管日本公司在某种程度上很合作,但其竞争也非常激烈。

3.5 通过质量管理获得全球化竞争优势

质量已经成为全球市场竞争中的战略武器。曾经以世界生产率先驱著称的美国公司已经陷入全球各地企业的重重包围之中。原因之一是,许多美国公司骄傲自满,不求进取,看不到全球市场的需求变化,而这一变化越来越要求高质量的产品。美国公司的这种骄傲自满和缺乏远见给竞争对手,尤其是来自日本的竞争对手运用质量这一有利的武器,在美国和欧洲市场上不断加大了它的市场份额。

在管理人员对其生产过程进行革命性变革之前,他们必须首先彻底改变其对质量的看法。对质量的重新认识至关重要,必须抛弃那种只要产品能盈利就应保持现状的陈旧观念。公司的宗旨必须要追求卓越。要获得卓越,管理人员必须把消费者的需求放在首位。他们永远不能忘记,消费者是不可或缺的:正是有了他们,公司才得以生存。

3.5.1 传统的质量管理大师

尽管人们对质量的关注似乎是近年来的一种现象,实际上,早在20世纪50年代就有一些质量大师试图将他们的理论引入美国公司。但是,美国管理人员听不进去。好在这一情况正在发生变化,许多新的质量倡导者加入到早期质量管理先驱们的大军之中。我们将简要地回顾三位质量大师的贡献,他们是:戴明(Deming)、朱兰(Juran)和克罗斯比（Crosby）。他们主张的质量管理方法不尽相同，但每个人都有助于确定其发展方向。

戴明博士和朱兰博士这两位美国教授的个人生涯途径有一些有趣的相近之处。他们20世纪50年代都在纽约大学管理系任教，在第二次世界大战后经济繁荣期间，他们试图敦促美国管理人员关注质量，但无功而返。在美国人对他们的说教不屑一顾之后，他们决定将这些理念转向更易于接受新意的日本人。

他们对日本的进取恰逢其时。20世纪50年代之前，日本由于国内产品以工艺粗糙、质量低劣闻名于世而使其出口遭受巨大损失。例如，日本制造的轿车设计和制造粗糙，性能不可靠，外表没有吸引力。对于这样一种劣质日本轿车，美国消费者不感兴趣也就不足为奇了。

但是，在过去30年中，日本轿车制造商在美国市场上靠销售高质量的轿车逐步地扩大了其市场份额，而这一从劣质向优质轿车的转变在很大程度上受益于戴明和朱兰的贡献。他们帮助日本产业对其产品质量进行了革命性的变革，并由此而成为质量英雄。在一定程度上，正是由于他们的努力，使全世界的消费者将日本产品与高质量产品联系在一起。为了颂扬他的贡献，日本将人们梦寐以求的质量奖以已故的戴明博士命名。今天，在戴明和朱兰向日本管理人员传授如何生产质量产品多年之后，美国管理人员才逐渐地对这两位大师刮目相看。

菲尔·克罗斯比（Phil Crosby）是三位大师中的最后一位。不像戴明和朱兰，克罗斯比没有越洋到日本去传经送宝，他的质量管理方法也不是在大学校园里产生的。他不是一个学者，他是在几家美国公司工作中形成了他的改进质量的创意。务实的工作作风使他在马丁玛利埃塔材料公司（Martin Marietta）和国际电报电话公司（ITT）得以推行他的这些创意，在他成为顾问之前，他曾一直在这两家公司工作。

尽管戴明、朱兰和克罗斯比三位大师都视质量为企业能否生存的关键，然而他们对质量的定义却大不相同。戴明认为，质量意指给消费者提供物美价廉的产品和服务以及不断创新和改进的承诺，日本人称其为"持续改进管理理念"（kaizen）；朱兰认为，质量定义中的关键因素是产品的"适用性"；而克罗斯比则从符合精确标准和要求的工程学角度解释质量，他的座右铭是"一次完成，零缺陷"。尽管戴明被认为最注重统计分析，三位大师都认为统计数据在评估质量中至关重要。

www.deming.org
www.juran.com
www.philipcrosby.com

3.5.2 其他质量方法和质量奖

如前所述，戴明奖表彰了获得优质产品的日本公司，与之相近、但强调重点不同的是马尔科姆·鲍德里奇国家质量奖（Malcolm Baldrige National Quality Award），这一奖项是美国国会于1987年设立的。ISO9000质量标准是另外一种探讨质量的方法，是欧洲人创立的。同样，欧洲质量管理基金会（European Foundation for Quality Management）颁布欧洲质量奖（European Quality Award）。

3.5.3 1996年马尔科姆·鲍德里奇国家质量奖

www.quality.nist.gov

马尔科姆·鲍德里奇国家质量奖是美国公司在优质方面能够获得的最高国家荣誉奖，它有助于企业理解优质和竞争力方面的绩效要求。参与评优的企业分为三类：（1）制造业公司；（2）服务性公司；（3）小企业。申报评估的企业要分享其公司改进过程以及结果方面的信息，以便于其他企业推广、使用。参与评估的公司可以从评审者那里得到的反馈中获益。

奖项参审公司必须在不同方面展示其结果和改进情况。具体来说，评奖标准共分为7大类、24项，根据被评企业的类型、规模、战略以及发展阶段，就其关键成功因素要求方面进行评估。如图3-2所示，以下就7类标准分别进行阐述。

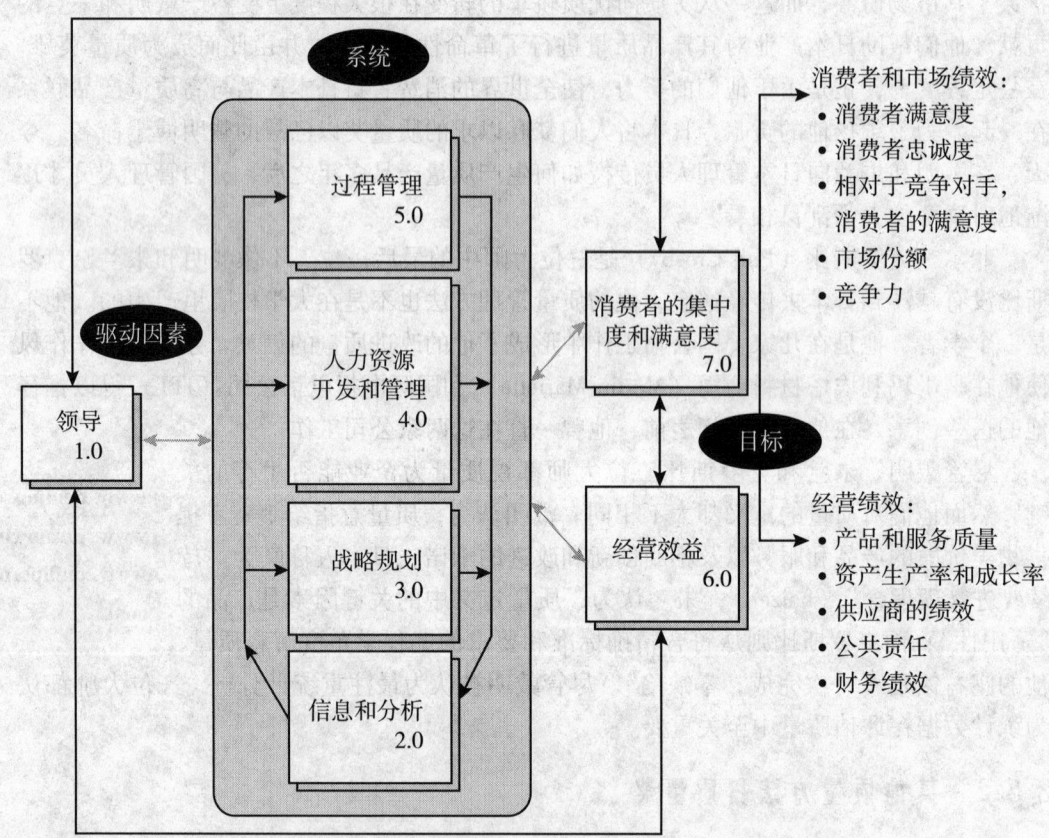

图3-2 鲍德里奇国家质量奖标准框架：动态关系

资料来源：Malcolm Baldrige National Quality Award 1996 Award Criteria (Gaithersburg, MD: U. S. Department of Commerce, Technology Administration, National Institute of Standards and Technology, undated).

1. 领导类别要求,由高层管理人员确定发展方向,形成并保持高绩效要求的领导风格。这一标准同时要求,领导要创建一个有效的组织和管理系统、承担公共责任和树立公司公民形象。

2. 信息和分析类别检验一个公司的效益和管理信息(包括财务和非财务)的使用情况。它不仅要求分析公司的数据,而且包括竞争分析和对标,将公司与行业内最好的企业进行绩效对比。

3. 战略规划类别涉及经营计划,强调将计划转化为消费者和经营要求。规划必须以满足消费者需求和改进经营效果为前提。

4. 人力资源开发和管理类别包括与人力资源相关的所有关键因素的标准。

5. 过程管理类别集中于所有关键的工作流程,包括设计、导入、生产和产品与服务的交货。同时,这一类别也包括支持性服务和供应商绩效方面的标准。

6. 组织是以效果为导向的。这个类别侧重效果:产品和服务的质量效果、公司经营和财务效果以及人力资源和供应商绩效效果。

7. 最后一个类别是消费者集中度和满意度。具体来说,这个类别标准要求公司必须在消费者和市场信息方面、与消费者的关系方面以及相对于自己的竞争对手而言,消费者的满意度方面做到最优。

这一奖项标准集中于企业的经营效果,以非描述性为特点,意味着企业可以通过不同途径来满足奖项的要求。正如 7 个类别所示,标准非常详尽,涉及相关的过程和效果,这些效果集中于改进和不断学习方面。这些标准强调系统方法,即组织的所有部分都是相互关联的。同时,这些标准起到诊断工具的作用,指出了公司的优势和薄弱环节。

ISO9000 品质管理和品质保证技术标准体系

ISO9000 技术标准体系已经是家喻户晓,有人称其为"ISO 炙热症"。"ISO" 是 1946 年在瑞士日内瓦提出来的,这个词来源于希腊语的 "isos",意指平等。ISO9000 技术标准体系的文件于 1987 年公布,包括 5 个相关的标准,从 9000 一直排序到 9004(仍在延伸)。尽管 ISO 体系之风源自欧洲,目前已有 100 多个国家和地区参与到这个体系中,包括日本、美国以及欧盟诸国。大多数大型公司,如通用电气、杜邦、英国电信以及飞利浦电子等敦促甚至要求供应商必须通过 ISO9000 技术标准体系认证。

www.iso.ch

ISO9000 技术标准体系要求,公司必须将其流程和质量体系规范化,确保所有员工理解并遵照规范化指南,通过内部和外部审计,持续地监督和检查质量体系,并进行必要的变革。就企业内部而言,ISO9000 技术标准体系促使公司将流程规范化,公司员工对质量控制有更深入地了解,随着生产率的提高,组织文化也在发生变化,公司内部安装了全面质量控制体系。从企业外部来说,相对于没有通过认证的竞争对手,公司取得了竞争优势,产品和服务达到了消费者和欧盟的要求,人们增加了对高质量的信任度以及有可能更大的满意度,例如,满足了采购代理商的要求。

鲍德里奇国家质量奖和 ISO9000 技术标准体系在集中度、目的和内容上不尽相同。

ISO9000 技术标准体系集中在公司选择的某些做法方面的持续努力，目的在于让购买者相信，公司的某些做法和相关规范与确定的质量体系相一致。ISO9000 技术标准体系既不评估公司的经营效益，也不评价其改进趋势和产品质量。它既不保证优质产品或服务，也不强调持续的改进措施，更不关心员工授权或团队作业。但是，ISO9000 技术标准体系的确向消费者提供证书，表明公司如何培训员工，测试产品以及纠正偏差。采购代理商愿意看到这种证据，即通过认证的公司有一套规范化的质量体系，并且遵照这一体系。规范化是 ISO9000 技术标准体系的核心，因此，ISO9000 认证不能与鲍德里奇国家质量奖的数据相比较。

欧洲全面质量管理模式

www.efqm.org 欧洲质量奖（European Quality Award）是另一个质量项目，是由欧洲质量管理基金会（European Foundation for Quality Management）专门针对优质公司颁发的。1996 年欧洲全面质量管理模式是基于以下条件建立的："消费者满意度、人员（员工）满意度以及对社会的影响是通过领导制定的政策和战略、人员的管理，资源和过程，最终形成企业优质绩效而获得的。"

欧洲全面质量管理模式是在美国鲍德里奇国家质量奖的基础上推出的，虽然有一些新的特色（两种不同模式比较而言），但仍然非常接近。例如，欧洲模式中的"对社会的影响"变量相当于鲍德里奇国家质量奖中的"领导"类别，涉及"公共责任和公司公民"。同样，欧洲模式中的"人员满意度"相当于鲍德里奇国家质量奖中的"人力资源开发和管理"类别。有趣的是，欧洲模式中列出的前 5 个变量（领导、人员管理、政策和战略、资源和过程）被称作"促使因素"，意指这些标准涉及公司如何获得效益，其他 4 个标准（人员满意度、消费者满意度、对社会的影响以及企业效益）被称作"效果因素"，涉及公司获得了什么。

结论是，有关全面质量管理的美国鲍德里奇国家质量奖模式和欧洲模式有很多相近之处，但都与 ISO9000 技术标准体系相去甚远。

本章小结

国际企业的经营活动跨越国界，因而更易受东道国的教育、社会文化—伦理道德、政治—法律以及经济环境的影响。跨国公司在其海外经营过程中开发出了不同的管理导向，包括民族为中心（基于国内母公司的海外经营观）的导向和全球为中心（组织被视为是一个在许多国家经营的相互关联的体系，即真正的国际化）的导向。

国家之间形成地区联盟，如欧洲联盟、北美自由贸易协定、东南亚国家联盟和南美六国集团（Mercosur）。霍福斯泰德研究了一个国家的文化对其人民的行为产生的影响。

管理做法因国家而异。例如，在法国，政府计划在很大程度上影响企业的计划的发展方向。在德国，职权的使用和共同决策的理念形成了独特的管理做法。韩国的管理做法介于日本和美国之间，而日本的管理做法与美国的做法大相径庭。Z 理论涉及某些日本的管理做法，目前有些美国公司已经采用了这些做法。

　　国际企业管理人员有必要了解其他国家的经济环境。波特确认了有助于国家竞争优势的 4 组因素。

　　质量是全球市场竞争中的战略武器。对质量管理做出贡献的早期贡献者是戴明、朱兰和克罗斯比。马尔科姆·鲍德里奇国家质量奖认可美国公司在优质绩效方面的努力，而欧洲人对质量的渴求可以从 ISO9000 技术标准体系与欧洲质量奖上略见一斑。

主要概念回顾

国际企业	当地为中心导向	波特的国家竞争优势
出口	区域为中心导向	戴明、朱兰和克罗斯比对质量
许可证贸易	全球为中心导向	管理的贡献
管理合同	全球化或跨国化公司	马尔科姆·鲍德里奇国家质量
合资企业	国家联盟和贸易区	奖标准
子公司	霍福斯泰德的 5 种行为维度	ISO9000 技术标准体系
跨国公司	法国、德国和韩国管理做法	欧洲质量奖模式
民族为中心导向	日本管理做法和 Z 理论	

讨 论 题

1. 跨国公司有哪些优势？它们必须面对哪些挑战？举例说明。
2. 哪些是霍福斯泰德确认的 5 种文化维度？
3. 法国、德国、韩国和日本在管理做法上有哪些主要的特点？
4. 什么是 Z 理论？
5. 你认为美国采用的哪些管理理念和做法能够移植到英国、法国、德国或你所知道的任何其他国家？
6. 以你所熟悉的国家为例，就教育环境中的因素如何影响企业的管理进行讨论。
7. 讨论一个采用全球为中心导向的公司如何进行管理，并与以民族为中心导向公司的做法进行比较。
8. 你认为日本的管理决策方式在美国能行得通吗？为什么？
9. 就不同的质量管理方法而言，你认为哪一种模式最有用？

企 业 案 例

比亚迪公司的新能源战略

　　比亚迪是全球新能源汽车的领军企业。1995 年 2 月，比亚迪股份有限公司创建于深圳，专门生产充电电池。其后，公司以年销售额超过 70% 的速度增长，2003 年跃身为全球第二大充电电池生产商，日产充电电池 300 万粒，锂离子、镍镉、镍氢电池销售量分别居全球第二、第一和第三位，全球平均每四台移动电话中就有一台使用比亚迪生产的电池。

短短十年时间比亚迪成为IT及电子零部件的世界级制造企业,其IT及电子零部件产业已覆盖手机所有零部件及组装业务。作为一家在中国香港上市的中国民营企业,公司定位于IT零部件制造和汽车制造两大产业。IT零部件主要产品包括锂离子、镍镉、镍氢充电电池、液晶显示屏模块、塑胶壳、键盘、柔性电路板、摄像头和马达等。汽车产品涵盖从800cc到2400cc的各种高、中、低端系列轿车以及电动汽车和电动自行车。

20世纪90年代,西方跨国公司产业价值链的转型使中国成了全球电子产业的生产和加工基地,也催生了比亚迪等一大批民营企业。比亚迪成立时只是一家电池生产小厂,1996年通过了ISO9000认证,1997年开始研发锂离子电池,1998年,比亚迪品牌锂离子电池开始批量出货。比亚迪在电池产品上的策略是,半自动化设备加人工,这样来降低成本、提高效率。当时一块锂离子电池在国外卖10美元,而比亚迪仅卖3美元。低成本扩张战略和低价格竞争优势使比亚迪迅速成为全球第二大充电电池生产商。

之后,比亚迪从电池产品全方位进入手机配件生产,提供从电池、外壳等配件到显示屏、马达等各种核心零部件,并兴建了LCD生产线,形成了庞大的手机配件产业群,为西门子、诺基亚等厂商提供除了通信芯片之外的整机解决方案。2002年7月31日,比亚迪在中国香港正式挂牌上市。

比亚迪在内部机制、管理与决策效率上比竞争对手高出一筹,在品质和成本控制上形成了非常强的竞争力。在整个产业大发展的背景下,配件领域的利润相当可观。比亚迪有非常好的创新机制和独特的研发体系,在充电电池领域,比亚迪公司拥有自主知识产权的技术,掌握着很多专利。2004年,公司申请并得到批准的专利数在全国排名第六。

比亚迪组建之初就将其战略目标定位于国际市场,公司80%的产品出口。多年的出口经验使管理人员和员工更加熟悉国际规则,其中许多人已经迅速成长为国际化经营人才。

比亚迪于2003年年初进行战略转型,进入相关领域,从事多元化经营。2003年1月22日,公司动用2.54亿港币收购了秦川汽车公司,跨入汽车工业。比亚迪汽车是中国香港上市公司——比亚迪股份有限公司的全资子公司,专门进行燃油汽车、电动汽车和混合动力汽车的研发和生产。比亚迪汽车遵循自主研发、自主生产、自主品牌的发展路线,矢志打造真正物美价廉的国民用车,产品的设计既汲取国际潮流的先进理念,又符合中国文化的审美观念。目前,比亚迪已建成西安、北京、深圳、上海四大产业基地。在上海建有一流的研发中心,拥有3000多人的汽车研发队伍,每年获得国家研发专利超过500项。在西安建有国际领先水平的轿车生产线,总产能达到20万辆。在深圳建成现代化汽车城,总产能将达到30万辆,并建成第二研发中心,将成为比亚迪汽车中高级汽车的生产基地。比亚迪在整车制造、模具开发、车型研发等方面都达到了国际领先水平,产业格局日渐完善。2007年以来,比亚迪F3月销连续突破万辆。从2007年6月到2008年6月,比亚迪F3用12个月的时间,创造了产销10万辆的奇迹,为自主品牌之最,成为"速度之王"。2008年3月18日,比亚迪第一款中高级商务轿车F6全国上市,其自主品牌开始冲击国内中高级轿车市场。2008年12月15日,比亚迪的全球第一款双模电动车F3DM在深圳上市。2009年,比亚迪总销量达到44.8万辆,至此,比亚迪连续五年销售同比增长至少百分之百,创造了中国汽车工业史上的传奇。

2010年,比亚迪实现销售收入484.48亿元人民币,连续三年销售收入复合增长率达32%。截至2010年年底,公司总资产额近539.63亿元,净资产超过184.60亿元。①

---

① http://www.bydauto.com.cn/.

进入 2011 年以来，比亚迪遭遇了前所未有的困难，业绩急剧下滑。上半年，比亚迪共实现整车销售 22 万辆，同比下降 23%，汽车业务板块实现销售收入 102.8 亿元，同比下降 25%。受汽车销量下降和营运成本上升影响，公司第一季度净利润较上年同期骤降 84%。销售不力，比亚迪不得不通过裁员降低运营成本。

8 月 29 日，比亚迪启动了裁员计划，被裁员的主要是比亚迪汽车销售有限公司，裁员比例高达 70%。受此消息影响，比亚迪股票一度从最高 85.5 港元下跌到 15.6 港元。全球金融危机带来的国际汽车市场需求下降和国内汽车行业的激烈竞争，迫使比亚迪不得不调整其"走出去"战略，放缓海外市场开拓步伐，推迟了其插电式混合动力车原定于 2012 年春进入美国西部地区的中期目标。

比亚迪的长远战略目标是致力于成为全球领先的新能源解决方案提供商，为此，公司将持续提升其电池、IT、汽车三大业务板块的核心竞争力，并最终实现三大业务板块向新能源领域的纵深拓展，实现经济效益和社会效益的双赢，打造全新的发展空间。

根据中国《新能源汽车产业发展规划》，①政府将投入 1000 亿元人民币打造新能源汽车产业链，将坚持以纯电动作为中国汽车工业转型的主要战略取向，重点发展纯电动汽车、插电式混合动力汽车，同时注重传统汽车技术水平的提升。到 2015 年，纯电动汽车和插电式混合动力汽车市场保有量达到 50 万辆以上；中、重度混合动力乘用车保有量达到 100 万辆；2020 年新能源汽车销量规模要达全球第一。

为保证新能源汽车的销售，政府部门于 2010 年推出《关于开展私人购买新能源汽车补贴试点的通知》，对纯电动汽车和插入式电动汽车的补贴力度分别达到最高 6 万元和 5 万元。比亚迪在中国汽车行业是个迟到者，但它在电动车领域有其独特的商业模式，发展速度快，潜力大。比亚迪在中国颇具领先地位的电动车业务符合国家新能源汽车产业发展方向，可以从政府新能源汽车行业支持性政策中获益。

比亚迪董事局主席兼总裁王传福认为，"在战略上必须有所创新，走别人的路就没法同别人竞争。比亚迪最核心的就是技术，我们这里技术为王，创新为本"。中国一些企业总是习惯于学习和模仿国外成功大企业的道路，然而一味地模仿没有使多少中国企业成为强者。在全球化竞争的态势下，中国新能源汽车企业如何进行自主创新，基于充电电池起步的比亚迪无疑是一个领军者，但它还有相当漫长的路要走。

（本案例根据实地采访和报刊资料整理而成）

◆ 思考题

1. 比亚迪公司开发新能源汽车的意义何在？前景如何？
2. 试从产业价值链的角度评价比亚迪公司的 IT 零部件制造（包括电池）和汽车两大主营业务。
3. 你认为什么是比亚迪公司的核心竞争力？主要体现在哪些方面？
4. 比亚迪公司推行自主品牌战略的做法对中国其他汽车制造企业有何借鉴意义？

---

① 《2011～2015 年中国新能源汽车行业投资分析及前景预测报告》，http://www.ocn.com.cn。

第2篇
计　划

第4章　计划精要和目标管理
第5章　战略、政策和计划的前提条件
第6章　决策

4

计划精要和目标管理

[学习目标]

学完本章后，你应该能够：

1. 了解管理计划是什么和管理计划为什么重要。
2. 区别和分析各种类型的计划，并说明各类计划之间的相互关系。
3. 简述和讨论在制订计划时的合理步骤，同时理解，这些步骤在确定目标和选择达到这些目标手段上本质上是一种理性方法。
4. 解释目标的性质。
5. 描述如何根据不同情况制定可考核的目标。
6. 简述目标管理（MBO）中的循环反复的概念。
7. 理解目标管理（MBO）的系统模式。
8. 阐述目标管理（MBO）的益处。
9. 认识目标管理（MBO）的薄弱环节，并提出克服这些薄弱环节的建议。

现在大家已经熟悉了基本的管理理论，并了解了五种主要的管理职能：计划、组织、人员、领导和控制。在本书第2篇，我们将讨论计划工作。

在为群体中一起工作的人们设计环境，使每个人有效地完成任务时，管理人员最主要的任务，就是努力使每个人理解群体的使命和目标以及实现目标的方法。如果要使群体的努力有成效，其成员一定要明白期望他们完成的是什么。这就是计划工作的职能，而这项职能在所有管理职能中是最基本的。**计划包括确定使命和目标以及完成使命和目标的行动；这需要制定决策，即从各种可供选择的方案中确定行动步骤。**因此，计划为实现预先确定的目标提供一种理性方法。计划工作也着重于管理上的创新，这些问题将在第6章中加以论述。计划工作是一座桥梁，拉近了人们现在和将来之间的距离。同时，有必要指出，计划与控制是不可分割的，似同管理上的连体双胎。试图未经计划就进行控制是徒劳的，因为人们无法知道他们是否正在走向他们要去

> 计划包括确定使命和目标以及完成使命和目标的行动；这需要制定决策，即从各种可供选择的方案中确定行动步骤。

的地方（控制工作的结果），除非他们首先知道他们去哪里（计划工作的范畴）。因此，计划有助于确定控制标准。

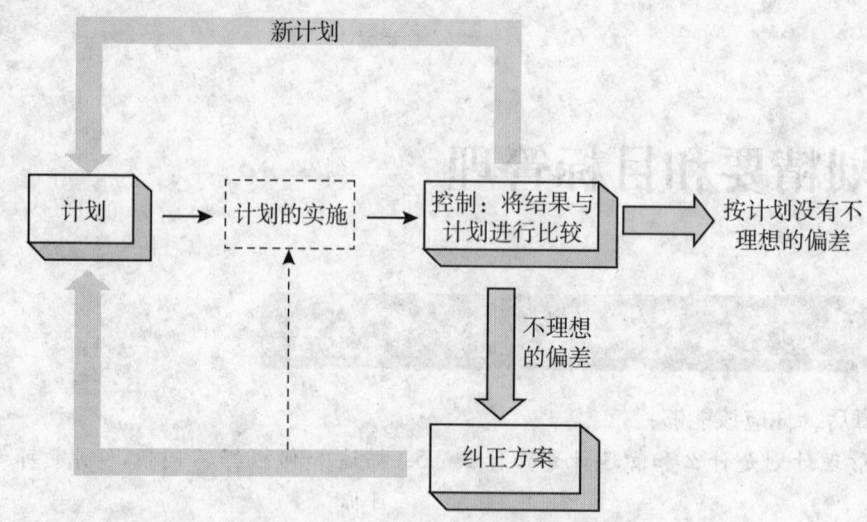

图 4-1　计划与控制的紧密关系

4.1　计划类型

计划分为：(1) 使命或宗旨；(2) 目标或目的；(3) 战略；(4) 政策；(5) 程序；(6) 规则；(7) 规划；(8) 预算。

4.1.1　使命或宗旨*

使命或宗旨表明了企业或事业单位或它们中的任何部分的基本目的或作用或任务。

　　使命或宗旨（这两个术语常常互换使用）表明了企业或事业单位或它们中的任何部分的基本目的或作用或任务。各种有组织的活动，只要有意义的话，就应该有使命或宗旨。在各种社会系统里，企业具有由社会赋予它们的基本职能或任务。例如，一般来说，企业的目的是生产和分销商品和服务。州公路部门的目的是从事州公路系统的设计、建造和经营。法院的目的是解释法律和执行法律。大学的目的是从事教学和研究以及向社区提供服务。

＊愿景（vision）这个词经常在人们讨论使命时出现。管理类畅销书往往在讨论愿景时会涉及诸如确定目标、团队管理以及未来导向等概念。最近的一项调查表明，企业高层管理人员对愿景的含义没有统一的看法。然而，这项调查确定了涉及愿景陈述结构和内容的7个因素，包括制定、实施、创新性现实态度、总体、详细程度、风险承受倾向以及利润导向。

有些作者区别使命和宗旨，但本书没有这样做。例如，一家企业可能有生产和分销商品和服务的社会宗旨，它可以通过完成某些产品生产的使命去实现这个宗旨。埃克森这样一家石油公司的使命是勘探、采油、提炼和销售石油以及从柴油到化工产品在内的石油产品。杜邦公司的使命为，"通过化学方法生产出更好的产品"，而金伯利—克拉克（Kimberly-Clark）（以它的 Kleenex 商标而著名）确定它的企业使命是生产和销售纸张和纸张产品。20 世纪 60 年代，美国国家宇航局（NASA）的使命是先于苏联人把人送上月球。在有些公司和其他企业里，宗旨或使命常常变得模糊不清，事实确实如此。例如，许多大型混合型企业已把它们的使命看做**合力**，*其使命是通过各种各样公司的协同而完成的。

> www.exxon.com
> www.dupont.com
> www.kimberly-clark.com
> www.nasa.gov

> 合力意指整体大于其部分之和。

4.1.2 目标或目的

目标（objectives）或**目的**（goals）（本书中这两个术语互换使用）是指活动所针对的最终目标。它们不仅代表计划的终点，而且也代表组织、人员、领导和控制职能所要达到的最终目标。目标的性质和目标管理将在本章后面详细讨论。

> 目标或目的是指活动所针对的最终目标。

4.1.3 战　略

多年来，军队使用"战略"这个词，系指根据认为敌人可能或者不可能做的事情而制定出来的总体规划。"战略"这个词现在通常仍含有一种竞争的意味，但是管理人员越来越多地使用它，以反映企业广泛领域的经营活动。本书将**战略**定义为：确立企业的基本长期目标，制订行动方案和配置必需的资源以实现目标。

> 战略意指确立企业的基本长期目标，制订行动方案和配置必需的资源以实现目标。

4.1.4 政　策

政策也是计划，因为政策是指导或沟通决策思想的全面的陈述或理解。并非所有的政策都是"陈述"，因为政策常常只是从管理人员的活动中含蓄地反映出来。例如，一家公司的总裁也许仅仅是为了方便，可能严格地遵循从公司内部提升管理人员的做法，这种做法可能会被下属人员看做政策而认真依照执行。实际上，管理人员遇到的问题之一是，一定要防止下属人员把一项小的、不能作为惯例的管理决策理解为政策。

> 政策是指导或沟通决策思想的全面的陈述或理解。

政策是指确定一个制定决策的范围，确保决策和目标保持一致，并有助于目标的实现。政策有助于事先确定问题的性质，不需要每次重复分析相同情况，同时把其他计划

---

* 这一概念可简单地描述为 2 和 2 相加等于 5，或整体大于部分之和。

统一起来，使管理人员能够在向下授权的同时，仍然对他们下属所做的工作保持控制。

政策的种类繁多，例如，只招聘经过大学培训的工程师、鼓励员工为改进合作提合理化建议、企业内部晋升、严格遵照企业伦理道德规范、制定竞争性价格、坚持固定定价而不是成本加价等。

4.1.5 程序

程序也是计划，是用来处理未来活动所需的一种方法。程序是按时间顺序对必要的活动进行的排列。程序是行动指南，而不是思想指南。因此，程序是详细列出必须完成某类活动的具体方法。例如，西凯斯大学（Case Western University）列出了评估过程的三个步骤：(1) 确定绩效目标；(2) 对目标进行年中回顾；(3) 在期末结束时对绩效进行讨论。程序常常是跨部门的。例如，在一家制造业公司里，处理订单的程序可能牵涉到销售部门（提供原始订单）、财务部门（认可所收到的资金，准许给客户提供信贷）、会计部门（记载业务往来）；生产部门（下达生产任务，或者批准从库存中发货），以及运输部门（决定运输手段和路线）。

> 程序也是计划，是用来处理未来活动所需的一种方法。

下面举例说明一下程序和政策之间的关系。公司政策规定可以给员工假期，为实施这项政策所建立的程序，将规定安排度假时间表以免造成工作混乱，制定带薪休假的工资额和支付办法，保持记录以保证每位员工享有假期，最后详细说明休假申请的办法。

4.1.6 规则

规则阐明了具体的必须或非必须的行动，没有例外的余地。规则通常是最简单形式的计划。"禁止吸烟"是一条规则，在落实上不容许有任何偏差。规则的本质是，它反映一种必须或无须采取某种行动的管理决策。规则不同于政策，政策的目的是通过给管理人员留有酌情处理的余地而指导他们的决策，而规则在运用中没有自行处理的余地。

> 规则阐明了具体的必须或非必须的行动，没有例外的余地。

4.1.7 规划

规划是一个综合性的计划，包括目标、政策、程序、规则、任务分配、要采取的步骤、要使用的资源以及为完成既定行动步骤所需的其他因素。在通常情况下，规划都要有预算支持。规划可能很大，如一家航空公司计划用4亿美元购买一个机群的喷气式飞机，或者为了改善成千上万个主管人员的地位和素质而制定的五年规划。规划也可能很小，如一家农机公司零件制造部门的一位主管，为了提高工人的士气而制订的具体计划。

> 规划是一个综合性的计划，包括目标、政策、程序、规则、任务分配、要采取的步骤、要使用的资源，以及为完成既定行动步骤所需的其他因素。

4.1.8 预算

预算是一份用数字表示预期结果的报表，可以称为是一份"数字化的"计划。实际上，财务收支预算常常被称作"盈利计划"。它可以用财务术语来表示，或者用工时、产品单位、机时或任何其他以数字计量的术语来表示。预算可能牵涉到业务活动，如费用预算；也可能反映资本支出，如资本支出预算；或者表示现金流量，如现金预算。白宫管理和预算办公厅（Office of Management and Budget of the White House）制定的综合预算可称其为最为复杂的预算之一，其结果要由美国总统呈交到美国国会。

> 预算是一份用数字表示预期结果的报表。

由于预算也是控制手段，因此这个问题放到第 19 章控制方法中进行讨论。总而言之，编制预算很显然是制订计划。预算在很多公司里是最基本的计划手段，它迫使公司提前，不论是提前 1 周还是 5 年，编制以数字表述的预期现金流量、费用和收入、资本支出，或工时或机时使用率等。预算对控制来说是必需的，但是，除非能反映计划，否则预算就不能作为有实际意义的控制标准。

4.2 制订计划的步骤

下面要阐述的制订计划的实用步骤是普遍适用的。当然，具体制订计划时还要根据每个阶段的可能性行动步骤进行深入研究。

4.2.1 寻找机会

虽然寻找机会要在实际制订计划之前，而且从严格意义上讲不属于计划过程的一个组成部分，但是寻找外界环境中和组织内的机会*是制订计划的真正起点。所有的管理人员都应当首先审视将来可能出现的机会，并清楚且全面地了解这些机会，知道其有利与不利之处，明白希望去解决什么问题和为什么要解决这些问题，以及期望得到什么。制订切合实际的目标取决于这样一种认识。制订计划需要实事求是地对机会的各种情况进行判断。

4.2.2 确定目标

在制订计划过程中，第二个步骤是要确定整个企业的目标，然后确定每个下属工作单位的目标。这些目标又分为长期的目标和短期的目标。目标规定预期结果，并标明要

---

* 机会也可以用"问题"这个词来代替，但是，无序或混乱状态以及解决这些问题以完成某个目标的过程被称为机会可能会更好一些。事实上，那些成功和精明的公司总裁们往往不容许他们的员工称其为问题，而只能称其为机会。

完成工作的具体结果、哪里是需要强调的重点，以及通过战略、政策、程序、规则、预算和规划这个系列网络要完成的最终目标。

企业目标给主要计划指明了方向，而这些反映企业目标的主要计划又规定了各个主要部门的目标，主要部门的目标又依次控制下属各部门的目标，自上而下，以此类推。换言之，目标形成了一个层次体系。如果下级部门的管理人员了解企业的总体目标及其派生目标，那么基层部门的目标将会制定得精确一些。管理人员也应当有机会为自己部门目标的制定和企业目标的制定提出建议。

4.2.3 拟定前提条件

前提条件是关于计划实施环境的假设条件。

计划前提条件的原则是，承担制订计划的每个人越是彻底地理解和同意使用一致的计划前提条件，企业计划工作就会越加协调。

制订计划的第三个步骤是，利用诸如预测、适用的基本政策以及公司现有的计划等关键性计划前提，建立、宣传和取得一致的意见。**前提条件**是关于计划实施环境的假设条件。重要的是，要使所有参加制订计划的管理人员都同意这些前提条件。实际上，**计划前提条件的原则**是，承担制订计划的每个人越是彻底地理解和同意使用一致的计划前提条件，企业计划工作就会越加协调。

预测在确定前提条件方面很重要：将会有什么样的市场？销售量多大？什么价格？什么产品？将有哪些技术开发？成本多少？什么样的工资水平？什么样的税率和政策？什么样的新工厂？什么样的红利政策？政治或社会环境怎样？将如何筹集资金扩大业务？长期趋势如何？

4.2.4 确定备选方案

编制计划的第四个步骤是，寻求和检查可供选择的，特别是那些暂时尚不明显的行动步骤。制订计划时没有可供选择的、适当的备选方案的情况是不多见的，而常常不引人注意的方案则可能是最佳的。

更加常见的问题不是找可供选择的方案，而是减少备选方案的数量，以便分析最有希望的方案。即使使用数学方法和计算机进行评估，可供选择的备选方案也是有限的。计划工作者通常必须进行初步审核，以便发现最有成功希望的方案。

4.2.5 评估备选方案

在找出了各种可供选择的备选方案和检查了它们的优缺点后，下一步就是根据前提条件和目标，对方案进行评估。一个方案看起来可能是最有利可图的，但是需要投入大量现金，且回收资金很慢；另一个方案看起来可能获利较少，但是风险较小；第三个方案可能更适合公司的长远目标。

由于大多数情况下都存在着许多备选方案，加之方案评估中又要考虑许多变量和局限性，因此，评估工作通常是很困难的。由于存在这些复杂因素，在本书第6篇控制部分将讨论一些新的方法以及这些方法的应用和分析。

4.2.6 选择方案

这是采用计划的时刻,也是真正意义上的决策。有时,备选方案的分析和评估结果是两个或更多的方案是合适的,这时,管理人员可能会决定遵循几个方案,而不是遵循一个最佳方案。

4.2.7 制订衍生计划

决策制定后,计划工作还没有完成,因此需要第七个步骤,即制订衍生计划以支持基本计划的实施。

4.2.8 用预算量化计划

在做出决策和确定计划后,正如在讨论各类计划时已经指出的那样,赋予计划含义的最后一步就是要把计划转变成预算,对计划进行量化。企业的总预算体现收入和支出的总额,包括所获得的利润或者盈余以及资产负债表上大款项的预算,如现金支出与资本支出的预算。企业内的每一个部门或项目有自己的预算,通常是费用预算和资本支出预算,这些预算又汇总到企业总的预算内。

如果编制得好,预算就成为汇总各种计划的一种手段,并且也形成了可以衡量计划过程的重要标准。

短期计划和长期计划的协调:人们在制订短期计划时,往往不顾长期计划。很显然,这是一个严重的错误。把这两种类型的计划联系在一起,它的重要性不论怎么强调也不过分。如果短期计划不能帮助相关的长期计划取得成功,也就没有必要制订它了。那种只顾目前情况,而不考虑对更长远目标影响的决策,就会造成计划工作的很多浪费。

负责任的管理人员应该不断地检查和修改当前的决策,以确保这些决策有利于长期计划,并且定期对下属管理人员通报长期计划的情况,以便使他们将做出的决策和公司的长期目标相一致。这样做要比以后纠正偏差容易得多,特别是由于短期投入往往会导致在这方面更进一步地投入。

4.3 目标

本章将目标定义为组织和个人活动所针对的重要的最终目标。许多作者和企业界人士将"目的"和"目标"混为一谈,这两个词在本书中是互换使用的。通过上述讨论,已经很清楚,目标分为长期目标或短期目标、广泛性目标或具体目标。这里需要强调的是可以**考核**的目标,意指在一段期间结束后,人们能够确定是否完成了目标。管理人员的目的是创造

> **可考核**的目标意指在一段期间结束后,人们能够确定是否完成了目标。

增值(在企业里系指利润)。清晰而又可以考核的目标有利于衡量增值以及管理行动的效益和效率。

4.3.1 目标的性质

目标表示最终结果,而总目标需要由子目标来支持。这样,目标就形成了一个有层次的体系和网络。此外,组织和管理人员有其不同层次的具体目标,而这些目标有时不相协调,从而可能导致组织内部、群体内部,甚至个人之间的矛盾。管理人员可以在短期和长期业绩之间有所选择,而个人利益则应服从组织的目标。

目标的层次体系

如图4-2所示,目标形成一个有层次的体系,从广泛的目标到具体的个人目标。这个层次体系的顶层是宗旨或使命。宗旨有两层意思,其一是社会宗旨,如要求这个组织以合理成本提供商品和服务,为人民的福祉做出贡献;其二是企业宗旨,如可能为普通人提供便捷、低成本的运输。所规定的使命可能是汽车的生产、营销和服务。请注意,

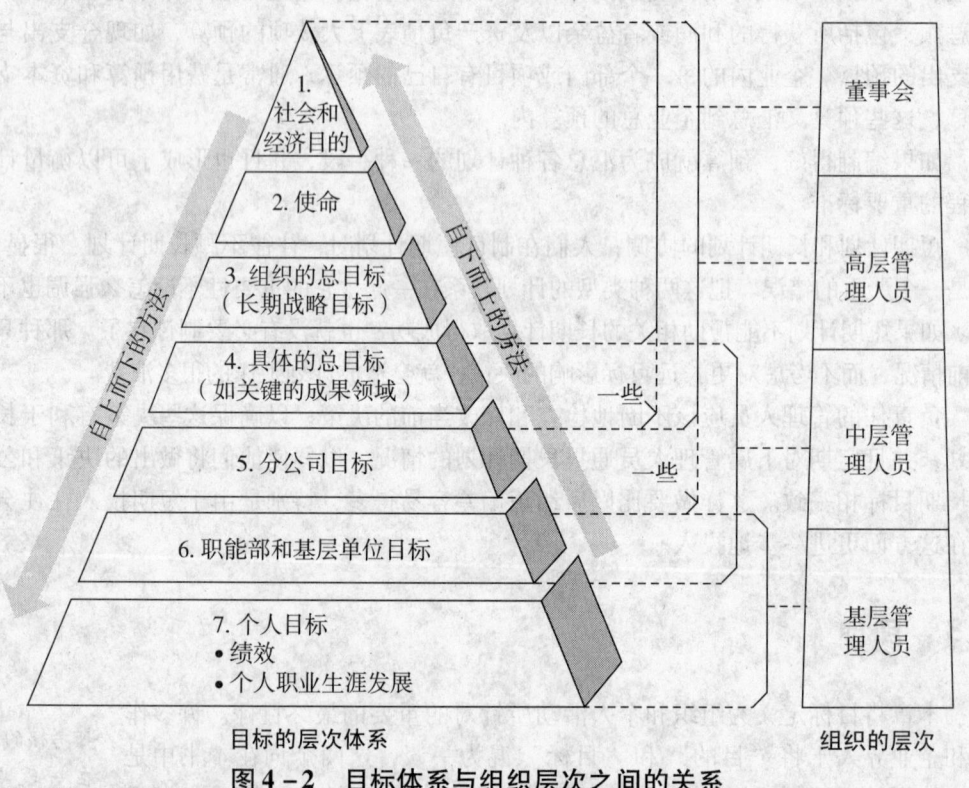

图4-2 目标体系与组织层次之间的关系

资料来源:Adapted from H. Weihrich and J. Mendleson, Management: An MBO Approach (Dubuque, IA: Wm. C. Brown Co., 1978), p. xi. Used with permission.

宗旨与使命之间的区别很细微，因此，许多作者和企业界人士没有区分二者之间的差别。在任何情况下，这些宗旨都要转化成总目标和战略，如设计、生产和销售性能可靠、成本低、节能型的各种汽车。

这个层次体系的下一层包括更为具体的目标，如处在**关键成果领域**的目标。在这些领域里，绩效对企业的成功至关重要。

> 在**关键成果领域**，绩效对企业的成功至关重要。

尽管人们对什么是企业的关键成果领域（可能因企业而异）并没有取得一致的意见，然而彼得·F·德鲁克就关键成果领域提出了以下建议：市场地位、创新、生产率、物质资源和财务资源、盈利率、管理人员绩效和发展、工人绩效和态度以及社会责任。近年来，人们就两个具有战略重要性的关键成果领域取得了共识：服务和质量。

下面是关键成果领域目标的例子：到 2009 年年终获得 10% 的投资收益率（盈利率）；到 2009 年 6 月 30 日，在不提高成本和不降低目前的质量水平（生产率）的前提下，将产品 X 的产量增加 7%。

这些目标还需要进一步转化为分公司、部门以及小组，一直到组织最底层的目标。

建立目标和组织的层次体系

从图 4-2 中可以看出，组织层次体系中不同层次的管理人员参与不同类型目标的建立。董事会和最高层管理人员更多地参与确定企业的宗旨、使命、总目标以及关键成果领域中更为具体的总目标；中层管理人员，如副总裁或营销经理或生产经理，主要是建立关键成果领域的目标、分公司和部门的目标；基层管理人员主要涉及的是部门和小组的目标以及下属人员目标的制定。虽然目标层次体系的最底层是包括绩效和个人发展目标在内的个人目标，对于较高层次的管理人员，也应设立自己的绩效和个人发展目标。

关于一个组织应该采取自上而下还是如图 4-2 中的箭头所示自下而上的方法来建立目标，目前尚有争议。自上而下的方法是上级管理人员为下属人员确定目标；而自下而上的方法，则是下级人员先确立他们职位上的目标，然后呈报他们的上级。

主张自上而下方法的提议者认为，整个组织需要通过首席执行官（与董事会协调）提出公司目标，指明方向。另一方面，主张自下而上方法的人则认为，最高管理人员必须要从下一层次获得信息才能建立目标。再者，下层人员对他们自己制定的目标可能更有激励作用，愿意承担责任，为实现目标做出努力。作者的经验表明，自下而上的方法用得不多，但单独使用二者中的任何单一方法效果都不够好。

目标的多样性

一般情况下，目标呈现为多样性。例如，把大学的使命说成是教育和研究是不够的。列出下列总目标可能会更精确些（尽管仍然不能考核）：

- 吸收出类拔萃的学生；
- 在文科和理科各方面以及某些专业领域，提供基本训练；

- 对合格的学生授予研究生学位；
- 聘请有名望的教授；
- 通过研究发现并集成新知识；
- 主要通过收取学费和吸收校友及朋友馈赠的方式，像私立学校那样对大学进行运作。

同样，在目标体系的每一个级层上，目的也是多样化。有些人认为，一个管理人员不可能有效地追求多于2个甚至5个目标，过多的目标会使管理人员分散精力，顾此失彼，但2到5个目标的限制显然过于武断。管理人员有可能追求更有意义的目标。阐述各个目标的相对重要性以便使人们更加重视主要目标是明智的。任何情况下，目标的多少要取决于管理人员本身能做多少，能分派给下属人员做多少，从而把他们的任务局限于分派、监督和控制任务上。

4.3.2 如何确定目标

没有明确的目标，管理工作就会杂乱无章。同样，没有一个明确的宗旨，任何个人和群体都不可能有效地、高效率地进行工作。

定量目标和定性目标

既然目标可以计量，它就必须是可以考核的，即人们必须回答这样的问题："任务期结束时，我将如何知道目标是否已经完成？"例如，获取合理利润的目标并没有表明应该取得多少利润。另外，对于下属人员是合理的利润，可能完全不被上级领导所接受。当然，在意见不同的情况下下属人员是无法争辩的。相反，在本财政年度终了，12%的投资收益率是可以计量的，它回答了诸如"多少或什么？"和"何时"这样的问题。

制定目标指南

制定目标的确是一项困难的任务，它需要上级领导明智地指导和下属人员广泛地参与。

目标数目不宜太多，但是应包括工作的主要特征。正如本章已经强调的，目标应该是可考核的，目标应当包括完成什么和何时完成。如有可能，所期望的质量和为实现目标的成本也应该表示出来。此外，目标要有一定的挑战性，要有重点，要能够促进个人和职业生涯的成长和发展。

4.4 目标管理理念的演进

尽管目标管理（MBO）的应用已经遍及全球各地，然而目标管理的理念并不是很清晰。有些人将其视为评估工具，有些人把它当做激励方法，也有人将它作为计划和控制手段。换言之，目标管理的定义和应用存在着很大的差异性。我们这里将**目标管理**定义为一种全面的管理系统，这个系统将许多关键的活动连接在一起，使组织和个人目标得以高效率地完成。这种将目标管理视为管理系统的看法并非被业界广泛接受。尽管还是有人将目标管理定义在一个非常狭窄、有限的范围内，我们还是倾向于将其视为一个目标导向、成功导向的管理系统。除了作为激励员工、在战略计划中起到绩效评估的作用外，其他管理分系统也可以纳入目标管理过程之中。这些分系统包括人力资源计划和开发（员工以及个人和组织发展）、职业生涯计划（发挥个人的长处，克服短处）、奖励系统（绩效奖励）、预算（计划与控制）以及其他某方面的重要的管理活动。这些各种各样的管理活动需要集成在一个系统之中。简言之，目标管理是一种管理方式，而不仅仅是管理工作的一种补充。

> **目标管理**是一种全面的管理系统，这个系统将许多关键的活动连接在一起，使组织和个人目标得以高效率地完成。

目标管理的利弊

虽然以目标为导向的管理是现在最广泛使用的管理方法之一，有时人们对其效果如何仍存在疑问。人们常常责备目标管理实施上的错误，但是另一种责怪是，把目标管理作为一种机械的方法集中应用在管理过程中的某几个方面，而没有将其集成到一个系统之中。

目标管理的优点

大量的实例（其中大部分来自实验室的研究）表明，清晰的目标具有激励作用。但是，还有其他好的方面，如下所述：

- 通过以结果为导向的计划改进管理；
- 分清组织任务和结构，根据人们承担工作任务的预期结果授权；
- 鼓励员工致力于各自目标和组织目标的完成；
- 建立有效的控制机制，衡量结果，并采取纠正偏差的行动。

目标管理的缺陷和建议

尽管目标管理系统有很多优点，但它也存在若干缺陷。这些缺陷大多数是由于运用目标管理概念不当引起的。其中之一是对目标管理的理念阐明不够。管理人员必须向下属人员解释目标管理是什么，它如何发挥作用，为什么要实行目标管理，在评估绩效时起什么作用以及最重要的是参与目标管理的人能够得到什么好处。这个理念是建立在自我控制和自我指导概念基础上的。

另外，经常出现的一个问题是对目标制定者指导不够。管理人员必须知道公司的目标是什么以及他们自己的活动如何适应这些目标。管理人员也需要知道计划的前提条件和了解公司的主要政策。

在留有适当余地的情况下制定可考核的目标是困难的。参与目标管理计划的人有时认为，过于注重经济效果会对个人产生压力，可能引发不良行为。为了减少选择不道德手段去达到结果的可能性，最高层管理人员必须认可合理的目标，明确行为期望，并对良好的道德行为不仅高度重视，而且要给予奖励，对不道德的行为，就要给予惩罚。

此外，强调短期目标会对组织的长远利益造成损害。同时，缺乏灵活性会使管理人员在环境所迫必须改变现有目标时犹豫不决。

其他危险包括，人们可能过分使用定量目标，而且在不宜用数字来表示目标的一些领域也企图利用数字，或者对一些最终成果难以用数字表示的重要目标降级处理。例如，良好的公司形象可能是企业的强项，但却很难用数字来表示。另外一个危险是，管理人员可能忘记了，管理工作并不仅仅是制定目标。

尽管目标管理在某些情况下有这些困难和危险，但实际上，这种系统所强调的目标制定工作，早已成为计划和管理工作中不可缺少的一个重要组成部分。

本章小结

计划涉及选择使命和目标以及完成目标的行动，需要做出决策，即从备选方案中选择未来的行动步骤。尽管计划和控制在本书中分开进行讨论，它们是密切相关的。计划种类繁多，如使命和宗旨、目标和目的、战略、政策、程序、规则、规划和预算。一旦机会被确定，管理人员理性化地通过确定目标、设定目前和未来的假设条件、选择和评估备选行动步骤以及选择方案来制订计划。

目标是行动的终结目的地。如果要在规定时间结束后能确定目标是否已经完成，则目标应是可考核的。目标构成一个从公司使命或宗旨到个人目标的层次体系。管理人员通过分析工作的性质、他们自身可以完成的工作量以及授权程度，可以制定出最为现实的目标体系。但是，在任何情况下，管理人员都应了解每个目标的相对重要性。

目标管理（MBO）已经广泛应用于绩效评估和员工激励，但它在更大程度上是一种管理系统。目标管理有许多优点，它可以提高管理水平，常常迫使管理人员明确组织结构，鼓励员工致力于目标的实现，并有助于有效控制的实施。

目标管理的不足之处在于，管理人员对目标管理的理念阐明不够（目标管理强调自我控制和自我指导），对下属人员指导不够。此外，目标本身也很难确定，因为目标倾向于短期化，还可能会缺乏灵活性，即使实施计划的环境已经发生了变化。人们在寻求目标的可考核性时，可能会过于强调量化目标的制定。

主要概念回顾

计划	规划	目标管理（MBO）理念的演进
使命或宗旨	预算	目标管理的系统方法
目标或目的	计划步骤	目标管理的优点
战略	目标体系	目标管理的缺陷
政策	关键成果领域	改进目标管理的建议
程序	定量和定性目标	
规则	可考核性	

讨论题

1. "计划往前看，控制往后看。"你如何评论？
2. 起草一项政策陈述，制定一个简单的、有助于实施这个政策的程序。你肯定你所制定的政策不是一项规则吗？
3. 找一家你认识的组织，确定它的宗旨和使命，即使并非是这家企业正式表述的也没有关系。
4. 就你所知道的企业或其他地方的企业，你认为他们在多大程度上对其目标有清楚的了解？如果他们不清楚，你对他们目标的制定有何建议？
5. 有人对制定长期目标表示异议，因为他们认为不可能知道未来会发生什么。这是一种可取的明智态度吗？为什么？
6. 你是否认为目标管理可以被引入到政府机关里？大学里？宗教团体或妇女会？
7. 你的五个最重要的个人目标是什么？它们是长期的还是短期的？这些目标是否可以考核？
8. 在你的组织里，你的上级期望你在绩效上达到什么水平？是否以书面形式表达了出来？如果你在一张纸上写出你的工作目标，而你的领导也把他对你的期望写出来，二者会一致吗？

企业案例

华为公司的全球化战略①

哈佛商学院迈克尔·波特教授于1985年提出来的产业价值链理论，是一种寻求确定和改善企业竞争优势的分析方法，即运用系统性方法来确定企业在其产业链中的定位以及研究其各项经营活动和上下链接之间的相互关系，从而找出相对于其产业竞争对手的竞争优势。企业自身的价值链与产业上游供应商、中间的经销商和下游客户的价值链相连，构成产业价值链体系（即价值体系）。企业的竞争优势来源于其在产业价值链的定位和转型、与上下游企业价值链的相互关系及产业结构的优化和调整。

进入20世纪90年代后，西方跨国公司运用波特的价值链理论，将战略调整的重心转向产业价值链的两头。在保持并加强产业价值链上游环节，即技术开发能力尤其是软件开发能力的同时，逐渐减少产品加工、生产和制造等中间环节的投入，越来越多地采用贴牌、外包、分拆的方式，将这些成本高、微利的经营活动，甚至仓储及运输等环节外包给其他公司，尤其是向发展中国家和地区转移。在这种基于产业链的战略转型中，西方跨国公司一方面提高了产业上游创新产品的研究开发和设计能力，不断推出自主创新技术和产品，拓展品牌等无形资产效应；另一方面拓展产业下游环节，即增值空间更大的市场营销和服务环节。在过去十多年中，许多世界制造业巨头将价值链中的增值环节向产品使用和维护等下游环节延伸，不仅拓宽了市场，带来大量的营业额，同时大幅度提高了获利水平。与传统的生产环节相比，产业价值链的下游服务环节投资规模小、收益高，具有更大的利润空间。而且，随着技术的快速发展和市场的日趋成熟，在许多产业中，制造商生产的产品在技术和性能方面的差异性不

---

① http://www.huawei.com.cn.

仅变得越来越小，并且可以相互替代，单靠提供差异性产品来维持竞争优势已越来越难。因此，这些制造业巨头都纷纷将其战略重点转向下游尤其是末端的服务环节，以开发这一新的利润源泉。

国际上对于产业价值链的研究由来已久，IBM等西方跨国公司通过流程再造、"稀释中间、加大两头"成功进行战略转型的案例举不胜举。近年来，在中国制造业中也走出了一批发挥产业链优势、运用"两头大、中间小"哑铃型定位的企业，深圳华为公司是其中的佼佼者。

深圳华为技术有限公司是一家民营企业，成立于1988年，是全球通信业具有领导地位的供应商之一，从事通信网络设备的研究、开发、生产、营销和服务，在电信领域为世界各地的客户提供创新的、客户化的网络设备、服务和解决方案，实现客户的潜在增长，持续为客户创造长期价值。

经过23年的不懈努力，华为已经成为全球电信行业的领导者。在数字交换机领域排名世界第一（出货量连续3年稳居世界第一，占世界出货量的32%）；在ADSL宽带领域排名第二（占18.9%）；在光网络方面排名第四（占9%）；智能网络的用户数量为全球第一。

大多数国外主要通信设备制造商都认为，无论是在中国还是海外，深圳华为公司都是一个强劲的对手。他们对华为迅速崛起的反应，是千方百计与该公司结成合作伙伴。由于华为在国内有着强劲的品牌竞争优势和相当大的市场份额，对许多国外公司而言，与它合作有比竞争更重要的意义。美国的德州仪器公司和3Com公司最早于1997年与华为达成协议，朗讯、英特尔、美国电话电报公司（AT&T）先后同华为达成了合作协议；IBM公司向华为提供网络部件和软件，并开放其研究设施；摩托罗拉在中国的GSM基站也采用了华为的GSM移动电话系统。

2011年6月2日，在信息产业部发布的第25届中国电子信息百强企业排名榜上，华为公司以2010年主营业务收入1852.5亿元（其中，海外营业收入约占70%）、利润总额238亿元、研发投入211亿元的综合成绩位居榜首（见图1），联想、海尔分列第2、第3名。① 公司运营效率显著提升，全年费用率下降1.4%；销售收入增长高于应收账款增长；通过加强外汇风险管理，全年实现汇兑收益16亿元人民币，比上年增加69亿元；经营性现金流217亿元，同比增长237%。

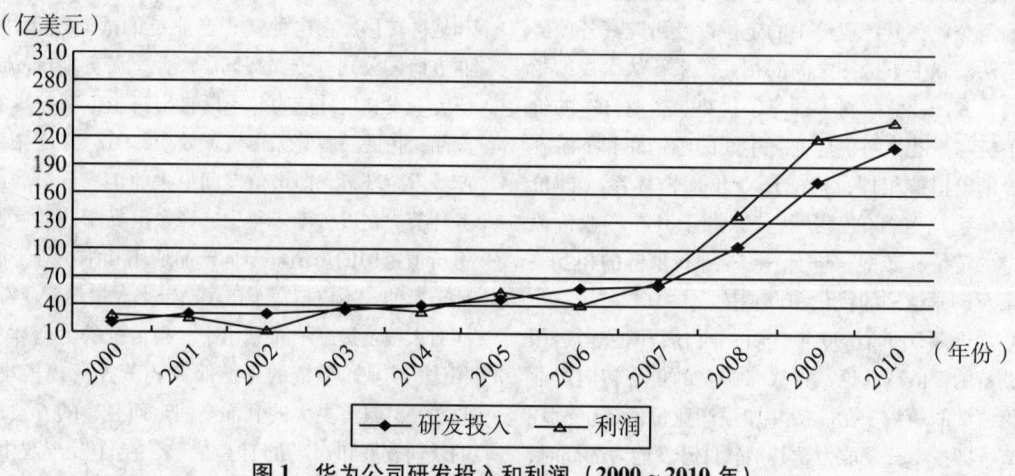

图1　华为公司研发投入和利润（2000～2010年）

---

① http：//www.miit.gov.cn/n 11293472/index.html.

2011年8月25日，全国工商联发布的"2011中国民营企业500强"显示，共有4家民营企业的营业收入超过1000亿元。其中，华为公司以1852亿元的营业收入居于首位。这是全国工商联第13次发布"民企500强"名单。

在2011年7月8日公布的2011年《财富》世界500强企业最新排名榜上，中国共有54家企业入榜，其中华为公司名列第351名，比前一年跃升了46位。实现销售收入273.557亿美元，比上一年增长了25.4%，销售利润率为13%；净利润35.091亿美元，比上一年增长了31.3%；截至2010年年底，公司总资产达352.986亿美元，当年资产利润率为14.4%。①

从2007年（第21届）全国电子信息百强企业排名第三到2009年（第23届）的排名第一，从1988年公司组建到20年后成为全球移动通信设备行业领导者，这一切是如何获得的？究其原因，不难发现，华为公司在产业链上充分发挥了上游自主研发和创新以及下游拓展国际市场的竞争优势，通过产业链的转型和全球化延伸，不断增强了国际竞争力。

2009年11月3日，国务院总理温家宝在人民大会堂发表了题为《让科技引领中国可持续发展》的讲话。温总理指出，在应对这场国际金融危机中，各国正在进行抢占经济科技制高点的竞赛，全球将进入空前的创新密集和产业振兴时代。我们必须在这场竞争中努力实现跨越式发展。中国要把建设创新型国家作为战略目标，把可持续发展作为战略方向，把争夺经济科技制高点作为战略重点，逐步使新兴战略性产业成为经济社会发展的主导力量。温家宝总理强调，"要更加重视基础研究和战略高技术研究。原始创新是一个国家竞争力的源泉。中国要抢占未来经济科技发展的制高点，就不能总是跟踪模仿别人，也不能坐等技术转移，必须依靠自己的力量拿出原创成果"。而自主研发和原创性正是华为公司创新战略的核心。

华为公司现有员工11万人，其中43%的员工直接或间接参与企业研发工作。2009年2月2日，世界知识产权组织公布的数据显示，华为公司在2008年全球专利申请公司（人）排名榜上，首次名列第一，排名第二至第五位的依次为日本松下、荷兰飞利浦、日本丰田和德国博世。

价值在价值链上不是固定不变的，而是始终处于一种变动的状态，沿着价值链上上下下地移动。企业要创造最大的价值，就必须要把其核心竞争力和优势资源调整在价值链上始终处于有利的位置。对于华为公司而言，价值链上游的研发和创新始终是其打造和提升其核心竞争力的源泉。

根据《华为公司基本法》第26条规定，公司每年将其不低于上一年度10%的销售额作为当年研发费用的投入，十几年不变。连续时间之长、投入力度之大，在国内企业实属罕见。除了在国内北京、上海、南京、杭州和合肥设有5个研究所外，华为已经在美国的达拉斯和硅谷、印度的班加罗尔、瑞典的斯德哥尔摩和俄罗斯的莫斯科等地设立了17个研究所，其中美国硅谷研究所主要从事芯片研究，印度研究所主要从事软件开发。华为借助国际同行中知名企业的品牌和商誉以及由此形成的互补互动效应，提升其自身在国内外的知名度。在独立研发的基础上积极寻求对外合作，提高了公司对市场的响应速度，确保了华为的发展和业界保持同步。通过跨文化的团队协作，华为实施了全球同步研发的战略。

华为公司的全球化研发战略、先进的研发管理、不断的技术创新和长期注重知识产权保护等做法使其在较短的时间实现了产品跨越式发展，全球市场份额不断提高。2010年，在全球经济低迷的背景下，华为公司仍坚持基于客户需求的科技创新，加大研发投入，公司研发费用达211亿元。

在2008年下半年以来发生的全球金融危机

---

① http://money.cnn.com/Fortune Global 500 2011: The world's Biggest Companies-Huawei Technologies/.

影响下，华为公司能够在国际市场竞争中取得如此骄人的绩效绝非偶然，持之以恒的"走出去"战略和坚持不懈的自主创新之间的互动关系以及由此所带来的巨大变化在华为公司身上体现得淋漓尽致。

华为公司在保持中国市场领先地位的同时，不失时机地将产业价值链延伸到全球市场，产品进入德国、西班牙、巴西、俄罗斯、埃及、新加坡、韩国等40多个国家，在全球各地建立了30多个分支机构，直接生产和销售其设备和终端产品。品牌是企业的核心竞争力，是企业参与国际市场竞争的敲门砖。华为公司建立品牌的过程是艰难曲折的，早在1996年，华为就开始拓展国际市场，但屡遭失败。由于没有品牌效应，海外的电信运营商根本不了解华为，不知道中国也有像华为这样的开发先进电信设备的高科技公司。因此，华为生产的通信网络和终端设备不仅得不到国外用户的青睐，甚至在项目招标时连被邀标的机会都没有。但华为以坚忍不拔、百折不挠的勇气，以俄罗斯市场为突破口，通过不懈地努力，逐渐渡过了难关，扭转了局面。现在俄罗斯已成为华为最大的海外市场。华为品牌已经进入包括德国、法国、英国、西班牙等国家在内的欧洲市场，拉开了中国高端通信产品规模进入欧洲发达国家电信市场的序幕。

华为公司的愿景是丰富人们的沟通和生活，其使命是聚焦客户关注的挑战和压力，提供有竞争力的通信解决方案和服务，持续为客户创造最大价值。公司追求在电子信息领域实现顾客的梦想，并依靠点点滴滴、锲而不舍地艰苦追求，使其成为世界级领先企业。

著名的战略管理大师、哈佛商学院波特教授认为，"企业常犯的一个错误就是试图做太多的事，不愿意舍弃一些东西，不愿意做出选择。而战略性的取舍会使得企业的竞争战略更持久，并且不容易被模仿"。企业要做强做大，成为基业长青的百年老店，必须要做清晰地取舍，确定哪些事不去做，有所为，有所不为。为了使华为成为世界一流的设备供应商，《华为公司基本法》第一条明确规定，"我们将永不进入信息服务业"。正是这种点点滴滴、锲而不舍的追求造就了华为的今天，实现了其创业初期立下的成为世界级领先企业的诺言。而华为公司在产业价值链呈现出的"两头大、中间小"哑铃型竞争优势，成了中国高科技企业产业链转型的典范。

要提高中国的综合国力和国际竞争力，必须发展新兴战略性产业，必须要加大中国企业自主创新的力度。为此，企业必须不断引入新的理念、战略性思维和创新意识，改变过去盛行的依靠跟踪模仿和坐等技术转移的做法，同时构建基于创新型科研体制和机制以及民主自由的研究氛围。让更多的中国企业走上创新战略导向型发展之路。而这一切都需要中国企业认真研究其在产业链上的定位和转型，从立足于全球化竞争和发展新兴战略性产业的高度，企业未来发展重心必须向产业链的前端自主研发和后端市场话语权两端移动，逐步形成"两头大、中间小"的哑铃型产业形态，产生"微笑曲线"效应。

（本案例根据报刊资料整理而成）

◆ 思考题

1. 你如何评价华为公司的核心竞争力？
2. 试用波特"微笑曲线"理论解释华为公司"两头大、中间小"的哑铃型产业价值链。
3. 企业在产业链上从"两头小、中间大"的橄榄型、转型到"两头大、中间小"的哑铃型要具备哪些必要条件？你认为哪些类型的企业更适合这种调整和转型？
4. 华为公司在短短23年时间内成为全球移动通信设备行业领导者，其成功经验对中国其他企业有何借鉴意义？

5

战略、政策和计划的前提条件

[学习目标]

学完本章后，你应该能够：
1. 解释战略和政策的性质和目的。
2. 说明战略计划工作的程序。
3. 理解 TOWS 矩阵和企业组合矩阵。
4. 阐述主要种类的战略和政策以及战略层次体系。
5. 了解波特的一般性战略。
6. 讨论计划的前提条件和预测。

现在，尽管在复杂程度和规范化的程度上有很大差别，但大多数的企业都在致力于制订战略计划。从概念上来讲，战略计划表面上很简单：分析当前的和预测未来的情况，确定企业的发展方向和提出完成使命的手段。但是，实际上战略计划是一个非常复杂的过程，它需要一种系统方法，去鉴别和分析组织外部的各种因素，并将企业的能力与其相匹配。

计划是在一种不确定的环境下完成的，任何人都无法确定下一周外部和内部的环境将是什么样的，更何况远在几年以后的情况呢。因此，人们对预期的环境只能是假设或预测。有些预测成为其他计划的假设，例如，对国民生产总值的预测将成为销售计划的假设，它依次又成为生产计划的基础。

本章将涉及战略和政策的目的和性质，战略计划过程（确定战略制定的关键因素）、TOWS 矩阵（一种把内、外部因素系统地联系起来的工具）、企业组合矩阵（一种资源配置工具）、一些主要的战略和政策、战略层次体系以及一般性战略。由于计划是在不确定的环境下做出的，本章还将讨论有关前提条件和预测。

5.1 战略和政策的性质与目的

战略与政策紧密相关，两者都为计划指出方向，都是制订计划的框架，都是执行计划的基础，又都影响着管理工作的各个方面。

战略（源于希腊语"strategos"，意指"通用的"）有各种不同的用法。管理书籍的作者们谈到战略，至少有一点主要不同，有些人既注重最终目的（如使命、宗旨和目的、目标），又注重实现这些目的的手段（如政策和计划）；而另一些人则强调在战略的执行过程中实现目标的手段而不是手段本身。正如第4章中所指出的，**战略**意指确定企业的使命（或基本宗旨）和企业的长期基本目标，并制订行动方案，配置相应资源以实现这些目标。因此，目标是战略制定过程中的一部分。

> **战略**意指确定企业的使命（或基本宗旨）和企业的长期基本目标，并制订行动方案，配置相应资源以实现这些目标。因此，目标是战略制定过程中的一部分。

政策是指导管理人员进行决策的总的陈述或解释，以确保决策局限于一定的范围之内。通常情况下，政策不涉及行动，但是要指导管理人员对他们自己最终制定的决策承担责任。

> **政策**是指导管理人员进行决策的总的陈述或解释。

政策的实质在于自主权，而战略则涉及方向，即为了提高完成既定目标的几率而使用的人力资源和物力资源是否符合企业的发展方向。

为了使战略和政策更有效，需要将计划付诸实施，同时，计划要尽可能详细，要把企业经营活动的基本职责都认真考虑在内。战术是行动计划，战略是通过行动计划实施的。所以，战略必须要有行之有效的战术的支持。

5.2 战略计划过程

虽然制定战略的具体步骤可能不同，但是至少在概念上能够按照图5-1所示的关键因素建立起战略计划的过程。

5.2.1 组织投入

组织的各种投入，包括对组织提出要求的各方投入已经在第1章里探讨过了，此处不再进一步阐述。

5.2.2 产业分析

正如本章后面将会深入探讨的，迈克尔·波特建议，企业制定战略时，需要通过分析企业外部环境来评估产业的吸引力，集中点包括产业竞争状况、新的竞争对手进入市场的可能性、产品或服务替代品的可能性、供应商讨价还价的能力以及买方或消费者的回旋余地。

第 5 章　战略、政策和计划的前提条件

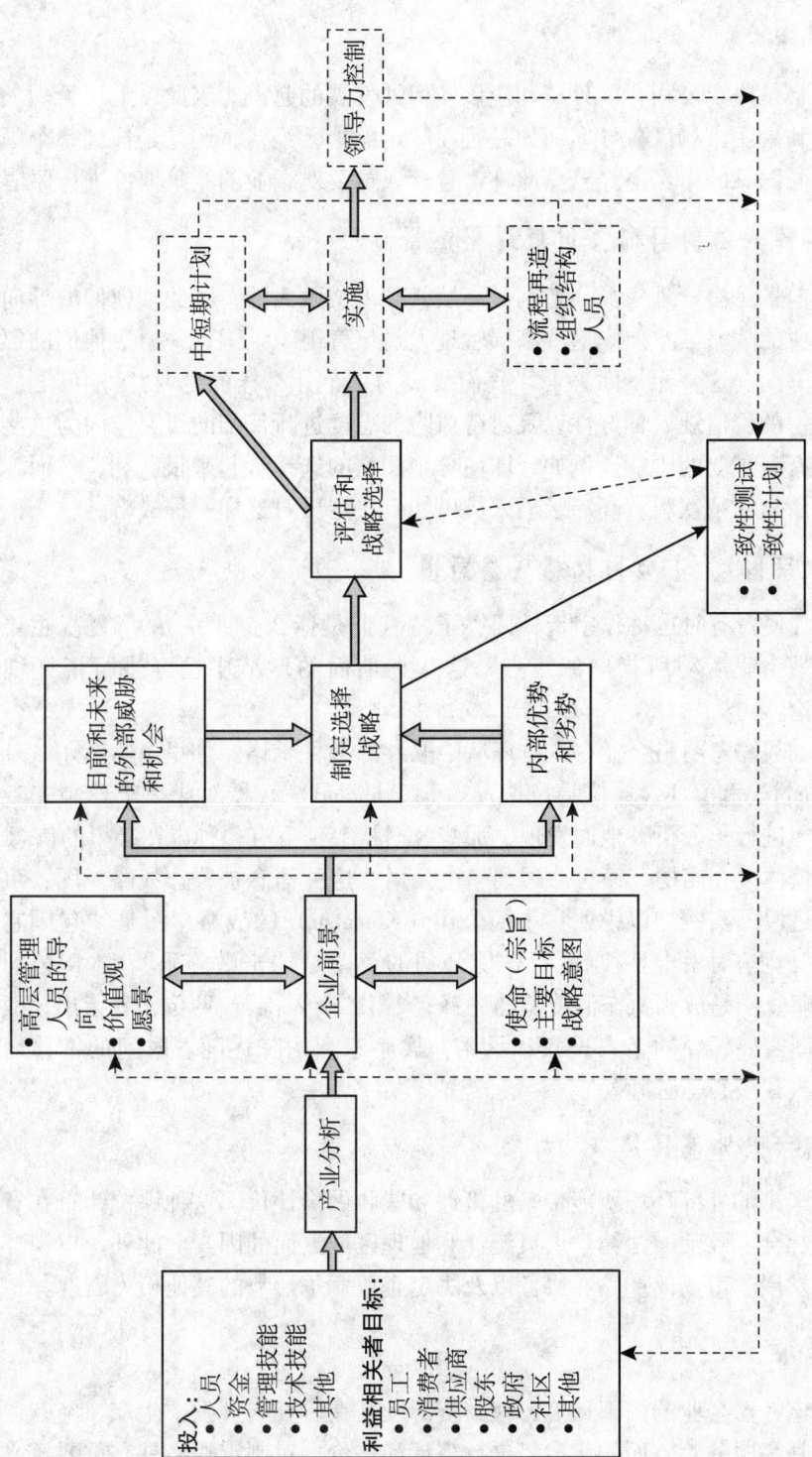

图 5-1　战略计划过程模型

资料来源：Adapted and modified from Heinz Weihrich, "The TOWS Matrix: A Tool for Situational Analysis," *Long Range Planning*, Vol.15, No.2 (1982), pp.54–66.

5.2.3 企业状况

企业状况通常是决定公司目前处境和应该向何处发展的起点。因此,上层管理人员决定企业的使命和阐明市场区位导向,如是否在规定的地区经营,还是延伸到整个国内市场,或者在不同国家的市场上经营。此外,管理人员要对企业的竞争地位进行评估。

5.2.4 高层管理人员的导向、价值观和愿景

企业的发展前景是由管理人员,特别是高层管理人员做出的,因此,他们的导向和价值观对制定企业的战略很重要。这些高层管理人员培育组织氛围,并通过他们的愿景确定企业的发展方向。这一愿景回答了"我们要成为一个什么样的企业?"的问题。因此,一定要对他们的价值观、偏好性以及对待风险的态度进行仔细的研究,因为这些因素对战略的制定有着重要的影响。例如,即使分销酒精的选择看起来很获利,然而,由于公司价值体系谴责酒精饮料,高层管理人员可能会决定反对这样一种战略。

5.2.5 使命(宗旨)、主要目标和战略意图

> **使命**是一种陈述,回答了"我们是什么企业?"的问题。
>
> **战略意图**是企业在竞争环境中取胜的一种承诺。
>
> www.caterpillar.com
> www.xerox.com
> www.honda.com
> www.ford.com

使命有时也称作宗旨,回答了"我们是什么企业?"的问题。主要目标是企业活动所指向的终点,这些在前面的章节中已经进行了详细地讨论。

战略意图是企业在竞争环境中取胜的一种承诺。加里·哈默尔(Gary Hamel)和 C. K. 普拉哈拉德(C. K. Prahalad)教授对成为全球领先者的公司进行了分析,他们发现,那些公司从上到下有一种志在必得的信念,不仅体现在高层,而且渗透到整个公司。这种信念被称作战略意图,可以通过以下实例加以说明:小松公司(Komatsu)的战略意图是"包围它的主要竞争对手卡特彼勒";佳能公司的意图是"击败施乐";本田公司的战略意图是成为汽车制造业的先锋,"第二个福特"。两位作者指出,战略意图需要领导的个人投入和承诺,战略意图的陈述随着时间的推移而稳定,其核心是必胜。

5.2.6 当前和未来外部环境

要对现在和未来的外部环境所能带来的机遇和威胁做出评价。这种评价侧重在竞争形势以及经济、社会、政治、法律、人口统计和地理区域方面的因素。此外,审视环境时,要注意技术发展、市场的产品和服务以及决定企业竞争形势的其他相关因素。

5.2.7 内部环境

同样的,应该针对企业的内部环境,就其资源及其在研究与开发、生产、经营、采购、营销以及产品和服务等方面的优劣势进行审计和评价。对制定战略具有重要意义的

其他内部因素也要进行评价，这些因素包括人力和财务资源、公司的识别度、组织结构和氛围、计划和控制系统以及公司与顾客的关系。

5.2.8 制定备选战略

在分析内部和外部环境的基础上，提出各种可供选择的战略方案。一个组织可能寻求多种不同种类的战略，它可以采用"专门化"或"集中"战略，如同韩国的现代汽车公司生产廉价轿车那样（这与通用汽车公司形成鲜明对照，因为通用汽车公司有一条完整的生产线，其产品范围从低档车到豪华车都有）。在董事长郑梦宪（Chung Mong Koo）的领导下，现代公司推出了颇具竞争价格的"新胜达"（Santa Fe）顶级型越野车，受到市场的青睐。

www.hyundai.com
www.gm.com

作为一种选择方案，企业可以采用"多元化"战略，把业务经营延伸到新的可盈利市场。凯玛特公司（Kmart Corporation）组建了一个特色零售集团，包括华腾图书公司（Walden Book Company）、家居店（Builders Square）、物美价廉店（Designer Depot）和西北低价药店（Pay Less Drug Stores）等。还有一种战略是企业走向国际，把经营业务扩展到其他国家，如同第3章里论述的那样。其他战略种类包括"合资企业"和"战略联盟"，这些对某些企业是合适的，尤其是大型项目所需的资金需要由各家企业联手集资才行。这方面通用汽车公司和丰田合资，在加利福尼亚生产小轿车就是很好的例子。

www.kmart.com
www.bordersgroupinc.com（Walden）
www.paylessdrug.com
www.toyota.com
www.nummi.com

在某些情况下，公司可能必须采用一种"清算"战略，终止无利可图的生产线，或者甚至解散这家企业，如储蓄和贷款协会（Savings and Loan Associations）那样，或者宣布破产，例如安然能源公司。但在有些情况下，可能不需要采用清算战略，而实施"收缩"战略可能比较妥当。在这种情况下，公司可以暂时压缩其业务经营。

这里只是列举了几个可能采取的战略，在实际工作中，公司特别是大公司追求的是一种不同战略的组合。

5.2.9 战略评价和选择

在做出选择之前，一定要对各种战略进行认真的评价。选择战略时应该将包括在特殊决策里的风险一起加以考虑。某些有利可图的机会可以不去追求，因为冒险所带来的失败可能会使企业破产。在挑选战略时另外一个关键因素是安排时间。如果在不适合的时候将产品推介到市场，即使是最佳产品也可能失败。还有，对竞争者的反响一定要加以考虑。在苹果计算机公司的"麦今托什"品牌（Macintosh）计算机获得成功后，国际商用机器公司不得不降低其个人电脑的价格，这时其他生产IBM兼容机的厂商几乎别无选择，也只好降价。这一情况说明，同一产业里的公司战略是互相联系的。

5.2.10 连续性测试和应急计划

战略计划过程的最后的一个关键问题，就是要检验一致性和准备应急计划。在战略计划过程的所有阶段中，一致性检验都是至关重要的。由于对未来的预测很难做到准确无误，准备应急计划是非常必要的。例如，一项战略可能是基于今后 3 年国民生产总值增长 3% 的预测制定的，同时应该制订一个应急计划，其中包括遇到经济大萧条的可能性。

5.2.11 中期和短期计划、流程再造的实施、人员、领导和控制

虽然不属于战略计划过程的一部分（所以在图 5-1 中用虚线表示战略计划过程），但是，在这个过程的各个阶段都必须考虑中期和短期计划以及计划的实施。战略的实施要求组织的调整，甚至有时要对组织进行流程再造（第 3 篇），涉及人员的管理，即按组织结构职位配置人员（第 4 篇）以及通过激励和有效的沟通实施领导（第 5 篇）。要建立控制体系，对绩效按计划进行监测（第 6 篇）。在图 5-1 的模型里，环状线表示反馈的重要性。有关战略实施的细节将在本章后面探讨。

5.3 Tows 矩阵：现代环境分析工具

现在，战略设计者们在制定战略时可以借助许多矩阵，这些矩阵反映关键变量的关系。例如，波士顿咨询集团开发了企业组合矩阵，这种矩阵将在以后讨论。多年来，人们一直在使用 TOWS 矩阵来确定企业的优势、薄弱环节、机会和威胁。然而，这种分析是静态的，很少能够在此基础上形成不同的选择战略。所以，人们常常用 TOWS 矩阵分析公司或甚至一个国家所处的竞争环境，这样就形成了四组不同的战略选择。

TOWS 矩阵应用的范围很广，所强调的重点不同于企业组合矩阵。但 TOWS 矩阵并不能代替企业组合矩阵。TOWS 矩阵是一种系统分析的概念框架，这种分析有利于把外界的威胁和机会及组织内部的优势和薄弱环节结合起来。

人们常常建议公司了解自己的优势和薄弱环节以及外部环境中的威胁和机会。但是，往往被忽视的是，把这些因素结合起来可能必须要做出清晰的战略选择。为了使这些选择系统化，TOWS 矩阵里，用"T"代表威胁，"O"代表机会，"W"代表薄弱环节和"S"代表优势。TOWS 矩阵以威胁开始，因为在很多情况下，正是由于看到危机、问题或威胁，公司才制订战略计划。

5.3.1 四种选择战略

图 5-2 列出了 TOWS 矩阵四种可供选择的战略*，这些战略基于对外部环境（威

---

* 尽管这里强调战略问题，类似的分析也可用在详细的战术或行动步骤上。

胁和机会)和内部环境(薄弱环节和优势)的综合分析。

内部因素＼外部因素	内部优势(S) 如管理、运作、财务、市场营销、研究与开发、工程等优势	内部薄弱环节(W) 如同"优势"栏中相对的薄弱因素
外部机会(O) (同样考虑风险)如目前和未来经济状况；政治和社会变革；新产品、服务和技术	SO战略：极大—极大 潜在最成功的战略，充分利用组织内部的优势以及外部的机会	WO战略：极小—极大 如为了利用外部机会，制定发展战略用以克服薄弱环节
外部威胁(T) 如能源短缺、竞争以及与上栏"机会"中相似的因素	ST战略：极大—极小 用内部优势来抵消外部威胁或规避外部威胁	WT战略：极小—极小 如收缩、清算或合资，用以降低薄弱环节和威胁的负面影响

图5-2 战略制定的TOWS矩阵

1. WT战略把薄弱环节和威胁减到最低,可以称作"极小—极小"(代表"最低—最低")战略,举例来说,这可能意味着需要公司组建合资企业、收缩或者甚至清算。

2. WO战略力图使薄弱环节降到最低,同时使机会增加到最大。这样,在某些方面存在薄弱环节的企业,或通过企业自身解决这些环节,或者从外界获得那些所需要的能力(如技术或具有所需要的技能的人员),以便使公司能利用外部环境存在的机会。

3. ST战略是根据组织的优势,去对付环境中的威胁,目的是将组织优势扩大到最大限度,把威胁减小到最低限度。这样,一家公司可能利用技术、财务、管理或营销的优势,来解决竞争对手新产品所带来的威胁。

4. SO战略是最理想的局面,即扬长避短,抓住外部机会,同时利用公司内部优势。的确,企业的目的是从矩阵的其他方位转移到SO战略项下。如果公司存在薄弱环节,就要努力去克服,将其转变为优势。如果它们面临威胁,就要泰然处之,以便能够将精力集中在机会上。

5.3.2 时间维度和TOWS矩阵

到目前为止,TOWS矩阵对相关因素的分析均属于一个具体时间点的概念。但是,企业外部和内部环境是动态的:有些因素随时间变化,而其他的因素则可能没有什么变化。因而,战略设计者必须准备几个不同时间点的TOWS矩阵。这样,人们可以从过去的TOWS矩阵分析开始;接着分析当前情况;然后,也许最重要的集中在将来不同时期(T_1、T_2等)的分析上。

5.3.3 TOWS 并购矩阵在企业并购、合资和战略联盟中的应用

世界各地的公司现在都在使用 TOWS 矩阵，同时，TOWS 矩阵方法也出现在了多本现代战略管理教材之中。近年来，TOWS 矩阵理念已经用于企业并购、收购、合资以及联盟计划中。任何时候两个合伙人考虑共同行动时，都应该对各自的优势和薄弱环节以及机会和威胁进行分析。此外，他们还应该考虑备选战略，因为这两个 TOWS 矩阵有助于他们更好地理解实际联合前各自的情况。例如，在优势和薄弱环节方面形成的互补效应会提高两个公司的竞争优势。另外，重复和重叠会造成努力的效果大打折扣。经过这两个矩阵的分析，应该推出第三个矩阵，即共同合伙矩阵，这在收购和并购对方时尤为重要，因为这两者带来的是长期性的实体。准备这三种矩阵可以在推出战略联盟这种较为松散的合伙关系过程中发现一些潜在的问题。

5.4 蓝海战略：抓住无竞争市场的机会

在前面 TOWS 矩阵的讨论中曾经提到，公司可以通过抓住外部机遇和应对挑战来扬长避短，发挥内部优势和克服薄弱环节。最有潜力的成功战略应该是抓住外部机遇和发挥企业自身优势的结合。

在前不久发行的《蓝海战略：如何形成尚未竞争市场空间而使竞争失去意义》一书中，W. 钱·金（W. Chan Kim）和勒妮·莫博涅（Rene Mauborgne）两位作者特别建议，与其在现有产业（或"红海"）中你死我活，倒不如抓住那些尚无对抗的"蓝海"。这里不妨用汽车产业的"血腥"竞争来说明一下红海，例如，汽车制造厂商为了把持低成本结构而残酷挤压竞争对手。相比之下，蓝海战略可以用电子商务 eBay 公司的在线拍卖业务加以佐证，这个市场没有任何竞争对手。下面让我们进一步探讨红海与蓝海战略之间的差异。

在红海的情境下，传统的竞争战略是在现有的市场打击竞争对手，要强于竞争对手。哈佛商学院的迈克尔·波特教授建议，公司必须进行战略选择，即采用给消费者提供其宁愿溢价支付的特色产品的差异化战略，还是像沃尔玛那样坚持低成本结构，这个问题后面将加以讨论。

相比之下，蓝海战略集中于无对抗的市场，在那里提供特色的产品或服务。正如《蓝海战略》一书副标题所言，由于没有竞争对手而使竞争失去了意义。蓝海战略避开现有市场的竞争，试图形成和开发新的产品或服务，引发新的需求。同时，那些成功的公司将更多地采用差异化和低成本战略，如同丰田汽车公司推出的低价位豪华雷克萨斯车那样。丰田给顾客带来了价值，而**价值创新**远远超出了创新本身的意义。这种战略要求整个公司致力于为顾客创造价值的承诺和执著，推出具有独特性而成本和价格相对低的产品。

为了进入蓝海避开竞争，金和莫博涅探讨了一种称为"**战略画布**"（Strategic Canvas）的诊断工具和行动框架。这个工具确定了公司竞争产业中的相关重要因素，而这些因素因产业不同而异。例如，航空业的因素中可能包括票价、机上膳食、服务友善程度等。西南航空公司在美国很成功，它在票价、机上膳食和枢纽机场转机三项上评分很低，但在服务友善度和航班频率上评分很高，因为这两个方面几乎没有竞争，很显然，西南航空公司推行的是一种蓝海战略。

那些拟采用蓝海战略的公司应该考虑四种行动方案。第一，确定和消除那些对顾客无关紧要的因素；第二，如果不能消除，应考虑减少这些因素；第三，提升或增加那些独特性因素；第四，形成顾客需要而竞争对手忽略的、新的或新颖而又独特的因素。这些恰恰是西南航空公司以及其他企业所采用的蓝海战略。

如何将蓝海战略应用到图5-2演示的TOWS矩阵上？传统的红海战略类似于ST战略（优势+威胁），公司可以以其优势应对竞争带来的威胁。红海战略下的过激竞争常常是红海一片。相反，蓝海战略相似于SO战略（优势+机遇），公司利用其自身优势抓住外部机遇。诚然，TOWS矩阵分析充分考虑了机遇，而金和莫博涅则关注了那些被竞争对手忽略的特别机会。

还有一种蓝海战略选择，即WO战略（薄弱环节+机遇），公司认识到自身的薄弱环节并找到了解决的方法，寻求特别的机会来克服其薄弱环节。常常是，弱势公司士气低落，更能受到激励寻求竞争对手顾及不到的机会，这恰恰是在采用蓝海战略。

总而言之，采用蓝海战略的公司可以借助图5-2中演示的SO和SW两个选择矩阵。虽然有时不可避免地会遇到ST战略选择，然而还是建议企业最好在使用前力图策划蓝海战略，以避免由于被迫选择ST战略而带来的血腥竞争局面。

5.5　组合矩阵：资源配置工具

企业组合矩阵是由波士顿咨询集团（BCG）开发出来的。表明企业的增长率和以市场份额为代表的公司相对竞争地位之间的关系。处在"问题"（question marks）象限里的企业，具有市场份额小、增长率高的特征，通常需要企业加大现金投入，以便使它们能够成为"明星"（stars）企业，即处在增长率高、竞争地位强象限内的企业。这些类型的企业有着增长和盈利的机会。"金牛"（cash cows）象限的特点是竞争地位强，但增长率低，意指通常情况下企业的市场地位牢固，能够生产低成本的产品。所以，这种企业的产品能提供其经营业务所需的现金。"瘦狗"（dogs）象限指那些增长率低、市场份额小的企业。这些企业通常已不盈利，应该及时处理掉。

企业组合矩阵是为大型公司开发的，这些公司通常是建立在战略业务单位（SBU）基础上的（将在本书第8章中探讨）。虽然企业组合矩阵在20世纪70年代颇为流行，但批评者大有人在，意见是这种方法过于简单化。此外，就产业吸引力的评估而言，用增长率作为标准一直被认为是欠妥的；同样，用市场份额作为估计企业竞争地位的尺度可能也是不适当的。

5.6 主要战略和政策类型

对企业来说（当然，稍做些调整也可用于其他类型的组织），指导全方位经营的主要战略和政策往往用于以下方面：如增长、财务、组织、人员、公共关系、产品或服务以及市场营销。我们在这里将探讨最后两个方面。

5.6.1 产品或服务

企业存在的目的就是为了提供产品或服务。从非常实际的角度看，利润只是衡量公司为顾客服务好坏的一个尺度，当然是重要的尺度。新产品或服务，比其他任何单个因素更能决定企业现在或将来是什么样的。

5.6.2 市场营销

市场营销战略的目的是要指导管理人员，把产品和服务推向顾客，同时鼓励他们来购买。市场营销战略和产品战略紧密相连，它们相互关联和相互支持。事实上，彼得·德鲁克把这两种企业职能看做是创新（如创造新产品或提供新服务）和市场营销。两者缺一不可，否则，任何一家企业几乎都是无法生存的。

5.7 公司战略层次

在那些大型、多元化的公司里，战略会呈现为一个层次体系，在塔尖上的是"母公司战略"。在这个层面上，多元化公司的高层管理人员制定总体战略，要对进入哪些产业进行竞争做出决策。此时，常常需要选择一个适当的企业组合，以便在这些企业之间形成合力。

层次体系的第二个层面是"子公司战略"，通常是由子公司的总经理来制定，经审议后由首席执行官来决定取舍。子公司战略的目的是在某个产品线领域获得竞争优势。

层次体系的第三个层面是"职能部战略"（或政策），这些战略是为部门或其他组织机构设计的，如财务部、生产部、市场营销部、服务部和人力资源部，其目的是支持子公司和母公司战略。

5.8 波特的产业分析和基本竞争战略

迈克尔·波特教授提出，战略的制定需要对产业吸引力和公司在该产业中的地位进行分析。这一分析是制定一般性战略的基础。

5.8.1 产业分析

在产业的分析方面，波特提出了五种作用力：（1）公司间的竞争；（2）新公司进入市场所带来的威胁；（3）使用替代产品或提供替代服务的可能性；（4）供应商的讨价还价能力；（5）买方或客户的议价能力。在产业分析的基础上，公司可以制定一般性战略。这些战略之所以一般，是因为它们可以适合于更广义的各类不同组织。但是，任何一家企业都有可能使用不止一种战略。

5.8.2 总成本领先战略

这种战略的方法目的在于降低成本，而且在很大程度上是基于经验而制定的。因此，重点可能会更加关注诸如研究与开发、经营、销售和服务等方面的费用。这样做的目的是为了在成本结构上低于竞争对手，这种战略往往需要企业占有相对的市场份额和低成本经营，如在市场上大量销售的象牙品牌低成本香皂。

5.8.3 差异化战略

采用差异化战略的公司试图提供产业内独一无二的产品和服务。保时捷（Porsche）跑车的确有特色，而以快速提供服务和零部件闻名的卡特彼勒公司（Caterpillar）更是如此。在大众消费品市场上，黛尔（Dial）香皂因使用除臭剂而与其他品牌不同。

5.8.4 集中战略

采用集中战略的公司，把目标集中在特殊的顾客群上，集中在某一特定的产品系列，集中在某一特定的地理区域，或者集中在企业专注的其他方面。一家企业可能强调某一细分市场，而不是针对整个市场的产品和服务，实施方式可以通过低成本战略、差异化战略或两者兼而有之。波特用拉昆塔酒店（La Quinta Inns）的例子来阐述集中低成本战略。这家餐馆开在美国的某个地区，深受经常外出的商务人士，如推销员的欢迎。集中差异化战略可以用科雷研究公司（Cray Research Inc.）的例子来说明，这家公司专营功能强大的、先进的超级计算机。这种差异化使科雷研究公司有很大的溢价空间。

总的来说，波特认为，公司需要制定一般性战略，而不应"陷入中间状态"。这样的公司需要决定，在大众或细分市场上是采用低成本战略，还是推出差异化（即特色）的产品或服务。

5.9 前提条件和预测

在制定有效和协调的计划过程中，人们往往忽略一个关键的步骤，即前提条件。前

计划前提条件系指为未来计划实施的预期环境。

提条件是管理人员和计划制订人员共同认可的、对审议中的计划提出的关键性和一致性的假设。**计划前提条件**定义为未来计划实施的预期环境，包括会影响计划实施的将来和已知条件的假设和预测。例如，现行政策和现有的公司计划，决定了支持性计划的基本性质。

应该区分两种不同的预测，一种是计划前提条件的预测，另一种是把预测转变为未来预期，通常用财务数据来表示。例如，决定未来经营条件、销售额或者政治环境的预测，提供了制订计划的前提条件。但是，来自一项新的资本投资的成本或收入的预测，是要把计划方案转变成未来的预期。在第一种情况下，预测是计划的先决条件；在第二种情况下，预测是计划的结果。

与此同时，计划本身和其将来结果的预测，往往成为其他计划的前提条件。例如，一家电力公司建设一个核能发电站的决策，为制定输电线路计划和其他取决于在建发电站的计划提供了前提条件。

环境预测

如果人们对未来能够做出准确的预测，计划工作将是相对简单的，管理人员只需要考虑人力和物力资源，审视机会和威胁，计算实现目标的最佳方法，并相当有把握地去实施目标。然而事实上，环境预测要复杂得多。

预测价值和范围

预测除了它的用途外还具有价值。首先，管理人员要预测和对预测进行审核，迫使人们往前看，展望未来并为此做准备；其次，预测工作可能暴露出缺乏必要的控制环节；最后，预测，特别是在整个组织都参加的情况下，有助于计划的统一和协调。通过把注意力放在将来，有助于在制订计划时形成统一的宗旨。

进行预测通常要选择的环境范围包括经济、社会、政治和法律以及技术环境。

德尔菲预测方法

www.rand.orm

为了使技术预测更为准确和更有意义，有必要使用德尔菲方法。德尔菲方法是由兰德公司的奥拉夫·赫尔墨（Olaf Helmer）与他的同事们发明的，得到了科学界的高度赞同和认可。德尔菲方法的使用过程如下：

1. 通常在组织内、外部，挑选某一特殊问题领域的专家成立一个小组。
2. 要求专家就各种新发现或新开发领域，他们认为将发生什么情况以及何时发生等问题做出预测（采用无记名方式，以便他们不受其他人的影响）。
3. 把回答内容汇集起来，再把这些综合结果反馈给小组成员。
4. 用反馈回来的手头材料（但仍采用个人无记名），对未来做出进一步估计。
5. 这一过程可以重复数次。
6. 在意见交流开始形成一致的看法时，这个结果成为可以接受的预测。

需要指出的是，反复提出来的意见和反馈的目的，不是迫使这些专家折中看法，而是通过更多信息的投入，使意见更有见识，更能反映全面情况。这样一来，人们希望，经验也证实了这一希望，在获得更多信息的基础上，专家之间会达成一致的意见。

本章小结

　　战略有多种定义。较为全面的定义是确定企业的使命或宗旨以及企业的长期目标，制订行动方案，配置必要的资源来实现这些目标。政策是对管理人员制定决策时给予指导的一般性陈述或说明。战略和政策两者都指导计划，为计划提供一个框架，并作为制定战术和其他管理活动的基础。

　　战略计划模型表明这一过程是如何进行的并列举出过程中的关键因素，指明其相互关系。TOWS矩阵是用来分析外部环境中的威胁和机会与组织内部的薄弱环节和优势之间关系的现代工具。需要开发三组TOWS矩阵用于企业的并购、收购、合资和联盟战略。企业组合矩阵是用来配置资源，把业务增长率同公司的相对竞争地位（用市场份额来衡量）联系起来的工具。

　　蓝海战略集中在那些竞争不强的市场空间，相比之下，红海战略将竞争对手卷入你死我活的鏖战之中。

　　需要制定战略和政策的方面包括企业的增长、财务、组织、人员、公共关系、产品或服务以及营销等。战略形成了一个层次体系，包括母公司战略、子公司战略和职能部战略。波特提出了总成本领先、差异化和集中三种一般性竞争战略。

　　计划的前提条件是预测环境，其中包括对未来和已知条件的假设或预测。近年来，环境预测越发重要，德尔菲方法是由兰德公司开发出来的一种预测方法。

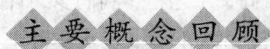

战略	TOWS 并购矩阵	计划前提条件
政策	波士顿咨询公司的组合矩阵	环境预测
战术	主要类型的战略	德尔菲方法
战略计划过程中的关键因素	战略层次体系	
韦里克的 TOWS 矩阵	波特的一般性战略	

1. 如何区别战略和政策？
2. 战略和政策对非经营性企业（如工会、政府部门、医院或城市消防部门）和对企业一样重要吗？为什么？怎样重要？
3. 为什么应急计划是重要的？
4. 挑选你熟悉的一家企业，找出其优势和薄弱环节。它外部环境中的特殊机会和威胁是什么？
5. 你如何从组织的角度评价你的学院和你的大学？该校是经营何种"业务"的？
6. 怎样才能有效地实施战略？
7. 根据你的判断，本田汽车公司为了预测今后两年的汽车销售量，需要哪些主要的前提条件？

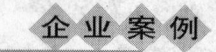

万向集团的"走出去"战略[①]

万向集团是中国民营企业的骄傲,万向集团董事局主席鲁冠球是中国企业家的榜样,他让中国的汽车零部件走向了全世界,让万向集团成了中国最大的汽车零部件生产企业,向人们揭示了中国民营企业如何从小到大、从国内市场走向国际市场的全过程。

2011年6月27日,在浙江省工商局、省民营企业发展联合会发布的"浙江省民营企业百强榜单"上,万向集团以661.38亿元的销售收入再次跃升榜首。

万向集团是一家乡镇企业,以生产汽车用的万向节、十字轴等产品起家,目前已形成了零部件业、自然资源业、基础置地业、区域投资及中介服务业四大产业体系。企业自1969年创办至今的40年中,已发展成为拥有资产100多亿元、员工3万多人、拥有4家上市公司、2007年营业收入超过400亿元的企业集团。万向先后在美国、英国、德国、加拿大等欧美国家设立、并购、控股了30多家公司,其中控股的有19家,构建起涵盖全球60多个国家和地区的国际营销网络,成为通用、福特等跨国公司的配套客户,走上了"资源外部化、产业国际化"的道路。目前,集团在继续巩固其汽车零部件领域世界一流企业地位的同时,还进入农业、矿产、新能源、金融等10大产业。在当前中国企业加大"走出去"战略力度的竞争态势下,万向集团的发展模式值得许多企业借鉴。

1997年,万向集团被国务院列为国家120家试点企业集团之一。2005年8月8日,国家统计局和中国汽车工业协会公布了"2004年度中国汽车零部件百强企业",万向集团以208亿元的销售收入名列榜首,成为全国最大的汽车零部件企业。一年之后,万向集团实现营业收入252亿元,利润总额7.6亿元,高居全国汽车零部件企业之首。

一、万向集团的发展历程

1969年7月8日,鲁冠球用4000元钱投资,在浙江萧山创办了由7个农民参与的宁围公社农机厂。到1979年,这家乡镇农机修配厂已有四五百个工人,生产各种各样的农机产品,但随着乡镇企业的快速发展,竞争威胁日益显现。

万向节是汽车传动轴与驱动轴的连接器,因其可以在旋转中任意转换角度而得名。鲁冠球获悉,国家急缺为进口汽车配套的万向节。由于它型号多、批量小、质量高、工艺精、利润少,许多万向节厂都不愿生产,国家只得花一大笔外汇去进口。鲁冠球决定要填补这个空白,进入汽车零配件市场。此举成为万向集团命运的转折点,将万向产品与国际市场紧密联系在一起。

在企业管理体制和经营模式上,万向集团经历了从早期的风险承包责任制,到股份制改造,再到企业上市,按国际标准建立健全了现代企业制度,体现了质的"跨越"。

1994年1月10日,经过7年的努力,万向钱潮股票终于在深圳上市交易,万向集团成为中国首家上市的乡镇企业,其主业是汽车零部件产业,拥有万向节、轴承、等速驱动轴、传动轴、制动器、减震器、滚动体、橡胶密封件8大系列,及悬架、制动2大系统产品。

从20世纪70年代末起,万向集团经历了初

[①] http://www.wanxiang.com.cn

级、发展和成熟三个阶段。从由外贸公司收购、代理到取得自营进出口权；从自己组建进出口公司，自营进出口，到在美国、英国等地设立海外公司；从产品走出国门到生产要素（技术、人员、设备等）移动到国外，在境外开办企业；从第一家将产品销往美国汽车维修市场的中国汽车零部件生产企业到远销世界70多个国家和地区，万向集团从一个乡镇企业发展成了国际上知名的跨国公司。

2001年8月28日，万向集团成功收购美国上市企业 UAI 公司，开创了中国乡镇企业收购海外上市公司的先例，轰动了美国企业界。此事件在2002年初入选"2001年度中国企业十大新闻"，鲁冠球也因此位列"2001年度CCTV中国经济年度十大人物"。对于为何要上市，鲁冠球在接受记者采访时明确表示，"主要考虑的是企业如何与国际接轨，如何建立规范化的现代企业制度。因此我们搞上市公司，是为国际化打基础，通过股份化、规范化，使人员素质得到全面提高"。

2003年10月，万向集团买下了美国洛克福特汽车配件公司33%的股份，成为该公司的第一大股东。万向与这个公司的合作开始于8年前，8年之后万向成为这家美国汽车界百年老店、全球汽配最大的一级供货商的主人。

2007年4月2日，万向集团通过其美国子公司尼亚布科公司（Neapco）收购了福特旗下ACH公司的门罗工厂。该工厂成立于1929年，约有1200名职员，主要为福特汽车配套生产传动轴。该项收购完成后，万向集团在境外的控股子公司增至19家。

万向集团的国际化与其先进的管理机制及人力资源配置密切相关。在管理机制上，它从集体企业逐渐发展成为有独立决策权的大型股份制企业，通过战略组织机构重组，资产剥离，上市融资，扩大规模而形成集团优势。各集团下属子公司，业务分明管理到位，海外公司实行"市场营销本土化"、"管理体系本土化"、"资本本土化"的战略，形成以美国全资子公司为总部的全球营销网络。

在人力资源管理上，万向从初期的工人技能及素质培养，到中期的请进来送出去，再到现在的完整的科研队伍、管理人才、销售人才及工人的全方位定向培训及管理，尤其是以美国为龙头的海外国际公司的本土化的人力资源结构及高效的薪酬机制。在万向美国公司现有职工中，中方员工很少，绝大部分员工为外籍员工。

在品牌的创立上，万向创建了自己的自有品牌——钱潮牌万向节。其主打产品完全符合国际标准，质量优良，品牌可靠，成功进入了国际市场。在国内市场上，万向不断拓宽产品系列，建立中国汽车零部件基地；在国际上，1997年起进入世界最大的汽车制造商通用汽车公司配套零部件采购网络，销售稳定，成为全球汽车零配件企业中的优秀品牌。

二、万向集团的"走出去"战略

20世纪90年代末期，万向集团加大了国际化力度。通过加强研发和产品多元化，成为全球汽车零部件行业领导者。通过海外上市或国内融资加大对海外投资力度，加强价值链管理，建立汽车行业物流系统。在国际化战略实施过程中接轨大公司，与跨国公司建立战略联盟，接轨国际主流市场，进一步完善海外营销体系，强化了品牌的维护和发展。

万向集团走出国门创办企业的目标十分明确，即参与国际市场的竞争，抢占制高点，谋求大发展。在美国创办公司之时就确立了三大目标：一是在美国树立万向的形象，把产品打入通用、福特、克莱斯勒等公司主机配套系统；二是搜集市场信息，及时反馈给国内集团公司，以拓展新的领域；三是充分利用和优化组合国际资源，不断加大国际化的力度。从进入美国市场的初期，万向美国公司就明确制定了"高起点、高档次"的市场进入策略，以便尽快打入美国主流社会，在当地立足发展。

万向集团原是一家乡镇企业，在20世纪70

年代末期，国家尚在计划经济之中，其产品不能纳入国家计划，市场知名度很低，公司举步维艰。但是，公司并没有被困难吓倒，他们把眼光盯住了国际市场。1984年，在外贸公司的协助下，其万向节产品开始销往美国。万向第一次出口美国的万向节产品是由美国多伊尔公司承销的。通过与多伊尔公司的合作，万向的产品源源不断地进入美国市场。同时，产品品种不断增多，技术水平不断提高。

随着企业的持续发展，万向公司在人员、技术、管理等方面不断提高整体素质，为参与国际市场竞争打下坚实基础。公司在巩固万向节主导产品向美洲市场出口的同时，大力开拓多元市场，相继拓展了南非、以色列和欧洲市场。根据国际市场的需求变化，不断扩大出口产品的品种和范围，由最初的万向节产品扩大到十字轴、传动轴、等速万向节、轴承、五金工具、拨叉等一系列产品。

鲁冠球深知，真正的企业国际化绝不是仅仅把产品卖到国际上去，而是生产要素在国际市场上的竞争，涉及对外投资和经营，进行中外人员融洽、中外资本和中外企业文化的融合，从而最大限度地整合国际资源。企业把产品销往国外，仅仅是走向国际市场的第一步。从广义上来说，企业真正要在国际市场上求得发展，还要走出国门，在国外建立自己的立足点（分公司或子公司等分支机构），建立生产基地，利用当地资源（包括劳动力）和市场，扩大生产，进行国际间的生产经营和营销活动，提高市场占有率，即国际化经营。

1994年10月，万向集团在美国芝加哥组建了万向美国公司，成为集团利用国外资源，全面参与国际市场竞争的一个桥头堡。万向在芝加哥聘请地位显赫的律师做法律顾问，将商业广告打到美国主要新闻媒体上。万向美国公司管理人员在很短的时间里就熟悉了美国商业法律法规和当地经营惯例，以此规范和保护自己的经营活动，在经营方式上采用以东道国为主的管理策略，实行人力资源的当地化，大胆聘用当地员工和管理人员。很快，万向美国公司受到了包括美国通用汽车公司等著名大企业的青睐，迅速打开了美国市场。①

以设立万向美国公司为标志，万向加快了企业走出去的步伐。随后，万向在全球60多个国家和地区建立了营销网络，主导产品进入了美国通用、福特等主流品牌的配套生产线。与此同时，通过兼并、收购、联合多种形式，万向先后在美洲、欧洲等多个国家进行市场、技术、人才等资源整合，有效地扩大了国际市场。

实施"走出去"战略，不仅使万向成功地走出了一条"资源外部化、经营本土化、产业国际化"的路子，而且吸收了国外先进的经营管理理念，培育和锻炼了国际化人才。

万向美国公司组建后，第一年营业额就达到350万美元，1996年超过1000万美元，2004年超过了1亿美元。十年内增幅达60多倍，在中国海外公司中确属罕见。2007年12月12日，万向集团财务有限公司与美国花旗银行（中国）有限公司在杭州签署了战略合作意向书，万向集团在国际化进程中建立了新的金融平台。根据协议，花旗银行将为万向所属集团成员企业提供各种结算及贸易融资、现金管理、财务顾问、投资银行、金融衍生品及培训管理咨询等全方位的金融支持。在同等条件下，万向将利用自身平台，整合集团资源，在金融业务、海外业务等方面与花旗银行进行全方位合作，最终达到双方全球性合作。

目前，万向集团已在英国、加拿大、墨西哥、委内瑞拉、巴西等国家设立了9家子公司，初步形成了以中国大陆为中心、以亚洲市场为主的国内母公司与以万向美国公司为中心、跨地区

---

① Regina M. Abrami et al. Wanxiang Group: A Chinese Company's Global Strategy. Harvard Business School, July 9, 2008.

的海外子公司的局部网络。海外公司的有效运转为集团积累了国际化经营经验，培养了一大批懂专业、精外语、熟悉国际惯例、适应国外文化、具有开拓和敬业精神的国际化人才，提高了集团的整体素质。

万向集团长期推行的由出口过渡到对外直接投资的"走出去"战略，提升了公司的核心竞争力，使其成为全球汽车零部件行业颇具影响力的中国制造企业。万向模式为中国企业尤其是中小型民营企业走出国门投资、参与国际竞争开辟了一条可行之路，树立了一个标杆。

（本案例根据报刊资料整理而成）

◆ 思考题

1. 你如何评价万向集团的"走出去"战略？
2. 面对全球汽车制造企业开发新能源汽车的竞争态势，万向集团要在其战略上做哪些调整？
3. 你认为万向集团有必要进入汽车制造领域，并推出自主品牌吗？
4. 万向集团的"走出去"经验对中国民营企业有什么借鉴意义？

6

决 策

[学习目标]

学完本章后,你应该能够:

1. 理性地分析决策的过程。
2. 提出各种备选的行动方针,并适当地考虑制约因素。
3. 评估各种备选方案,并从中选择最终方案。
4. 区别程序化决策和非程序化决策。
5. 了解在确定、不确定以及风险条件下的决策的不同之处。
6. 认识到管理中创造和创新的重要性。

决策是指从备选方案中选择行动步骤。

决策是指从备选方案中选择行动步骤,是计划的核心。如果对企业的资源配置、发展方向或者声誉没有做出决策,那么,计划也就不复存在了。在此之前,只不过是对计划进行研究和分析而已。管理人员有时把制定决策看成是他们的中心工作,这是因为他们必须经常地就这样一些问题做出抉择:要做什么、由谁来做,以及何时、何地,有时甚至是如何做。然而,决策仅仅是计划中的一个步骤,即使在不需要多加考虑就很快地做出决策或者决策对行动的影响也只是片刻的情况下,也只是计划的一部分,仅此而已。决策还是人们日常生活中的一部分。孤立地去判断一个行动方案是不妥的,因为每项决策实际上都必须和其他的计划相联系。

6.1 理性化决策的重要性和局限性

在第4章讨论计划步骤时,把决策看做是计划的一个主要部分。其实,如果已经对机会和目标有了明确的认识,决策过程就成了计划的核心。因此,在这种情况下,制定决策的过程可以被看做如下四个步骤:(1)提出前提条件;(2)列出各种备选方案;(3)按照所要达到的目标对备选方案进行评估;(4)选定一个方案,也就是说,做出决策。

本章对决策的讨论,虽然强调的是选择行动步骤的逻辑性和方法,但是人们会看到，决策确实是计划工作的一个步骤。

6.1.1 决策的理性化

人们常说，有效的决策一定是理性化的。但是，什么是理性化？在什么情况下一个人能理性地思考或做出决定呢？

以理性方式做事或做决策的人，往往试图完成只有通过行动才能达到的某种目标。他们必须清楚地了解备选的方案，并借此在现有的环境和限制条件下完成目标。他们还必须根据既定目标，掌握分析和评估备选方案的信息和具备相应的能力。最后，他们必须有解决问题的愿望，通过选择备用方案，圆满完成目标。

人们很少做到完全理性化，特别是在管理工作中。首先，没有一个人能做出影响过去的决策，因此决策一定是针对未来而做出的，而未来几乎肯定会牵涉到不确定因素；其次，很难识别所有可能用来实现目标的备选方案，尤其是决策涉及要做而从未做过的事时，更是如此。此外，在多数情况下，即使利用现有的最新分析方法和计算机，也不是所有的备选方案都是可以加以分析的。

6.1.2 10-10-10 决策

苏茜·韦尔奇（Suzy Welch）写了一本《10-10-10 决策》为题、吸引人们眼球的书。这是什么意思？谁会做结果仅 10 分钟内有效的决策？10 个月？还是 10 年？答案显然是不同的。10 分钟决策对采取行动可能是必要的，但决策人很快可能就会后悔的。基于若干未知因素而做出的为期 10 年的决策有许多不同之处，然而可能会产生长期的影响。要成为一名医生或教授需要进行预测，需做出许多假设。尽管这样的决策得到的回报是诱人的，但是需要多个诸如筹款、买房、或牺牲度假全身心苦读等 10 个月的决策。

对于管理人员，这个 10-10-10 法则可能成为颇有价值的诸如资源配置等战略决策工具。这种决策的结果可能是短期的，中期的（如 10 个月或 1 年），也可能是长期的，如开发新产品或新项目的大型投资。

重视决策结果的时间概念有助于制定更好的短期、中期和长期的个人以及管理决策。

6.1.3 理性化的局限性或"界限"

管理人员应该对有限的理性，或"有界的"理性感到知足，换句话说，即使管理人员试图竭尽全力做到完全理性化，他也会受到信息、时间和不确定因素的限制。由于管理人员在实际工作中不能做到完全理性，所以有时管理人员讨厌风险，主张"谨慎行事"，在这种情况下，就会影响他们最佳地解决问题的意愿。赫伯特·西蒙（Herbert Simon）把这种情况称作**使人满意**，也就是说，在一些情况下，挑选令人满意的或足够好的方案。虽然在做出很多管理决策时，人们都是怀着尽可能安全"稳妥"的愿望，但是多

> **使人满意**意指在一些情况下，挑选令人满意的或足够好的方案。

数管理人员确实力图凭他们的能力，在合理性限度之内，根据风险的规模和性质制定最佳决策。

现在，我们将详细地探讨决策过程中的步骤。

6.2 选择方案的拟订和局限性因素

假定我们知道目标是什么，并就清晰的计划前提条件取得了一致意见，那么，制定决策的第一步就是要拟订备选方案。对任何行动步骤几乎总是有各种方案的，的确，如果看起来只有一种做事方法，那么这个方法可能就是错的。如果我们只能够想出一个行动方案，那么很明显，我们没有认真去思考。

拟订备选方案的能力往往和从备选方案中正确地挑选最终方案一样重要。另外，悟性、研究和常识往往会让人发现有这么多要选择的方案，以至于无法对全部方案充分地加以评估。在这种情况下，管理人员需要帮助，而这种帮助和选择最佳方案时的帮助一样，都可以在限制因素或战略因素的概念中找到。

限制因素是指妨碍所期望的目标实现的因素。如果人们了解了在某一情况下的限制因素，就可以把备选方案的寻找范围缩小到限制因素之外。**限制因素的原则**是，通过了解和解决那些严重妨碍目标实现的因素，人们能够选择出最佳行动步骤的方案。

> **限制因素的原则**是，通过了解和解决那些严重妨碍目标实现的因素，人们能够选择出最佳行动步骤的方案。

6.3 启发式决策

有时似乎存在太多的备选方案，而管理人员只能依靠自己的决策原则从中做出选择。这些被称作启发式的决策原则，使复杂的判断变得越发简单起来。正是由于这些决策原则，决策的结果因决策者的个性和偏好不同而大相径庭。个人偏好是决策者认知结构的产物，而认知结构足以使决策者在分析问题时从浩瀚过量的数据中解放出来。一个组织最高管理者的价值观和认知偏见会渗透在组织的战略和效益之中。

在存在着众多未知变量的创业环境中，简化启发式决策原则是非常必要的。例如，风险资本家在决策过程中要基于其自身的价值取向来评价那些创业家，存在着很大的不确定因素。这些"价值取向"左右他们的启发式决策原则，而这些"价值取向"可以从风险资本家们广为使用的隐喻中略见一斑。管理人员应该清楚他们自己的启发式决策原则，了解这些原则是如何影响决策效果的以及通过周密的决策流程来尽可能弥补决策的不足之处。

6.4 选择方案的评估

企业一旦找到了适当的备选方案，计划的下一步骤就是要对这些方案进行评估，从而挑选出最有利于目标实现的方案。虽然计划的其他步骤如选择目标、挑选重要的前提条件，甚至筛选备选方案等也必须制定决策，但这都是做出最终决策的步骤。

6.4.1 定量因素和定性因素

在比较实现目标的备选计划时，人们可能会特别考虑**定量因素**。定量因素是能够用数字进行衡量的因素，如时间或者各种固定成本和经营成本。没有人会对这种分析的重要性提出问题，但是，如果因此而忽视无形的因素，或者说定性因素，企业的成功就很难保证了。**定性因素**或者说无形因素是指那些难以用数字表示的因素，如劳资关系的质量、技术变化带来的风险或者国际政治环境。由于不可预见的战争破坏了精心准备的定量计划，运输业的长期罢工致使良好的营销计划不能实现，或者一次经济衰退妨碍了合理的借款计划，这样的事例实在是太多了。所有这些情况表明，在比较各种方案时，要注意定量和定性这两个因素，这一点是十分重要的。

> **定量因素**是能够用数字进行衡量的因素。
>
> **定性因素**或无形因素是指那些难以用数字表示的因素。

为了评估和比较计划问题中的无形因素，并进而做出决策，管理人员必须首先要识别这些因素，然后决定能否进行合理的数字量化。如果不能量化，他们应该尽可能地把这样的因素归纳出来，根据它们的重要程度进行排序，把它们对结果可能带来的影响与定量因素对结果可能带来的影响进行比较，然后做出决策。这样的决策可能会使一个单一的、无形因素变得十分重要。

6.4.2 边际分析方法

在评估各种备选方案时，可以用**边际分析方法**来比较由于增加产量而导致的边际收入和边际成本。在企业的目标是利润最大化的情况下，正如基础经济学所讲述的，当边际收入等于边际成本时，这个目标将是可以实现的。这就是说，如果增加产量带来的边际收入大于边际成本，那么生产得越多，利润也就越大。当然，在增加产量带来的边际成本比边际收入大的情况下，较少的产量也可以获取较大的利润。

> **边际分析方法**用来比较由于增加产量而导致的边际收入和边际成本。

边际分析法也可以用来比较除了成本和收入以外的各种因素。例如，为了找出机器的最佳产量，可以按产出量变换投入量，直到追加的投入等于额外的产出为止。那么，这个相等点就是机器的最大效率。又如，向管理人员汇报的下属人数可以明显增加到这样的水平，即边际的成本减少、更好的沟通效果和士气以及其他因素正好等于由于推出更有效的控制机制、领导力和类似因素而带来的额外损失数。

6.4.3 成本—效益分析方法

成本—效益分析方法寻求成本和效益的最佳比率。

成本—效益分析方法，或成本—利益分析方法是传统的边际分析法的改良或者说是变种。**成本—效益分析方法寻求成本和效益的最佳比率**，即找出实现目标的最小代价的方法，或在既定的费用基础上获得最大的价值。

6.5 选择方案的确定：三种方法

挑选备选方案时，管理人员可以采取三种基本方法：（1）经验；（2）实验；（3）研究和分析（见图6-1）。

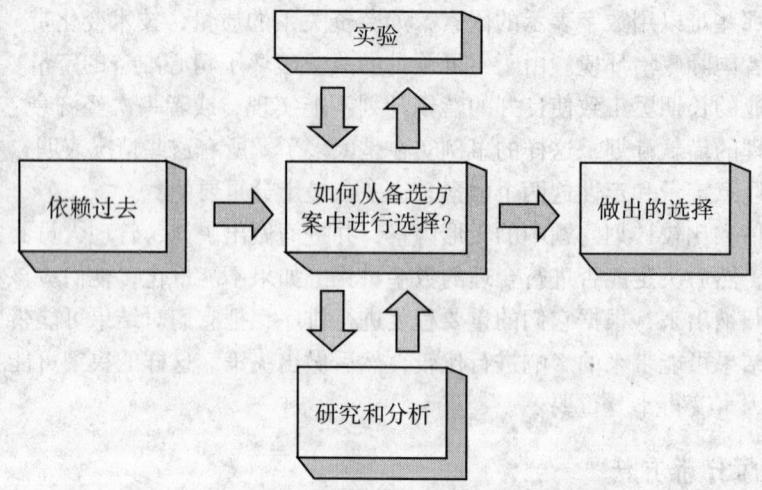

图6-1 选择备选行动方案的基础

6.5.1 经验

借助过去的经验在制定决策过程中所起的作用，可能要比应该起的作用大得多。经验丰富的管理人员往往相信，但又常常意识不到，已经取得的成功和已犯下的错误对未来起着必然的指导作用。因此，管理人员的经验越多，在组织里的职位越高，这种观点就越明显。

在某种程度上，经验是最好的老师。管理人员晋升到目前职位的这个事实，似乎证明他们过去的决策是正确的。此外，思考问题的过程，通过制定决策和观察规划的成败，在一定程度上有助于做出良好判断（有时近似直觉判断）。遗憾的是，很多人没有从错误中得到教益，而有些管理人员，似乎从来没有做出过现代企业所要求的理性判断。

然而，仅凭过去的经验作为未来行动的指南是危险的。首先，多数人没有认识到错误或失败的根本原因。其次，经验的教训可能完全不适用新的问题。好的决策一定是针对未来事件进行评估的，而经验则属于过去。

另一方面，如果认真地分析经验，而不是盲目地遵循它；如果人们从经验里提炼出成败的根本原因，那么，经验作为决策分析的基础可能是有用的。成功的规划、管理良好的公司、有利可图的产品促销或者任何其他成功的决策，可能对吸取经验教训能提供有用的数据。如果像科学家们那样毫不犹豫地在他人研究成果的基础上去进一步研究，而不是愚笨地一味效仿他人成果，管理人员能够从其他人那里学到很多东西。

6.5.2 实验

在各种备选方案中进行抉择的一个很明显的方法，就是试验其中一个方案，看看会发生什么情况。在科学研究中，经常采用实验的方法。人们常常争辩说，在管理工作中应该更经常地采用这种方法，因为管理人员能够确保某些计划的正确性的唯一办法，就是去试验各种备选方案，看看哪一个方案是最好的，特别是考虑到其无形因素。

实验方法可能是所有方法中成本最高的，特别是在试验某一计划需要巨额资本投入和大量人力的情况下，或在企业没有能力承担几种方案的实验费用的情况下更是如此。此外，在实验完成后，人们可能对已经证明了的东西仍然存有疑问，因为未来不可能是现在的重复。所以，这种方法应该在充分考虑了其他备选方案之后加以应用。

另一方面，有许多决策要根据实验结果确定最佳行动方案后，才能制定出来。但是即使有过去经验的借鉴，或者参照最认真的研究成果，也不可能确保管理人员所做的决策都是正确的。制订一种新型飞机的计划在这方面可以称为是最好的范例。

飞机制造商可以吸取个人的、其他飞机制造商的和新飞机用户的经验，工程师和经济学家对飞机的压力、振动、燃料消耗、速度、空间分布，以及其他一些因素进行广泛研究，但所有这些研究，并没有对一架成功飞机的飞行性能和经济性能的每一个问题都做出回答，因此在选择正确的行动方案过程中，几乎总会包括某些试验。通常，一架首次生产出来的飞机，或首次生产出来的原型飞机要进行试验，然后，在试验的基础上，按照修改后的设计生产飞机。

实验还可用于其他方面。企业在把新产品销售到全国市场之前，可以先在某些市场上进行测试。组织管理方法在全公司推行之前，常常在下属分公司或工厂试行。某一管理工作的候选人可以在这个岗位的工作人员休假期间，放到工作岗位上进行考察。

6.5.3 研究和分析

涉及重要决策时，挑选备选方案的最有效的方法之一，就是研究和分析。这个方法意指，要解决问题，首先应当了解问题。所以，就要探索对既定目标有影响的更关键的变量、制约因素和前提条件等之间的关系，从某种意义上讲，也就是笔加纸（或者更形象一点，计算机加打印结果）的决策方法。

解决计划问题必须把问题分解成各种组成部分，然后研究各种定量和定性因素。这种研究和分析可能比实验要划算得多。做分析时所花费的时间和纸张要比对各种备选方案进行实验少得多。在制造飞机时，如果在原型飞机和零部件制造及试验之前不进行认真研究，那么结果成本会相当大。

研究和分析方法的一个重要步骤，就是要做一个模拟问题的模型。建筑师们用大量的蓝图或三维效果图建立建筑模型，工程师们在风洞里测试机翼和导弹。但是，最有用的模拟可能是用数学方法和数学关系在一种问题情景下进行各种变量的模拟。如果能够把一个问题概念化，那么就已经朝着解决问题的方向迈出了重要的一步。长期以来，自然科学一直依赖数学模型来进行分析的研究，如果把这种方法应用到管理决策中，将是令人鼓舞的。

6.6 程序化和非程序化决策

程序化决策用以解决规律性的或日常问题。

决策可以分为程序化决策和非程序化决策。**程序化决策**，用以解决规律性的或日常问题。例如，车床工人都有操作说明和各种规则，使他们知道他们生产的产品是否符合规格，哪些必须废弃，哪些需重新加工。程序化决策的另一个例子是重新订购库存的标准货物。这类决策一般用于日常和重复性的工作，主要依赖先前确定的标准。事实上，这是基于先例而制定的决策。

非程序化决策用于非规律性、新颖的和没有明确定义、非重复性的情况。

非程序化决策用于非规律性、新颖的和没有明确定义的、非重复性的情况。例如，苹果计算机公司推出的"麦今托什"（Macintosh）计算机和奥迪公司开发四轮驱动的轿车就是典型的范例。实际上，因为需要主观判断，战略性决策一般都是非程序化的决策。

大多数的决策既不是完全程序化的，也不是完全非程序化的，而是两者的结合。非程序化决策多数都是由上层管理人员制定的，因为他们必须解决非规律性的问题，而下级部门的问题往往是常规性的、规律性的问题，不需要管理人员和非管理人员在做决策时留有余地。

6.7 确定性、不确定性和风险条件下的决策

实际上，几乎所有的决策都是在至少有某些不确定因素的环境下制定的，但其程度从相对确定到相对不确定不尽相同。在制定决策中，也涉及某些风险因素。

在确定条件下，人们有理由相信在制定决策时会出现的情况，信息及时且可靠，因果关系也已经确定。

另一方面，如果情况不确定，人们手中的数据库资料贫乏，尚不知数据是否可靠，对情况是否会变化心中无数。此外，人们不能对不同变量的相互作用做出评价。例如，一家

决定在一个陌生的国家扩展业务的公司，对这个国家的文化、法律、经济环境或政策情况可能知之甚少。政治形势反复无常，即使是专家也不能预见到政府可能会有什么样的变化。

在存在风险的情况下，可能会有实际的信息，但不一定全面。为了提高决策质量，人们可以采用数学模型来估计结果的客观概率。另一方面，可使用基于判断和经验的主观概率。

处理不确定情况的所有明智的决策者，都希望知道在他们选择行动方案时风险的大小和性质。在运用传统的运筹学方法去解决问题时，欠缺之一就是模型所用的很多数据仅仅是估计的，而其他则是以概率为基础的。通常做法是，由职能专家提出"最佳估计"。

实际上，每个决策都是以若干重要变量的相互作用为基础的，其中有很多存在不确定因素，但概率的程度相当高。因此，开拓一种新产品的可能取决于若干关键的变量：如推出产品的成本、生产成本、资本投资需要量、产品定价、潜在市场的规模，以及产品占整个市场的份额等。

6.8 创造和创新

对人员进行管理的一个重要因素是创造。创造和创新之间是有区别的。**创造**这个词通常指的是形成新的想法的能力，而**创新**则意指这些想法的应用。对一个组织而言，它可以是一种新产品、一项新的服务或是一种新的做事方法。尽管本节的讨论集中在创造过程中，这其中也包含着组织不仅生成新的想法，还要将这些想法转变为实际中的应用。

> **创造**通常指的是形成新的想法的能力。**创新**意指想法的应用。

6.8.1 创造过程

创造过程很少是简单的和线性的，通常包括四个相互交叉、相互作用的阶段：(1) 无意识的审视；(2) 直觉；(3) 洞察力；(4) 形成逻辑。

很难对第一阶段"无意识的审视"进行解释，因为这是人们无意识的行为。这种审视通常要求对问题高度关注，而头脑中可能并没有这种意识。但是在某些时间条件制约下，管理人员常常会过早做出决策，而不是彻底地解决模棱两可而又定义不明确的问题。

> **创造过程**包括四个阶段：无意识的审视；直觉；洞察力；形成逻辑或实证。

第二阶段"直觉"将无意识同有意识联系起来。这一阶段可能要求把最初看来矛盾的因素结合到一起。例如，20世纪20年代，通用汽车公司的唐纳森·布朗（Donaldson Brown）和阿尔弗莱德·斯隆（Alfred Sloan）产生了集中控制下的事业部分权结构的想法，这一概念看起来相互矛盾。但在认识到下述内在的原则时就有意义了：(1) 把经营的责任赋予每一个事业部的总经理；(2) 在某些职能上总部保留控制权。这两位伟大的公司领导人正是靠直觉，才看到这两条原则在管理过程中能够相互作用。

> www.gm.com

直觉需要时间。直觉要求人们找到新的组合并将各种不同的概念和想法综合到一起，因此就必须对问题进行透彻的思考。集思广益等几种方法可以提高直觉思维能力。

作为创造力第三阶段的"洞察力"大多都是努力工作的结果。例如，在开发新产品、提供新服务或实施新过程中，需要有许多新的想法。有趣的是，洞察力往往会在思想并未直接集中在眼下的问题时出现。此外，新的洞察力可能只持续几分钟，而那些能干的管理人员会因为随身带着纸和笔，把有创造性的想法记录下来将获益匪浅。

创造过程的第四个阶段就是"形成逻辑"或"实证"。洞察力需要经过逻辑或实验的测试，通过不断地考虑一种想法或请人提出建议。例如，上述提及的布朗和斯隆的分散说就需要根据组织的现状进行测试。

6.8.2 风暴式思维

创造力是可以传授的，创造性想法常常是大量努力的结果。有些方法集中在小组互动，有些则针对个人行动。

提高创造力最为著名的方法之一是由被称为"风暴式思维之父"的阿力克斯·F·奥斯伯恩（Alex F. Osborn）提出的。这种方法的目的是要通过找出新的、不同寻常的解决方法来提高解决问题的能力。进行风暴式思维的过程中，所追求的是想法的多样化。

风暴式思维强调集体思维，问世以后很快就被人们所接受。然而，当研究表明，独立工作状态下的个人比在群体状态下的个人能产生更好的想法时，对这种方法的热情锐减。后来，进一步的研究表明，在某些情况下，群体方法更为奏效。在信息分散于各类不同人员的情况下，集体决策虽然不佳，却更能为人们所接受；而个人决策尽管较好，但可能会遭到那些实施人们的反对。另外，当决策由所负责实施的群体做出时，新想法就更容易为人们所接受。

6.8.3 传统小组讨论的局限性

尽管集思广益方法会产生创造性的思维，但是如果认为只有在群体中才会有更多的创造力是不正确的。其实，常见的小组讨论可能妨碍创造力的发挥。例如，小组成员可能会采纳一种想法而排斥其他选择方案。某一方面的专家可能因为害怕被人耻笑而不愿在小组中表达自己的看法。另外，在小组里有高层管理人员的情况下，低层管理人员可能会受到限制而不能表达自己的观点。要求一致性所带来的压力也不鼓励发表不同的见解。与他人相处的需要可能会胜过探索富有想象力，却不受人欢迎的解决问题的办法。最后，迫于小组成员要做出决定的压力，可能使小组不会竭尽全力去寻找与决策相关的数据。

6.8.4 富有创造力的管理人员

人们常常会假设大多数的人都没有创造力或很少有产生新想法的能力。遗憾的是，这种想法对组织可能极为有害，因为在适合的环境下，即便是人与人之间在创造力方面有明显差异，但几乎所有的人都富有创造性。

总的来说，有创造力的人对事情很好奇，会产生许多新的、不同寻常的想法，他们常常不会满足于现状。他们虽然聪明，但在解决问题时，却不仅仅依赖于理性思维，还要掺杂其个人的感情因素。看起来他们对问题的解决很激动，甚至到了执著的地步。富有创造力的个体有自知之明，能独立进行判断。他们反对循规蹈矩，往往视自己与众不同。

毋庸置疑，有创造力的人可以对企业的发展做出更大的贡献。但与此同时，他们也可能会给组织带来难题。但凡管理人员都知道，变化并不总是好的。此外，变化也常常产生意料不到的和不期望的副作用。同样，如果过于追求不同寻常的想法，可能会令别人受挫并妨碍组织的正常运转。最后，有创造力的个体可能会因忽视现行政策、规定和规章而给组织造成破坏作用。在哈佛商学院任教的约翰·考（John Kao）建议，应给有创造力的人留有足够的自由度来实践他们的想法，但是不能因为过度而浪费了时间，或者只顾自己而没有时间与别人合作以完成共同目标。他进而建议，管理人员应该视自己为爵士音乐作曲家，他不能偏离总谱，但在变奏上又有很大的自由度。

因此，尽管不同凡响的创新会给公司带来极大的好处，但许多情况下大多数个体的创造力并没有发挥出来。好在一些针对个体和群体的方法可以用来有效地提高创造力，特别是在计划方面。但创造力并不能取代管理上的判断，在追求不同寻常的想法并把它们转变为创新行为的过程中，管理人员必须确定风险因素并对其进行评估。

本章小结

决策是从众多的备选方案中选择行动步骤，决策是计划工作的核心。管理人员必须在有限理性或有界理性基础上做出选择，也就是说，他们必须根据对某些情况所能了解到的一切而做出决定，可能有些是他们并不知晓的。"使人满意"是一个术语，有时用来描述在一定的情况下，挑选出令人满意的行动方案。

因为对一个行动步骤来讲，几乎总会有备选方案，通常还是多种选择，管理人员需要把范围限制在那些仅与限定因素有关的选择，这些因素妨碍既定目标的实现。在此基础上，就可以用定量或定性的因素来评估各种备选方案。用以备选方案评估的其他方法有边际分析方法和成本—效益分析方法。在选择备选方案过程中，经验、实验、研究与分析都能派上用场。

程序化决策不同于非程序化决策，前者适合于规律性或常规性问题，这类决策通常由较低层的管理人员和非管理人员做出。相比之下，非程序化决策用于非规律性和非常规性问题，特别需要由高层管理人员来处理。

几乎所有的决策都是至少在一定程度的不确定环境中做出的，涉及一系列重要变量的相互作用，因此在决策过程中存在一定的风险。面对不确定环境，管理人员应该清楚他们选择行动方案时所遇风险的程度和本质。

创造力，即产生新想法的能力，对于有效的管理是很重要的。创新是这些想法的应用。创造性的过程包括四个相互交叉的阶段：无意识的审视、直觉、洞察力和形成逻辑。提高创造力的一种常用的方法是风暴式思维。有创造力的员工会给企业带来巨大贡献，但是，如果他们不能遵循普遍认可的行为规范，也会带来破坏作用。

主要概念回顾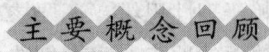

决策	成本—效益分析	创新
有限或有界理性	三种选择备选方案方法	创造过程
使人满意	程序化决策	风暴式思维
有限因素原则	非程序化决策	富有创造力的管理者
定量因素	确定性、不确定性和风险条件	
定性因素	下的决策	
边际分析	创造	

讨论题

1. 为什么常常把经验称为不仅是做决策代价昂贵的基础，而且还是做决策危险的基础？管理人员怎样才能做到最有效地利用经验？

2. 在你所知道的决策问题里，怎样去应用限制因素原则？你在选择目前你所在的这个班级时是否应用了这个原则？是怎样应用的？

3. 找出五种决策问题，并推荐程序化决策或非程序化决策。如果实例发生在组织中，是在上层还是在基层？

4. 就"制定决策是管理人员的首要工作"这一说法发表你的看法。

5. 找出一个创造性解决的问题。这一解决方法源于群体的讨论，还是个人努力的结果？重新把这一创造性的过程勾画出来。

企业案例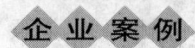

海尔集团的创新战略

海尔集团（以下简称"海尔"）创立于1984年，其前身是隶属于青岛二轻局家电公司的青岛电冰箱总厂。在张瑞敏的领导下，以震撼全国的"砸冰箱"事件为标志，企业摆脱濒临倒闭的命运而起死回生，在27年的时间里创造了从无到有、从小到大、从弱到强、从国内到海外的卓著的业绩，成了全球家电行业世界级品牌。①

2010年，海尔全球营业额为1405亿元，净利润20.35亿美元，位居2011年全国电子百强排行榜第三、2011中国企业500强排名第63位。②

目前，海尔是世界第四大白色家电制造商、

---

① 青岛海尔（600690）2010年年报，2010年3月30日。
② http://www.haier.net/cn/.

中国最具价值品牌。海尔在全球40多个国家建立本土化的研发和设计中心、制造基地和贸易公司,已发展成为国际领先的大规模跨国企业集团。

一、"走出去"战略是塑造高端品牌的必由之路

海尔在管理上的做法引起了学术界的关注。早在1998年,哈佛大学商学院就将海尔在快速并购中用其独特的企业文化整合破产企业的经验写入案例,成为哈佛商学院案例库中有史以来的第一个中国企业案例。海尔案例成了全球商学院在校生不可或缺的经典案例。

公司组建以来的24年中,海尔坚持全面实施国际化经营战略,已初步建立起一个具有国际竞争力的全球设计网络、制造网络、营销与服务网络。出口是海尔国际化的初级阶段,海外建厂是其国际化的高级阶段。1996年以来,海尔公司已在美国、印度尼西亚、马来西亚、菲律宾、伊朗5个国家建立了以散件组装带动出口为重心的加工基地。同时,利用自己的高科技优势分别向巴基斯坦、印度等国输出了大波轮洗衣机、无氟节能冰箱和变频空调制造技术。近年来,海尔的业务模式已经实现三个1/3,即国外生产、出口和国内销售各1/3。

2001年4月,海尔路命名揭牌仪式在美国南卡罗来纳州坎姆顿市隆重举行,这是在美国唯一的一条以中国企业品牌命名的道路。南卡罗来纳州市长特使斯特林在揭牌仪式上说,海尔为当地提供了200个就业机会。为了感谢海尔给当地经济发展做出的贡献,政府决定无偿将美国海尔园附近的"协作大道"命名为"海尔路"。美国海尔工业园占地600亩,是海尔集团在国外最大的生产基地。自2000年3月美国海尔工业园的冰箱项目正式投产以来,生产的冰箱产品一直供不应求,为当地经济做出显著贡献。

海尔集团首席执行官张瑞敏认为,中国的企业应该更多地到国外去创品牌,而不只是出口产品。中国企业如在国外创不出自己的品牌来,即使产品出口量很大,也并不意味着在国际市场上占有很大的份额。中国产品目前的竞争力是建立在低廉的劳动力基础上,但是,随着外国投资进入中国本土,中国的土地和劳动力价格上升,劳动力成本低的优势会渐渐消失。中国企业应该多推出附加值高、技术含量高、竞争能力强的产品,使其真正成为出口强国。海尔的产品不是靠廉价劳动力获得优势,即使在美国,海尔的定价一开始就与本土产品不相上下。

1999年,海尔投资4000万美元在美国南卡罗来纳州设立电冰箱制造中心,设计年产能力为50万台,在美国冰箱企业中排名第六位。海尔在美国设厂的战略意图显而易见。首先是海尔进一步拓展美国市场的需要。1998年、1999年中国出口美国的冰箱分别为4718万美元和6081万美元,其中海尔冰箱分别占1700多万美元和3100多万美元。据统计,在美国建一个冰箱厂的盈亏平衡点是28万台,海尔的冰箱出口已经远远超过这个数字。其次,在美国设厂可以有效规避国际贸易中的非关税壁垒,并大幅度降低运费等成本费用。例如,2003年美国就曾将亚洲运往美国的集装箱运费提高50%不等。此外,在美国设厂成为本土企业,雇佣美国的员工,提供就业机会,促使当地经济发展,这些无疑会让更多的美国人改变对中国企业的看法,可以避免在政治上带来潜在的麻烦。

海尔不仅在美国南卡罗来纳州坎姆顿设立电冰箱制造中心,通过高质量和个性化设计逐渐打开美国市场,而且还在美国纽约建立了营销中心,在西海岸硅谷地区建立了研发中心。三位一体的美国海尔的成立,标志着海尔在国际化道路上迈出了坚实的一步。

美国子公司是海尔集团从海尔的国际化阶段跨越到国际化的海尔阶段的标志。除美国海尔外,海尔集团还从1996年起,先后在印度尼西亚、菲律宾、马来西亚、伊朗等国家建厂,生产海尔冰箱、洗衣机等家电产品。在世界主要经济贸易区域里都有海尔的工厂与贸易中心,使海尔产品的生产、贸易都实现本土化,不仅有美国海尔，还有欧洲海尔、中东海尔等。在融资、融智的过程中，使海尔真正成为世界的名牌。

在全球范围内建立起有效运用全球科技资源网络是企业高速发展的有效途径。海尔十分重视运用全球科技资源的工作，形成了技术创新体系中的外部体系，即战略联盟工作系统、海外工作子系统、产学研工作系统和博士课题工作系统，包括在国际范围内建立信息中心和技术分中心。海尔在发达国家和地区建立的18个信息分中心和设计网络构成的全国信息网，可动态及时地获取国际最新的科技信息、市场信息并充分了解当地市场的需求信息。这些机构使用的都是当地的科技人才，比如海尔出口美国的冰箱都是由设在洛杉矶的设计分部开发研制的。海尔之所以能够从国内市场步入美国市场，从国内销售和出口转向国际投资和经营，其重要原因之一是其产品的质量和价格始终处于竞争优势，是其长期以来不断加大价值链上游研究和开发能力的结果。

本土化不是外国人的专利。海尔在美国南卡罗来纳州设立的工厂，八年来通过当地融资、融智、融文化，已经成了本土化的美国公司。海尔在国际化进程中，最大的挑战在于如何将中国的文化融入当地中去。当海尔美国南卡罗来纳工厂的员工一边听收音机、一边工作的时候，海尔管理人员遇到了用什么企业文化整合这支队伍的难题。"6S班前会"是海尔本部实行多年的"日事日毕、日清日高"管理办法的主要做法。每天工作表现不佳的员工要站在6S大脚印上反省自己的不足，海尔称这种做法叫"负激励"。然而，这在美国却遇到了法律和文化上的困难，美国的员工根本不愿意站在大脚印上充当"反面教员"。国际化竞争迫使海尔文化必须适应不同社会和文化环境，必须赋予新的内涵。理念上的创新所产生的效果是难以估计的，"负激励"变成了"正激励"，争强好胜的欧美员工们，很乐意站在大脚印上介绍自己的工作经验。当站在大脚印上的演讲者越来越多后，车间里的烟卷和收音机也逐渐消失了踪影。

6S班前会的欧美做法很快又传回了海尔本部。现在每天站在青岛6S脚印上的也是表现优异的员工了。海尔文化的主要内容就这样经过了移植、改造、再移植、再改造的过程，在不同文化的熔炉中，海尔文化的内涵得到了极大地丰富。海尔用东方人特有的人情味和亲和力，打破了不同民族和语言的障碍。海尔文化在最细微处得到了融合，海尔文化的精髓正在被不同肤色和不同价值观的人们所吸纳。

海尔能够在美国市场上立足并快速发展，靠的是速度、灵活和创新，而这一切又来源于海尔本土企业文化的国际延伸和移植，将中国的文化融入当地人文环境，使海尔美国公司能够植根于美国的社会文化氛围之中，成为其推行当地化战略的基石。海尔的国际化经验为中国企业加大"走出去"的力度、探讨国际化经营成功之路提供了有益的借鉴。

二、商业模式和管理模式的创新是维系高端品牌的前提条件

著名的竞争战略大师、哈佛商学院波特教授在其2000年出版的《日本还有竞争力吗?》专著中指出，"企业战略取决于一个企业选择有别于其竞争对手的、由不同价值组合构成的独特的地位"。这种独特地位的形成离不开与其相适应的商业模式（Business Model，亦称"经营模式"）。

企业战略主要同其竞争主动性和竞争手段有关，而商业模式则更关注战略产生的收益和成本是否确保企业的生存能力。任何成功的商业模式，都是基于企业自身的资源条件、行业特色、文化内涵和企业环境而定向选择培育的，其中有共性，但更多的还是个性。完全照搬别人的商业模式，最终只能走向衰亡。零售业巨头沃尔玛公司以其独特的商业模式进入零售业，如今在美国市场所占的份额为美国整个零售行业的75%，近年来连续数年位居世界《财富》500强首位。

信息化时代的企业商业模式必须具备对市场快速的响应能力。海尔集团从2008年开始探索"零库存下的即需即供"（即"人单合一双赢"）商业模式创新，以逐步实现"海尔从制造业向服务业转变"。这种新的商业模式要做到：当用户提出需求后，海尔能够快速做出反应，调动资源（包括原材料、零部件、生产车间、销售渠道等各个环节），争取达到零库存，保证企业充沛的现金流和利润率。

"零库存下的即需即供"改变的不仅仅是长期以往企业库存和物流传统意义上的概念和做法，而是管理理论的创新。这种基于"共赢"、为客户创造价值的理念，在一定程度上是对经典的基于"以利润为中心"波特价值链理论的突破（如图1所示）。

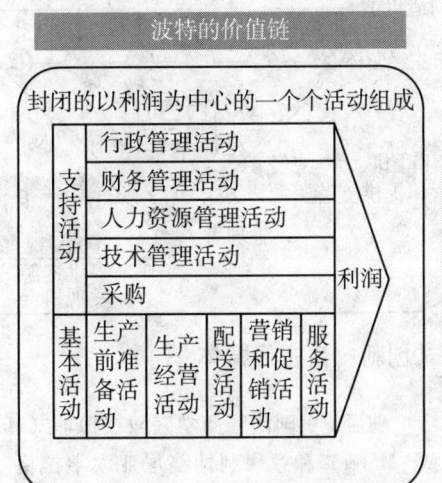 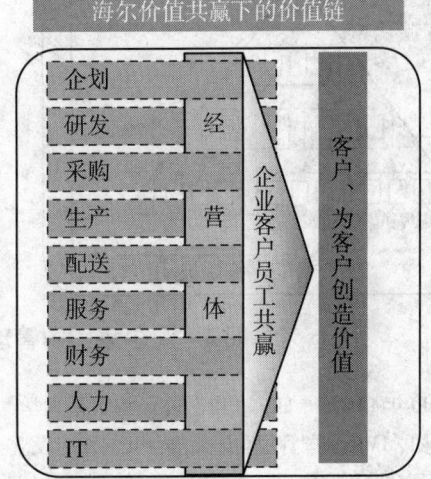

图1　海尔集团的商业模式创新：零库存下的即需即供

海尔商业模式构建了一个虚拟的、基于客户需求创造的"内部市场"，搭建了员工为客户和自身创造价值的平台，以满足客户用户需求为首要目标，同时实现盈利。海尔商业模式强化了市场导向和提升价值的文化，员工的升迁依据绩效，而绩效则定义为客户满意度和忠诚度。

2009年，海尔抓住"家电下乡"等中国市场机遇，提供适合农村市场需求的解决方案。同时，创新出适合欧洲、美洲等地区的高端产品方案，提升其全球化品牌形象。在金融危机下，海尔库存资金占用天数由过去的20天降到了最低时的5天，是中国工业企业平均值的1/10。

企业商业模式的变革能否成功取决于其管理模式的创新。海尔商业模式创新的目的是面对市场，以满足客户用户需求为首要目标，同时实现盈利。为实现这个目标，海尔以"内做商业模式创新、外做全球化品牌"为导向，推出"自主经营体"的管理理念，力求更好地服务顾客。

2008年8月28日，张瑞敏提出取消仓库，将一个价值200亿元的家电企业分成4100个以客户为中心的自主经营体（团队），利用互联网等现代化手段满足客户的个性定制需求。与传统的金字塔式职能管理结构形成鲜明对照的是，这种基于开放共赢的自主经营体在组织结构上呈现的是一种倒三角形态（如图2所示），颇具应对市场竞争的快速响应能力。

自主经营体通常由组长和10余个团队成员组成，组长通常是产品、区域经理，成员代表诸如采购、制造、物流等职能部门。面对市场竞争，自主经营体在一定程度上有权决定产品、价格、客户、业务模式、运营模型、个性化的IT平台、团队剩余绩效的分配。

管理创新最终体现在商业模式的变革——海尔的信息化时代的商业模式：零库存下的即需即供，这样，组织必须要具备对市场快速的响应能力。

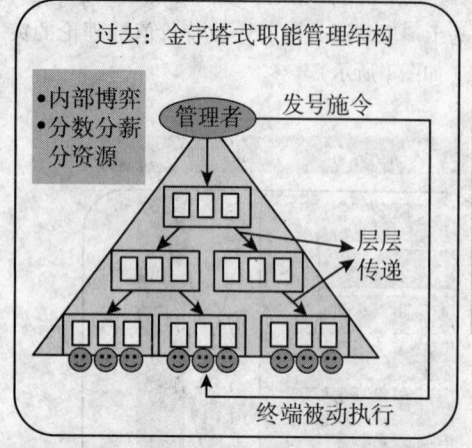
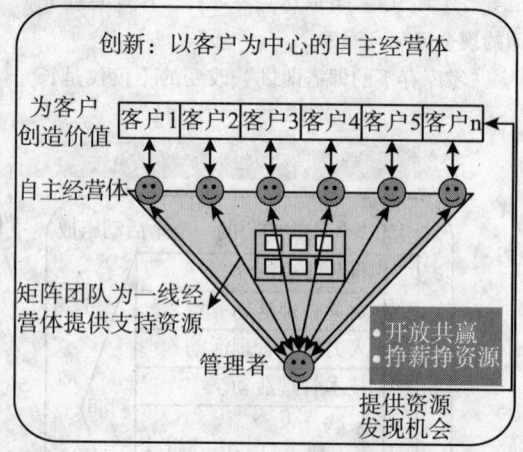

图2　海尔集团的管理模式创新：自主经营体

2010年12月16日，在由对外经济贸易大学、海尔集团、IMA美国管理会计师协会共同发起设立的"管理会计研究中心"成立揭牌仪式上，海尔集团董事局主席兼首席执行官张瑞敏在主题发言中阐述了海尔的管理创新理念。"唯有以变制变，方能在变中取胜，所以我们要不断创新。"从企业发展之初"砸冰箱、抓质量"，到实行"市场多元化"和"走出去"战略，海尔集团的创新从未止步。而今天，海尔更是以"内做商业模式创新，外做全球化品牌"为理念，在管理上推出"自主经营体"的概念，力求更好地服务顾客。①

随后，美国沃顿商学院教授梅耶（Marshall W. Meyer）和意大利博洛尼亚大学拉格（Umberto Lago）教授分别就"海尔自主经营体：平衡自主性与控制"和"海尔管理模式与经济学理论"对海尔集团商业模式和管理模式的创新做法进行了点评。他们高度赞扬了海尔集团的创新理念，肯定了海尔集团建立自主经营体管理模式的大胆尝试，认为海尔模式必将引领未来企业管理理论研究的主流。

（本案例根据报刊资料整理而成）

◆ **思考题**

1. 阐述海尔集团在美国投资和创办白色家电基地与提升其高端品牌形象之间的关系。
2. 从产业价值链的角度，阐述你对海尔"零库存下即需即供"商业模式的看法。
3. 企业推行"零库存下即需即供"商业模式需要具备哪些必要条件？
4. 海尔在实施其自主经营体管理模式过程中会遇到哪些问题？如何解决这些问题？
5. 海尔当前推行的"零库存下即需即供"商业模式创新和"自主经营体"管理模式创新有什么理论研究价值吗？

---

① 管理会计研究中心成立仪式暨海尔集团管理创新研讨会要闻，对外经济贸易大学新闻网，2010年12月16日。

第3篇
组　　织

第7章　组织的性质、创业精神和流程再造
第8章　组织结构：部门
第9章　直线职权、参谋职权、授权和分权
第10章　组织有效性和组织文化

组织的性质、创业精神和流程再造

[学习目标]

学完本章后，你应该能够：

1. 认识到组织结构的目的就是要建立一套正式的职责体系。
2. 了解"组织工作"和"组织"的含义。
3. 区分正式和非正式组织。
4. 解释组织结构和层次如何受管理幅度的限制。
5. 认识到一位管理人员可以有效管理的确切人数取决于许多可变因素和环境。
6. 描述创业与创新的性质。
7. 理解流程再造的主要环节和局限性。
8. 阐明组织工作的逻辑性及其与其他管理职能之间的关系。
9. 阐述组织工作要将各种情况考虑在内的必要性。

人们常说，有能力的人能使任何组织结构运转。甚至有人断言说，组织中的职责不清对于加强团队意识是件好事，因为人们知道他们必须合作才能完成任何工作。但是，如果那些有能力的人以及那些愿意合作的人清楚自己在集体中应有的作用以及他们之间的相互关系，他们肯定会更有效地一起工作。在足球队或交响乐队中是这样，在企业或政府中也是如此。从本质上来说，设计并保持这种职责体系就是组织工作的管理职能。

要使一个**组织角色**能够存在并有意义，就必须包括：（1）可考核的目标是计划工作的主体部分，如第2篇所述；（2）主要责任或所涉及的有关活动的明确想法；（3）一项能被充分理解的处置权或职权的范围，这样使行使职权的人知道，为完成目标，他（或她）能做什么。此外，为了有效地履行所担任的职责，应当为此而提供所需要的信息和其他必要工具。

正是在这个意义上，我们把"**组织**"视为：

- 明确所需要的活动并加以分类；
- 对那些为实现目标所需要的活动进行分组；
- 每个小组安排有监督职权的管理人员来领导（授权）；

- 为组织结构中的横向协调（按组织的同级或类似级层）和纵向协调（例如，公司的总部、事业部、部门）制定有关的规定。

组织结构的设计应该明确谁去做什么，谁要对什么结果负责，并且消除由于分工不清造成的工作中的障碍，还要提供能反映和支持企业目标的决策和沟通网络。

<u>组织意指一个正式的、刻意设计的角色或职位结构。</u>

许多人对"组织"这个词使用时不严谨，有些人说它包括所有参与者的行为，另一些人把它和社会与文化关系的总体系等同起来；更有人把一个企业，如美国钢铁公司，或国防部看做一个组织。但是，对于大多数从事实际工作的管理人员来说，**组织**意指一个正式的、刻意设计的角色或职位结构。虽然有时"组织"这个词泛指一个企业，但在本书中，组织系指规范化的角色结构。

"目的明确的角色结构"是指什么呢？第一，正如组织角色的性质和内容中所包含的，共同工作的人们必须充当某种角色。第二，应对要求人们所担当的角色进行刻意的设计，确保规定的活动有人去完成，且各项活动协调一致，使人们在群体中工作顺利，并有效益和效率。当然大多数管理人员在刻意建立这种结构时，往往认为他们正在进行组织工作。

7.1 正式和非正式组织

很多管理学的作者对正式和非正式组织进行了区分。如图7-1所示，组织中存在着正式和非正式两种组织形式。下面让我们详细探讨一下这些组织。

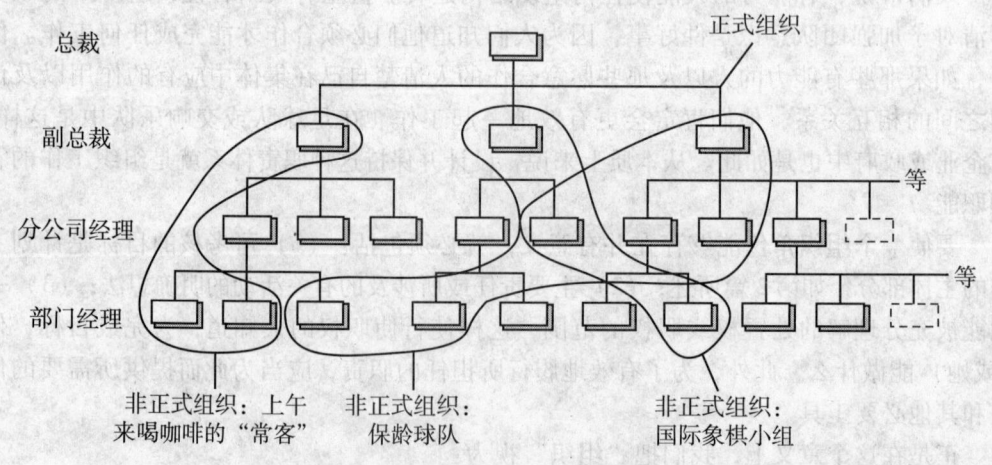

图7-1 正式和非正式组织

7.1.1 正式组织

在本书中，**正式组织**一般是指一个正式组建的企业刻意设计的角色结构。然而，把某一组织称为正式的组织，绝不是说它是固定的、一成不变的或是不适当限定的。如果管理人员想要做好组织工作，组织的结构一定要提供这样一种环境，使个人不论是现在或是将来的工作中都十分有效地为群体目标做出贡献。

正式的组织必须具有灵活性，在非正式的组织中，应留有酌情处置的余地，应充分利用有创造天赋的人才，应认可个人的喜好和能力。但是，必须把群体氛围下的个人努力引向群体和组织的目标。

> 正式组织一般是指一个正式组建的企业刻意设计的角色结构。

7.1.2 非正式组织

堪称管理学经典著作《总经理的职能》的作者切斯特·巴纳德（Chester Barnard）认为，任何没有自觉的共同宗旨的群体活动，即使是有助于共同的结果，也是非正式组织。就一个组织上的问题求助于你认识的人，即使他或她可能在另一个部门，也要比求助于你只是在组织结构图上知道的人容易得多。**非正式组织**是一个人们互相联系而形成的人际关系网络。因而，非正式组织（组织结构图上没有显示的关系）可能包括机工车间的班组、同住在六楼的邻居、星期五晚上玩保龄球的伙伴以及上午来喝咖啡的"常客"。

> 非正式组织是一个人们互相联系而形成的人际关系网络。

7.2 组织分工：部门

组织工作中的一个环节是建立部门。**部门**一词是指组织中的一个明确区分的范围、事业部或分支机构，对此，管理人员负有从事某些特定活动的职责。通常意义上的部门可以是生产部门、销售部门、西海岸分公司、市场研究部或应收账款部。在有些企业中，部门这个术语使用得并不严格，而在另外一些企业，特别是大型企业中，这个词又用得比较严格，表示等级关系。这样，一位副总裁可以领导一个事业部，一位主任可以领导一个部门，一位经理可以领导一个分公司，而一位主管可以领导一个分部门。

> 部门一词是指组织中的一个明确区分的范围、事业部或分支机构，对此，管理人员负有从事某些特定活动的职责。

7.3 组织层次和管理幅度*

组织工作的目的是使人们更有效率地合作，而管理幅度的局限性是设置组织层次的原因所在。换言之，管理层次的存在是因为一位管理人员能有效地管理的人数是有限的，尽管这种有限性是因环境而异的。图7-2展示了管理幅度和组织层次之间的关系。与宽的管理幅度相关的往往是组织层次少；相反，管理幅度窄导致组织层次多。

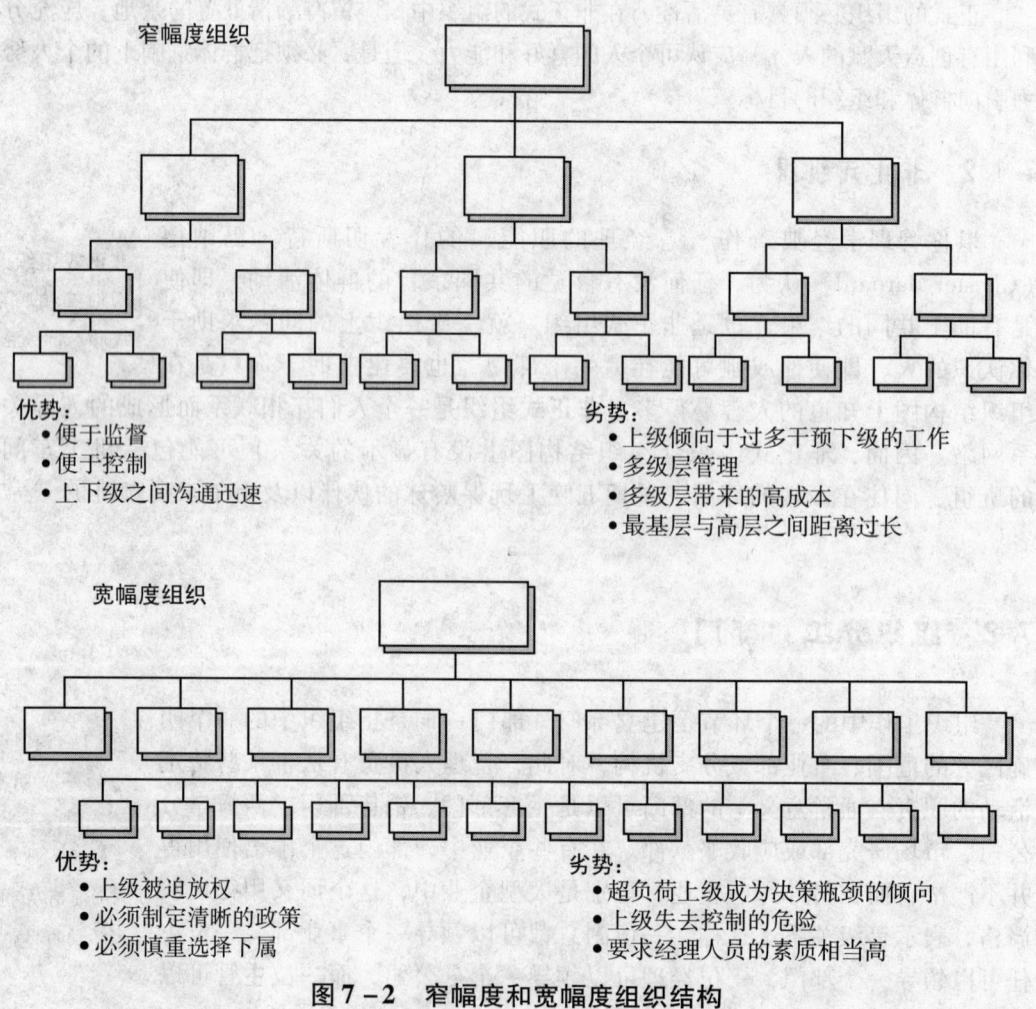

图7-2 窄幅度和宽幅度组织结构

---

* 在大量的文献资料中，管理幅度意指"控制幅度"，尽管如此，本书将采用"管理幅度"，因为幅度实属管理，而非仅仅是控制这样一个管理职能。

7.3.1 组织层次带来的问题

目前存在着这样一种倾向,即把组织和部门本身看成是目的,以部门与部门层次的明确性和完整性来衡量组织结构的效率。把业务活动分成各个部门,建立多层次结构本身也并非理想。

首先,层次多费用就高。层次越多,用于管理方面的精力和资金也就越多,这是因为管理人员和协助管理人员的工作人员增多了,协调各部门活动的需要增加了,再加上为这些人员提供设施的费用,会计人员将其称为管理费、负担或一般行政开支,而非所谓的直接成本。真正的生产是由工厂、工程部门或销售人员来完成的,因此,可以把这些人顺理成章地称为"直接劳动力"。在"一线"上面的各组织层次中主要是管理人员,如果可能的话,最好取消这些成本。

其次,部门层次把沟通复杂化了。一家有很多层次的企业通过组织结构向下传达目标、计划和政策要比一位最高层管理人员直接与员工沟通的企业困难得多。信息垂直向下传达时会发生遗漏和曲解,层次也使从一线的基层到上级人员的信息沟通复杂化。自下而上的沟通与自上而下的沟通同等重要。有句话说得好,层次是信息的"过滤器"。

最后,众多的部门和层次会使计划与控制工作复杂化,在高层可能是明确而又完整的计划,经过逐级布置下去,就有可能失去协调性和明确性。层次和管理人员的增加会使控制更加困难,与此同时,也正是因为计划的复杂性和沟通的困难性,才使得控制工作尤为重要。

7.3.2 经营管理的看法:情境方法

"古典学派"关于管理幅度的学说,论述与确定了为实现有效管理幅度所需要的下属人员的人数。经营管理理论家们认为,在一种管理情境下,内在的可变因素太多了,因此,人们不可能确定一位管理者能有效地管辖下属人员的具体人数。因而,**管理幅度原则**是,一名管理人员能够有效管辖下属的人数有一个限度,但是,确切的人数取决于一些内在因素的影响。

换言之,目前主要的指导方针是去找出各个具体情况下限制管理跨度的原因,而不是假定存在一种广泛适用的人数限度。如果人们能够确定哪些是管理人员处理上下级关系所耗费时间的事,并且弄清楚采用什么手段来减少这些时间压力,人们就不仅能获得有助于在各个不同情况下确定最优管理幅度的方法,而且也有了一个有用的工具,用以找出在不破坏有效监督的情况下扩大管理幅度的方法。毫无疑问,多管理层次的成本因素使各位管理人员在能够有效管理的情况下尽可能多地配备下属人员,这样做是十分理想的。

> **管理幅度原则**是,一名管理人员能够有效管辖下属的人数有一个限度,但是,确切的人数取决于一些内在因素的影响。

7.3.3 决定有效幅度的因素

一位管理人员能够有效管理的下属人数取决于内在因素的影响。除去理解力强、善于与人相处、博得人们忠诚和尊敬等这些个人品质外,最重要的决定因素是管理人员减少花在下级身上时间的能力。这种能力当然因管理人员及其工作的不同而异,但是几种因素在实质上影响这种接触的次数和频率,因此也影响着管理的幅度。

7.3.4 平衡性要求

毫无疑问,尽管扁平型组织结构是人们所希望的,但是,管理幅度仍受实际和重要约束条件的限制。虽然管理人员通过授权和参与培训,制订清晰的计划和政策,采用有效的控制与沟通方法,但他们还是可能管辖着超出他们有效管理能力的下属。同样可能的是,企业一旦发展,由于需要管理的人更多,管理幅度的限制迫使企业非增加层次不可。

在一定情况下,更为需要的是平衡所有相关因素。在某些情况下,加宽幅度以减少纵向层次可能是个好办法;在另外的情况下,相反的做法也可能是正确的。人们必须对采用不同方法的所有成本进行权衡比较,不仅是财务成本,还要比较士气、个人发展以及实现企业目标等成本。在军事组织中,或许快速无误地实现目标是最重要的,而另一方面,在百货公司经营中,通过在基层组织强化发挥员工主动性和重视个人发展来实现公司长期利润目标可能是最佳的。

7.4 外部创业和内部创新的组织环境

经常有必要做一些特殊的组织安排以培养和利用创业精神,人们通常认为创业精神只适用于小企业的管理,但是另外一些管理学作者扩大了这个概念,使之也适用于大型组织以及完成企业创业任务的管理人员,由他们利用机会发起变革。虽然寻求人们的"创业个性"是很平常的事,但彼得·德鲁克(Peter Drucker)认为,这种努力不一定能成功。相反,人们应该致力于系统的创新,这是创业家们的一种特定活动。创业精神的实质就是创新,也就是说,要发挥企业的潜力,推进以目标为导向的变革。作为创业家,管理人员应努力改善企业的状况。

7.4.1 创新家和创业家

吉福德·平肖(Gifford Pinchot)对创新家和创业家进行了区分。具体地说,**创新家**是指那些在组织环境"内部"操作,着重于创新和创造,把梦想或想法变为有利可图的企业经营人。相比之下,**创业家**在组织环境的"外部"从事类似的活动。创业家有能力看到外部机会,获取必要的资金、劳动力和其他投入因素,并成功地将其整合到运营之中。他们愿意对成功和失败承担个人责任。其他作者没有对创新家和创业家进行区分,在本书中,"创业家"这个词用来表示在组织内部或外部工作的有事业心的人。

> **创新家**是指那些在组织环境"内部"操作,着重于创新和创造,把梦想或想法变为有利可图的企业经营人。**创业家**在组织环境的外部从事类似的活动。

7.4.2 培育创业精神的环境

既然管理人员的责任就是创造能有效而又高效率地实现群体目标的环境,那么,他们必须为创业家发挥其创新潜力创造机会。创业家们在倡导变革中承担个人风险,希望能得到回报。有时冒适度风险也会失败,人们必须容忍这种失败。最后,创业家需要一些实施自己想法的自主权,这就需要给予其足够的授权。那些拥有自己企业的创业家们承担的个人风险性质不同,这种情况下的失败可能意味着破产。

有创新思想的人,其想法常常与"循规蹈矩式的智慧"相悖。通常同事们不大喜欢这些人,他们的贡献常常得不到应有的赏识。所以,一些企业家离开大公司而开创自己的企业不足为奇。当史蒂夫·沃兹尼亚克(Steve Wozniak)在惠普公司不能实现其制造一种小型电子计算机的梦想时,他离开了这家著名的公司,同另一位创业家史蒂夫·乔布斯(Steve Jobs)成立了苹果电脑公司。像3M这样一些循序发展的公司,则有意在公司内部形成一种有利于促进创业精神的组织环境。

> www.hp.com
> www.apple.com
> www.3m.com

成为一名创业家对许多人来说是件时髦的事,越来越成为一种时尚的个人生涯选择之路。为了应对人们这种日益上升的创业精神的兴趣,越来越多的大学在开设创业学课程。事实上,创业学作为一个学习领域,不仅在管理学院内部,而且在越来越多的大学校园内开设。大学校园里开设的创业项目(如 www.EntrepreneurshipProgram.org),由于给学生们提供了一个能够参与当地创业社区活动的机会而越来越普及。学生可以在大学所提供的任何一项经营计划竞赛中测试自己的创业潜质,在这类竞赛中,学生将他们拟定的经营计划递交给由成功创业家和投资者们组成的评审组,由他们进行评判。

7.4.3 创新和创业精神

提到创新与创业精神,人们往往立刻会想到苹果电脑公司的史蒂夫·乔布斯和电子数据处理公司(后被通用汽车公司收购)的罗斯·佩罗特(Ross Perot)成功的故事。通过创建新公司致富或快速致富可能是很诱人的想法。创业家们具有创造性的思想,他们利用管理技能和资源来满足市场上的各种需求。一旦成功,这些创业家就会变得很富有。彼得·德鲁克提出,创新不仅是高科技公司的事,对技术含量低的传统公司也同样适用。有价值的创新并非是凭运气,还需要系统而理性化的工作、有序的组织以及良好的管理。

创业精神意味着什么呢？意味着不满足于现状，认识到需要采用不同的方法做事。仅仅基于聪明想法的创新可能风险性很大，有时是不成功的。通用电气公司为"未来工厂"所制订的雄心勃勃的计划是一个高成本的错误。这些计划可能基于对自动化产业过高的预测和不现实的憧憬。建立新工厂的想法表达了公司董事长的愿望，他要在一个以高度结构化著称的组织中促进创新精神。

最为成功的创新往往是那些很平常的事情。以日本人为例，他们常常在轿车或电子设备中进行一些小小的创新（例如，提供一些客户们喜欢的便利方式）。研究发现，那些成功的大公司都非常认真地聆听客户们的需求。他们成立一些小组，在有限的框架下，带着明确的目标来寻找服务于客户的颇具创造性的选择方案。

7.5 组织的流程再造

早些年前，一种称作"流程再造"的管理理念进入了管理文献中，有时，流程再造被称作"重新再来"，这是因为推出并使其广为流传的迈克尔·哈默（Michael Hammer）和詹姆斯·尚皮（James Champy）建议，人们应该问这样的问题："如果我今天从头开始创建这个公司，基于我目前所了解的以及当今的技术，这个公司应该是什么样的？"

具体来说，哈默和尚皮将流程再造定义为"企业流程根本性的再认识和彻底的重新设计，以便在成本、质量、服务和速度这些当今关键的衡量绩效尺度上取得显著结果"。这里的斜体字部分是本书作者特别注明的关键词。

流程再造的关键因素

让我们探讨一下这些关键词。首先，几乎没有人不同意对公司目前的所作所为进行根本性再认识。两位作者之一是一位系统分析师，他发现，公司系统和程序往往已经过时，效率低下，完全没有存在的必要。系统用户很少询问为什么需要程序以及它们起什么作用。所以，一种新的看法，尤其是"系统外部人"可以发现许多低效率的问题。对管理的再认识可以对目前公司的所作所为提供一种新的视角。

定义中第二个关键词是企业流程的彻底的重新设计。在最初的版本中，两位作者认为，从准确的意义上讲，"彻底的"意指不是改良，而是重新创建。他们还认为，这是流程再造这个方法中最重要的一点。在其后出版的这本书的平装本中，哈默和尚皮承认，彻底的重新设计是流程再造这个方法中最重要的一点的看法是错误的。彻底的重新设计结果常常是大规模的减员增效，对组织带来根本性的影响。

减员增效或"适度增效"（rightsizing）不是流程再造最主要的目的，尽管在许多情况下其结果的确是减少了所需人员。不幸的是，管理人员被动地应用流程再造，将主要精力放在了降低成本，而不是满足消费者的需求和期望值。彻底的重新设计另一个结果是，将企业系统主要基于工程模式之上，而没有对人力资源系统给予足够的关注。尽管伴随着减员增效而进行的彻底的重新设计可能给企业带来短期成本的节约，但它同时给留下的员工带来负面影响。团队作业在现代组织中越来越重要，但团队的努力是建立在信任基础上的，而信任是需要相当长的时间才能形成的。推行彻底的重新设计可能会使信任荡然无存。

第三个关键词是显著的结果。人们常常用实例来支持流程再造定义中的这个关键词，即要求明显地改善现状。联合碳化公司连续3年在固定成本上减少了4亿美元，贝尔电话公司的前身GTE推出了一站式服务：消费者原先要分别与不同的部门打交道，现在只需与一个人接洽；或者直接与提供某种服务的部门联系。但是，明显地改善现状的初衷由于一些失败而大打折扣。哈默和尚皮承认，"大约有50%~70%的流程再造努力没有达到预期的显著的结果"。

流程再造定义中的第四个关键词是流程。认真地分析和审视企业的流程的确是很重要的，然而，流程分析必须超出经营的范围，必须包括技术系统、人力资源系统以及涉及连接企业与外部环境的整个管理过程的分析和互动。工程师们可能关注企业流程，但是要确保有效，各个子系统需要整合成一个完整的系统。

尽管有着许多局限性，流程再造是一个非常有用的工具，但不过仅仅是一个工具而已。我们建议，将流程再造通过一种新的、称作过程管理的系统模式与其他系统整合在一起，以便克服流程再造方法集中度过窄的薄弱环节。

7.6 组织结构和组织过程

把组织工作看成一种过程需要考虑以下几个基本因素。首先，结构必须反映目标和计划，因为企业的活动是由此而来的。

其次，结构必须反映企业管理可运用的职权。某一既定组织的职权是由社会决定的行使酌情处置的权利，因此，职权是不断变化的。

再其次，与任何计划一样，组织结构必须反映它的环境，正如计划的前提也许是经济、技术、政治、社会或道德的一样，组织结构的前提是，结构设计必须有利于工作，能让群体中的成员做出贡献，并能帮助人们在不断变化的未来圆满地实现目标。在这个意义上，有效的组织结构绝不是静止的，没有一种唯一而又最好的组织结构适用于任何一种环境，有效的组织结构取决于具体情况。

最后，组织是由人员构成的，因此，组织结构中业务活动的划分和职权关系都必须考虑人员的局限性和人员的习惯。这并不是说组织结构的设计要围绕着个人，而不是围绕着目标以及相关的业务活动，但是安排什么样的人是一个应该考虑的重要因素。

7.6.1 组织工作的逻辑性

组织工作有一个基本的逻辑。组织过程包括以下六个步骤,尽管第一步和第二步实际上属于计划过程:

1. 确定企业的目标;
2. 制定支持性的目标、政策和计划;
3. 对完成上述目标所必需的活动进行确定、分析和分类;
4. 根据现有的人力和物力资源以及在此环境下使用人力和物力的最佳方法,将上述活动划分到各个部门;
5. 授予各个部门的领导完成活动所必需的权力;
6. 通过职权关系和信息流向,横向和纵向地将各个部门联系在一起。

7.6.2 一些错误概念

组织工作并不意味任何极端的职业专门化,这种专门化在很多情况下使人们感到工作枯燥、乏味和受到过度的限制。组织本身并没有要求专门化,任务应该明确,并不是说任务必须是受限制的、机械的。在任何组织中,可以把任务限定在不允许个人有灵活性(或者只有少许灵活性),或正好相反,可以有最大限度的自主权。人们不能忘记,客观上不存在唯一最好的组织方法,同时,有关结构性组织理论的运用一定要考虑具体情况。

7.7 一些有效组织工作的基本问题

提出并回答下列问题,对分析组织管理职能是有益的:

- 什么决定了管理幅度并因此又决定了管理层次?(本章做出了回答)
- 什么决定了部门划分的基本框架?基本形式有何优缺点?(在第 8 章做出了回答)
- 组织中存在着什么样的职权关系?(在第 9 章做出了回答)
- 职权应如何分布在组织结构中?什么决定了权力分布的程度?(在第 9 章做出了回答)
- 管理人员应如何在实践中运用组织理论?(在第 10 章做出了回答)

这些问题的答案构成了组织理论的基础,当与计划、人员、领导和控制进行类似地分析放在一起时,便形成管理的经营方法。

本章小结

"组织"一词的使用常常很随意。正式的组织是有目的形成的角色结构,而非正式的组织则是人际和社会关系网络，是自发形成而非正式建立或正式职权所要求的。管理幅度是指管理人员可以有效管辖的下属人数。管理幅度宽，组织层次就少；而管理幅度窄，组织层次就多。管理人员有效管辖下属的人数是不定的，取决于几个内在的因素，其中包括要求下属人员所受训练的程度和自身受训的程度、授权的清晰度、计划的明确性、客观标准的使用、变革的力度、沟通方式的有效性、所需的个人接触量以及组织中的层次等。

企业内部创新和外部创业都注重创新和创造。管理人员的责任就是要构建一个促进创业精神的环境。

流程再造要求企业流程的重新设计，这一方法在一些企业中颇为流行。实施流程再造的企业产生了一些积极的效果，但也有一些负面效应。

组织工作的步骤包括制定目标和支持性的目标、政策和达到目标的计划（严格意义上讲，这是在计划工作中完成的），确定各种活动并将其归类，按活动划分部门，授予权力，并协调权力和信息间的关系。

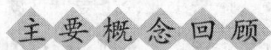

主要概念回顾

组织角色	部门划分	创新和创业精神
组织工作	管理幅度原则	流程再造及关键因素
正式组织	决定管理幅度的因素	组织工作的逻辑步骤
非正式组织	企业外部创业和内部创新	有效组织的基本问题

讨论题

1. 因为人们必须在组织中占有职位，而有效的组织又取决于人，于是常有这样的说法：当管理人员聘用了良好素质的人，并让他们按照自己的方式去工作时，就会形成最好的组织，请对此做出评论。

2. 正式组织通常被想象为一种沟通系统。是这样吗？如何成为沟通系统？

3. 绘制一张组织结构图，表明你所熟悉的某个企业或某些活动的正式组织。这张结构图是如何有助于或者妨碍行为环境构建的？

4. 利用问题 3 中的同样企业或活动，绘制出它的非正式组织图。它是有助于还是妨碍了正式组织？为什么？

5. 如果你做经理，你愿意采用什么标准来确定你的管理幅度？

ABC集团尼日利亚木薯项目可行性研究报告

中国近几年的对外直接投资额呈直线上升趋势，非洲市场对中国"走出去"的企业有着重要的战略意义。

经过10年的黄金发展期，中非贸易额从

106亿美元增长到2010年的1269亿美元（进口为669亿美元），中国成为非洲第一大贸易伙伴国。① 10年间，中国从非洲进口的石油占国家石油进口总量的29.57%，从非洲的铁矿石进口占其进口总量的24%。中非经贸合作正站在一个新的起点，中国投资成为非洲发展新动力。2010年，中国对非洲投资约10亿美元，投资存量已超过100亿美元，涉及矿业、制造业、农业等多个领域。中国每年对非直接投资从2.1亿美元增长到最高时的14.4亿美元。在非洲设立境外企业2000余家，在非洲地区投资覆盖率达到81.4%。非洲已跃升为中国第四大海外投资目的地。

截至2010年年底，中国对非承包工程累计签订合同额2052亿美元，完成营业额1180亿美元。中国企业在非洲修建道路约6万公里，电站装机容量约350万千瓦。

中国企业通过对能源、基础设施、金融等领域的投资，有力地推动了非洲当地社会经济的发展。10年间，中国向非洲提供的无偿援助和无息贷款总额增长了463%，优惠贷款增加了22倍。从2010年7月1日起，中国已对26个非洲国家减免60%关税，涉及4700多个税目。

2010年非洲经济增长率为5%，超过欧洲的1.5%和美国的2.5%（如图1所示）。2011年，13个非洲国家的经济增长率预计在6%~10%之间。在经历金融危机后，非洲国家经济已经开始复苏，一些国家为促进复苏正在出台刺激政策，包括促进基础设施建设、振兴工业经济等，这就将很大的投资机会呈现在中国企业面前。经济的高速增长和日渐成熟的引资环境也在一定程度上激发了中国企业赴非洲投资的热情。

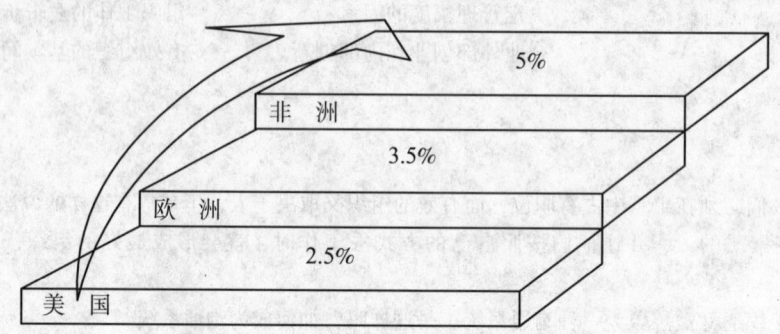

图1　2010年非洲经济增长率与美国和欧洲对比

中国企业由于对非洲了解有限，对投资策略缺乏清晰定位，没有明确和长远的投资计划，加之海外经营运作能力差，人力资源匮乏，尤其缺乏了解非洲、懂经营、会管理、通外语的人才，影响了在非洲市场的发展。就木薯资源而言，全世界有105个国家种植木薯，其块根年产量约2.3亿吨，其中一半产自非洲大陆。木薯产量的65%用于人类食物，是热带湿地低收入农户约5亿人的主要食用作物。

尼日利亚是木薯最大生产国，也是世界木薯产量第一大国，年产量3400万吨，种植面积310万公顷。2010年出口创汇约60亿美元，主要出口国家有欧盟、中国、日本、韩国和美国。

从2005年开始，中国已成为世界第一大木薯进口国，每年进口量达500万吨，主要用来加工酒精、柠檬酸等产品，废渣或酵渣等废料用作肥料。

2007年6月7日，国务院召开可再生能源

---

① 中华人民共和国国家统计局编：《2011年中国统计年鉴》，中国统计出版社、北京数通电子出版社2011年版。

会议，明令禁止用玉米做原料生产酒精。业界广泛用木薯干作为主要原料制造非粮乙醇，由此拉动了对木薯的需求并带动了其价格的上涨。

中国木薯资源有限，需要大量进口。由于受气候条件制约，木薯仅在广东、广西和海南等省区生产，而且受国内土地资源限制，总量增长潜力依然有限，难以满足国内日益增长的需求，必须依靠大量进口。

欧洲大量进口木薯，形成了价格竞争和对木薯资源的争夺，而中国在国际木薯市场上基本没有定价权和话语权。因此，从全球化竞争的视角和中国自身经济发展的需要，应鼓励国内企业，特别是大型国有企业到尼日利亚木薯产区投资，从控制原料开始，大力开发木薯资源，提高中国在生物燃料领域的国际竞争力。国家相关部委应制定出长远的木薯资源开发规划，鼓励国内有条件的企业到尼日利亚兴建生产基地和原料加工厂，采用购买、租赁土地方式，独资或与当地企业合资兴建种植基地，开展木薯种植。再形成量产后将木薯块根制成原料返销国内市场。同时，作为长期投资战略的一个组成部分，鼓励国内企业在尼日利亚投资加工产业，利用中国的技术带动当地生物燃料产业的发展，在充分调研的基础上，在当地投资兴建加工厂，直接生产生物燃料。

ABC集团公司于20世纪90年代末组建，由数家地方外贸、外经企业合并而成，合并后的资产达到数十亿元人民币，净资产20亿元人民币，年进出口额50多亿美元。集团业务主要为贸易、金融、实业三大支柱。贸易方面涉及技术、仪器、设备、医药等产品的进出口以及利用外国政府及国际金融组织资金贷款项目的招标、投标及采购。金融方面包括银行、证券、保险、租赁、拍卖等领域的投资、参股。此外，房地产、广告、展览、仓储运输、物业、信息产业也成为该集团公司业务的一部分，是一家综合性的大型商贸公司。

集团的经营领域宽泛，可谓全方位经营，其业务覆盖从进出口贸易、房地产、物业、仓储运输，到技术服务；从广告、金融、资讯，到海外投资、外派劳务、经济援助。集团近年来不断加大了"走出去"力度，在连续20多年对拉丁美洲地区大量进出口的基础上，近年来在委内瑞拉、阿根廷等5个国家投资建厂，进一步拓展了拉美市场，取得了可观的经济效益。同时，集团在开拓拉美市场的过程中，培养了一支熟悉国际市场竞争规则、通晓不同国家语言的国际化经营队伍，锻炼了一大批跨文化管理人才。

鉴于集团在拉丁美洲开展进出口贸易和投资建厂多年，积累了一定的国际化经营经验，集团董事会决定进入非洲市场，并以尼日利亚木薯项目为切入点，在取得初始投资建厂经验基础上加大力度，形成包括当地木薯种植、生产、出口、深度加工等经营业务为一体的完整产业链。

董事会要求集团战略规划部尽快对投资尼日利亚木薯项目进行可行性研究，制定为期10年的战略规划，经过专家论证后报董事会审批。

在战略规划部召开的项目可行性研究讨论会上，负责拉丁美洲市场投资和经营的经理介绍了集团投资阿根廷农业项目的经验，建议借助开拓拉美市场所用的SWOT矩阵（如图2所示）、G-PEST方法和波特的产业结构"五力"要素模型等分析工具对尼日利亚市场竞争环境进行深入分析。针对集团缺乏对非洲市场的了解和在非洲没有贸易、投资实际经验，尤其是考虑到近期非洲利比亚等一些国家出现的动荡情况，战略规划部认为，开发尼日利亚木薯项目，集团最好采用与当地企业合资建厂的方式，以便减少投资风险。为此，在给集团董事会上交的木薯项目可行性研究报告中，涵盖了以下对潜在合资方资信情况的调研内容：企业发展历程、企业主管人员的素质、企业组织机构、财务状况、技术水平、生产和销售能力、专利和商标等无形资产、固定资产、流动资产、税负、负债等。

优势（Strengths）	劣势（Weaknesses）
产品物美价廉；生产成本低，规模经济效应显著；有成熟的产业链；有后发优势；有比较优势；有特色产业优势；有商誉优势；有渐进式发展优势	语言沟通不畅，对本土缺乏了解；缺乏品牌优势；过分依赖低成本战略；缺乏管理经验，经营效率低下；资源的本土化配置缺失；缺乏跨文化管理人才
机会（Opportunities）	威胁（Threats）
中国对外贸易政策环境良好；中拉合作关系发展潜力大；拉美大部分国家政治稳定、经济发展势头良好；中拉贸易具有天然的互补优势；中国开拓拉美市场的服务体系日益完善；中拉民间交流日益密切；信息技术发展降低了信息获取成本	地缘政治风险大；经济和投资风险大；中西文化存在巨大差异；政策风险和行业风险；劳工制度的影响；劳资关系紧张，时有冲突；贸易保护主义和反倾销；社会矛盾；地域障碍；日益激烈的竞争；运输成本高
结论：实施S-O战略，寻求机会，充分发展双方互补优势，进一步拓展拉美市场；关注W-T战略，加强防范以减少外部威胁对企业弱势带来的损失	

图 2　中国与拉美市场的 SWOT 分析

◆ 思考题

1. 你如何评价 ABC 集团尼日利亚木薯项目？你认为这个项目可行吗？
2. 试用 SWOT 分析工具对 ABC 集团尼日利亚木薯项目的利弊进行分析。这个项目会面临哪些问题？
3. 集团战略规划部给董事会的项目可行性研究报告中涉及了一些甄别潜在合资方的因素。除此之外，你认为还有哪些重要因素需要考虑的？
4. 根据近年来非洲个别国家和地区的动荡局势，你认为从事非洲贸易和投资的中国企业应该如何应对和规避政治风险？

8

组织结构：部门

[学习目标]

学完本章后，你应该能够：
1. 识别传统的部门划分的基本方式，并分析这些方式的优缺点。
2. 分析矩阵组织。
3. 解释战略经营单位。
4. 审视全球化企业的组织结构。
5. 理解虚拟组织和无边界组织。
6. 认识到不存在唯一的部门划分方式。

如果没有部门划分的方法，对直辖的下属人员的限额会限制企业的规模。把企业的各种活动和人员划分到各个部门，至少从理论上讲，可以使组织无限扩大，然而，按部门划分活动的基本方式不尽相同。下面各节将阐述产生于逻辑和实践基础上的这些方式的性质及其相关优势。

首先必须强调指出的是，不存在适用于所有组织或所有情况的唯一最好的部门划分方式。到底采用何种方式取决于具体情况，取决于管理人员认为根据面临的情况如何可以取得最佳结果的看法，同时也基于前一章讨论过的流程再造的理念。

8.1 按企业职能划分部门

按企业职能（职能部门）划分业务活动体现了企业经营活动的典型特点。由于所有企业都要创造人们有用的和需要的东西，基本的企业职能包括生产（在商品或服务方面创造或增加效用）、销售（寻求同意以某种价格或费用接受商品或服务的顾客、病人、客户、学生或各种成员）和财务（企业资金的筹措、托收、保管和支出）。把这些活动按工程、生产、销售或营销和财务等部门划分是合情合理的。图 8-1 展示的是一家制造企业典型的职能组织形式。

> 按企业职能划分部门是按诸如生产、销售和财务等企业职能划分业务活动。

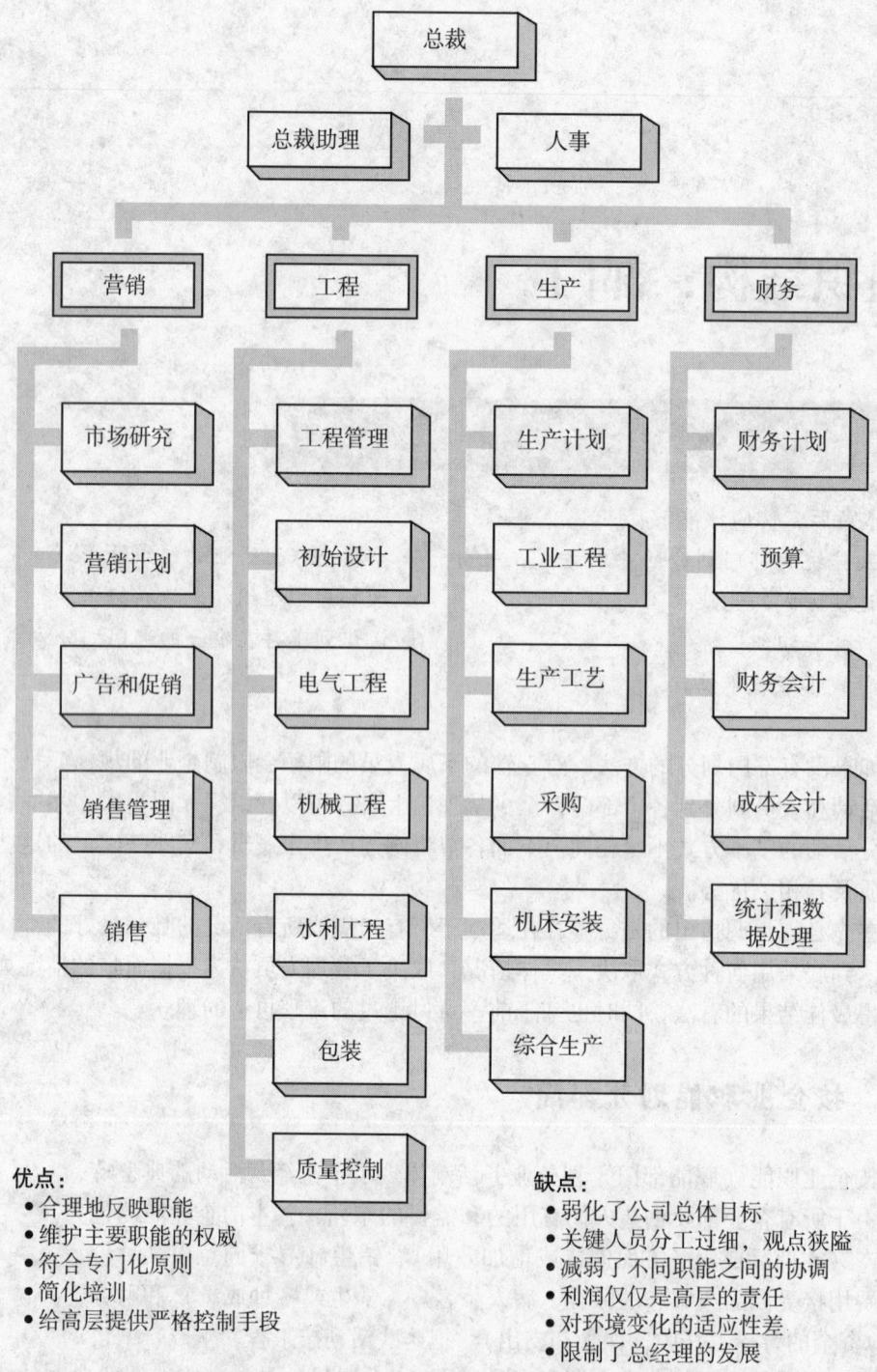

图 8-1　按职能划分部门（制造业公司）

通常，这些特定的职能名称并不出现在组织机构图中。这是因为，首先，没有被普遍接受的术语，如在制造业中，使用生产、销售和财务等术语；与批发商有关的活动有采购、销售、财务；而铁路上则有运营、客运和财务。

造成名称不一的第二个原因是，基本活动的重要性有所不同：如医院没有销售部门，教会没有生产部门。这并不是说那里不存在这些活动，只不过在这些单位里这类活动没有形成专门化或并不占据重要位置，因此与其他活动合并在了一起。

许多组织结构图上没有销售、生产或财务部门的原因之三是，这些单位有目的地选择了其他的划分部门的方法。企业的负责人可能决定按产品、顾客、地区或营销渠道（商品或服务到达用户的方式）来决定部门的划分。

按职能划分部门是组织活动中最广泛采用的基本方法，几乎所有企业组织结构的某些层次都存在这种形式。企业的销售、生产和财务职能的特点得到人们广泛而充分地理解，所以它们不仅是部门组织的基础，也是大多数情况下最高层组织的基础。

部门之间各项活动的协调可以通过以下方面的努力获得：规则和程序、计划的各种要点（如目标和预算）、组织的层次结构、个人间的接触，以及有时是部门间的联络。这些部门可以用来设计或改变工程部与制造部之间的一些问题。图8-1中列出了按企业职能划分部门的优点和缺点。

8.2 按地区或地域划分部门

在经营地区范围很广的企业中，按地区划分部门相当普遍。这样划分部门的企业，有必要将一个特定地区或区域的经营活动集中在一起，委托给一个管理人员。

> **按地区或地域划分部门。** 在经营地区范围很广的企业中，按地区划分部门相当普遍。

虽然按地区划分部门的方法对规模宏大的公司或其活动在实质上或地理位置上颇为分散的那些企业有特别吸引力，但是，一家全部活动均在本地一个场区的公司，可能仍按地区委派保安部门的工作人员，如在南大门、西大门各设一名警卫。百货公司也按此分派各层巡视员。另外，按此分派清洁工、玻璃清洗工等的做法也很普遍。企业在不同地区进行相似经营活动时常采用这种方法，如汽车装配、连锁零售和批发、炼油厂等。许多政府机构，如税务署、中央银行、法院和邮局等，为了能够同时在全国提供同样的服务，也采取了这种部门划分方法。地区部门划分法最常见的是用在销售和生产方面，金融系统不用，因为它的活动常常集中在总部。

8.3 按顾客群划分部门

按顾客群划分部门是一种反映顾客重大利益的划分方法。

在各种企业中，为反映顾客重大利益按顾客群划分部门十分普遍。如果每个顾客群由一个部门领导管理，那么，顾客就成了划分业务活动的关键。一家同时向零售商销售商品的批发商，它的工业销售部就是一个很好的实例。企业雇主和管理人员经常据此安排活动，以满足那些划分清晰的顾客群的需要。教育机构则开设各种正规的和附设课程，为不同类别的学生服务。

8.4 按产品划分部门

按产品划分部门，是企业，尤其是有多条生产线的大型企业，按产品或产品系列来划分企业活动。

在多条生产线的大型企业中，按产品或产品系列划分企业活动日益显示出其重要性，不难看出，这有一个演变的过程。采取这种划分形式的公司或其他企业最典型的是按企业职能组织分工。随着公司的壮大，生产经理、销售服务经理和工程主管会碰到规模的问题。管理工作日益复杂，而管理幅度又限制了他们增添下属管理人员的能力。就此而言，有必要按产品部对企业进行改组。这一结构容许高层管理人员授予部门管理人员在某一种产品或产品系列的制造、销售、服务和工程职能方面广泛的职权，并要求那些经理们每人承担相当一部分利润。图8-2展示了一个制造业企业典型的按产品划分部门的例子*以及这些部门的优点和缺点。

在优点方面，避免过于简单是最主要的。产品线经理也许会背上沉重的管理费用包袱，这些费用可能来自公司总部办公费，也可能是来自中央研究部，或是常常来自许多中央服务部。不难理解，产品经理讨厌这些他们无法控制的额外费用。

8.5 矩阵式组织结构

矩阵组织的实质是在同一组织机构中把职能部门和项目或产品部门结合起来。

另一种部门划分形式是矩阵或方格组织，或者叫项目或产品管理。然而，纯粹的项目管理并不需要有矩阵或方格的含义。**矩阵组织**的实质是在同一组织机构中把职能部门和项目或产品部门结合起来。图8-3展示的是一个工程部门的矩阵组织，除负责工程职能的职能经理之外，还设有负责最终产品的项目经理。这种组织形式在工程部门和研究开发部门较为普遍，同时也广泛地用于产品营销组织，只不过很少用矩阵方式表示出来而已。

---

* 按产品划分组织的方法也同样适用于非制造业的公司。

第8章 组织结构：部门

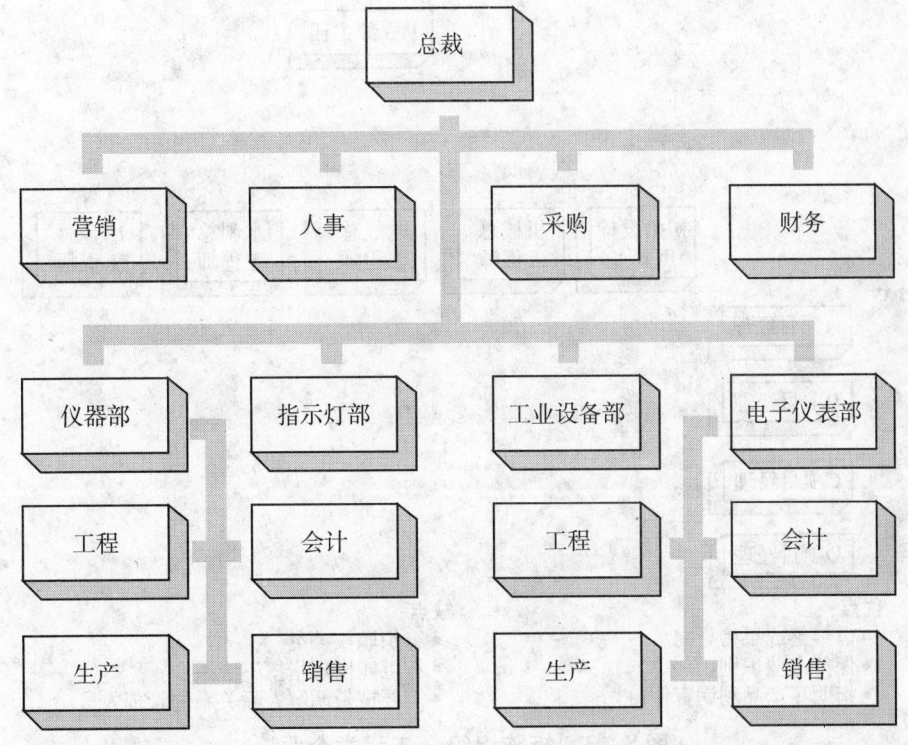

图 8-2　按产品划分部门（制造业企业）

这种组织方式常常用于建筑业（如修建一座桥梁）、航天业（如设计和发射气象卫星）、市场营销（如为一种主导新产品做广告宣传）、电子数据处理系统的安装以及管理咨询公司，那里有许多专家共同为一个项目工作。

使矩阵管理更为有效的指南

遵循以下这些指南，矩阵管理可以更加有效：
- 确定项目或任务的指标；
- 分清经理及其成员的角色、职权和责任；

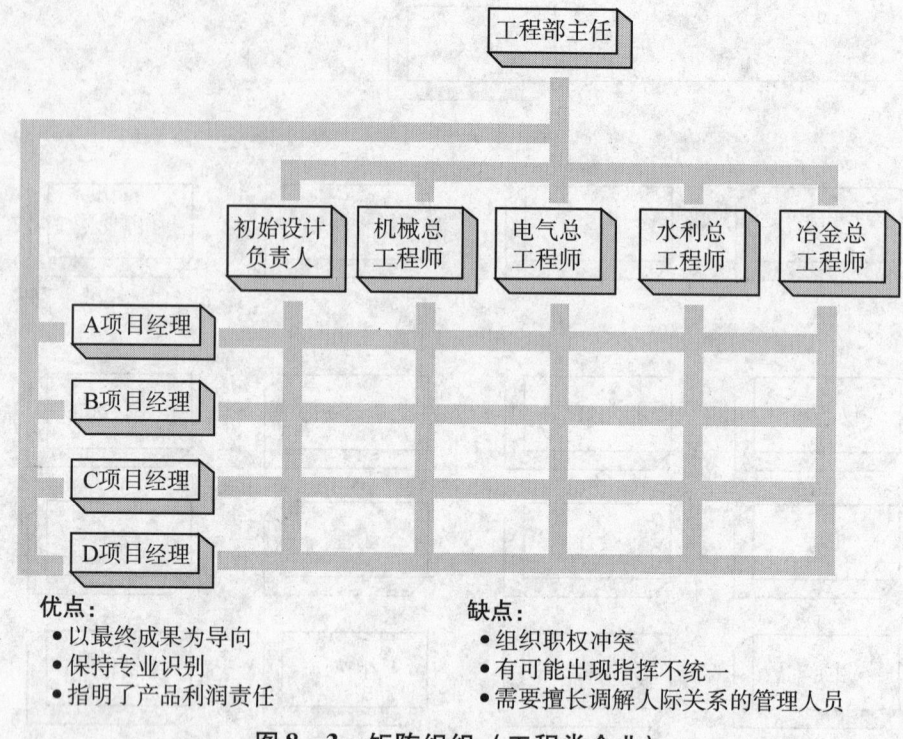

图 8-3 矩阵组织（工程类企业）

- 确保影响力基于知识和信息，而不是职务；
- 平衡职能经理和项目经理的权限；
- 为项目选派能担负领导责任的有经验的经理；
- 进行组织和团队的建设；
- 建立适当的成本、时间和质量控制系统，通过这些系统，及时报告与标准有差异的情况；
- 公正地酬劳项目经理和团队成员。

8.6 战略经营单位

战略经营单位是在大公司里建立的独特的微型企业，能确保像独立的营业单位那样，推销与处理某些产品或产品系列。

很多公司采用了一种通常称为**战略经营单位**（SBU）的组织方式。这种在大公司里建立的独特的微型企业，能确保像独立的营业单位那样，推销与处理某些产品或产品系列。通用电气公司是较早采用这种组织方式的企业之一，其目的是要确保公司推出的数以百计的主导产品或产品系列，如同每个产品的开发、生产、营销等都由一个单独的部门负责那样，受到同样的重视。有些公司在经营主导产品系列时也采用这种组织方式，例如，西方化学公司（**Occidental Chemical Company**）的磷酸盐、碱、树脂等产品就用了这种组织方式。

www.ge.com
www.oxychem.com

所谓战略经营单位，必须符合具体的标准，例如，战略经营单位必须有自己的使命，以区别于其他的战略经营单位；有明确的竞争对手群体；拟订与其他战略经营单位完全不同的综合计划；在关键领域配置自己的资源；规模适度，既不太大也不太小。很显然，在实际工作中很难找到符合所有这些标准的战略经营单位。

每一个战略经营单位都要指定一位经理（通常是业务经理），对产品从研究实验到工程、市场研究、生产、包装和营销工作的指导和促销负全责，并对利润负有最后的责任。这样，战略经营单位有自身的使命和目标，其经理在专职或兼职员工（由其他部门派到重要经营单位兼职的工作人员）的协助下，制定和实施产品的战略和经营计划。

很显然，采用战略经营单位组织的主要好处是，确保在大公司中某一产品不致被其他产品（如销售量大、利润高的产品）挤掉，还可以使负责指导与促销某一产品或产品系列的经理和员工集中精力并倾注其全部力量。因此，这也是一种保护创业注意力和驱动力的、小公司的组织方法。实际上，这是一种发挥创业精神的很好的方法，这一点恰恰是大公司所缺乏的。

战略经营单位潜在的问题

研究战略管理的两位教授 C. K. 普拉哈拉德（C. K. Prahalad）和加里·哈梅尔（Gary Hamel）认为，公司应该致力于其核心能力，关注战略经营单位的负面效应。**核心能力**是组织的集成学习能力，尤其是协调不同的生产技能，并将其整合在他们称之为"技术流程"上的能力。例如，对本田汽车公司而言，引擎是核心产品，是设计和开发技能的立足点，其结果是形成轿车或摩托车这样的终端产品。如果摩托车事业部得到引擎这样的资源进行开发，它不一定会与轿车事业部分享这一技术。对不同的战略经营单位配置资源可能会削弱核心能力（如引擎），而核心能力对整个组织有利。同时，战略经营单位的经理们可能不情愿与其他经营单位共享其专有人才，可能将他们藏匿起来而不是借给另一个战略经营单位。

> **核心能力**是组织的集成学习能力，尤其是协调不同的生产技能，并将其整合在他们称之为"技术流程"上的能力。

8.7 全球化环境下的组织结构

在全球环境中从事经营活动的公司，其组织结构大相径庭。采用哪一种组织结构取决于该公司国际化导向和投入的程度等多种因素。某一家公司在其国际化经营之初，可能仅仅是在总部设立由出口部经理负责的国际部，但随着公司国际业务的扩大，海外子公司和其后的国际事业部也会随之在各个国家建立起来，这些机构将直接向总部负责国际业务的经理甚至首席执行官（CEO）汇报。如果公司的海外业务进一步扩张的话，就会把几个国家归为像非洲、亚洲、欧洲和南美洲这样的区域。再进一步发展，欧洲地区部（其他地区也同样）还可分为一些国家集团，如欧盟国家、非欧盟国家和东欧国家。

公司除了按地理区域来划分组织结构外，也可以采用其他划分部门的方法。例如，一家石油公司可以按区域划分为阿拉斯加开采部或波斯湾开采部等职能部门。同样，原油提炼和营销等职能部门也可按各个地区再进一步划分。

8.8 虚拟组织

虚拟组织是一个不太严谨的概念，意指一些各自独立的公司或人群常常通过信息技术联系在一起。这些公司可能是供应商、客户，甚至是竞争对手。虚拟组织的目的是介入另一个公司的核心能力，获得灵活性，降低风险或快速应对市场需求。虚拟组织通过他们相互在市场上销售的货物或提供的服务来协调之间的业务。

> 虚拟组织是一个不太严谨的概念，意指一些各自独立的公司或人群常常通过信息技术联系在一起。

www.ibm.com
www.microsoft.com

www.open.ac.uk

虚拟组织有优点，也有缺点。当国际商务机器公司（IBM）1981 年开发出个人电脑的时候，所有的零部件都是从其他公司获得的，这使得 IBM 能在 15 个月内营销其产品。IBM 使用的微处理器是从英特尔公司购得的，软件来自微软公司；其"开放"的结构建立在著名的标准基础上，零部件从众多的客户那里购买。由于使用外部公司，IBM 很少在其分权战略上下功夫。然而，后来 IBM 的开放结构战略每况愈下，其他公司可以直接从英特尔公司那里购买微处理器，从微软公司那里购买软件操作系统。

虚拟组织有可能既没有组织结构图，也没有集中办公场所。现代图书馆并不一定有许多书架，人们有可能从来也不必去光临图书馆，而数据库、计算机、调制解调器以及密码就足以使人们进入图书馆。英国开放大学可以说是没有固定场所的大学典型，在英国本土上有管理机构，但没有学生，学生和教师均分散在世界各地，他们可能永远也不会碰面。技术的可能性令人欢欣鼓舞，但是，我们如何管理从来不谋面的人们？显而易见，许多没有回答的问题都与虚拟组织有关。

8.9 无边界组织

www.ge.com, accessed February16, 2006

通用电气公司的前任首席执行官杰克·韦尔奇将其公司的愿景表述为"无边界公司"，意思是指"开放和广阔的环境，友善地寻求和分享新的想法，不论这些想法来自何处"。这种观点的目的是消除各个部门之间以及国内和国际业务之间的隔阂。为了奖励那些适应"整合方式"的员工，对于那些不仅推出新的想法，而且与别人共享这些想法的人发放奖金。

8.10 选择部门划分的方式

适合所有组织和所有情况的最佳部门划分方式实际上是不存在的。管理人员必须根据面临的情况来确定什么是最好的方式，这些情况包括要做的工作、工作途径、相关人员和他们的个性、部门内应用的技术、所提供服务的用户以及其他内部和外部的环境因素等情况。然而，在职管理人员如果熟悉各种不同的方式，了解其优缺点和危险性，就应该能设计出一种最适合于他所从事的某一种业务的组织结构。

8.10.1 目的：完成目标

部门划分本身不是目的，仅仅是为完成目标而安排活动的一种方法。每种方法都存在优缺点，因此，选择的过程涉及每种方式在组织结构每一层次上的相对优势。在所有的情况下，核心问题都涉及管理人员希望设计的那种组织环境和面临的情况。在部门划分备选方法的前述中已经看到，每种方法都有某些优点，但也需要付出某些代价。

8.10.2 部门划分的混合类型

这里需要着重强调的另一点是关于在某一职能范围内混合部门划分的类型。例如，一家药品批发公司，将有关饮料采购与销售活动归在一个产品部内，但在同一层次，又按地区组织其他产品的销售活动。又如，某塑料制品厂除了把餐具组成一个产品部外，对其他产品都按地区组织生产和销售。换言之，一个职能部门的经理可以在同一个组织层次上采用两种或更多的组织活动业务方式，这种做法可能从理论上讲是合理的。部门划分的目的并不是为了建立一种各层次都平衡，且又以一致性和类似基础为特征的僵化的结构，而是采用最有利于完成企业目标的方式来组织业务活动。如果各种基础确实存在，那么就没有理由不让管理人员利用眼前可供选择的方案。

本章小结

把各种活动和各类人员进行分类使组织的扩大成为可能。部门划分可以按企业职能、区域和地区以及所服务的客户类型，其他划分部门的方法包括按产品分类、矩阵或方格组织、项目组织和战略经营单位。全球化环境中的组织结构可能大不相同，从总部的出口部到区域分支机构之间有许多种差别化的结构。此外，在一个地区，一家公司可能会采用一种或多种按职能部门划分的结构。虚拟组织是一个不太严谨的概念，意指一些各自独立的公司或人群常常通过计算机技术联系在一起。

唯一最佳的组织方式实际上是不存在的，哪种方式最为适合取决于特定环境下的各种因素，如所要完成的工作类型、完成任务的方式、参加的人员、采用的技术、服务的对象及其他内外因素。无论如何，应当选择特定的部门划分方式，以便能够有效而又高效率地完成组织目标和个人目标。目标的实现常常要求各种部门的混合运用。

主要概念回顾

按企业职能划分部门　　矩阵组织（或方格组织，或项　　虚拟组织
按地区或地域划分部门　　　　目或产品）　　　　　　　　无边界组织
按顾客群划分部门　　　　战略经营单位
按产品划分部门　　　　　全球化企业的组织结构

讨论题

1. 有些社会学家说，组织结构是一种社会发明。你对此有何看法？他们是否意指有"正确的"或"错误的"组织方法？你认为应该做什么测试来证明组织机构是否"正确"？

2. 如果你是一家按职能分工的公司总裁，有一位顾问向你建议以地域或产品来组织分工，你在采纳这一建议时，会关心什么问题？

3. 为什么多数大型百货公司和超级市场连锁店是按地区管理商店，然后按产品划分商店内部单位？请根据你自己的经验举出一些实例。

4. 为什么多数小企业都采用按职能划分部门的方式？

5. 为什么联邦政府那么多的部门主要按地区进行组织分工？

6. 你能否说出理由，为什么采用目标管理会扩大矩阵组织结构的应用？

7. 本章是怎样说明视具体情境进行管理的？

企业案例

易趣公司（eBay）的经验能在中国市场复制吗？①

互联网的产生不仅影响人们的生活习惯，而且影响着企业的商业模式，企业与供应商和消费者的关系在发生戏剧性的变化。易趣公司（eBay）拍卖网站提供消费者与消费者交易，使得消费者个人可以通过这个平台销售货物。

互联网变化日新月异，易趣公司的成功经验能够持续吗？大约在1994年，皮埃尔·奥米德嘉（Pierre Omidjar）将互联网用于商务，当今，易趣公司不仅在网上经营数以千万美元计的商品，而且占据整个电子商务销售额的1/4。2011年10月底，易趣公司在美国发布了第三财季报告，其全球单季营收同比增长32%，达30亿美元，同时，净利润同比增长14%，至4.91亿美元。在饱受2008年下半年以来全球金融危机影响的情况下，美国工薪阶层收入水平普遍下降，为了减少生活成本，越来越多的消费者青睐网上采购。依赖互联网平台的易趣公司可谓时来运转，千载难逢。

易趣公司采用了一种独特的经营方式，用户本身承担了诸如商品拍照、推介、出示清单、包装、发货等大部分工作，而易趣公司只是对每笔交易收取佣金。易趣公司提供的一种很赚钱的服

---

① http://www.ebay.com/.

务被称为"网上支付"(PayPal),其网上支付交易量约占美国整个电子商务交易额的3/4。①

易趣公司在国际上的知名度与日俱增,目前不仅在欧洲,在其他国家尤其是在中国业务量不断扩大。跨边界的网上贸易正呈增长趋势,易趣公司在中国投资了1亿美元用于促销活动。

在中国,易趣公司借助于电子商务热潮,大力开展促销活动,销售总额上涨34%,使易趣(中国)公司成为其全球第五大利润中心。②

易趣(中国)公司建立了一整套数据挖掘和信息沟通机制,与全球其他易趣团队及时沟通,将挖掘出的数据和信息及时传递给国内的卖家。而国外紧缺的产品信息,更可以快速推送给国内有生产潜力的卖家,并辅以减免费用的方式,刺激他们在易趣平台上的销售。

易趣(中国)公司采用差异化战略,针对国内中小卖家专门推出了邮政小包的"快线"服务。公司与美国邮政、快递公司(EMS)合作,为业务集中于美国的中国卖家推出了一套"快递加邮政"的"中美快线"方案,即卖家包裹在国内物流,使用EMS商务快递;而到了美国的内陆地区,则用当地邮政系统。这样一来,大幅度消减了所需费用,而物流时间却可以比以前缩减一半以上。例如,90%的包裹可以在10天内到达消费者手中,易趣(中国)公司一半以上的跨境业务因此获得了物流保证。

随着国内客服团队的扩张和服务细则的完善,易趣(中国)公司构建了本地化服务框架,连续两年在中国市场呈现三位数增长。

据艾瑞咨询数据显示,2010年中国电子商务交易规模达4.8万亿元,较2009年增长33.5%。而且未来这一增速将有比较大的提升,达到40%~50%的增速。在电子商务网上零售快速发展势头中,服装和个人数码产品分别占到中国消费者网上购物支出的36%和29%,成为国内电子商务零售市场的代表和领军品类。无须赘言,中国电子商务的飞速发展为易趣(中国)公司提供了难得的义务扩张机会。

按照易趣(中国)公司的战略规划,今后几年将着力于移动互联网的机会,将中国卖家推送到易趣全球4500万的用户手中。毫无疑问,无论是对中国卖家还是易趣而言,那都会是一个更富有想象力的市场。对于中国本土对外贸易电子商务企业而言,易趣(中国)公司的成功经验,无疑非常值得学习和借鉴。

随着移动互联网越来越渗透到人们的日常生活当中,越来越多的传统品牌企业开始瞄准电子商务,将销售重点转移到了网上,其中不乏李宁、七匹狼、海尔、曲美等知名企业。凡客诚品等服装行业网上零售公司的成功,让众多传统品牌企业看到了电子商务零售市场的潜力,纷纷涉足电子商务领域。一种全新的线上线下整合商业模式应运而生,即最热门的"O2O(Online to Offline)"模式。相对于人们司空见惯的B2B、B2C等电子商务模式,线上线下整合方式就是"消费者在网络上付费,在门店享受服务或取得商品"。显而易见,易趣公司面临着来自品牌企业线下实体店与线上电子商务渠道商的挑战。

易趣公司的成功经验能够持续吗?近年来易趣公司在美国市场上的份额呈现下降的趋势,但是易趣(中国)公司的成功经验正在欧洲其他地方进行复制。易趣公司在全球市场上的业务在不断扩大。在一个网络销售额处于快速发展的时代,企业只有结合新的发展趋势和消费者潜在需求,不断推出创新的营销方式,才能真正挖掘出网络销售的潜力,进而为企业创造出更大的价值。

(本案例根据报刊资料整理而成)

---

① http://www.paypal.com.
② http://www.ebay.cn/.

◆ 思考题

1. 易趣公司的优势、劣势、机遇和威胁是什么？
2. 你有亲身从易趣公司、亚马逊以及其他网上公司购物的经验吗？你认为哪些因素对网上销售模式至关重要？
3. 面对日益严峻的线上线下整合商业模式的挑战，易趣（中国）公司的现有经营模式需要做哪些调整？
4. 易趣（中国）公司的经验对中国本土企业有何借鉴意义？

9

直线职权、参谋职权、授权和分权

[学习目标]

学完本章后，你应该能够：
1. 了解职权和权力的性质以及授权。
2. 区分直线职权、参谋职权和职能职权的不同。
3. 论述集权、分权和委任的性质。
4. 认识到平衡集权和分权的重要性。

前面讨论过部门划分的方式，现在讨论另一个基本问题：在组织机构中存在哪几种职权？这个问题与职权关系的性质有关，即直线职权和参谋职权的问题。本章也将讨论委任程度的问题，其答案涉及分权。如果没有给予管理人员适当的职权（即独立行使决策的权力），各个不同的部门就不能为完成企业目标而顺利地进行协调一致的工作。职权关系无论是纵向还是横向的，这些因素都会使组织正常运行，促进各部门的业务活动，并给企业带来协同效应。

9.1 职权与权力

在着重讨论组织中的职权之前，最好先区分一下职权与权力。**权力**的概念比职权要宽泛得多，它是个人或群体诱导或影响别人或其他群体的信念或行动的能力。组织中的**职权**是处于某一职位上自主行使做出影响别人的决策的权利（位居职位的人通过职权行使权利）。职权当然也是一种权力，不过是组织环境中的权力。

虽然有许多不同的**权力基础**，但本书涉及的主要是法定权力。在一般情况下，法定权力主要来自职位，也来自权利、义务和责任的文化制度，在此制度下，人们公认"职位"是"法定的"。在私人所有的企业中，职位的职权主要来自私人财产的社会制度（"综合权利"）。在政府中，职权

权力是个人或群体诱导或影响别人或其他群体的信念或行动的能力。
职权是处于某一职位上自主行使做出影响别人的决策的权利。

基本上来自议会制政府的制度。交通管理人员之所以有权给人们发出违反交通规则的传票，就是因为具有议会制政府的制度，人民选出议员去制定法律，并保证法律的实施。

权力也可能来自个人或群体的专门技能，这是知识化的权威。物理学家、律师、大学教授可能对别人有相当大的影响力，他们由于有专门知识而受到尊敬。另外还可能存在着参照权力，也就是说，由于人们相信某些人以及他们的思想而受其影响。例如，马丁·路德·金（Martin Luther King）的法定权力很小，但是凭着他人格的魅力、他的思想和他的倡导力，他在有力地影响着许多人的行为。同样地，一个电影明星或一个战斗英雄也可能具有相当大的参照权力。

此外，权力还可能来自一些人给予奖赏的能力。采购人员职务权力不大，但可通过其加速或推迟解决一些急需的零部件的能力来施展很大的影响。同样，大学教授有相当大的奖赏权力：他们可以给予或不给很高的分数。强制权力则是另一种权力，它与奖赏权力有关，通常来自法定权力，是惩罚的权力，不论是辞退一名下属或不给其绩效报酬，都是惩罚的办法。

尽管组织职权是行使决策的权力，但它差不多总是来自职位的权力，或者法定的权力。当人们谈及管理环境中的职权时，通常是指职位的权力。与此同时，其他诸如个性和与人相处风格等因素均涉及领导力。

9.2 授权

近年来，各种不同的授权方式已经成了时髦的辞藻。**授权**意指组织中各级层的员工、管理人员或团队有权在未经上级容许的情况下自行决策。授权的概念是指与任务最为接近的人们，最有能力做出决策，前提是他们具备必要的能力。实际上，传统意义上的授权概念是基于建议计划、工作丰富化和工人参与管理的基础上的。除此之外，本章后面涉及的委任概念也与授权有着密切地联系。

> **授权**意指组织中各级层的员工、管理人员或团队有权在未经上级容许的情况下自行决策。

委任和授权只是一个程度的问题，它们都要求员工和团队承担他们所采取的行动和任务的责任，下面从概念上进行演示：

- 权力应该与责任相适应（$P = R$）；
- 如果权力大于责任（$P > R$），其结果可能会形成上级的独裁型行为，而这样的上级没有尽到他（或她）的责任；
- 如果责任大于权力（$R > P$），其结果可能是沮丧，因为这个人没有得到足够的权力来完成他（或她）所承担的任务。

人们对授权感兴趣原因是多方面的，包括全球竞争力、快速应对消费者的需求和期望值，以及受到良好教育的员工队伍对自主权的需求。对下级授权意味着上级必须与下属共同分享他们的职权和权力，这样一来，作为唯一管理方式的独裁型领导作风，很难适应21世纪的组织。大多数员工希望身在其中、参与决策，其结果会形成一种归属感和成就感，从而增强员工的自尊心。

有效的管理要求授权必须是真诚的，基于相互的信任，给员工提供相关的信息以完成任务，并委任给那些有能力的员工。除此之外，那些行使决策职权的员工应该得到奖赏。

9.3 直线与参谋概念和职能职权

负有直线职权的上级对下级行使一种直线职权。职权如同一种不间断的刻度或一系列的梯级，存在于所有的组织中。因此，组织中存在着**等级原则**：从企业最高管理职权到每一个下级职位的直线职权越明确，则决策的职责越明确，组织的沟通越有效。在许多大企业里，这种梯级既长又复杂，但是即使在最小的企业里，作为一种组织形式，也要采用等级原则。

很显然，从等级原则可以看出，**直线职权**是上级对下级行使直接监督的关系，即一种直线或梯级的职权关系。

参谋关系属于顾问性质。纯粹参谋身份的人员的职能是进行调查、研究，并向直线职权的管理人员提出建议。

职能职权是授予个人或部门的权力，以控制规定的工作进程、做法、方针或其他与别的部门人员承担活动有关的事项。为了更好地理解职能职权，人们可以将其视为上级直线领导职权中极小的一部分。如果统一指挥的原则无一例外地得到遵照执行，上述这些业务的职权应该只能由直线领导行使。不过，有好多原因可以解释为什么有时不能由他们行使某些职权，其中包括缺乏专业知识，缺乏监督特定过程的能力以及曲解政策的危险等。在这些情况下，应剥夺管理人员某些职权，而由他们的共同上级委任给一位参谋专家或另一部门的管理人员。例如，公司财务总监一般在全公司范围内行使其推行会计制度的职能职权，但是，这种专业性的职权却是来自首席执行官的直接授权。

> **等级原则**：直线职权越明确，则决策的职责越明确，组织的沟通越有效。
>
> **直线职权**是上级对下级行使直接监督的关系。
>
> **参谋关系**属于顾问性质。
>
> **职能职权**是授予个人或部门的权力，以控制规定的工作进程、做法、方针或其他与别的部门人员承担活动有关的事项。

9.4 职权分权

前面一节重点阐述了几种诸如直线、参谋和职能职权的关系。以下部分着重论述组织中的职权分散问题。

9.4.1 分权化的性质

> 分权是在组织结构中把决策的职权进行分散的倾向。

组织的职权不过是授予人们运用其判断力做出决策和发布指示的处置权，**分权**是在组织结构中把决策的职权进行分散的倾向。分散职权是授权的一个基本方面，直到所授予的职权被部分分离。在整个组织中，职权应在多大程度上集中或分散？有可能出现一个人独揽大权的绝对集权，这意味着无下属管理人员，因此也就是无结构的组织。在所有的组织中都有一定程度的权力分散，但另一方面也不可能存在绝对的分权，因为如果管理人员把他们的职权全部下放，他们作为管理人员的身份就不复存在，他们的职位也就此取消，这样组织也就不复存在。

9.4.2 不同类型的集权

集权这个词有以下几种含义：
- 绩效的集中属于地域上的集中，例如，一个公司在一个地方营业；
- 部门的集中是指将专业化经营活动集中在一个部门，例如，整个工厂设备的保养工作由一个部门完成；
- 管理的集中是限制决策权下放的倾向。大部分的职权掌握在组织等级制的最高层次或接近最高层次的管理人员手中。

将分权化视为哲学理念和政策

分权的含义不止是授权，它反映了组织和管理的理念。它需要谨慎选择，把哪些决策权授予组织结构的下层，哪些决策权由接近高层掌握，需要制定哪些具体方针以指导决策，如何选择和培训人员以及如何进行适当的控制。分权方针影响着管理的各个方面，可将其视为管理系统的一个基本要素。事实上，不实施分权，管理人员就不能使用他们的酌情处置权来处理他们面临的不断变化的情况。

9.5 职权委任

上级将决策的自主权授予下属，这种情况被称为委任。很明显，上级无法委任他们所没有的职权，无论他们是董事会成员、总裁、副总裁或部门的主管。

委任的过程包括：(1) 确定职位上的人员预期要获得的结果；(2) 给职位上的人员分配任务；(3) 委任以确保任务的完成；(4) 要求担任职位的人员承担任务完成的责任。实际上，以上过程是不可能分割的，因为期望一个没有职权的人去实现目标是不现实的，就像委任却不清楚最终结果一样。此外，由于上级的职责是不能委任的，因此，必须要求下属履行其应尽的职责。

9.6 委任的艺术

大多数在实际委任中出现的失误,并不是因为管理人员不了解委任的性质和原则所致,而是由于他们没能或不愿意应用这些原则。委任在一定意义上是基本的管理艺术,然而研究几乎无一例外地发现,委任不当或不慎是造成管理失误的根源之一,其原因在很大程度上与个人对委任所持的态度有关。

9.6.1 个人对委任的态度

虽然绘制组织结构图和提出管理目标和职责有助于委任,而对委任原则的了解更为委任打下了坚实的基础,但实际委任过程中,某些个人的态度也是不容忽视的。

包容性

一个能进行委任的管理人员的内在品质,是愿意给予他人发表意见的机会。决策总是涉及一些酌情处置权,下属做出的决定不可能与上级所要做的完全相同。懂得如何委任的管理人员必须具备起码的一种不闭门造车的素质,他必须不仅能欢迎别人的想法,而且要帮助别人提出想法,并赞扬他们的独创性。

愿意放手让权

能有效地进行委任的管理人员,必须愿意放手给下属做决策的权力。一些登上更高层领导岗位的管理人员(从一个小轿车修配厂起步到已建立了一个大型企业的开拓者)的一大缺点是,总想继续行使他们已卸任职位的决策权。那些坚持要对每项采购事项或对每一员工或秘书的任用等事无巨细的公司总裁和副总裁们,没有意识到这样做使他们没有时间去关注更加重要的决策。

在企业组织规模大而复杂迫使人们不得不委任的情况下,管理人员应懂得"比较管理优势法则",这有点像适用于国家的比较经济优势法则。为经济学家所熟知、逻辑严谨的比较经济优势法则指出,如果一个国家出口其生产效益最高的产品,进口其生产效益最低的产品(尽管它可以比其他任何国家更廉价地生产这种进口产品),那么,这个国家的财富就会增加。同样,如果管理人员专心于最有利于实现公司目标的工作,而将其他工作分派给下级(即使他们自己能比下级完成得更好),那么,他们对公司的贡献就会更大。

允许下属犯错误的意愿

虽然任何一个尽职的管理人员不会悠闲地旁观他的下级去犯危害公司或危害该下级职位的错误,但是如果不断地检查他们的工作以确保不出任何差错,则将会使真正的委任成为不可能的事情。人人都会犯错误,所以必须允许下级犯错误,而且还必须把这种成本看成是对个人发展的投资。

在不终止委任或不妨碍对下级培养的情况下,可以基本上避免出现严重的或重复性失误、耐心劝告、问清主要问题、认真阐明目标和政策，是管理人员为确保有效委任可以使用的方法。上述方法与采取威逼的批评或对下属的缺点唠叨不休毫不相干。

信任下属的意愿

上级除了信任他们的下级别无选择，因为授权意味着双方必须采取互相信任的态度。这种信任有时很难做到，上级可能认为下级经验不足，不善于与员工打交道，判断力不够强，或对各种影响情境的事实视而不见等原因而推迟委任。有时这些考虑是对的，这时上级应该对下属进行培训，或者另选愿意承担责任的其他人员。然而往往有很多这样的上级，他们不信任其下属，不想放手；或是因下属的成功而感到威胁不能明智地委任，或是不知道采用哪些控制手段来确保有效地行使其职权。

建立和使用宽泛控制的意愿

由于上级不能委任绩效责任，因而，除非他们愿意找到获得反馈的办法，即确保职权的使用能支持企业或部门目标和计划的完成，否则他们就不应该委任。很显然，只有用目标、政策和计划作为评价下属工作的基本标准，否则控制手段就不能建立和实施。在很大程度上，不愿委任和不信任下级的情况多半是由于上级计划不周以及可以理解的、失控的担心。

9.6.2 克服委任乏力现象

下面是有关实施有效委任的实用性指导原则：

- 根据预期结果，确定任务和委任职权。换言之，为了能完成目标而授予充分的职权。

- 根据要完成的工作选人。虽然有能力的组织者将主要从所要完成的任务来考虑委任职权，但归根结底，人员配备作为整个委任系统的一部分是不能被忽视的。

- 保持沟通的畅通。由于上级不会委任全部的职权或者放弃职责，因而不存在管理的独立性，分权不应该导致隔绝。上下级之间的信息应畅通，以便使下级获得用以决策和适当阐明所授职权的信息。此外，委任应视情况而定。

- 建立适当的控制手段。因为任何管理人员不可能放弃其职责，所以委任时必须要有办法确保职权得到恰当使用。但是，如果控制手段要有助于委任，那么必须是宽泛的，并且在设计方案时要留出偏离计划的余地，以免干预下级的日常行动。

- 对有效的委任和成功地行使职权的人员给予奖励。管理人员应当始终关注如何奖励有效委任和行使职权的办法。虽然这种奖励多数是以货币体现的，但是授予更多的自由权和名誉（在原职位还是提升到更高的职位）往往会产生更大的激励作用。

9.7 职权回收和平衡是分权的关键

有时可以把一个企业说成是再集权,也就是说,将曾经分散的职权再集中起来。一般情况下,**再集权**并非是把分权全部重新颠倒过来,因为管理人员不会把授出去的职权全部撤回。这个过程是对凡在组织中可能发生的某类活动或某种职能实行职权的集中。为了避免出问题,分权计划必须要考虑到表9-1中所列的好处和局限性。

> **再集权**是将曾经分散的职权集中起来;一般情况下并非是把分权全部重新颠倒过来,因为授出去的职权是不能全部撤回的。

表9-1　　　　　　　　　　分权的优势和局限性

优　势
1. 减轻高层管理人员某些决策的负担,迫使其放权
2. 鼓励制定决策,并承担职权和责任
3. 给管理人员更多的决策自主权和独立性
4. 促进建立和运用广泛控制手段以增强激励作用
5. 使不同经营单位的绩效比较成为可能
6. 便于建立利润中心
7. 促进产品多样化
8. 有利于总经理的培养
9. 有助于适应快速变化的环境
局限性
1. 很难统一政策
2. 增加了分权经营单位协调的复杂性
3. 可能导致高层管理人员失去某些方面的控制
4. 可能受到控制技术不足的限制
5. 可能受到不适当的计划和控制系统的约束
6. 可能受到缺少合格管理人员的限制
7. 涉及大量的管理人员培训费
8. 可能受到外部力量的限制(全国性工会、政府控制、税收政策)
9. 某些业务可能达不到规模经济效应

本章小结

权力有多种不同的基础。权力可以是法定的、专门性的、参照性的、奖赏性的或强制性的。授权使人们能够在未经上级容许的情况下自行决策。直线职权是指上级直接行使监督下级人员的权利,另外,参谋关系则包括提供建议和咨询。职能职权是对某些过程、做法、政策和其他部门中的其他事情进行控制的权利,是直线管理人员职权中很小的一部分,应当审慎使用。

本章中另一重要概念是分权,是把决策权分散的倾向。另外,权力集中是职权的集中,可以是区域性职权的集中、部门职权集中或是限制决策权委任的倾向。职权委任的过程包括确定要获得的结果、任务的分配、完成任务职权的委任以及确定对结果负责的人员。

职权委任的失误往往受个人态度的影响。克服委任不当的措施包括：明确任务和目标，保持沟通畅通，建立适当的控制手段，以及通过适当的奖赏实施有效的激励。先前分散的权力也可以再度集中起来，取得平衡是正确分权的关键。

主要概念回顾

权力	直线职权	委任过程
职权	参谋职权	对委任的态度
权力基础	职能职权	再集权
授权	分权	分权的好处和局限性
等级原则	三种类型的集权	

讨论题

1. 你所在的组织或学校行使的是哪种权力？
2. 举出任何一种企业（商业企业、教会、政府等）中的一些职位作为例子，并按直线职权与参谋职权加以分类。
3. 你在组织中见到过多少职能职权的情况？试分析其中的几种，你是否同意这些情况本来是可以避免的？如果能够，你能消除这些情况吗？如果不可能避免这些情况，或你不准备消除这些情况，那么你打算怎样克服由此可能产生的大部分困难？
4. 如果要求你对已接受担任工厂经理助理这一参谋职位的年轻毕业生提些建议，你打算提些什么建议？
5. 为什么不适当的职权委任往往是造成管理失败的最重要的原因？
6. 在许多国家，那里的公司是从内部发展起来的，而且常常是家族所有的，几乎没有分权。你认为应怎样去解释这种倾向？会产生什么效果？
7. 如果你是经理，你会分权吗？就你的答案陈述几条理由。你怎样确保不过度分权？
8. 组织中的职权是否应当尽量下放？为什么这样或为什么不这样？

产业结构调整态势下中国水泥企业的海外投资项目分析

20世纪末期，世界水泥消费量年复合增长率为5%，比GDP增长率高2个百分点。21世纪以来的10年中，水泥消费量增速加快，年均复合增长率为7.2%。

进入21世纪以来，中国经济保持了年均GDP超过10%的快速增长态势。与此同时，作为国民经济建设基础产业的水泥行业，在大规模的基础设施建设、房地产开发和新农村建设等有利因素的影响下，10年中以超12%的年均复合增长速度共生产了近120亿吨水泥，是前50年水泥产量的1.7倍。

2010年，中国水泥产量为18.68亿吨，同比增长15.53%，居世界第一位，占世界总产量的60%。近5年来，中国水泥产量占世界份额从44%增长到60%。与此同时，行业集中度在不断提高。2000年，中国前十大水泥企业产量合计2640万吨，仅占全国水泥总产量的4.4%。2005年这一比例提高到15%，而2010年则提高到25%。①

到2010年年底，前十大水泥集团的产能均达到5000万吨以上。行业排名前两名的中国建材集团②和海螺水泥集团③水泥产能均超过了1亿吨，位居行业第三位的冀东水泥集团的产能也达到了9000万吨（见图1）。中国水泥企业的规模和竞争能力已经接近世界水泥行业的三大巨头（如图2所示）。

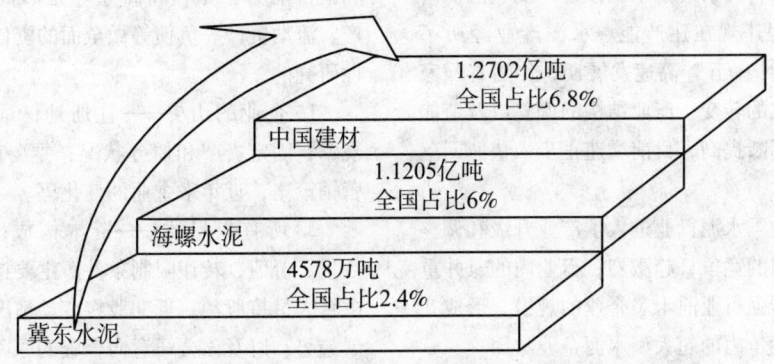

图1　我国前三大水泥公司产能情况（2010年数据）

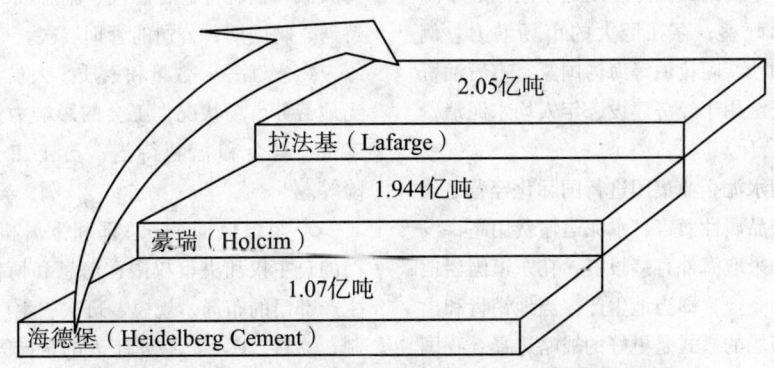

图2　世界前三大跨国水泥公司产能（2010年数据）

2008年以来，中国新建水泥项目在不断增加。2008年新增水泥产能1.9亿吨，2009年新增水泥产能2.3亿吨，2010年新增水泥产能3亿吨。水泥产能剧增带来了行业产能过剩的

---

① 中华人民共和国国家统计局编：《2011年中国统计年鉴》，中国统计出版社、北京数通电子出版社2011年版。
② http://www.cnbm.com.cn.
③ http://www.conch.cn.

风险。

水泥是投资拉动型产业，与固定资产投资密切相关。随着中国经济结构的调整和增长方式的转型，固定资产投资增速逐步放缓，导致水泥需求增速降低。水泥行业是典型的资源性产业，伴随着国家对能耗指标、碳排放指标、污染物排放指标的实施，水泥行业面临着很大的节能减排压力。

2009年以来，国务院、国家发改委等下达多个政策文件，要求严控水泥拟建产能、淘汰落后产能、清理违规在建产能。水泥产业经历了"十五"和"十一五"高速发展期，伴随着国家经济发展方式的转变、产业结构的调整以及节能减排标准的不断提高，目前增速正步入快速回落通道。

目前，中国水泥行业进入了产业升级和调整期，企业之间的竞争日趋激烈，行业内的兼并重组会进一步增强行业前十名企业的规模，形成几个更具国际竞争力的超大型水泥企业集团。

水泥行业在欧美等发达国家属于夕阳产业，但在非洲、中东、南美洲等地则处于刚刚起步阶段，水泥需求旺盛，存在巨大的市场潜力。例如，阿联酋和沙特阿拉伯等海湾国家富有石油资源，将大量资源用于经济建设，年人均水泥消费量超过1000公斤。

中国大型水泥企业集团进行国际化经营是大势所趋。就产品属性而言，水泥运输费用高，没有出口优势。采取海外直接投资，在东道国当地建立水泥生产企业，即当地生产，当地销售和出口周边国家市场的模式是更好的战略选择。我国水泥企业集团应抓住当前非洲、南美洲、中东、东欧等地区水泥行业发展相对落后而需求日益增长的机遇，尽快启动"走出去"战略，迅速推进水泥行业海外产能转移和扩张，不断提高其国际竞争力。

中国水泥企业加大"走出去"力度势在必行，而目前在海外立足的水泥企业却寥寥无几。在海外开办水泥生产企业投资规模大，风险高，不可控因素多，使不少企业望而生畏。对于缺乏国际化经营经验的中国水泥企业，为了降低海外投资带来的政治和经济风险，在"走出去"之初与东道国当地企业采取合资方式不失为一种较为稳妥地选择。

选择好合资伙伴是海外投资项目可行性研究的重要组成部分。拟投资的企业要对外国合资方的企业背景、所有权形式、企业主管人员的素质、企业组织机构、财物状况、技术水平、生产和销售能力、专利和商标等无形资产、固定资产、流动资产、负债等做全面的资信分析和可行性研究。

1. **企业的历史**——注册地；章程；政策和规章；固定资产和债务状况；主要产品和市场；营销策略；近年来企业的变化等。

2. **所有权形式**——资本构成；股票种类、数量、价值、转让限制条件；主要持股人、公司主管人员持股额；近期股权变动情况和今后的发展趋势；以及该公司意向合资的原因。

3. **公司领导层**——董事会的组成、董事的持股额和福利待遇；总裁、副总裁的工资、福利待遇、聘用期；公司的管理层次。

4. **员工**——数量和素质、人员流动周转率；当地劳务市场状况；工会的影响力及劳资关系；工资、奖金和福利待遇；员工工作环境和保险等。

5. **组织机构**——总部和下属机构；基层部门的自主权和决策权限；信息和情报沟通网络；生产部门的布局、规模、班次、生产线、质量控制、原料、库存、技术工人的素质等；采购部门的货源渠道，生产部门对原料供应商的依赖程度，原材料的价格波动趋势；营销渠道和促销方式，营销额及出口额，推销员素质，定价原则，主要客户，代理商及其信誉，主要竞争对象及其所占市场份额；财会部门的计算机化信息系统，预算程序，成本原则，流动资金控制，固定资产折旧，财务报表。

6. **投资**——投资额度（包括票面价值、成本、交易所牌价以及目前的股利收入）；公司的投资战略。

7. 与第三方合同——技术转让、租赁、特许经营合同等的期限，限制性条件及终止这些合同可能产生的影响。

8. 专利和商标——注册地、期限、商标和保护情况。

9. 财务报表及其注释——各种财务报表（包括资产负债表、损益表、留存盈余表、财务状况变动表）的变更情况（如产品销售水平、毛利、成本及产品税）；违背会计原则事项；子公司与母公司财务报表合并对子公司的影响；外币账户对公司结算的影响；盈利趋势及主要不利因素。

10. 流动资产——包括现金和预期能在企业的正常周转内（一年）转换为现金的其他资产，如有价证券、应收账款、存货和预付款；流动资金额度、使用原则、近期状况、负债、银行信贷期限；应收款占总销售额的比例；自上期咨产负债表以来主要收益和贴现；库存量、库存周转率和季节性变化等。

11. 固定资产——包括土地、厂房、机器和设备等；固定资产的折旧方法和折旧率，是否和政府的税收要求一致；固定资产的重新估价（增值和贬值）；公司的资本化（增加固定资产）原则。

12. 无形资产——包括版权、专利、商标和商誉；无形资产的成本、贬值和净值；无形资产对公司盈亏的影响；公司的无形资产摊销原则，摊销差额是否可以扣减。

13. 债务——包括短期和长期负债、种类和数额；有无隐藏债务。

14. 税务——公司缴纳所得税的评估方式；历年的公司审计报告；有无移后扣减情况以及是否得到税务部门批准；是否享受特别免税待遇；公司采取的避税程序。

15. 或有负债——财务清算和担保；尚未缴纳的子公司或联属公司股票款额。

16. 趋势与展望——公司在今后采取的关于利润和现金流量方面措施；开发与研究经费；主要产品转产的可能性；潜在的竞争对手；企业的扩展计划；公司资本结构的可能变化；工资和价格谈判；政府新的立法对公司的影响等。

◆ 思考题

1. 你如何评价中国水泥行业的产业集中度？
2. 中国水泥行业会出现产能过剩风险吗？
3. 中国水泥企业实施"走出去"战略的意义何在？
4. 在海外投资项目可行性分析中，为什么要关注合资方"与第三方合同"？
5. 在进行海外投资项目研究过程中，除了上述主要因素外，你认为还有哪些东道国的相关因素是中国水泥企业必须要关注的？

10

组织有效性和组织文化

[学习目标]

学完本章后,你应该能够:
1. 通过计划来避免在组织工作中的失误。
2. 指出如何凭借灵活性和使人员更有效工作来改善组织工作。
3. 通过理顺组织结构和加深对组织工作的理解来避免冲突。
4. 促进及开发适宜的组织文化。

组织工作不存在唯一最佳的方案,是否有效只能视具体情况而定。

组织工作涉及制定一个能确保有效绩效的职务角色结构,需要一个决策与沟通网络,以协调为实现群体和企业目标而做出的努力。为了使一个组织正常工作,必须使人们了解组织结构,将原则付诸实施。正如本书前面强调的那样,组织工作,如同其他管理工作一样,不存在唯一最佳的方案,是否有效只能视具体情况而定。

10.1 通过计划避免组织工作中的失误

明确目标并有条不紊地进行计划对高效率的组织是十分必要的。

如同其他的管理职能一样,明确目标并有条不紊地进行计划对高效率的组织是十分必要的。正如林德尔·厄威克(Lyndall Urwick)在其经典著作《管理要素》(The Elements of Administration)中指出的:"组织中设计缺位是非理性的、粗放的、浪费的,也是低效率的。"

10.1.1 理想性计划

寻找一个理想的、能反映企业在特定环境下目标的组织,是制订计划的原动力,这就需要规划组织的主要管理级层,考虑企业管理人员的组织理念(如是否应尽可能集权或公司是否应将其业务划分为半独立性的产品部或地区事业部),以及勾画出相应的职权关系。像一切计划一样,最终确定的组织形式并非一成不变,通常要对理想计划进行不断地修正。尽管如此，理想的组织计划相当于一个标准，管理人员一经将其与目前的组织结构相比较，就能够知道在可能的情况下如何进行改革。

组织工作者需始终小心谨慎，不可被组织过程中的一些流行做法所迷惑，因为适用于某一公司的方法在别的公司不一定能行得通。组织原则具有普遍应用性，但是在运用这些原则时，应考虑到每个公司的经营状况及具体需求，组织结构应根据实际情况而定。

10.1.2 突出人员因素的改进

如果现有人员不适应理想的组织结构，而且不能够或不应该把他们放置在一边时，那么唯一的选择只能是修改组织结构以适应个人的能力、态度或局限性。尽管这种改变看起来有点像围绕着人来进行组织工作，这里的区别就在于，首先是围绕着应实现的目标和应进行的活动而进行组织，然后才按人员的因素进行修改。因此，无论何时出现人事变动，计划都将会减少对原则妥协的必要。

10.1.3 组织计划的优点

规划组织结构有助于确定未来人员需求以及培训计划要求。只有在了解了需要什么样的管理人员和需要何种经验的情况下，企业才能理性化地招聘人员，并对其进行培训。

> 规划组织结构有助于确定未来人员需求以及培训计划要求。

除此之外，组织计划还可以发现组织中的薄弱环节。与理想的和实际的组织结构进行比较，最能暴露诸如重复劳动、职权界限不清、沟通渠道过长、官僚风气严重以及做法过时等问题。

10.2 避免组织僵化

组织计划的一个基本好处是避免组织僵化。许多企业，特别是那些经营多年的企业，已变得太僵化了，以致无法通过有效的组织结构的首要检验标准：适应环境变化和新情况的能力。这种对变革的阻力可以使组织的效率严重丧失。

历史悠久的公司呈现出很多僵化的表现形式：组织模式早已过时；某一地区或区域性组织，由于通信的改善而应该被取消或扩大；或者对于那些规模已经扩大而需要分权的企业来说，组织结构早已过度集权了。

10.2.1 通过重组避免组织僵化

尽管重组的意图是为了适应企业环境的变化，但是还有其他迫使企业重组的原因。与企业环境有关的原因包括：由于并购或主要财务资产的出售导致经营上的变化；生产线及营销方式的变化；商业周期的影响；竞争的影响；新的生产技术；工会政策；政府的管制及财政政策，以及当前对组织工作的认识程度。新的方法和原则可能是适用的，例如，允许管理人员去管理公司的一些半独立的分权单位，借此对他们进行培养。一些新的方法也已经采用，如通过大幅度分权以达到适当的财务控制。

除此之外，新任的首席执行官、副总裁以及各部门的负责人都可能有自己对组织的明确想法。组织的变革可能正是由于新的管理人员，基于他们过去的经历所形成的想法而产生的改革愿望，或是基于他们的管理方式及他们的个性特点而需要一个经过改革的组织结构。

另外，重组可能是由于现存结构中已被证实的缺陷而引起的，有些缺陷是由于组织的弱点造成的：如管理幅度过宽，委员会数量过多，缺少统一的政策，决策缓慢，未能完成目标，不能按计划完成工作，成本过高，或财务失控等。其他的缺陷可能是由于管理人员管理不当而造成的。对那些缺乏专有知识或技能而又因某些原因不能被替换的管理人员，可以通过组织结构的调整，将其一定的决策权转移到另一个职位上去。

重组也可以解决管理人员之间的个性冲突问题。职能和直线职权冲突发展到很严重的地步时，只有通过重组才能解决。

10.2.2 组织调整和变革的必要性

除了迫切需要重组的原因外，为了避免组织结构过于僵化，有必要进行适度和持续的调整。当组织中的每个人都明白，他们的职位随时都可能发生变化时，"帝国大厦"（即建立一个大型组织以使得管理人员显得更加重要）效应就失去吸引力了。正如一位公司总裁告诉其下属的那样："不必费心建立什么帝国了，因为我可以向你们保证，三年之后你们不会还在你现在的职位上。"一些管理人员认识到，组织结构必须是动态的，因而对结构进行调整以使下属人员习惯于变革。

10.3 使参谋人员有效地工作

直线与参谋问题不仅是组织面临的最大难题之一，而且是大量低效率产生的根源。解决这一问题需要一定的管理技能、认真坚持原则和耐心教育员工。

10.3.1 理解职权关系

管理人员要想解决直线与参谋职权之间的问题，必须了解职权关系的性质。只要管理人员视直线和参谋部门为人的群体或活动组合，就会产生混乱。直线和参谋是一种职权关系，许多工作都包含这两方面的因素。直线职权涉及决策的制定与实施，而参谋职权则意味着协助和提出建议的权利。简言之，直线职权可以"吩咐做事"，而参谋职权必须"兜售它的建议"。

10.3.2 使直线人员倾听参谋人员意见

应该鼓励或要求直线部门的管理人员与参谋部门人员协商。在直线部门必须听取参谋部门意见的地方,采用强制性接受参谋部门建议的做法,会使企业搞得更好。例如,在通用汽车公司,产品事业部的管理人员在向高层主管或财务委员会提出一项大的方案或方针前,要同总部的参谋部门进行协商。也许没有人要求他们这么做,但是他们会觉得这种会使他们的建议更顺利地通过;如果他们能与有关的参谋部门形成联合阵线,那么采纳他们建议的可能性无疑会更大了。

10.3.3 使参谋人员时刻了解情况

人们通常批评参谋部门的专家们在真空中工作,根本不理解直线管理人员工作的复杂性,在提出建议时忽视一些重要事实。这些批评在一定程度上并无过错,因为不能期望参谋专家们对管理人员工作的所有细节都了如指掌。参谋专家们应该记住,他们的建议应涉及自己权限之内的事情。而当建议仅仅涉及问题的一个方面时,业务管理人员不应该过多依赖这样的建议。

许多批评的引起是因为未能使参谋部门的人员随时了解他们管辖范围内发生的问题。在这种情况下,即使最能干的助手也无法提出合适的建议。如果直线管理人员未能将影响他们工作的决定通知参谋部门,或者他们没有为参谋部门取得有关具体问题的必要信息创造条件(如通过告示和合作要求的形式),参谋部门就无法开展工作。参谋部门的人员能使他们的上级从收集和分析信息中解脱出来,本身就表明了自己存在的合理性。

10.3.4 要求全体参谋人员共同努力工作

许多参谋部门的工作人员忽视了一个这样的事实,即为了提供最大的帮助,他们的建议必须是完整的,以便使直线部门的管理人员能做出简单的肯定或否定的回答。参谋部门人员应该成为问题的解决者而不是制造者,当以下问题出现时,他们就为管理人员制造了问题:如他们的建议不明确或模棱两可;他们的结论是错误的;他们没有考虑到全部事实,或没有与受其所提出的解决方案严重影响的人员进行商讨;他们未向上级指出所提行动方案中的潜在危险以及好处。

完整的参谋工作的含义是指,在对问题做了全面考虑,取得了将要受重大影响的人们的理解,对如何避免所涉及的困难提出了建议,并且通常准备好书面材料(如书信、指示、岗位职责、具体事项)以便使管理人员不必再进一步研究,再召开冗长的会议,或做不必要的工作就可以采纳或否决这个建议。如果建议被采纳,准备充分的参谋工作就为管理人员提供了将其付诸实施的方法。在参谋位置上具备这些能力的人会发现受到人们的高度评价和赏识。

10.3.5 使参谋人员的工作成为组织工作的一种方式

对参谋职权的理解为组织工作的方式奠定了基础，无论哪里涉及参谋人员，他们的责任就是要形成并保持一种良好的人际关系的氛围。实质上，参谋职权的任务就是使负有责任的直线管理人员看起来是"好样的"，并帮助他们使工作做得更好。作为一名参谋人员，他不应对其提出的主意期待有所回报。这不仅因为，此种做法会导致本来就不喜欢参谋助手喧宾夺主的直线部门同事的疏远，而且因为直线部门的主管人员若接受了参谋人员的建议，就承担了实施这一建议的责任。

公司也聘用诸如顾问等专业机构人员给直线管理人员提供建议。直线部门与外部参谋机构的关系与前面讨论的关系相似，但是，外部帮助常常受时间限制，很难让其承担责任，尤其是在他们并不涉及实施他们所提的建议的情况下。

10.4 明确责任以避免冲突

组织中产生矛盾的一个重要原因是人们不了解自己及同事的职责。一种组织结构无论把它设想得怎样完善，人们必须了解它以使其运转。适当地使用组织结构图、清晰地界定岗位责任、明确职权关系和信息关系，并根据具体职位制定具体目标，将大大有助于对组织结构的理解。

10.4.1 组织结构图

> **组织结构图**显示各个部门是如何按照基本的职权范围连接在一起的。

任何一种组织结构，即使是很不完善的组织结构都可以用图来表示，因为它显示各个部门是如何按照基本的职权范围连接在一起的。因此，有时会令人惊讶地发现，高层管理人员以没有组织结构图而感到自豪，或即使有结构图，他们认为这些图也应该是保密的。

组织结构图的优点

某位著名的制造商曾经说过，虽然就他的工厂而言，他能看出组织结构图是有些用处的，但他从来就拒绝绘制一张工厂负责人级层以上的组织结构图。他的观点是，图表往往很明显地使人感觉到高人一等或低人一等，图表往往会破坏集体合作气氛，使那些在图表中占有一个方框的人们有太强烈的"拥有"感。另一位高层管理人员也曾说过，如果不用图表来表示组织结构，则可以更方便地改变组织结构，并且没有这张图同样会给没有在图上标明位置的中层管理人员一种竞争压力，鼓励他们争取更高的位置。

这些不愿意绘制组织结构图的理由显然是站不住脚的。上下级关系并非是因为图表而存在，而是因基本的领导关系而存在。至于由于一张图而产生的过度舒服感和那些已"功成名就"的人不思进取，这些问题恰恰是高层管理者必须要解决的问题，如根据企业环境的需求进行改组，形成适应变革的传统，使下级管理人员不断符合适当且明确的工作绩效标准。那些认为集体精神可以在不明确的上下级关系的情况下产生的管理人员，是在自欺欺人，他们是在为耍弄权术、搞阴谋、进行阻挠、推卸责任、缺乏合作精神、工作重复、政策含混不清、决策犹豫不定和其他的组织低效率的种种表现提供生长的温床。

由于组织结构图把决策权的范围在图上表示了出来，有时仅在绘制组织结构图时就能发现结构中的不一致性和复杂性，这样就可以引导给予改正。组织结构图还可以向管理人员和新成员表明，他们应该如何融入到整个组织结构之中。

组织结构图的局限性

组织结构图有一些重大的局限性。首先，组织结构图只显示正式的职权关系，省略了许多有意义的非正式的及信息沟通的关系。它还显示出了主要的直线关系即正式关系，但它无法表示组织结构中任何一个职位到底有多大职权。虽然可以用不同粗细的线段来绘制组织结构图，以表示大小不同程度的正式职权，但职权却不是能用这种方式来衡量的。如果再画出许多表示非正式关系的线段和表示沟通的线段，则这些线条将使结构图十分复杂，根本让人们无法理解。

> 组织结构图只显示正式的职权关系，省略了许多有意义的非正式的及信息沟通的关系。

许多结构图表示的应该是这样的或惯常是这样的组织结构，并非实际的结构。管理人员对重新设计组织图犹犹豫豫或不予重视，忘记了组织结构是动态的，不应让其陈旧过时。

有关组织结构图的另一个难处是，个人可能将职权关系与地位混淆起来。向公司总裁汇报的职能部门的高级职员会出现在组织结构图的最上端，而某一地区的直线职位上的高级职员会出现在比他低一至两个层次的位置。尽管主观上想把制图工作做好，努力使图中各个层次反映企业实际层次的重要程度，但并非总能做到这一点。这个问题可以采用明确标明职权关系，并用工资和奖金级别差异这一表示地位的最佳指标来得到处理。例如，没有人听说通用汽车公司雪佛兰子公司的总经理，会因他的职位在图中位置比公司秘书低而感到低人一等。

www.chevrolet.com

10.4.2 岗位职责说明

对每一管理职位都应加以明确界定。好的职位说明使人人都知道任职人员应该做什么事。现代的职位说明并不是人们应进行的全部活动的详细记录，当然也不限定如何进行这些活动。确切地说，它应该说明职位的基本职能，管理人员对主要的最终结果应付责任的范围，以及所涉及的汇报关系。职责说明应明确职位的职权，还应阐明有关最终结果范围的一套可考核的目标。

> 好的**职位说明**使人人都知道任职人员应该做什么事。

职位说明有许多优点。由于每一种工作都经过了分析，义务和责任很清楚，重复或被忽视的职责也一清二楚。迫使人们应该考虑做什么和由谁去做是值得的。对职位进行说明的好处还体现在培训新的管理人员方面，制定对待聘人员要求的条件方面，以及规定工资级别方面。最后，作为组织控制的一种方法，职位说明书为判断是否需要某一职位提供了依据，如果该职位是必要的，那么它在结构中具体的组织层次和确切的位置应在哪里。

10.5 确保对组织工作的理解

为了确保组织结构正常工作，企业中的全体成员必须了解他们的组织结构，这就需要对员工进行教育。此外，由于非正式的组织是正式组织的补充，故企业成员必须了解非正式及正式组织的一般运行机制。

10.5.1 讲解组织工作的性质

许多设想周密的组织计划之所以失败，是由于该组织的成员不理解这些计划。一本撰写很好的组织手册，包括组织理念陈述、方案、结构图及职位简要说明，大大有助于成员们理解其组织。如果用文字图表来表述组织结构，会使人们有更多的机会来了解它。然而，即使再完美的文字和精致的图表也不一定能对每个读者传递相同的意思。所以，讲求实际的管理人员不能只停留在文字说明上，他们必须向在各自岗位上的人员讲解有关组织结构的意义，他们在此结构中的职位以及所涉及的关系。管理人员可通过个别交谈，通过职能人员或特别会议，或通过观察组织结构是如何运行的做法来做到这一切。

10.5.2 承认非正式组织和非正式渠道的重要性

使正式组织更有效地工作的另一种方式是承认并充分利用非正式组织。本书第7章已经讨论了非正式组织的性质及其与正式组织的区别，许多非正式组织产生于运行中的正式组织，包括通常在组织结构图中未经显示的内部相互关系，例如，不成文的组织行为规范、"了解内情"的方法，在企业中那些拥有来自非职位权力的人以及聊天等。众所周知的最典型的非正式组织的实例是"传播小道消息"，几乎每一部门和每一组织中都客观上存在这种现象。

传播小道消息

非正式组织往往是在这种情形下出现的，即正式组织（也许是公司的一个部门）中的成员相互十分了解，足以用某种方式在企业内部沟通信息（有时只不过是闲聊）。在典型的企业中（成员们每天利用大量时间从小道消息中获取实质性的有关工作稳定和地位信息以及社交上的满足），强烈地渴望了解有关组织及其成员情况的欲望使相互了解和信任的人们用极快的速度在他们之中传播着这些信息。

当然，小道消息是由于有些信息对整个群体不公开才有市场的，不论是因为这种信息是机密的，或是因为不宜由正式的渠道传播的，或是因为像闲谈这样一类消息，小道消息绝不会加以公开传扬。即使管理人员有意地通过公司公告或新闻简报迅速地向其雇员传递消息,也绝不会完整迅速地披露人们感兴趣的所有消息,以使小道消息毫无存在的价值。

由于所有非正式组织实质上满足了人们相互联系的需要,因此,小道消息是不可避免的,也是有价值的。事实上,头脑灵活的高层领导人可能会明智地给小道消息渠道提供正确的消息,因为这对迅速传递消息是十分有效的。因此,管理人员亲自或通过其信任的职能下属或秘书探听小道消息往往不足为怪。

非正式组织的好处

非正式组织给正式组织带来了一种黏合力,也给正式组织成员带来一定的归属感、地位感、自尊感和满足感。许多管理人员对这一事实都很了解,并有意识地使用非正式组织作为交流的渠道以及塑造员工精神面貌的工具。

10.6 培育适当的组织文化

组织的有效性也受组织文化的影响,而组织文化影响着计划、组织、人员、领导和控制各项管理职能的实施方式。管理畅销书的作者托马斯·彼得斯(Thomas Peters)和罗伯特·沃特曼(Robert Waterman)在寻找最佳公司的过程中发现,这些公司组织的特征是凝聚力文化占支配地位。

但是,对企业文化重要性的认可并不是一件新鲜事(虽然有些管理学大师试图要人们相信这一点)。2000年前,即公元前431年,古希腊的伯里克利(Pericles)曾雄辩地敦促正在与斯巴达人作战的雅典人要坚持民主的本色、信息交流不拘形式、个人尊严的重要性和根据绩效晋升这类的价值观。伯里克利认识到,这些内在价值也许就是成败之关键。可能人们会注意到,这些价值观与当今美国公司信奉的价值观大同小异。

10.6.1 组织文化的定义

文化与组织联系在一起的时候,系指成员所共有的总的行为方式、共同的信仰及价值观。可从人们在一个组织范围内的所说、所做、所想中推断出它的文化。组织文化涉及在一段时间内对知识、信仰、行为方式的了解和传播,也就是说组织文化是相当稳定、变化缓慢的。组织文化往往为公司确定了氛围基调和人们的行为准则。从许多公司的口号中,人们可以大致了解某一公司的主张。这里举几个例子。通用电气公司的口号是:"进步是我们最重要的产品";美国电话电报公司为它们的"服务于全球"而感到骄傲;杜邦公司"通过化学的办法为改善生活而生产更好的产品";美国达美航空公司(Delta Airlines)用这样一句口号来描述它的内部氛围,"达美家庭情感"。荷兰皇家航空公司(KLM Royal Dutch Airlines)要想成

组织文化是组织成员所共有的总的行为方式、共同的信仰及价值观。

www.ge.com
www.att.com
www.dupont.com
www.delta.com
www.klm.com

为"可信赖的航空公司"。公司总裁简·德苏特（Jan F. A. de Soet）认为，荷兰皇家航空公司不是一个浮华的航空公司。相反，其组织文化反映了荷兰人不喜欢任何形式虚饰的特点。

同样，国际商用机器公司要以其服务、西尔斯百货公司（Sears）以其质量和价格、卡特彼勒公司（Caterpillar）以其24小时的零件服务而著称。的确，往往从口号中表现出来的这些公司的倾向性有助于企业的成功经营。

www.ibm.com
www.sears.com
www.caterpillar.com

ABB公司（Asea Brown & Boveri）是一家大型的电子电气公司，由瑞典和瑞士的两个公司组成，其指导性文化表述为"全球化思维、当地化经营"。该公司高度分权，其20万员工分散在世界各地，公司的组织文化与世界各地子公司所在国的文化紧密联系在一起。另外，管理人员在采购方面采用的是全球化做法。例如，根据现行金融市场状况，在最适合的国家市场上采购商品和获得服务。

www.abb.com

10.6.2 企业领导对组织文化的影响

管理人员，特别是高层管理人员是企业氛围的创立者，他们的价值观影响着企业发展的方向。虽然价值观这个词的用法不同，但人们把**价值**当做是一种相当持久的信念，它告诉人们什么是对的，什么是错的，并指导着公司员工在完成公司目标过程中的行动与行为。可以把价值观看做是渗透于日常决策并在此过程中形成的世界观。

> **价值**是一种相当持久的信念，它告诉人们什么是对的，什么是错的，并指导着公司员工在完成公司目标过程中的行动与行为。

在许多成功的公司中，以价值为导向的公司领导人起了模范带头作用。他们制定了绩效标准，激励员工，使自己的公司别具一格，并且成为对外界的一种象征。正是宝丽来的创始人埃德温·兰德（Edwin Land），为研究和创新创建了有利的组织环境。也正是旧金山附近硅谷地区坦德姆公司（Tandem）的吉姆·特雷比格（Jim Treybig），强调人人都一样，应受到同等的待遇。宝洁公司的威廉·库珀·普罗克特（William Cooper Procter）用"做正确的事"的口号来指导他的公司。美国电话电报公司的西奥多·韦尔（Theodore Vail）则强调服务，满足顾客的需要。杜邦公司的首席执行官伍拉德（Woolard）发起了"联系一位客户"的计划，通过这一计划鼓励员工每月去拜访一位客户，了解他们的需要和所关心的问题。由公司领导人所创造的组织文化可以导致以完全不同的方式完成管理职能。

www.polaroid.com
www.pg.com

虽然首席执行官必须指明方向，但有人反对说，变革须取自于公司的基层。在宾夕法尼亚州的杜邦公司土旺达工厂（Towanda plant），员工以自我指导小组的方式组织起来。员工有很大的自由度来安排他们自己的日程表，解决自己遇到的问题，甚至参与挑选同事的工作。这种文化表明，管理人员处在了帮助者的角色，而不是上司。

改变组织文化可能需要很长的时间，甚至是5~10年的时间。要改变组织文化，必须要改变价值观、象征、神话和行为，可能首先要了解旧的组织文化，找出组织中的某种细分文化，奖励那些推动这一新文化的实践者，奖励并非一定是经济上的。在日本的夏普（Sharp）工厂，对最佳员工的奖励就是要他们成为"金色奖章小组"里的一员，这一小组直接向总裁汇报。无论如何，首席执行官们必须把他们想要推动的组织文化形象化。

形成共同目标的明确远景有助于人们的投入和奉献。此外，当人们参与决策过程，并且进行自我指导和自我控制的时候，他们会致力于自己计划的完成。但是，初步形成的价值观需要通过奖赏、激励、仪式、故事、象征性活动等加以巩固。

本章小结

组织涉及开发一种能有效地实现绩效的角色结构。通过首先制订完成目标的理想的组织计划，并随后对人员或其他环境因素进行修改，组织中的许多失误都是可以避免的。组织计划要确定职能人员的需求，并帮助克服人员使用上的不足。组织计划还能暴露工作的重复，职权和沟通方式不清晰，以及做事方法陈旧过时等问题。有效的组织应保持其灵活性，并根据环境的变化做出调整。

为使参谋人员有效地工作，明晰职权关系，使直线人员倾听参谋人员的意见，并保持参谋人员信息畅通是至关重要的。此外，组织有效性也要求参谋人员准备详细的建议，而充分发挥参谋人员的作用成为组织生活中的一种方式。

可以通过使用组织结构图和职位说明书来减少组织中的冲突。宣讲组织的性质，了解非正式组织和小道消息等也可以改善组织的有效性。此外，企业要创建和培育适宜的组织文化。

主要概念回顾

通过计划避免组织工作中的失误	组织结构图	小道消息
避免组织僵化	职位说明	组织文化和价值观
有效的职能工作	理解组织工作	
通过澄清避免冲突	非正式组织	

讨论题

1. 许多心理学家指出了工作扩大化的好处，即任务的指派没有限定到使个人感觉失去了做有意义工作的程度。假使管理人员希望限制任务的专业性，并"扩大"工作，那么，他们能在这样做的同时仍能应用基本的组织原则吗？

2. 以你熟悉的某个企业为例，你能够发现其组织结构中常见的缺陷吗？

3. 人们有时说，典型的组织结构图是不民主的，因为它突出了人与职位的上等和下等的关系。请给予评论。

4. 你在规划一个组织结构时需要了解什么？你将规划到何种程度？你将如何着手做这样的规划？

5. 以你了解的某一组织为例，讨论该组织的文化。它的文化是有助于还是阻碍该组织实现其目标？以何种方式？

微软（中国）公司的本土化战略[①]

在 2011 年 7 月 8 日美国《财富》杂志公布的 2010 年度全球企业 500 强排行榜上，全球软件业巨头美国微软公司以 624.84 亿美元的年销售额排名第 120 位。2010 年微软公司净利润为 187.6 亿美元，比上年增长了 28.8%，销售利润率高达 30%，成为当年全球企业 500 强排名第十的获利最高的企业。截至 2010 年年底，微软公司总资产为 461.75 亿美元，资产利润率为 21.8%。[②]

1992 年，微软公司在中国设立北京代表处。1995 年，微软（中国）有限公司正式成立，与此同时，微软中国研究开发中心问世。1998 年，微软公司加大投资，将这个中心升格为微软中国研究院。微软在华的员工总数已超过数千人，形成了以北京为总部、在上海、广州设有分公司的组织框架。在 2008 年 6 月 19 日大连第六届中国国际软件与信息服务交易会上，微软（中国）公司是唯一被授予"2008 跨国软件企业对华贡献奖"的公司。

微软（中国）公司的使命体现了母公司"致力于帮助全球的个人用户和企业展现他们所有的潜力"和"我们所做的一切都反映了这一使命以及兑现该使命的价值"的原则，通过与中国民族信息产业的合作，创造出杰出的、最适合于中国的软件产品，使中国像世界其他地方一样，从微软的技术和解决方案中获得最大的效益，从而为中国知识经济的发展和人民生活水平的提高创造机会，做出自己的贡献。

微软（中国）公司"正直诚实、对客户、合作伙伴和新技术充满热情、直率地与人相处，尊重他人并且助人为乐、勇于迎接挑战，坚持不懈"的价值观，为其实现在中国市场的使命奠定了坚实的基础。"协助政府发展中国软件产业，积极参与政府和企业进行信息化建设，提供广大普通用户最为信赖的产品，帮助合作伙伴发展壮大，为中国软件产业培养软件精英，成为良好企业公民"的社会责任为微软（中国）公司在中国市场的快速扩张和提升品牌形象起到了催化剂的作用。据全球权威调研机构 IDC 公布的调查报告，2007 年，微软在中国每收入 1 元人民币，整个产业链中其合作伙伴总计获得超过 16 元人民币的收入。与此同时，微软一直与政府部门和公益机构紧密合作，协助弱势群体跨越数字鸿沟，支持和谐社会建设。

早在十年之前，微软公司创始人、董事长兼首席软件设计师比尔·盖茨就多次表示，软件产业的未来将更加激动人心，辉煌灿烂。我们相信，中国必定会在其中扮演十分重要的角色。我们真诚地希望和中国的合作伙伴一起拥抱未来的"数字时代"。微软公司首席执行官史蒂夫·鲍尔默也反复强调，"我们致力于在中国长期发展和与中国的软件产业乃至整个信息产业共同进步。为此，我们将做出持续不断的努力。"

目前，微软在中国已经跨越了三大发展阶段。

[①] http://www.microsoft.com/.
[②] http://money.cnn.com/FortuneGlobal 500 2011: The World's Biggest Companies – Microsoft/.

1992~1995年是微软在中国发展的第一阶段。在这一阶段，微软重点开拓了市场和销售渠道。

1995~1999年是微软在中国发展的第二阶段。在这一阶段，微软在中国相继成立了微软中国研究开发中心、微软全球技术支持中心和微软亚洲研究院这三大世界级的科研、产品开发与技术支持服务机构，微软（中国）成为微软在美国总部以外功能最为完备的子公司。

从2000年至今，微软进入了在中国发展的第三阶段。在此阶段，微软（中国）以与中国软件产业共同发展为目标，加大了对中国软件产业的投资与合作，在自身发展的同时，促进中国IT产业发展自有知识产权。至今，微软已经在中国投资了两家合资软件企业，其中包括中关村软件有限公司和上海微创软件有限公司。

1998年11月5日，微软中国研究院成立。微软开始收取国内电脑厂商视窗操作系统（Windows 98）300元至690元不等的预装费，仅此一项当年就获销售额20多亿元。至此，微软加大了在中国市场上反盗版的力度。1999年2月，微软首次在中国境内起诉中国公司胜诉，北京海四达科技开发公司和民安投资咨询公司分别赔偿微软54万元和25.344万元。2008年7月15日，微软（中国）有限公司宣布，由上海浦东新区人民法院审理的侵犯微软公司著作权罪案取得进展，被告人徐某犯侵犯著作权罪，被浦东新区人民法院判处有期徒刑两年六个月，罚金人民币15万元；被告人姜某犯侵犯著作权罪，被判处有期徒刑三年，罚金人民币14万余元；两被告人违法所得29万余元全部退还微软公司。

微软公司的战略意图很明显，是借助盗版迅速扩大中国市场占有率，形成规模经济效应，同时借助法律手段保护其垄断地位，形成范围经济效应，进而获取高额利润。

微软在全力扩张中国计算机市场的同时，也把它的企业文化和管理模式带到了中国。管理大师德鲁克指出，"在管理结构、管理职务和人事政策上完全超越国家和文化的界限既不可能，也不可取。真正需要的是在互相决定的各种需要和要求之间求得一种浮动的平衡。"在华推行本土化战略较为成功的外资企业基本没有统一的模式，他们都是结合中国的社会文化环境和中国市场的竞争特点，根据各自的发展历程和战略目标，结合自身企业文化的特点加以改进，尽快融入当地文化之中的。在华欧美企业推进本土化的成功案例说明，企业只有建立一套行之有效的管理体系，才能有效使用来自不同国家和地区、具有不同文化背景的人才。很多外国公司高管人员来华之前只看到中国市场的庞大而忽视中国市场竞争激烈的程度。随着2008年《劳动合同法》的颁布和实施，外国在华企业只有对中国市场有充分地了解后，才可以更有效地实施本地化战略。

对于如何将微软公司的企业文化移植到中国市场，微软（中国）公司的首席执行官认为："我们不能把任何一个跨国公司在其他国家和地区比较成功的模式拿到中国来套用。要把中国国情、文化、历史与微软自己的工作方式结合起来，让中国能接受微软。在把微软核心的企业文化、管理模式拿到中国市场的同时，也注入了更多的人情味。""我无法要求我的员工在不满意的状态下还继续带着笑脸让客户满意。"只有100%员工满意，才会有100%客人满意，才会有真正的盈利。只有员工以饱满的热情、认真的态度来对待他们的工作时，企业才能推出高质量的软件产品和服务。

为了不使其他员工产生误会，这位企业主管从没有单独与某个员工吃过一餐饭。他要约束自己的行为，以免员工之间相互猜测是否主管更偏爱哪个员工。在总结微软（中国）的特殊企业文化时，他说："这种方式就是透明、公平，也带上一些家庭色彩。于是，这种回报也是双向的。"

微软公司进入中国市场以及微软中国公司的快速发展是与其企业文化的移植和跨文化管理密不可分的。外国公司在中国市场能否立足和发展，提高异地适应性和跨文化管理水平是关键。

微软公司把其核心的文化理念和管理模式移植拿到中国市场，通过推行"以员工为本"、"以心为本"的企业文化理念，不断增强它在中国市场上的竞争力，实现其快速扩张的战略意图。

(本案例根据报刊资料整理而成)

◆ 思考题

1. 微软（中国）公司是如何在中国软件市场上进行快速扩张的？
2. 微软公司借助盗版迅速扩大中国市场占有率、借助法律手段保护其垄断地位做法的利与弊是什么？
3. 西方跨国公司的企业文化能移植到中国市场环境中吗？如何才能进行有效的跨文化管理？
4. 何谓本土化管理？在华外国企业推行本土化管理的主要障碍是什么？
5. 微软（中国）公司的快速扩张做法对中国本土软件企业有哪些借鉴意义和启示效应？

第4篇
人　　员

第11章　人力资源管理和选拔
第12章　绩效考评和职业生涯战略
第13章　通过管理人员和组织的发展来管理变革

11

人力资源管理和选拔

[学习目标]

学完本章后,你应该能够:
1. 明确人员管理职能。
2. 认识人力资源管理的系统方法。
3. 解释管理人才储备以及影响人员管理的外部和内部环境因素。
4. 解释公开竞争的政策以及使人员管理更有效的方法。
5. 总结管理人员选拔的系统方法的重要环节。
6. 分析职位要求、工作设计的重要特点以及管理人员所需的个性特点。
7. 阐述使管理者条件与职位要求相匹配的过程。
8. 讨论新员工的定向教育和适应工作的过程。

没有任何高级管理人员对人是公司有效运转中不可或缺的因素这一事实有任何异议。管理人员常说,人是他们最重要的资产。然而"人力资产"实际上从未作为一个明确的细目列入资产负债表,尽管公司为招聘、选拔和培训人员要花费巨资。正因如此,已故的伦西斯·利克特(Rensis Likert)和他的同事们建议,设立有价值的人力资产的账户。他们把这一过程称为"人力资源会计"。这种做法也不是没有问题,在管理专家之间,存在着主张设人力资源会计的人们同那些要建立制度来衡量人力资产的财务人员之间的争议。在这里,重要的是认识到人员管理是管理人员的一个关键职能,并且将在很大程度上决定一个企业的成败。

本章从对人员的管理职能定义入手,对管理人员在这一职能中的角色进行了阐述,对人力资源管理的系统方法进行了回顾,并以如何挑选各类合适的人员而结束本章的讨论。

11.1 人员的定义

人员管理职能是指组织结构中职位的填补和不断充实。通过确定劳动力的需求,储

人员管理职能是指组织结构中职位的填补和不断充实。

备招聘到的人员，招聘和选拔人员、安置、晋升、考评，对职业生涯做出计划、制订报酬方案以及培训或培养在岗和待岗员工，使员工有效地完成工作。很显然，人员管理必须与组织管理紧密相连，即有目的地确立角色和职位结构。

很多管理理论的作者把人员作为组织管理的一个方面加以论述，但本书基于下述理由将人员作为一种独立的管理职能。第一，组织职位的人员管理包括管理人员一般认识不到的知识和方法，管理人员常常认为，组织工作仅仅就是设立一个角色结构，而很少注意到怎样去充实这些职位；第二，人员管理作为一种独立的职能将使人们在选拔、考评、职业生涯计划以及培养管理人员方面更注意人的因素；第三，在人员管理领域已经有了一个重要的知识和经验的沉淀；第四，管理人员常常忽视人员管理是他们的、而不是人事部门的职责这一事实。当然人事部门应提供有价值的帮助，但为他们所在组织补充空缺并安排合格的人员，应是管理人员的分内工作。

11.2 人力资源管理的系统方法：人员职能的概述

图11-1显示了人员管理职能与整个管理系统的关系。具体来说，企业计划成为组织计划的基础，以确保企业目标的实现。目前的和计划中的组织结构决定了所需管理人员的人数和类型。根据管理人才储备情况，可对管理人员的需求与现有的人才进行比较。在这一分析的基础上，将外部和内部的人力资源用于招聘、选拔、安置、晋升和调离人员的过程中。人员管理的其他主要方面包括考评、职业生涯战略以及管理人员的培训和提高。

正如图11-1所示，人员管理影响到领导和控制环节。例如，经过良好培训的管理人员会创造这样一种环境，人们在那里分属不同班组一起工作，完成企业的目标，同时也实现个人的目标。换言之，适当的人员安排将有利于领导工作。同样，选拔合格的管理人员会影响到控制工作，例如，可防止许多不理想的偏差发展成大的问题。

人员管理需要采用一种开放系统方法。诚然，人员管理在企业内部进行，但又与外部环境有密切联系。因此，必须考虑诸如人事政策、组织氛围和报酬制度等企业的内部因素。很显然，如果没有适当的报酬，就不可能吸引并留住优秀的管理人员。外部的环境也不能忽视，高科技的工作要求经过很好培训、受过良好教育和技术精通的管理人员。如果管理人员达不到这些要求，企业的发展速度将受到很大影响。

11.2.1 影响所需管理人员人数和类型的因素

一个企业需要多少管理人员不仅取决于企业的规模，也取决于组织结构的复杂程度、扩大规模的计划以及管理人才流动的频繁程度。管理人员人数与职工人数并不存在

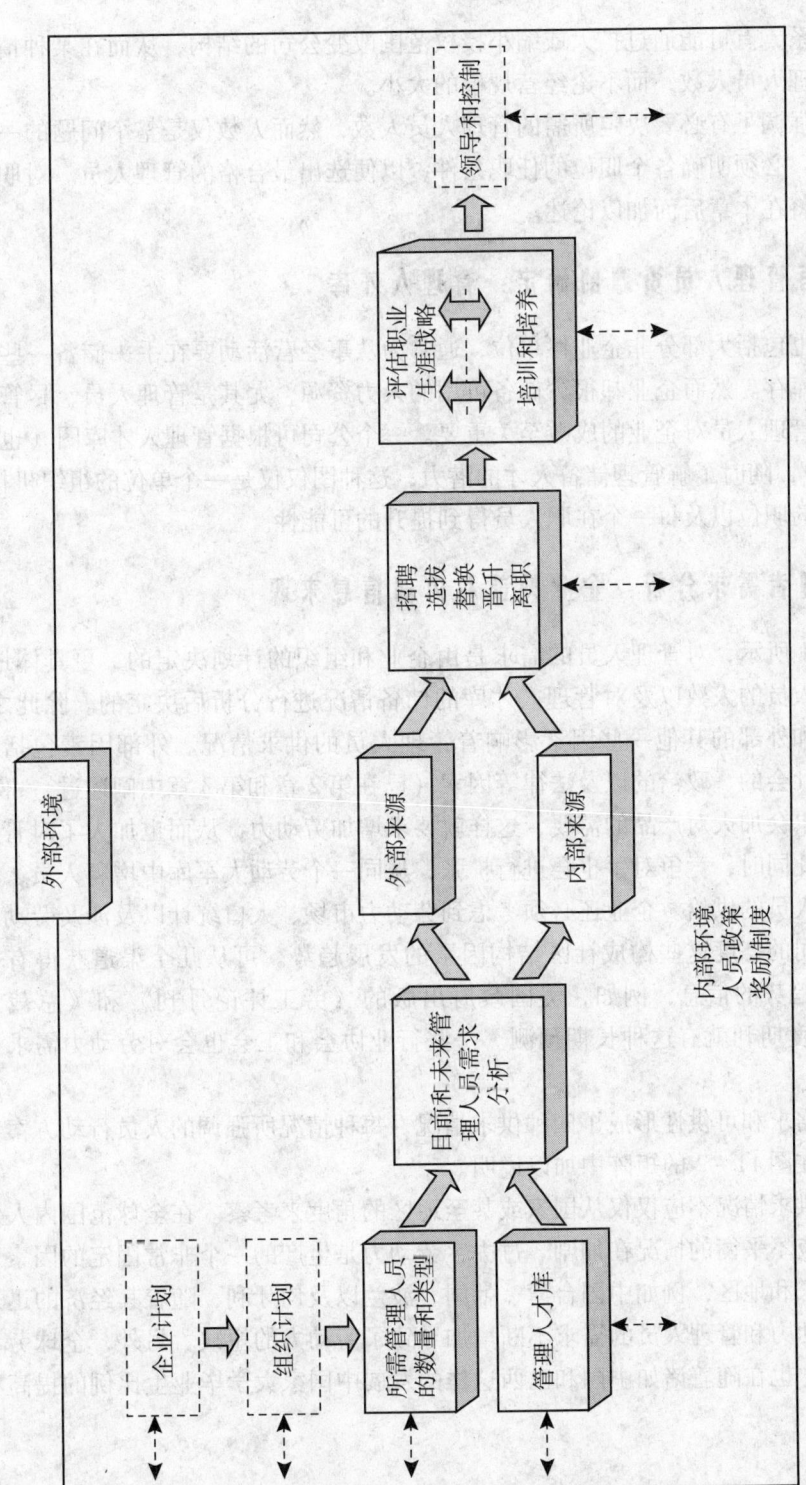

图11-1 人员管理的系统方法

注：本图概括了人员管理职能。第4篇没有涉及，但会影响人员管理的变量用虚线表示。第2篇讨论了战略规划。第3篇涉及了组织计划，第5篇和第6篇阐述了领导和控制职能。

一定的比例关系，有可能通过扩大或缩小授权范围改变公司的结构，从而在某种情况下增加或减少管理人员人数，而不论经营规模的大小。

尽管这里强调了有必要决定所需的管理人员人数，然而人数仅是整个问题的一个方面，具体地说，必须明确各个职位的任职条件，以便选出最合格的管理人员。对职位条件的详细分析将在本章后面加以论述。

11.2.2 现有管理人员资源的确定：管理人才库

任何企业也包括大部分非企业性单位，通常为从事经营活动要在手头储备一些原材料和制成品的库存。然而企业却很少储备可用的人力资源，尤其是管理人员，尽管所需要的有能力的管理人员对企业的成败至关重要。一个公司可根据管理人才库图（也称管理人员更换图），随时了解管理储备人才的潜力，这种图仅仅是一个单位的组织机构图，表明管理人员的职位以及每一个在职人员得到提升的可能性。

11.2.3 管理者需求分析：企业外部和内部信息来源

如图 11-1 所示，对管理人员的需求是由企业和组织的计划决定的，更具体地说，要对所需管理人员的人数以及对管理人才库的储备情况进行分析后决定的。除此之外，这里也有内部和外部的其他一些因素影响着管理人员的供求情况。外部因素包括经济的、技术的、社会的、政治的以及法律等因素（已在第 2 章和第 3 章中阐述过）。例如，经济增长的结果会加大对产品的需要，这样就要求增加劳动力，从而也加大了对管理人员的需求。与此同时，竞争对手也会进行扩张，从同一个劳动大军库中增聘人员，这样便减少了管理人员的供给。企业还必须考虑到劳动力市场、人口统计以及涉及劳动力知识技能和对公司的态度这些构成社区结构因素的发展趋势。可从几个渠道获得有关劳动力市场长期趋势的信息，例如，美国政府出版的《劳工评论月刊》和《总裁人才资源报告》年度期刊就有这种长期预测。一些行业协会和工会也会对劳动力需求进行预测。

根据人员需求和可供性形成了四种供求情况，每种情况所强调的人员行动方案都有所不同，这些在图 11-2 的矩阵中加以说明。

劳动力的供求情况不应仅仅从国家或甚至地区的角度来考察。在全球范围内人们发现，需求与供应不平衡的情况在加剧。过去，劳动力是生产的一个非常固定的因素，但一些发展中国家和地区，例如中国台湾、韩国、波兰以及匈牙利，随着其经济的迅速发展和对合格劳动力和管理人员的需求不断增加导致了劳动力的短缺。另外，全球劳动力的受教育程度，也在随着诸如中国和巴西这样的发展中国家大学毕业生比例的提高在发生着变化。

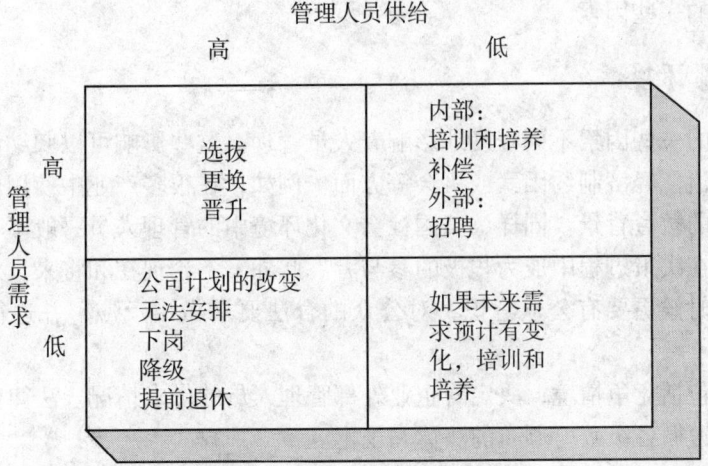

图 11-2 基于企业内部管理人员供求情况的人员行动方案

11.2.4 人员系统方法涉及的其他重要方面

管理人员的需求确定之后，可能就要招进一些人选（见图 11-1），即吸引合格人选填补组织角色空缺。在此基础上选出管理人员或潜在的管理人员，即从人选中选出最合适管理人员的过程，其目的是把人员安置在那些让他们能够发挥长处、也许能通过积累经验克服其不足之处、或培训有待提高技能的职位上。最后，将管理人员安排在企业内部的一个新的职位上通常意味着晋升，一般是使他们负担更多的责任。因为招聘、挑选、安置和晋升是一个复杂的过程，本章将对此给予详尽讨论。同样，考评、职业生涯战略、培训和发展将在后面几章中加以论述。图 11-1 中有关领导和控制的附录表明，有效的人员管理会影响这两个职能方面。

人员管理模式表明，管理人员必须要招聘、挑选、安置和晋升。

11.3 影响人员管理的情境因素

图 11-1 所示的人员管理的实际进程受许多环境因素的影响。具体来说，外部因素包括教育水平、社会普遍流行的态度（如对工作的态度）、许多直接影响人员管理的法律、法规以及企业外部管理人员的供求情况。

也有许多内部因素影响人员的管理，包括组织目标、任务、技术、组织结构、企业所聘人员的类型、企业内部对管理人员的供求情况、报酬制度和各式各样的政策等。有些组织机构很健全，有些则不然。善于同人打交道对诸如销售经理这样的职位可能至关重要，但同样的能力对一个在实验室进行相对独立工作的科学家来说则无关紧要。所以，有效的人员管理需要注意许多外部的和内部的情境因素，这里将重点探讨与人员管理有特别关系的一些因素。

11.3.1 外部环境

外部环境的一些因素不同程度地影响着人员管理。这些影响可以归纳为教育、社会文化、法律政治、经济制约因素或机会等方面。例如，在很多产业中使用的高技术需要有广博和坚实的教育背景。同样，美国社会文化环境中的管理人员一般不会盲目地接受命令，而是要在决策过程中成为积极的参与者。此外，不论现在和将来，管理人员都必须比过去任何时候更要有公众意识，对公众的合法要求做出反应，并遵循伦理道德高标准。

经济环境包括竞争情境，决定着企业外部管理人员的供求情况。法律和政治方面的限制要求企业遵循各级政府颁布的法律和规定。

同等就业机会

美国目前已通过了几个有关同等就业机会的法案，这些法案禁止由于种族、肤色、宗教信仰、原有国籍、性别或年龄（在规定的年龄段）而在就业方面予以歧视。这些法案影响着人员管理，招聘和挑选晋升人员必须符合这些法律规定。这就意味着，在这方面进行决策的管理人员必须熟知这些法律，并学会将这些法律运用到人员管理职能中去。

妇女参与管理

近十多年来，妇女在组织中任职方面有了很大的进步。取得这一进展的原因是有关于公平就业的法律、社会改变了对劳动妇女的态度以及公司希望将有能力的妇女安置在管理职位上，从而为自己树立一个较好的形象。

工作环境的多样化

当今组织中的员工队伍呈现为差异化特点，不仅在美国，在其他国家也是这样。除了在少数民族和性别上的差异外，美国员工和管理人员的平均年龄在上升，当然，在教育和经济背景方面的差异也在不断加大。

员工队伍的差异化会影响到人员管理的各个方面，如招聘、选拔、培训和开发、工作时间的灵活性、反优先雇佣行动计划、预防性骚扰规定以及培育适当的组织文化。

在多样化的工作环境中工作有许多好处，但对管理人员来说也构成了挑战。好处可能包括给管理和非管理问题带来了不同的看法，尝试容忍不同的观点，展现行为方式的灵活性以及接受与不同人相处的现状。

管理上的挑战涉及沟通问题、难以达成一致观点、从单一文化到多元文化的变化，以及克服那种自以为是的以自我为中心的理念。许多公司尤其是大型公司推出了多样化管理项目，例如，麦当劳、福特汽车公司、州际保险公司（Allstate Insurance）、国际商用机器公司（IBM）、多尔食品公司（Dole Food）以及施乐公司，这里仅列举几个加以说明。

国际环境中的人员管理

人们必须看到较为远一点的外部环境，看到主要因为先进的通讯技术和跨国公司的存在而带来的世界性的变化。大型国际公司很普遍的做法是由很多不同国籍的人组成高层管理队伍。持全球中心论态度的人们，把组织视为一个世界性的实体，进行全球性决策，也包括人员决策。

在国际运作中，公司有三种管理人员任职的来源：（1）来自母公司的管理人员；（2）来自东道国的管理人员；（3）来自第三国的管理人员。在国际企业发展的早期阶段，管理人员大多出自母公司，其主要原因是管理人员在总部的工作经验和他们对产品、人员、企业目标和政策等的熟悉程度。这样做既有利于计划又有利于控制。但另一方面，母公司人员不熟悉外国的语言和环境，而且，派管理人员及其家庭成员出国工作成本很高。对于家庭成员来说，适应国外的新环境也是很困难的。东道国也会对母公司施加压力，使其雇用当地管理人员。

来自东道国的管理人员熟悉当地的语言和环境，雇用他们成本一般很低，不需要重新安置他们以及他们的家庭。但问题是他们不熟悉公司的产品和经营方式，因此控制过程会有一定困难。

另一种选择是雇用第三国人员，这些人员多是国际化的职业管理人员。当然，东道国期望在实权的位置上使用本国人。在那些过去发生过政治冲突的国家选择管理人员时要慎重。在国外经营过程中，还有许多其他因素应被考虑在内。

11.3.2 内部环境

在这里进行讨论的内部因素涉及人员管理的职位（把企业内外部人员安排到管理岗位上去）以及明确人员管理的职责。

从内部晋升

最初，从内部晋升意味着员工进入基层一线主管的职位，然后按组织结构往上晋升。因此，可以说企业接收了一批将涌现出未来管理人员的非管理类员工。如铁路行业的人们常说的："总裁退休或去世后，我们就雇用一个新办事员。"

毫无疑问，在一般条件下考虑这个问题，员工都会十分赞成从内部晋升的政策。不招聘企业外部人员减少了职位的竞争，使企业内部的员工垄断了管理职位的空缺。然而，当员工面临着要从他们自己这些人中选出一个可以提升的人的具体情况时，他们开始怀疑这种政策是否明智。这种感觉存在于组织的各个层次，主要是因为嫉妒心理或因为互争晋升的机会。如果从销售、生产、财务或工程经理中选拔一个总经理，这种困难尤为明显。高级管理人员常倾向于选择简便的办法，为避免不必要的麻烦而宁愿招聘企业外部人员。

从企业内部晋升管理人员不仅在提高员工士气、增强员工对企业长远忠诚度以及提高企业的声誉方面有积极作用，而且还可使企业发现员工中蕴藏着的潜在的优秀管理人员。然而，虽然这些积极的不可估量的价值很重要，高级管理人员不应该对因过分强调人员来源或完全依赖这个来源而可能出现的危险性视而不见。

推行只从企业内部晋升人员的政策的另一种危险是，可能导致只挑选仅仅会模仿他们的上司行事的人。这倒不一定是个缺点，特别是如果学到的是最好的工作方法、日常工作和观点那就好了，但这很可能是实现不了的愿望。事实上，企业常常需要外界的人员带来新的思想和做法。由此可见，不推行只从内部晋升人员的政策是有充分理由的。

在大公司中从内部晋升

另一方面，对一些规模非常大的公司，如西尔斯、杜邦或通用汽车，从内部提升的政策也许很合适。大型企业或非企业单位常有很多称职的人员，所以从内部晋升实际上与公开竞争政策的情况非常相近。然而，即使这些大公司也有必要到社会上去，如通用汽车公司就聘了一位大学教授作为其环境控制人员的副总裁。

www.sears.com
www.dupont.com
www.gm.com

公开竞争政策

管理人员必须要确定，内部晋升政策的好处是否大于其不利之处。人们有充分理由推行**公开竞争原则**，让最合适的人员公开竞争空缺职位，不论这些人员来自企业内部或外部。归根结底，这样做使公司能够有机会得到最好的候选人员的服务。实行这一原则可克服从企业内部晋升所带来的缺点，使企业采用最好的办法招聘管理人员，并激励那些骄傲自满的"职位继承人"不断进取。很显然，这些优势是内部晋升带来的鼓舞士气的优点所无法比拟的。

公开竞争原则是让最合适的人员公开竞争空缺职位，不论这些人员来自企业内部或外部。

公开竞争政策与从企业内部晋升的做法相比，是一种确保提升管理能力的较好而更可靠的办法。然而，它确实使实施这一政策的管理人员身负某种特殊的职责。如果说实行公开竞争政策能确保企业员工的士气，那么，企业必须用公正和客观地评估和选拔人员的办法。企业必须尽一切可能帮助员工，使他们有条件得到晋升。

这些必要条件具备之后，每个负责对空缺或新职位提出任命的管理者都应具备一本整个企业内合格人选的花名册。如果人们知道他们的条件得到考虑，又如果他们被公正地评估并得到培养的机会，那么，即使空缺被企业外部人员填补，他们也不大可能觉得不公正。在其他条件都一样的情况下，企业内部员工应与企业外部人员展开竞争。假如某人有能力胜任某一职位，那么他（或她）就会因为了解该企业的情况，熟悉人员的情况、历史性的问题、政策和目标而具有很大的优势。对优秀的人选来讲，公开竞争政策是一种挑战，而不是被提升的障碍。

人员管理的职责

尽管各级管理人员每人都应分担人员管理的职责，但最终责任应由首席执行官和高层管理人员政策制定小组承担。他们负责制定政策，给下属分派实施这一政策的任务以及确保政策得到正确贯彻。政策方面需要考虑的是：制定人员培养方案、从内部晋升还是从外部招聘管理人员、人选的途径、选拔程序、考评方法、管理人员和组织发展的性质以及后续的晋升和退休政策。

直线管理人员在招聘、选拔、安置、提升、考评和培训人员时无疑会得到各职能部门，特别是人事部门的服务，然而，归根结底，物色最合适的人员填补空缺职位是管理人员的职责。

11.4 选拔：按岗择人

正如飞机、坦克、军舰和士兵组成一支有效的军事力量一样，工厂、设备、原材料以及工人则组成一个企业，另一个不可缺少的要素是有效的管理人员。管理人员的素质是决定一个组织持续成功的最重要因素之一。因此，必须注意到，选拔管理人员是全部管理过程中最为关键的步骤之一。**选拔**是一个从企业内外部选择最适合现有和将来职位的人员的过程。

> 选拔是一个从企业内外部选择最适合现有和将来职位的人员的过程。

11.5 选拔的系统方法：概述

合格管理人员是企业成功的关键，所以，在管理人员的遴选和目前及未来管理人员需求评价中采用系统方法至关重要。管理人员必备条件的计划是基于企业的目标、预测、计划和战略而制定的，体现在同智力、知识、才能、态度和经验等个人特点相适应的职位所要求的条件和工作设计中。为满足企业的要求，管理人员需要招聘、选拔、安置和晋升职工，当然必须适当考虑内部环境（例如公司政策、管理人员的供求情况以及公司的氛围）以及外部环境（如法律、法规、可聘用到的管理人员）。人员被选定并安置职位以后，必须对他们进行新工作的定向教育，包括了解公司、熟悉其业务及社会方面的因素。

随着新上任的管理人员担负起管理的和非管理的职能（如市场营销），其管理表现将最终决定企业的绩效。然后对管理人员的工作绩效进行评估，完成绩效目标的管理人员将得到报酬（见第 12 章）。在此基础上，探讨管理人员的成长和企业的发展（见第 13 章）。最后，评估成为晋升、降职、重新安排工作以及退休决定的依据。

这就是简单的选拔模式。下面将对模式中的每一个主要因素进行深入讨论。

11.6 岗位要求和工作岗位设计

有效地选拔一个管理人员，需要对待补充的职位的性质和目的有一个清晰地了解。必须对职位所要求的条件进行客观地分析，并尽可能地按组织和个人的需要设计工作岗位。另外，必须对职位进行评价和比较，以便使任职者可以得到公平的对待。其他需要考虑的因素是管理人员应具备的技能和个人特点，而这些因组织内不同的管理级层而有所不同。

11.6.1 工作岗位要求的确定

为确定工作岗位要求，人们必须回答以下这些问题：在这项工作中必须做些什么？怎么去做？需要什么背景知识、态度和技能？因为职位不是静止不变的，人们还必须考虑其他一些问题：如是否可以用其他方法来完成这项工作？假如可以，有什么新的要求？要回答这些以及其他类似的问题，人们必须通过观察、访谈、发放调查表，甚至采用系统分析方法，对工作岗位进行分析。基于对工作岗位的分析而写出的工作岗位说明，常常列举重要的职责、职权与责任的关系以及与其他职位的关系。许多企业还把目标和预期的成果包括在工作岗位的说明中。

当然，在设计管理工作岗位过程中没有简单易行的规则，但是，人们遵循一些指导原则是可以避免一些错误发生的。

适当的工作范围

把工作范围限定得太窄，就不会有挑战性，不会有发展的机会，也不会有成就感。结果，有能力的管理人员将会感到厌倦和不满。另一方面，工作范围也不能定得太宽，太宽了就不能有效地进行控制，其结果会带来压力、挫折和失去控制。

工作岗位设计所必需的管理才能

一般来说，工作岗位设计应该从需要完成的任务开始。设计的范围通常较广，足以满足人们的需要和愿望。但一些管理学者建议，最好设计出能适合某个人领导风格的工作岗位。这一点可能特别适用于为突出人物设计工作岗位，以便于发挥他们的潜力。问题在于如果这样做，每一位新的管理人员上任，都必须重新修订职责内容。由此可见，工作岗位的说明必须对某职位的人员绩效条件提出一个清晰的概念，与此同时，也必须留有一定的灵活性，以便能使雇主利用管理人员的个性特点和能力。

任何一个职位说明都是根据特定的工作岗位和组织而定的。例如，在一个官僚式和相当稳定的组织环境中，对管理职位可以相当具体地加以说明。相反，对一个处于不稳定而多变的环境中的动态组织，职位的说明就必须更加一般化，而且很可能需要经常加以修订。因此，工作岗位说明和工作岗位设计需要采用情境方法。

11.6.2 工作岗位设计

人们在工作上要花大量的时间，因此，设计出的工作岗位能使人们对工作感到愉快，这一点是很重要的。这就需要有一个从工作内容、职能和关系方面很合适的工作结构。

个人和团队工作岗位的设计

工作岗位设计重点可放在个人的职位或工作团队上。第一，将任务划分为自然工作小组可以使个人工作加以丰富化，这就意味着将一类有关联的任务集中起来，分配给一个人去完成。第二，相关的方法是将好几种任务合并成一个工作岗位。例如，在安装水泵的任务中，不是在装配线上同时安排好几个人进行组装，而是建立一个工作站，由几个人将所有的配件组装起来完成全部任务，甚至还进行水泵的测试工作。第三，丰富工作的方法是与消费者或客户建立直接的联系。系统分析员可以向分工负责变革的管理人员直接提交研究结果和建议，而不是汇报给自己的上级，由其再提交给高层管理人员。第四，在任何有条件的地方，应将迅速和具体的反馈集成在组织系统中。例如，一家零售商店的售货员可知道每天的销售额和每月的总销售额。第五，个人的工作还可以通过纵向工作安排达到丰富化，即增加个人在计划、实际工作和工作控制方面的责任。

可以用同样的道理来改进团队工作岗位的设计。设计的工作岗位应使团队独立完成一项完整的任务。还有，应使团队享有充分的自主权，有决定工作应如何完成得更好的权力。在团队中，个人能经常得到培训从而使他们能在团队内不同岗位上轮换。最后，报酬可以根据整个团队的工作绩效，这样就会促进团队各成员之间的合作，而不是竞争。

影响工作岗位设计的因素

在设计工作岗位时，应该考虑企业的要求，但是，为了使利益最大化，其他一些因素也必须加以考虑。这些包括员工个人之间的差异、涉及的技术、与工作岗位重建所需的成本、组织结构以及内部环境因素等。

人们有着不同的需求。那些没有人尽其才而希望在事业上得到发展的人，通常总是希望他们的工作更加丰富化，且承担更大的责任。有些人喜欢自己干工作，而另一些有社交需要的人常在团队环境中干得很出色。对工作性质及与工作有关的技术必须同时加以考虑。诚然，瑞典的沃尔沃工厂有可能以团队形式装配汽车，而在美国通用汽车公司的大批量生产中，这一工作设计可能不会产生高效率。此外，还应考虑到推出一项新工作岗位设计的成本。一个工厂究竟是新设计，还是一个老厂必须重新设计以适应新设计的工作岗位理念要求，这是有很大区别的。

www.volvo.com
www.gm.com

组织结构也必须加以考虑。个人工作岗位必须适合整个结构。例如，独立自主的工作团队可在一个分权组织中工作得很好，但在集权结构中就可能不合适。同样，组织环境会影响工作岗位的设计。一个团队在鼓励参与、工作丰富化和自主工作的氛围中能工作得很出色，但可能很难适应专制的、自上而下的管理领导方式。

11.7 管理人员应具备的技能和个人特点

成功的管理人员需要具备各种技能：技术的、人员的、认知的和设计的能力。正如

第1章所讨论的,这些才能的相对重要性根据组织的层次而有所不同。另外,管理人员还需要有分析问题和解决问题的能力以及某些特定的个人特点。

11.7.1 分析问题和解决问题的能力

www. purex. com　　人们经常提及的管理人员需要具备的技能之一是分析问题和解决问题的能力。但普瑞克斯公司(Purex)的前任总裁艾伦·斯通曼(Alan Stoneman)曾经说过,"我们这里没有问题,有的都是机遇,所有的问题应该就是机遇。"换言之,管理人员必须能够看出问题,分析复杂的情况,并通过解决所遇到的问题,利用出现的机遇。他们必须审视周围环境,并通过合理的程序,确定那些影响机遇的因素。所以,通过分析能力来发现现有的或潜在的消费者需求,随后用产品或服务来满足他们的需求。已经有足够的实例证明,这一寻找机遇的办法意味着公司的成功。例如,宝丽来公司(Polaroid)的埃德温·H·兰德(Edwin H. Land)满足了人们对即时可取照片的需求。但是,仅仅认识问题和分析问题是不够的,管理人员还需要有解决问题的决心,他们还必须认识主张变革和反对变革的那些人的情绪、需求和动机。

11.7.2 管理人员应具备的个人特点

有能力的管理人员除了应具有各种不同的技能外,具备某些个人特点也很重要,其中包括有管理的愿望;富有感情的人际沟通能力;正直和诚实;以及管理人员的成熟,这是非常重要的特点。

有管理的愿望

成功的管理人员有从事管理工作、影响他人以及通过与下级的共同努力取得成就的强烈愿望。诚然,很多人想要的是管理人员职位的特权,包括较高的地位和优厚的薪金,但他们缺乏创造人们能够为共同目标而一起工作的环境而取得成就的基本动力。实现管理的愿望要求付出努力、时间和精力,经常需要长时间的工作。

沟通能力和移情作用

群体内的沟通是指与同一组织内部单位的人进行沟通。

群体之间的沟通是指与组织内的其他部门以及企业外部的群体沟通。　　管理人员的另一重要特点是通过书面报告、信函、谈话和讨论方式与人沟通的能力。沟通要求清晰无误,但更重要的是移情心,就是要有理解别人感情的能力,并能处理沟通中出现的感情问题。要做到**群体内有效的沟通**,也就是与同一组织内部单位的人进行沟通,沟通能力很重要。然而,随着人们在组织内逐步晋升,**群体之间的沟通**变得越来越重要。这种沟通不仅是同组织内的其他部门,而且还需同企业外部的群体沟通,如顾客、供应商、政府部门、社区以及企业的股东。

正直和诚实

管理人员必须要道德高尚，值得信赖。管理人员的正直包括在财务方面和与他人相处中要诚实，坚持实事求是原则，坚信品质的力量以及举止行为符合道德标准。

大公司的高级管理人员经常引用这些品质。例如，福特汽车公司前任董事长亨利·福特二世（Henry Ford Ⅱ）认为诚实、直爽、坦率等品质颇具吸引力。

www.ford.com

管理人员过去的业绩

选拔管理人员的另一个非常重要的个人特点是以往作为管理人员的绩效。这可能是对管理人员今后工作表现的最可靠的预测基础。当然，当从普通员工中挑选基层主管时，不可能对他们的管理经验做出评价，因为他们根本就没有这种经验。但在挑选中层和高层管理人员时，考虑过去的工作成就很重要。

11.8 管理人员条件与职位要求的匹配

在确定了组织内的一些职位后，就可通过招聘、选拔、安置和晋升得到所需要的管理人员。管理人员基本上有两个来源：(1) 可从企业内部晋升或调配；(2) 也可以从企业外部聘任。计算机信息系统可用来为内部晋升确定合格人选，还可与综合人才资源计划一起使用。具体来说，计算机信息系统可用来预测员工需求情况、新的职位空缺、人员缩减、培养需求和职业生涯计划等。

还有一些外部的人才来源，企业可采用不同的渠道发现合格的管理人员。许多就业部门（政府的和私人的）和职业招聘人（有时被称作猎头公司）能够物色到职位所需的合适候选人。其他的管理人员的来源还有职业机构、教育机构、企业内部人员推荐的人选，以及对企业感兴趣的人的自荐申请。

11.8.1 管理人员的招聘

招聘涉及吸引和招收人选填补组织机构中的职位。在开始招聘之前，必须明确无误地说明与任务直接相关职位所需要的条件，以利于从企业外招聘合适的人选。在社会上享有好形象的企业比较容易招到合格的人选，如享有盛誉的日本索尼公司；而小型企业可能必须要做出很大的努力才能向求职者说明企业提供什么样的服务以及怎样的机会，虽然他们经常提供极好的成长和发展的机会。

> 招聘涉及吸引和招收人选填补组织机构中的职位。

11.8.2 选拔、安置和晋升

选拔管理人员是从人选中选出一个最符合职位要求的人。选拔可能是为补充一个特定的空缺职位，也可能是满足今后管理人员的需要，因此，有两种填补组织职位的方

> 有两种填补组织职位的方法：选拔方法和安置方法。

法。用选拔方法时，招聘申请人来填补具体要求的职位；而用安置方法时，则对个人的优缺点加以评估，为其找到合适的职位或甚至专门为其设计一个新的职位。

晋升是在本单位范围内，从原来的职位调到需要担负更大责任和更多技能的职位上去。通常涉及地位和薪酬的提升。选拔所涉及的各个方面，一般也可应用于晋升。晋升可能是对工作绩效突出的奖赏，也可能是企业为了更好地使用个人的技能和能力的结果。晋升可能是对过去工作绩效的回报，但这只能以是否有潜在核心能力为条件。否则，人们将会被提升到他们不能胜任的位置。

11.8.3 彼得原理

选拔过程中可能有差错，或许差错还相当普遍。根据《彼得原理》(The Peter Principle)的作者劳伦斯·J·彼得（Laurence J. Peter）和雷蒙德·霍尔（Roymond Hall）的看法，管理人员往往被提升到他们不能胜任的管理层次。特别是往往有这样的情况，管理人员在职位上取得了成就，从而使他们提升到较高的职位，但这一职位所需要的技能却常常是他所不具备的。这样的提升会使该管理人员无法胜任工作。尽管人们必须重视管理人员个人成长的可能性，但彼得原理告诫人们，不要轻视选拔和晋升过程。

11.9 选拔过程、方法和手段

> **有效性**是指有关材料预示该人选作为管理人员获得成功的程度。
> **可靠性**是指衡量的准确性和一致性。

本节综述了选拔的过程，并阐述了面试、测试和人才测评中心等选拔手段和办法。要做出好的选拔，求职者的情况应该是有效而可靠的。当人们问及材料是否有效时，实际上是指材料是否能够衡量它所要衡量的问题。在选拔过程中，**有效性**是指有关材料预示该人选作为管理人员获得成功的程度。材料还应该包含高度的**可靠性**，可靠性是指衡量的准确性和一致性。举个例子，如果在相同情况下，重复进行可靠性的测评，其测评结果基本一样。例如，一项可靠的测试如果在相同条件下反复进行多次，其结果应该是相同的。

11.9.1 选拔的过程

选拔过程中的具体步骤有所不同。例如，对基层主管人选进行的面试与对高层经理人员进行较严格的面试相比，可能相对简单些。不管怎么说，下面的综合要点展示了典型的选拔过程。

首先，选拔的标准通常基于当前的、有时是将来的工作要求，包括教育程度、知识、技能和经验等内容；选出的人选要填写申请表（如人选来自本单位，这一步可免掉）；进行筛选性面试以确定更有发展前途的人选；对候选人是否符合职位所要求的条件进行测评可能会获得新情况；由管理人员、直接上级或组织内的其他人员进行正式面试；对候选人所提供的材料予以核对和核实；有些单位需要进行体格检查；最后，根据上述几个步骤所得到的结果，做出同意聘用或通知人选没有被聘用的决定。下面将较为详尽地研究选拔过程中的一些问题。

11.9.2 面试

实际上，公司聘用的或晋升的每一位管理人员都要接受一个或更多人的面试。尽管企业广泛应用面试方法，但人们并不认为它是选拔管理人员的有效而又可靠的办法。不同面试人对已得到的材料的重视程度和理解程度大相径庭，他们常常提一些不恰当的问题，还可能被接受面试的人的外表所影响，其实外表与工作绩效无关。面试人员还常常在他们尚未掌握公正判断所需材料以前，早就对面试做出了结论。

有几种方法可以改进面试的过程，并克服这些缺点。首先，对面试人员进行培训，以便使他们知道要了解什么。例如，对企业内部人员进行面试时，应该分析和讨论他们过去的经历，应该研究他们取得的成果以及主要管理活动的方法。有关绩效考评的第12章将较详细地阐述这一点。如果从企业外部选拔管理人员，面试人员会发现很难得到上述材料，他们往往只能核对所列举的参考材料。

其次，面试人员应该有准备地提出适当的问题。面试分为正规的、半正规的和非正规的三种方式。在非正规的面试中，面试人员也许会说："请告诉我你最近一次的工作情况"。在半正规的面试时，面试人员会按照面试指南提问，但也可能提问其他问题。在正规面试中，面试人员会提出一系列事先准备好的问题。

再其次，改进选拔工作的办法是请几个不同的面试人员进行多次面试。这样，几个人可以一起对他们的评价和感性认识进行比较。然而，并不是让所有的面试人员都对候选人投上一票，而是用这个方法为负责最后做出决定的管理人员提供新的情况。

最后，面试只是选拔过程的一个方面，可以作为补充的材料包括申请表、测评结果以及列举的推荐人的材料。证明信和推荐信对核实竞聘人所提供的材料可能十分必要。为了使推荐信有效，推荐人必须非常了解应聘者，而且要对应聘者做出真实的、全面的评价。许多人不大愿意提供可能会影响竞聘人的材料，结果常常过分强调了竞聘人的优点，而对缺点却视而不见或一带而过。在美国，1974年通过的《保护个人隐私法》和相关立法以及司法裁决使取得客观的推荐材料更为困难。根据这一保护法，竞聘人享有检查推荐信的合法权益，除非他自愿放弃这一权益。这就是教师有时不大愿意为他们的学生写客观的和确切的工作推荐信的原因之一。

11.9.3 测评

测评的主要目的是为了取得有助于预测竞聘人是否有可能成为成功的管理人员的材料。测评的一些好处还包括为工作职位找到最合适的人员，使竞聘人对工作高度满意，并减少人员的流失率。下面是一些常用的测评方法：

● 智力测验是为了衡量智力，测验记忆力、思维敏捷程度以及在充满复杂问题的情况下理顺各种关系的能力；

● 水平和悟性测验旨在发现受测人员的兴趣、现有的技能以及掌握新技能的潜在能力；

● 业务考核是为了发现最适合竞聘人的职业或领域，使竞聘人的兴趣与从事该项业务的人员的兴趣相匹配；

● 个性测试旨在发现竞聘人的个人特点以及他们可能与其他人的交往方法，从而衡量其担任领导职务的潜力。

然而，测评存在许多局限性。第一，有能力的产业心理学家们认为，把测评作为衡量竞聘人特点的唯一方法是不准确的，必须参照了解其全部经历。第二，采取测评方法的人必须懂得测评目的是什么，有什么局限性。主要的局限性之一是不能确定测评的内容是否真正实用，即使心理学家也在怀疑目前的测评方法是否能有效地衡量管理者的能力和潜力。第三，在广泛使用任何一种测评方法之前，如有可能，应该在企业的现有人员中试行，看测评究竟对已具备众所周知的管理能力的员工是否有效。第四，应该由某方面的专家来主持和解释测评的问题，这一点也很重要。第五，测评不得有不公正的歧视，应遵照法律和政府的相关规定。

11.9.4 评价中心

评价中心不是一个场所，而是一种选拔和晋升管理人员的方法。

www.att.com

评价中心不是一个场所，而是一种选拔和晋升管理人员的方法，可以与培训结合起来进行。评价中心最早用于选拔和晋升基层主管人员，但现在也用于中层管理人员。这种方法对选拔高层管理人员似乎不合适。设置评价中心的方法不是一种新的尝试，早在第二次世界大战时期德国和英国的军界以及美国战略服务办公室（American Office of Strategic Services）就使用过。但将这一方法应用于美国公司中，一般都认为是美国电话电报公司首先在20世纪50年代使用的。

为了衡量一个潜在的管理人员在一个典型的管理环境中如何工作，评价中心常用的办法是让候选人参加一系列的练习活动。在这段时间里，心理学家和富有经验的管理人员进行观察和评价。一个典型的人才评价中心会要求候选人做以下活动：接受各种心理测评；以小组形式参与管理游戏活动；参加"封闭式"练习，要求他们处理在管理工作中可能遇到的各种问题；参加无人领导的小组讨论；就某一特定的题目或主题做简短的口头表述，通常是向一位虚拟的上级推荐一套好的行动方案；参加其他不同的练习活动，如准备一份书面报告。

在这些练习活动期间，这些候选人要接受评审人员的观察，评审人员还要不时对他们进行面试。在评价中心测评期满时，评审人员要对每一候选人的表现做出总评价，并与其他评审人员的评价进行比较,共同就候选人的管理工作潜力做出结论,对候选人写出总结报告。这些报告送给负责任命的管理人员作为参考,也常以此作为管理培养的指南。在很多情况下,要把评定结果反馈给候选人;也有另外一些情况,只有在候选人提出要求时才给予反馈。即使评审人员可能把他们对候选人在各项练习活动中的表现情况告诉本人,但对是否有被晋升可能的结论性评定是保密的。

关于评价中心方法有效性的问题,尽管不是结论性的,但还是令人鼓舞的。另一方面,在谁被测评,由谁测评,在什么条件下这些测评方法可以使用,以及由谁来接受测试结果这些问题上仍存有疑义。

评价中心确实存在一些问题。第一,要花很多时间,特别是许多有效的测评活动要持续5天之久。第二,培训评审人员是个问题,尤其是有些公司有相当的理由认为最佳评审人员应该是有经验的业务管理人员,而不是经过培训的心理学家。第三,虽然要求进行许多包括有关管理人员工作的不同练习活动,仍有人质疑这些练习活动是否就是最佳的评审标准。更大的问题是要决定每项练习活动的评定方法。多数评价中心非常重视在各种不同环境下的个人和人际举止行为,但他们可能会忽视选拔管理人员,特别是那些初次进入管理行列人的最重要的因素,即动因,也就是说,这些人是否真想成为管理人员。要使激励起作用,候选人必须知道管理是怎么回事,包含什么内容,以及成为一个成功的管理人员需要具备什么条件。很显然,动因是一个难以评定的特性。然而,面试人员在向候选人讲清楚管理工作的内容和要求,并请他们认真考虑后,实际上在确定候选人是否真正愿意成为一位管理人员问题上已经提供了一个有力的依据。

11.9.5 选拔过程的局限性

选拔方法和测评方法的多样性说明,选拔管理人员没有一个十全十美的方法。经验表明,即使认真选定的选拔标准也不能绝对地预测候选人的工作绩效。再者,人们能做什么(即工作能力)和愿意做什么(与动因有关)之间是有区别的。后者取决于个人能力和环境因素。例如,一个人的要求在不同时期可能不同,同样,组织环境也会改变。一个企业由于新的高层领导推出了不同的管理理念,可能从原来鼓励进取的氛围转变为抑制进取的氛围。所以,选拔的方法和手段(即使有能力做)并非是预见人们想做什么的可靠途径。

测评本身,特别是心理测评是有局限的,具体来说,探索某些信息可能被认为是侵犯个人隐私的行为。此外,有人指控有些测评不公正地歧视妇女或少数民族,这些复杂问题不容易得到解决,但是在挑选管理人员时,却又不能忽视这些问题。

选拔和聘用管理人员的另一个值得关心的问题,是涉及的时间和成本、包括广告、代理费、测评、面试、核对文件、体检、更换、定向教育、新管理人员熟悉工作所需的启动时间等。考虑招聘所涉及的高额成本,那么,人员流失对一个企业来说显然是昂贵的。

11.10 新员工的上岗教育和归属过程

为工作岗位挑选最佳人选只不过是组成一个有效管理队伍的第一步。公司即使在招聘和选拔过程中做出巨大努力，也常常会忽视了新管理人员聘用后的要求。然而在他们上岗之后最初几天和几周可能是使新上任人员真正成为组织一员的关键时期。

> **定向教育**包括向新员工介绍企业、企业的职能、任务和人员等情况。

定向教育包括向新员工介绍企业、企业的职能、任务和人员等情况。大型企业一般有正规的定向教育项目，介绍公司的情况，包括历史、产品和服务、一般的方针政策和做法、组织（分支机构、部门和地区分布）、福利待遇（保险、退休、假期）、保密和机密的规定（特别是国防合同），以及安全和其他的规定。这些情况在公司简介中虽然有详尽的说明，但是定向教育会议可使新员工有提问的机会。虽然一般由人事部门的人实施这些正规的项目，但是对新管理人员进行定向教育的主要责任在于其上级。

> **组织归属化**是指获得工作所需的技能和能力、采用适当的角色行为以及适应工作群体的规范和价值观念。

定向教育还有一个更为重要的方面：如何使新管理人员归属化。**组织归属化**有不同的界定方法。全球化看法有三个方面：获得工作所需的技能和能力、采用适当的角色行为以及适应工作群体的规范和价值观念。新管理人员除了要符合工作的具体要求外，还常常会遇到新的价值观念、新的人际关系和新的行为方式。他们不知道可以请教哪些人，不知道组织如何进行工作，而且担心做不好新的工作。这一切不确定的因素使新员工，特别是管理实习人员感到极大的不安。因为在一个企业里的初次经历对其后的管理行为会产生深远的影响，所以受训人员第一次接触到的应该是企业内可以作为他们今后行为楷模的最佳的上级领导。

11.11 迈向 2020 年的人力资源管理

未来很难预测，然而管理人员不得不现在就得做出决策以应对未来。经济情报组织（Economist Intelligence Unit）对来自世界各地的 1650 名高层管理人员进行了一项调查，内容是如何看待迈向 2020 年的变革。调查表明，最有可能提高生产率的方面是知识的管理、给消费者提供服务和支持、改进运营和生产流程、开拓经营和战略、加强营销和销售环节的管理、人力资源管理和培训以及其他方面。这些高层管理人员的观点对人力资源管理有着重要的影响。

知识劳动者的贡献对于获得竞争优势可能最为关键。此外，组织内部之间的协调以及内部与外部的协调也非常重要。这些必然要求人们建立更好的人际关系，以便能够在不同的文化环境中共事和沟通。在应对未来方面，招聘、选拔、培训和开发这些人员管理职能将会发挥更大的作用。同样，本书第 5 篇中所涉及的有效领导、激励和沟通职能在全球竞争环境中也是非常重要的。

第11章 人力资源管理和选拔

本章小结

员工管理的含义是填充组织结构中的职位,涉及确定劳动力要求、储备后备人员、招聘和选拔、安置、晋升、评估、职业生涯计划、补贴和人员培训。

在人员管理的系统方法中,企业和组织的计划成了人员工作的重要投入因素。承担重要任务所需管理人员的数量和素质取决于许多不同因素。人员管理中的一个主要步骤是通过建立管理人才库来确保人员的可获性,可以用人才库图表来表示。

人员管理并不是在真空中进行的,人们应该考虑到许多企业内部和外部的环境因素。人员管理必须遵守同等就业机会法律,这样在实施过程中不至于发生歧视现象,例如,歧视少数民族或妇女。同时,人们必须评价从企业内部晋升或从企业外部选拔人才的优劣情况。

在选拔的系统模型中,综合管理要求计划是确定职位条件的基础。在设计工作时,企业必须做到,工作有一个适度的范围,富有挑战性,并反映所需要的技能。工作结构在其内容、功能和关系方面必须是适合的。工作设计体现在个人和工作团队两个方面。技术的、人际的、概念的和设计技能的重要性随着组织层次而发生变化。职位条件应与个人的不同技能和特点相匹配,这一点在招聘、选拔、安置和晋升中甚为重要。

选拔过程中的错误会导致彼得原理的再现,该原理认为,管理人员倾向于被提升到他们不能胜任的层次上。虽然选拔时应征求多人的建议,但最终决定应由该职位的直接上级来做出。

选拔过程包括面试、各种测评和评价中心的使用。为避免不满情绪和员工流失,企业必须确保将新员工归属和融入到组织中去。

主要概念回顾

人员	公开竞争政策	有效性和可靠性
人力资源管理的系统方法	选拔的系统方法	选拔过程
管理人才库	职位和工作条件	面试
影响人员管理的情境因素	工作岗位设计	各种测评
同等就业机会	招聘	评价中心
妇女参与管理	选拔	定向教育和归属化
工作环境的多样化	安置	迈向2020年的人力资源管理
国际环境中的人员管理	晋升	
内部晋升	彼得原理	

讨论题

1. 为什么人员职能的发挥很少有逻辑性?简述人员管理的一套方法。人员管理与其他管理职能和活动的关系如何?

2. 列举并评价影响人员管理的外部因素。当前哪些因素最重要?请予以说明。

3. 实施内部晋升政策有何危险和困难?公开竞争政策意味着什么?你赞成这种政策吗?为什么?

4. 选拔管理人员的系统方法是什么？为什么称之为系统方法？与其他方法的区别是什么？
5. 在设计个人工作岗位和团队工作岗位方面，有哪些重要的因素？对你来说，哪些因素更为重要？为什么？
6. 彼得原理在管理界得到广泛应用，你怎么看待这种情况？你认为它对你是否适用？它的意思是否说所有的首席执行官们都不称职？请解释。
7. 什么是评价中心？它如何进行工作？你是否愿意参与其中？为什么？

企业案例

斯坦威钢琴公司的兴衰带来的启示与反思

创新是企业的生命线，是企业生存和发展的前提条件。在激烈竞争的国际环境中，企业不研究和推出新的产品（或服务）就意味着死亡。企业产品创新首先要创新观念，创新机制，创新渠道。要群策群力，使员工和管理人员共同参与产品的创新。

斯坦威钢琴公司（Steinway）在美国有60多年历史，其生产的钢琴曾因质量优良、产量有限而闻名于世，和德国奔驰车并驾齐驱。20世纪60年代，日本雅马哈公司从低价位钢琴市场进入美国，向斯坦威钢琴公司发起挑战。高傲自负的斯坦威钢琴公司不以为然，无动于衷，使雅马哈公司很快立足美国钢琴市场，长驱直入。经过20年的不懈努力，雅马哈公司以其产品质优、价格适中的企业形象占领了世界主流钢琴市场。而斯坦威公司因其产品墨守成规，缺乏创新且价格昂贵而陷入连年亏损，不得不于1972年宣告破产（如图1所示），后被美国哥伦比亚广播公司（CBS）收购。

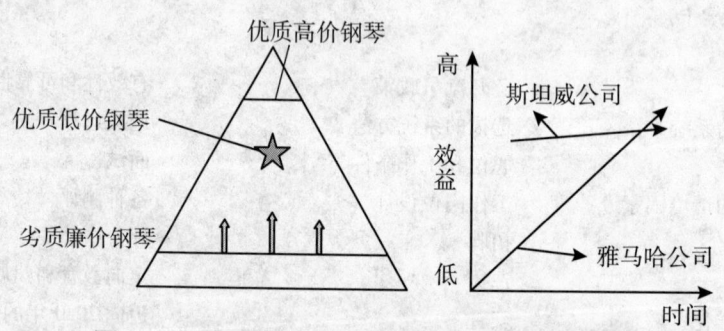

图1　雅马哈挑战斯坦威高端钢琴的渐进示意

1836年，德国木工制作大师兼钢琴制造师海因里希·恩格尔哈特·斯坦威（Heinrich Engelhard Steinwag）在塞森（哈尔茨山脉）自己家中制造了其第一架钢琴。1850年，斯坦威与家人一同移居美国，与其儿子在纽约州阿斯托里亚市建立了斯坦威公司（Steinway & Sons）。1855年，斯坦威钢琴首次以其优秀的品质在纽约水晶宫"美国学院展览会"上受到公认。1867年，在巴黎世界博览会上，斯坦威公司得到最高的评价，国际声誉大振。

在一座总面积达45万平方英尺、砖瓦结构的综合楼里，斯坦威家族一直把公司经营到1972年。在这一年，美国哥伦比亚广播公司（CBS）收购了负债累累的斯坦威钢琴公司，成为其下属子公司。然而，致力于成为娱乐业巨擘的哥伦比亚广播公司，无力涉足过于宽泛的多元化经营，于1985年将斯坦威公司和全部乐器一并卖给了波士顿的伯明翰（Birmingham）兄弟。后经再次易手，公司改名为斯坦威音乐器械股份有限公司（Steinway Musical Properties Inc）。

1988年，斯坦威钢琴公司完成了第50万架钢琴的生产。2000年3月，斯坦威公司迎来了自己的150岁生日。87岁的亨利·斯坦威（Henry Steinway）是斯坦威父子公司（Steinway & Sons）创始人的重孙，他在自己的名片上没有印上任何头衔，但斯坦威的名字闻名于世，令世人心生崇敬之情。①

当今，雅马哈公司（Yamaha）②和卡瓦伊公司（Kawai）③等亚洲制造商在主流钢琴市场占据了主导地位，但高档钢琴市场却仍然是斯坦威钢琴公司的天下。时至今日，全世界有1600多位钢琴演奏家得到了"斯坦威艺术家"的头衔，中国钢琴家朗朗也身在其中。在乐器制造乃至奢侈品领域内，斯坦威钢琴公司都是一家独树一帜的企业。斯坦威钢琴堪称"世界第一品牌"，无论是钢琴演奏家，还是钢琴爱好者，都无法抵挡其诱人的音色。世界上不乏高档商品，但是世界上却没有一样产品能像斯坦威钢琴那样融工艺精湛、历史悠久以及主导市场于一身。与众不同体现出企业的核心竞争力，独特性则使产品更具竞争优势。位居高档品牌的斯坦威钢琴，以其"明亮、华丽、有力"的特性成为钢琴演奏家心目中的首选。

创新是企业保持持久竞争力的不竭动力，传统工艺也不例外。斯坦威钢琴的美妙音质依赖于120项技术专利和创新。钢琴的生产过程是一门艺术，是一项操作复杂、耗时良久的系统工程。多年来斯坦威钢琴的生产工艺并未发生太大变化。钢琴所需的约1.2万个零部件，除了金属部件由供应商提供外，大部分零件都是由斯坦威钢琴生产厂的工匠们加工而成，最后组装成钢琴。这种手工制造的钢琴，从开工到完成一般需要一年的时间，而用机器大批量生产的钢琴只需20天左右。

创新是企业与时俱进的灵魂，是拼搏奋进和持续发展的动力之源，是企业实现跨越式发展的关键。斯坦威公司的兴衰使人们不由地联想到瑞士军刀。创造这一品牌的是100多年前瑞士乡村的一个工场，至今瑞士军刀的生产仍沿用代代相传的家族式管理，传统工艺被完整地保持下来。瑞士军刀新一代当家人根据市场需求的变化，不失时机地改进军刀的款式、功能、包装、销售网络等，使瑞士军刀持久地扬名天下。优胜劣汰，推陈出新，这是市场经济不可抗拒的一大规律。在市场千变万化、技术日新月异、竞争对手层出不穷的今天，即使拥有久负盛名的传统工艺，如果不能在功能、式样、品种等产品属性上更有优势，那么，百年老店同样也会被竞争对手无情地挤出市场。企业不能"吃老本"，唯有不断创新和拓展，才能基业常青。

（本案例根据报刊资料整理而成）

◆ 思考题

1. 你认为导致斯坦威钢琴公司1972年破产的根本原因是什么？
2. 传统工艺型企业如何才能保持其竞争优势？
3. 创新是企业的生命线。企业制定创新战略的前提条件是什么？
4. 斯坦威钢琴公司的兴衰对中国企业有何借鉴意义？

---

① http://www.steinway.com/pianos/steinway/.
② http://www.yamaha.com/.
③ http://www.kawai.com.

12

绩效考评和职业生涯战略

[学习目标]

学完本章后，你应该能够：

1. 认识有效考评管理人员的重要性。
2. 确定考评管理人员时应衡量的素质。
3. 提出一种基于可考核目标的绩效评估与管理人员绩效考评制度。
4. 介绍集体考评的做法。
5. 认识到奖励和管理压力。
6. 确定重要的职业生涯计划内容。

  人们往往将管理人员考评视为人员管理工作的一个致命环节，而对管理本身来说，管理人员考评可能是一个主要的关键问题，它是决定哪些人能得到晋升的基础。考评对管理人员的培养工作也很重要，因为如果不知道管理人员的优缺点，就很难确定在培养方面所做出的努力方向是否正确。考评是或者说应该是管理系统的一个组成部分，了解一个管理人员在计划、组织、人员安排、领导和控制方面的表现好坏，确实是确保担任管理职务的人员真正有效地进行管理的唯一途径。如果企业、政府机构、慈善组织甚至大学要想确实有效地实现各自的目标，就必须寻求准确衡量管理绩效的方法，而且加以贯彻执行。

  还有其他原因可以说明为什么有效考评管理人员是重要的。在美国，最重要的原因之一是由于1964年（1972年修订）制定的《民权法》第7部分（Title VII of the Civil Rights Act）的有关条款，以及同等就业机会委员会（Equal Employment Opportunity Commission）和联邦合同执行局（the Office of Federal Contract Compliance）制定的有关法规。这些机构严厉批评许多考评项目，指出它们往往带有歧视性，尤其是在种族、年龄和性别方面。法院则支持这些联邦机构，坚持认为，考评项目必须接受可靠和有效的这些先决条件。很显然，这些机构制订了严格的标准。

  有效的绩效考评还必须认识到员工在改进工作方面的合理要求。本章将进一步解释，职业生涯管理是将组织需求与个人需要相统一的一种方式，它可作为绩效考评的一部分。

www.eeocl.gov

12.1 选择考评标准

考评既应衡量在完成目标和计划时的绩效，还要衡量作为管理者的工作表现。没有人会要求尽管所做的事一点不出错，但在盈利、营销、审计或者其他可能的职责范围不能取得良好成绩的那种人来担任管理工作，同样，我们也不会对一个身居管理职位，却又不能有效行使管理职能的人表示满意。有些出色的管理人员不是靠有效的管理，而是靠运气成功的。

12.1.1 完成目标绩效

在评价工作绩效时，根据预先确定的可考核的目标来进行考评的方法具有特殊价值。一旦有了为实现某特定目标而制定的一致、完整和易于理解的计划，管理绩效的最佳衡量标准可能包括理智地制定目标的能力、规划实现这些目标的能力，以及成功地完成这些方案的能力。那些偏离这一方法进行工作的人往往声称这些标准是不适宜的，而运气或其他管理人员本身无法控制的因素则应在考评时加以考虑。但是在更多的情况下，一些纯粹由于运气而得以成功的管理人员得到了晋升，而另一些由于自身无法控制的因素未取得成功的人却因失败而遭到指责，因此，根据可考核目标进行考评的方法本身是欠缺的。

12.1.2 管理者绩效

通过预定目标衡量绩效的方法，应当以管理者标准考评管理人员的方法加以补充。任何层次的管理人员都承担着非管理性质的责任，这些是不容忽视的。然而，聘用管理人员的主要目的是要他们作为管理人员那样去工作，所以在衡量管理人员时也应以此作为标准，即考评管理人员应以他们如何理解和从事计划、组织、人员、领导和控制等管理职能为依据。尽管管理的基本原则是这方面的标准，这里还是先探讨一下按绩效目标进行考评的方法。

> 通过预定目标衡量绩效的方法，应当以管理者标准考评管理人员的方法加以补充。

12.2 按可考核目标考评管理人员

一种广泛使用的管理人员考评方法，是根据规定和完成的可考核目标来评定管理人员的工作绩效。正如第4章所提及的，一个有意义的、可实施的目标体系是有效管理的基础。除非人们知道他们努力的最终目标是什么，否则就不可能期望他们会卓有成效地完成任务，这是一个简单的逻

> 一个有意义的、可实施的目标体系是有效管理的基础。

辑，而这一逻辑对任何组织健全的企业而言都是适用的。

12.2.1 考评过程

一旦采用了可考核目标管理方法，考评工作就相当简单了。由上级决定管理人员如何有效地制定目标以及他们根据目标完成任务的好坏程度。在按工作结果进行的考评失败或情况令人失望的情况下，其主要原因是人们将目标管理仅仅视为一种考评工具，而如果只把这一方法用作此目的是行不通的。目标管理必须是一种管理方法，一种计划方法，同时也是组织、人员、领导和控制的关键。如果按这样做，那么考评就可归结为管理者是否确定了适当而可行的目标，以及在一定时间范围内他们根据目标工作得怎样。

但是还有些其他问题值得考虑，如目标是否恰当？是否需要经过努力（既高而又合理）才能实现目标？这些问题只能由被考评人的上级根据其个人判断和经验来回答。当然，随着时间的推移和经验的积累，做出的判断会越来越精确，但是，如果上级能将类似职位的其他管理者的目标进行比较，其结果则有可能会更客观。

在评估目标完成情况时，评定人必须首先考虑目标是否可行，是否有超越个人控制能力的因素不利于或阻碍了目标的完成，以及造成这些后果的原因是什么。审查者也应该注意是否有人在情况已经发生变化、需要修改目标时仍按过时的目标进行工作。

12.2.2 对考评工作的不同看法

人们对绩效考评问题的看法不尽相同，下面集中探讨三种看法。

客观评价与主观评价

有些人至今仍然认为对下属进行主观评价就足可以了，争论的一方认为，说到底对管理人员很难进行考评。另一方则认为，不论被考评人是否完成了预定的目标，考评必须完全客观，只有数字才是公正的。

> 考评应该针对结果，但人们必须谨慎，以避免"数字游戏"。

考评应该针对结果，但人们必须谨慎，以避免"数字游戏"，因为人们可以人为地调整数字以达到个人目的，这样就失去了考评的意义。同时，追求几个有限的可考核标准可能会忽略其他方面，尤其是非正式确定的目标，因为人们不可能对所有的任务都确定目标。因此，重要的是，不仅要看绩效数字结果，而且要分析偏离标准产生的好坏原因，尽管这里可能涉及一些主观判断。

判断与个人考评

一种看法认为，管理人员的权力植根于他们的职位之中，因而，他们应该成为评价其下属唯一的考评人。但是，许多管理人员不愿自己处在考评人的位置上，尤其是当他们被要求评价其下属个性特点时。同样，员工也因基于与他们所从事的工作相关问题进行考评而感到不舒服。另外一种看法认为，员工应该自己考评自己，因为有些下属比他们的上级对自己都苛刻。然而，有些下属可能会不适当地高评自己，尤其是如果考评结果会影响他们的工资时。

目标管理理念强调自我控制和自我指导，但是，这一点是基于预先确定可考核目标基础上的（主要是由下属与上级共同确定的），也正因如此，工作绩效才得以衡量。的确，如果目标管理到位了，那么，考评相对来说容易多了。在考评会议上出现以下情况不足为奇：下属知道自己要完成什么，而上级也知道他们能够从下属那里期待什么贡献。除了详尽的考评之外，定期和不间断地对绩效进行监控能够发现偏离标准的差异情况。总体来说，下属有机会实施自我控制，但是，在目标有争议的情况下，上级仍拥有否决权，这是绩效考评的基础。

> 目标管理理念强调自我控制和自我指导。

以往绩效评价与未来发展

一些管理人员视考评主要是评价过去的绩效，但更多的人将重心放在考评涉及的发展方面，其改进性导向体现的是一种向前看的意识。

随着人们越来越强调自我考评和负责任的自我指导，考评中判断性因素大大降低了。固然，人们应该记取过去的失误，但更应该惩前毖后，将教训化解在未来发展计划之中。很显然，考评是一个强调自己强势、准备行动方案、克服自己薄弱环节的极好机会，对此，本章将在后面的职业生涯计划部分进行讨论。

> 人们应该记取过去的失误，但更应该惩前毖后，将教训化解在未来发展计划之中。

12.2.3 三种检查方法

绩效考评有三种方法：（1）综合检查；（2）进程或定期检查；（3）连续监控。

人们普遍认为，每年应至少进行一次正式的综合考评，但有人建议这种检查应更频繁些。有些企业每年用很短的一段时间进行各种检查，而另一些企业则全年安排考评，并常常是放在员工年会上进行。有些情况可以突破按年进行绩效考评这一硬性安排，另外，有充分理由认为应在完成一项主要项目后进行绩效检查。很显然，在正式的综合检查的时间安排上，是不存在普遍适用原则的，这是因为这一切取决于任务的性质、以往公司的做法和其他的情境因素。对于某一组织或某一新上任的人来说，一年进行一次、两次甚至三次考评都可能是适宜的。

> 正式的综合检查应该每年至少进行一次，附以经常性的检查。这种考评应该以经常性进程或定期检查以及连续监控加以补充。

重要的是，正式的综合检查应该辅之以经常性的进程或定期检查。这些检查可以是简短的和相对非正式的，但它们有助于确定那些妨碍有效地进行工作的问题和障碍，它也有助于沟通上下级之间的联系。此外，可根据情况变化重新安排工作重点以及重新商讨目标。如果继续执行那些在变幻莫测的环境中达成的过时的，甚至不适宜的目标，显然是不妥的。

最后是工作绩效的连续监督问题。在这个系统内，一旦工作偏离计划，人们即刻而不必等到下一次定期检查时才纠正这些偏差，上下级共同讨论问题以便及时采取补救措施，防止小的偏差酿成严重问题。

12.2.4 按可考核目标考评的优点

根据目标完成情况进行考评的与目标管理的优点大同小异。两者都是同一程序的一部分，都是有效管理的基础，也都是提高管理水平的手段。

在考评中，这种基于可考核目标的绩效考评方法有其特殊而重要的优点，其中最大的优点是可操作性强。考评没有脱离管理人员所做的工作，而是检查他们作为管理人员实际做了些什么。

然而，总是存在这样一些问题，即这个人的工作到底好坏如何；目标是否达到了，如果没有，原因何在；对完成工作目标应当做何评价等。所有这些问题都需要有以下信息，如这个人完成了什么；衡量的标准是被考核人同意并适当的目标。这种信息为考评提供了有力的客观性，减少了纯粹判断的成分。再者，考评可以在上级与下属一起共同商讨的气氛中进行，不致使上级感到仅仅是坐在那里对下属评头论足。

12.2.5 按可考核目标考评的缺点

如同第4章所述，在实施目标管理的做法中还存在着一些缺点，这些缺点对考评也同样适用。缺点之一是，人们完全可能由于不是自己的努力或过错，而导致目标的完成或完不成。运气常常在工作绩效中起着一定的作用。例如，即使营销计划的制订及其实施实际上可能很差，但是有可能由于某一产品出乎意料地深受人们欢迎，而使营销经理显得格外风光。或者由于一项重大的国防合同意外地被取消，而使部门经理的工作显得特别黯然失色。人们也可能过分强调产出的数量而忽视产品或服务的质量。

大多数考评人会说，他们在考评目标完成情况时，总是把不可控或不可预见的因素考虑进去，而且在极大程度上他们确实是在这样做。但是这样做极其困难。例如，在一份出色的销售记录中，谁能够确定多少是由于运气、而多少是由于能力所致。杰出的工作人员只要他们工作，总是能得到高的评价，工作平平的人则总是难逃暗淡无光的命运。

由于考评方法强调了可操作目标的完成，而根据这些目标来考评就有可能忽视个人培养的需要。在实际工作中，完成目标的取向往往会倾向于短期效应，即使在考评方法中包括了较长期的目标，也不大可能长到足以把管理人员的长期发展考虑在内。管理人员可能受此影响，过度关心成果而只用较少的时间来计划、实施他们和下属的培养方案以及后续工作。

此外，目标管理使管理的需要更加明确、清晰，因而也就更有利于确定培养方案，为了确保个人培养计划的实施，应该确定具体的目标。

从考评和经营管理工作的观点来说，目标管理的最大缺陷之处在于只考评经营绩效。这不仅仅存在上面早已提及的运气问题，而且还有其他需要考评的因素，特别是个人的管理能力。因此，良好的考评方法必须是既要评定一个人作为管理人员的工作绩效，又要评定他在制定和完成目标方面的绩效。

12.3 按管理人员标准考评管理人员：推荐方案

以管理人员的要求来考评管理人员的最合适的标准就是管理的基本原则。仅仅通过考评管理人员完成基本职能的情况来广泛地考评管理者是不够的，还应该进一步深入。

> 以管理人员的要求来考评管理人员的最合适的标准就是管理的基本原则。

最佳的考评办法是用管理的基本方法和原则作为考评的标准。这些最基本的方法和原则已经在不同的管理条件和环境中得到检验，有充分的理由作为有效考评的标准。尽管这些标准可能并不成熟，甚至在实际运用中可能有必要借助个人看法，但它们给评定人在衡量下属是否很好理解和执行管理职能时提供了基准。它们肯定要比以工作及衣着习惯、协作精神、智力、判断力或忠诚度等广泛标准为基础的考评更具体、更恰当，至少把注意力集中到一个管理人员作为管理者应该做什么。再者，在将它们用于对计划及目标完成情况的考评时，它们可以帮助消除许多管理考评方法中存在的缺点。

简言之，这里推荐的考评方案涉及本书所倡导的对管理人员的职能进行分类，然后对每一项职能提出一系列的相关问题。这些问题旨在反映每一领域的最为重要的管理基本原则。尽管包括73个主要问题在内的一览表、所用表格、排序方法以及使用这一评定方案的说明等由于内容太多，不能在本书内一一阐述。

语义不同一直是管理学上的一个问题，因此，使用一本规范的管理书籍（例如本书），并按页码查阅相关问题是明智的。这一方法定会促进管理的发展。

评定管理人员绩效优劣时，采用的评分等级在代表"不合格"的0分到代表"杰出"的5分之间。为了使数值等级更明确，对每一数值都给予界定，例如"杰出"意指考评人认为在任何环境或条件下被考评人不可能做得更好的工作绩效。

为进一步减少考评的主观片面性和提高对工作绩效的评定能力，考评工作要求：（1）对年度总评定中某些评分须附以具体事例加以说明；（2）由直接上级的上级审核考评分；（3）要让考评人事先知道，其本身的评定部分取决于他在考评其下属时是否做出公正的评分。很显然，上述提到的大量、具体的要点问题大大提高了考评的客观性。

12.3.1 推荐方案的优点

跨国公司使用这一考评方案的经验显示了某些优点。由于这一考评方法把重点放在管理的核心问题上，使人们了解了真正的管理工作是应该怎样进行的。此外，由于这一考评方法使用标准的参考文字阐明概念和术语，消除了通常遇到的语义和沟通上的许多困难，使可变预算、可核实目标、人员、职能职权、授权等术语都有了前后一致的含义，同样，使人们对许多管理方法有了统一的理解。

除此之外，实践证明这一方法是管理发展的一个工具，在很多情况下，它促使管理人员注意到他们可能长期忽视的或不理解的一些基本原则。此外，这一方法在指明哪些方面存在缺点，应该朝哪些方面发展等都是有好处的。最后，如同所希望的，这一考评方案是衡量管理者是否有效制定和实施目标的一个补充和检查的手段。如果一个管理人员在完成目标方面业绩非常突出，但是作为一个管理者尚不及一般水平，则这一管理者的上级领导就要寻找原因。在正常情况下，人们指望一个真正有效的管理人员在完成目标过程中也应是卓有成效的。

12.3.2 推荐方案的缺点

然而，这一方法也有一些缺点或不足。它只适用于一定职位的管理的诸方面，而不适用于可能同样重要的诸如营销或工程能力等技术素质。但是，这些素质可以根据所选择和完成的目标来衡量。显然，73个要点问题本身就相当复杂，要根据所有这些问题逐一排序需要大量时间，当然，花费这些时间是值得的。

或许用管理人员的标准考评管理者的主要缺点是主观片面性问题。在按每一要点问题打分时，总不可避免地带有某种主观性。但是，这一考评方案仍具有高度的客观性，而且比用内容广泛的管理职能来评定管理人员的方法要客观得多，至少要点问题针对性很强，并与管理的基本要素相关。

12.4 小组评价方法

最近，有人采用了另一种绩效考评方法，该方法所采用的评定标准部分与以上提及的相类似，包括计划、决策、组织、协调、人员、激励和控制。但是，还可包括一些如销售技能等其他因素。

这种考评过程涉及被考评人，包括以下步骤：
- 选择与工作有关的标准；
- 开发可以观察到的行为范例；
- 选择4~8个考评人（同行、同事、其他主管、自然还有直接上级）；
- 准备适合这项工作的考评表；
- 考评人完成考评表；
- 综合各种考评结果；
- 分析考评结果，并准备考评报告。

这种方法不仅用于考评，还用于选拔人才、员工培养，甚至用于处理酗酒问题。

该考评方法创始人归纳的优点还包括，这个方法在进行考评时从很多方面获取素材，而不仅仅从上级那里，因此有相当高的准确性。这种方法可用来识别考评人的倾向性（如给出的评价总是很高或很低，或者是针对某些特定的人群，如妇女或少数民族）。显然，被考评人认为这种方法很公平，因为他们参与选择评估标准和考评人。这种方法允许人们相互比较。尽管这种方法已为各种企业所采用，但看来仍需要有进一步的评估。

12.5 绩效评估软件的应用

上下级之间往往都不喜欢年度绩效评估，原因是太耗时间。康奈尔大学的一项研究发现，在一些大型公司，管理人员对其每一位下属员工的考评要花费6个小时。近年来，不少公司开发了相关软件，采用较一致的考评尺度使上级人员便于操作。基于网络的考评有可能取代纸质考评方式或成为纸质考评的一种补充。当然，计算机程序不能替代上下级之间的互动，但软件也显示出一些颇有价值的特点。

在将考评结果递交给人力资源部之前，管理人员所填写的电子评估表可以用来征求其他管理人员以及下属员工本身的意见。这些数据可以用来确定培训需求、管理开发以及确定那些在整个组织内部具备晋升条件的人。

对那些未能及时上交下属员工考评结果的管理人员，软件系统可以自动提醒他们，使其按时完成规定的考评任务。虽然这一切对人们厌倦的年度考评来说并非灵丹妙药，然而确实节约时间，使考评这项重要的工作相对容易多了。

12.6 管理工作的报酬和压力

管理人员各不相同，他们有不同的需求、欲望和动机。有关激励要点问题将在本书第14章讨论，这里主要涉及一般报酬和财务报酬以及管理压力问题。

12.6.1 管理工作的报酬：一般做法

管理备选人员在年龄、经济地位及成熟程度上相差很大，他们的需求也有很大的差异，但他们通常会有机会、收入和权力。大部分的管理备选人员希望得到一个不断进取的就业机会，能在深度和广度上不断提高自己的管理经验。与此紧密相连的是在有意义的工作中遇到挑战。大多数人，尤其是管理人员希望享有权力，为企业甚至为社会的目标做出重大的贡献。

此外，管理人员希望他们的贡献得到报酬，也确实应该得到，尽管人们对这种财务报酬的力度颇有微词。

12.6.2 绩效工资

恐怕没有比绩效考评与工资之间的关系更为引起争论的问题了。在通用电气，员工们得到的是绩效工资，即在他们完成挑战性目标后公司支付奖金，而不是根据员工的职务或服务期限付酬。这种薪酬方法要求目标必须清晰，员工清楚他们应该做什么和得到什么。同时，必须对员工讲清楚包括福利在内总的补贴水平。例如，某大学的教职员工收入款项不仅包括年薪，而且包括学校提供的健康保险计划、教工支持计划、寿险、牙齿保险、长期残疾保险、员工补贴、旅行事故保险、社会安全税和大学退休金等。

报酬应该及时提供，也就是说，工作完成后应该即刻兑现。例如，通用电气医疗系统集团有一个"迅捷感谢计划"，让员工们自己推举出杰出绩效的同事，给其发放一个价值25美元的证明，可以在指定的商店或餐馆使用。这一计划的正面心理影响可能要比金钱奖励重要得多。

工资的增加几乎是不可逆转的，而奖金的发放可以取决于突出的工作绩效。通用电气的史蒂文·科尔（Steven Kerr）推荐了一种基于绩效的可变补贴方法，但他同时也指出，这种方法在其他国家不一定适用。在日本，以现金方式发放奖金可视为是行贿，因为奖金所涵盖的工作是员工承担任务的一部分。此外，有些员工可能更希望额外休假而不是现金支付。所以，在使用可变补贴时应该考虑文化上的差异。

医生是否要按其绩效付酬？这个问题对于加州奥克兰儿童医院的80位内科医生，精神病学、神经病学、普通儿科学以及青少年科和急诊病科的专家们来说是一个非常大的问题。医院推出的一项计划是对医生提供奖金，而不是按他们的工作时间付酬。尽管绩效标准不是很清晰，可能包括巡视病人的次数和其他因素，但是大多数内科医生反对这个计划。他们认为，这个激励计划会导致医生减少花在病人身上的时间，医生会给那些自费病人更多的关注，而怠慢那些享受公费医疗的病人。虽然绩效工资在公司里很普遍，但是这个概念在诸如公费医疗等其他部门却很难行得通。

12.6.3 管理压力

压力是个人差异或心理过程形成的适应性反应，即任何外部（环境的）行为、情况或事件对一个人施加过度的心理和体力要求的结果。

压力是一种很复杂的现象，因此，至今没有一个被普遍接受的定义不足为奇。一个被广泛使用的定义将压力视为个人差异或心理过程形成的适应性反应，即任何外部（环境的）行为、情况或事件对一个人施加过度的心理和体力要求的结果。

最先提出压力概念的人可能是汉斯·瑟利厄（Hans Selye），他将压力描述为"受生活的磨炼程度"。有很多来自体力方面的压力，如过度的劳动、无规律的工作时间、睡眠不足、噪声太大、光线太强和光线不足。来自心理方面的压力可能是由于某一特殊的情况，如枯燥的工作、无社交能力、缺乏自主权、权力不足却要承担责任，不现实的目标、角色不明确或角色冲突、或双职工夫妇等。但对某些人的压力可能对另外一些人则要小得多，人们对情况的反应不尽相同。

压力对个人和组织都会产生各种各样的影响。有一些心理上的影响可能与各种疾病有关，因而也就有像精神崩溃或厌烦之类的心理反应。各种不同的行为，如吸毒、酗酒、无节制的饮食、出事故或想摆脱压力环境（旷工、频繁的调换工种）可能是对压力做出的反应。很显然，人员流动以及管理人员和非管理人员做出的不当决策不仅使员工个人蒙受损失，对组织也有影响。

个人和组织都试图用各种方法来解决压力问题。个人可通过合理安排时间、有益健康的营养、锻炼、职业生涯计划、调动工作、促进心理健康、消遣、沉思以及祈祷来减轻压力。组织则可提供咨询或娱乐设施，或者改进工作设计，使人与工作更协调。

12.6.4 员工需求和工作岗位要求的匹配

管理提供报酬但也涉及压力。一个向往管理职位的人，在进入管理职业之前就应衡量管理工作的优缺点。如果个人需求与工作要求相适应，对个人和企业两者都会有利。职业生涯管理将有助于实现这两者之间的协调。

12.7 制定职业生涯战略

工作绩效考评应该确定一个人的优缺点，由此成为职业生涯计划的起点。人们应该制定个人发展战略，扬长避短，抓住职业生涯良机。尽管职业生涯发展途径不尽相同，但它是制定个人战略的一种过程，从理论上讲与组织战略有相似之处，图 12-1 对此进行了归纳，下面将详细阐述。

（1）准备个人简历

认识自己是最困难的事情之一，但这是制定职业生涯战略十分重要的第一步。管理人员应自问：我是一个内向的人还是外向的人？我对时间、成功、工作、物质利益、变革的态度持何态度？对以上及类似的问题的回答以及对价值观的重新认识将有助于确定职业生涯发展的方向。

（2）制定长期的个人与职业目标

如果没有包括目的地在内的飞行计划，飞机是不会起飞的。然而，管理人员对自己的生活方向又明白到什么程度呢？人们常常不愿制订职业生涯计划，因为这涉及做出决策。选定一个目标，就意味着放弃追求其他目标的机会，一个人如果为成为一名律师而学习，他便不可能同时当一名医生。管理人员不愿制定目标，还因为环境的不确定性使他们对做出承诺感到不安，而且他们害怕完不成目标，因为这样会对其自我追求造成打击。

但是，人们通过了解阻碍制定目标的因素，便可逐步地增加承诺。首先，当制定绩效目标成为考评工作的一部分时，就比较容易确定职业生涯目标了。而且，人们不必一

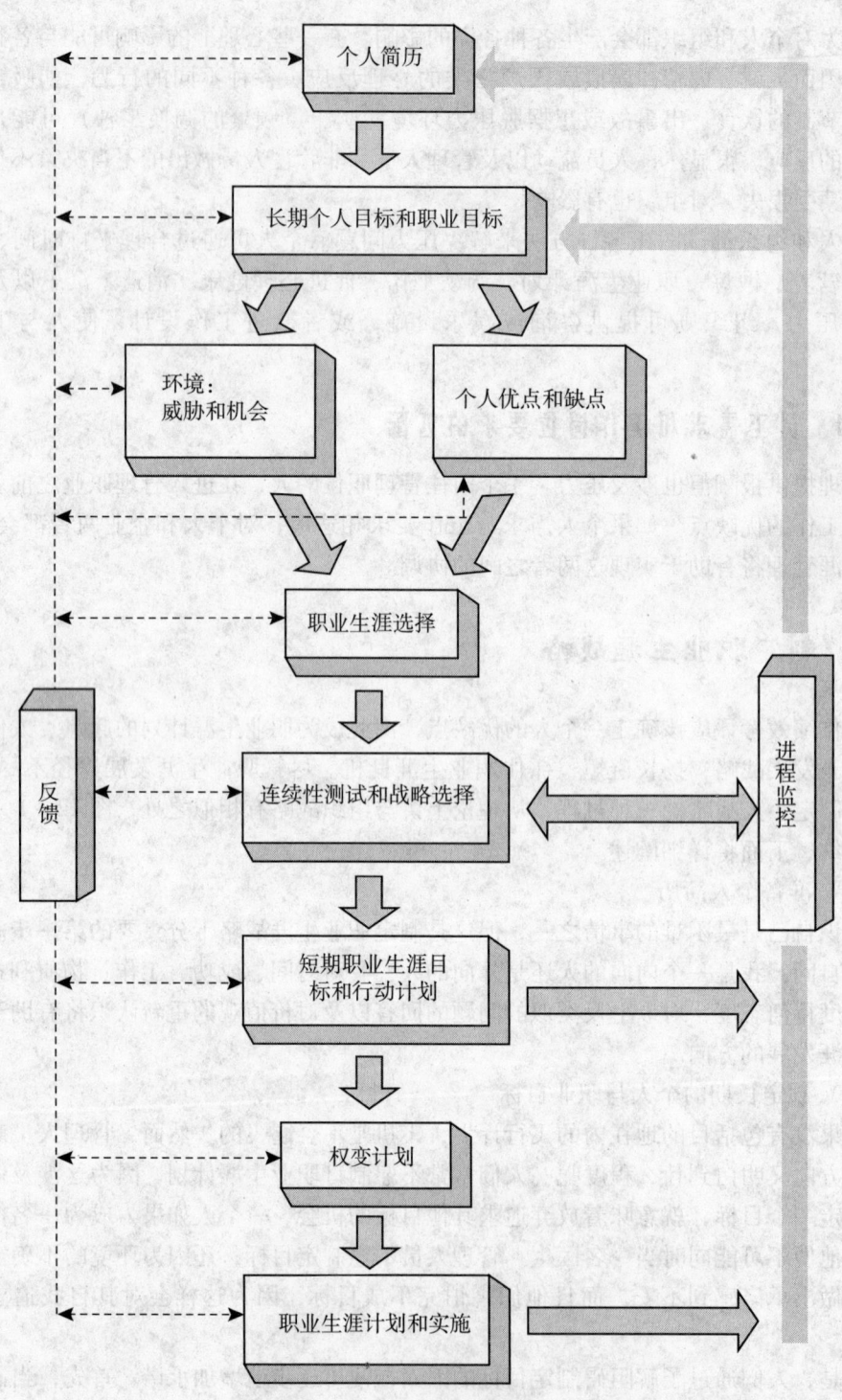

图 12-1 职业生涯战略的制定

下子制定所有的职业生涯目标,相反,目标的制定是一个留有余地的连续过程,职业目标可根据变化的环境进行修改。减轻制定目标阻力的另一因素是长期目标与目前行动要求的结合。例如,确立了做医生的目标,就比较容易去学那些为获取医学学位所必须学习的令人厌倦的课程。

人们应该制定多远的计划呢?这一问题可以在承诺原则中找到答案。承诺原则认为,计划应包含为完成今天所决定的承诺而必需的时间。所以,职业生涯计划的时间框架将随情况变化而不同。例如,一个人要想成为教授,就有必要计划在大学学习7~9年;另外,如果职业生涯目标是成为出租车司机,那么所需的时间就短得多。无论如何,长期目标必须分解为短期目标。在此之前,人们有必要先认真评估一下外界环境的威胁和机遇。

(3) 环境分析:威胁和机遇

在对组织内外的环境进行分析时,需要考虑多种因素,其中包括经济、社会、政治、技术、人口统计等因素,也包括劳动力市场、竞争及其他与具体情况有关的因素。例如,进入一个正在扩展的公司通常比进入一个已发展成熟、不易增长的公司工作有更多的发展机会。同样,在一位流动性大的经理手下工作意味着上级职位空缺的可能性较大;或者在一位有能力且颇有晋升潜力的经理手下工作,有可能"借他(或她)的光",沿着组织的职位阶梯稳步提升。总之,成功的职业生涯计划需要系统地审视环境中的机遇与威胁。

人们不仅要注意目前的环境,还得关注将来的环境,这需要进行预测。由于有许多因素需要进行分析,在计划职业生涯时就必须加以选择并将重点放在那些对个人成功极为关键的因素上。

(4) 分析个人优点和缺点

为了成功地规划职业生涯,环境的机遇与威胁必须与个人优点和缺点相协调。可以将个人能力按技术、人际关系、理性思维或设计进行分类。从第1章的图1-2中可以看到,这些技能的相对重要性因组织结构级层的职位不同而异。对基层主管人员来说,专业技能是非常重要的;而对高层管理人员而言,理性思维和设计技能则极为关键;人际交往技能则对任何一级的人都很重要。

(5) 制定战略生涯选择方案

在制定职业生涯战略时,人们通常有多种选择。最成功的战略应该是建立在自己的优势并利用外部机遇的基础上的。例如,如果一个人精通计算机知识,而正好有许多家公司招聘计算机程序编制员,那么他便有很多获得满意职业生涯的机遇;另外,虽然存在对计算机程序编制员的需求,而这个人也对程序编制感兴趣,但缺乏必要的技能,那么对他而言,正确的途径应该是制定发展战略,克服缺点,掌握计算机技能,以抓住外部机遇。

认识环境中的威胁并制定战略去应对威胁可能也很重要。有些人可能具备很出色的管理和技术技能，但却在一个每况愈下的公司或产业中工作，那么，对这些人来说，最适当的战略也许是到某一个正在扩张或发展的企业或产业去寻求工作。

（6）连续性测试和战略选择

为制定个人战略，人们必须认识到基于优势和机会的合理的选择并非总是尽如人意的。尽管有些人在就业市场上具有某种所需的技能，但该领域的职业有可能与个人的价值观或兴趣并不相适应。例如，某人也许更喜欢与人打交道而不喜欢设计电脑程序，某些人或许会喜欢专业化，而另一些人则喜欢扩大他们的知识和技能。

战略选择需要做出一定的妥协。某些选择涉及很高的风险，某些则风险较低；一些选择要求即刻行动，另一些则可暂缓。某些职业过去虽然曾是很诱人的，但将来可能前途莫测。理性和系统的分析仅仅是职业生涯计划过程中的第一步，因为选择同时涉及个人的喜好、理想以及价值观。

（7）制订短期职业生涯目标和行动计划

到目前为止，我们一直在讨论职业生涯方向问题。但是，个人战略必须辅之以短期目标和行动方案，而它们可以作为绩效考评过程的一部分。因此，如果目标是想取得某个管理职位，而这个职位是以工商管理硕士学位为前提的话，那么，短期目标也许就是完成一系列相关课程。这里举例说明短期可考核的目标：5月30日前完成《管理学基础》课程，成绩为"A"。这个目标是可衡量的，因为它说明了将要完成什么，在什么时间前必须完成以及绩效质量（分数）。

目标常常必须辅之以行动方案。继续讨论刚才的例子，完成管理学课程需要准备一套进程表，如按课程表上课、做家庭作业和获得配偶的支持，因为上课将会牺牲与家人在一起的时间。很显然，长期的战略性职业生涯计划需要辅之以短期目标和行动计划。

（8）制订权变计划

职业生涯计划是在不确定的环境中制订的，因而对未来不能以很高的精确性进行预测。所以，应该准备一个基于另外一种假设的应急性计划。一个人也许喜欢在一个规模小，但增长快的风险公司工作，但是基于该公司可能不一定成功的假设，另外制定一个应急性职业生涯备选方案也许是明智的。

（9）实施职业生涯计划

职业生涯计划可以在考评绩效时起步，因为这时应该讨论个人的成长和发展。职业生涯目标和个人志愿在选拔、晋升时以及在设计培训和培养计划时加以考虑。

（10）监控实施过程

监控是评估职业生涯目标进展情况，以对目标或计划进行必要修正。评估职业生涯计划的最适宜时间是在考评绩效的时候。这不仅是在工作范围内对照目标检查工作绩效，也是按职业生涯计划检查重要阶段的落实情况。此外，还应在其他时间监控进展情况，例如在一个重要的任务或项目结束的时候。

(11) 双职工战略

一个有效的职业生涯战略要求对员工配偶的职业生涯同样给予关照。男女双方都参加工作的双职工有时必须做出一些很痛苦的选择。例如，如果两人在事业上都很成功，此时晋升机会要求一方调动工作，他们将面临特别痛苦的选择。有些公司用下列方法来满足双职工的特殊要求：对异地工作调动采取灵活的方式；考虑双方在职业生涯计划方面的要求；帮助配偶在公司内或公司外寻找工作；以及提供产假和白天照顾孩子的服务。由于员工中有大批已婚妇女，越来越多的公司认识到双职工夫妇的困难处境，因而在公司政策、职业生涯计划、人员选拔、安置和晋升方面引入了更多的灵活性。

本章小结

考评是有效管理的关键环节，考评应该衡量目标和计划实施过程中的绩效以及考评管理人员的绩效。一种有效的方法是按可考核的目标考评管理人员。这种方法操作性强，与管理人员的工作密切相关，而且相对来说比较客观。即使如此，一个管理人员仍然可以由于运气或他的（她的）能力范围之外的其他因素而表现突出或很糟。因此，目标管理方法应该辅之以按管理人员标准考评管理者的方法，即评估他们是如何完成其关键的管理活动的。

共有三种检查方法：（1）正式的综合考评；（2）进程或定期检查；（3）连续监控。在一个建议性的考评计划中，主要管理活动通过检查问卷形式展现，并按计划、组织、人员、领导、控制分类归纳。

由于管理人员之间差别很大，他们要求不同的回报，如机会和收入。管理人员的工作也有压力，这不仅影响个人同样也影响组织，因此，形成了各种不同的解决压力的方法。

职业生涯计划可以与绩效考评有效地联系起来。尽管制定职业生涯战略的具体步骤可能不尽相同，但是其过程与制定组织战略有很大的相近性。由于双职工夫妇的情况很普遍，一个有效的职业生涯战略必须将夫妻双方的就业考虑进去。

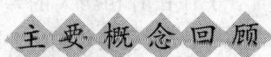

三种检查方法	团队评估方法	制定职业生涯战略的10个步骤
按可考核目标考评	管理报酬	双职工职业生涯战略
按管理人员标准考评管理者	管理压力	

讨 论 题

1. 你认为应定期考评管理人员吗？假如是的话，应怎样做？
2. 许多公司根据进取心、协作、领导力以及态度等个性因素评估管理者。你认为这一做法有意义吗？
3. 本书提出了根据管理人员的管理能力评估管理者的观点。是否对他们还应提出其他要求？

4. 你认为根据预期和实现的结果进行考评的方法如何？你愿意在此基础上被考评吗？如果不愿意，为什么？

5. 你在大学的表现应该根据什么来考评？

6. 在一个学生告诉你，他为准备期中考试每天至少学习 4 个小时，可结果只得了"C"时，你会对他说些什么？

7. 叙述你的工作或大学经历中最值得留恋和最有压力的方面。

8. 你的职业生涯目标是什么？你制订了实现目标的计划了吗？如果没有，为什么？

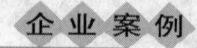

十年增长 100 倍的潍柴集团①

潍柴控股集团有限公司是目前中国综合实力最强的汽车及装备制造集团之一，其前身潍坊柴油机厂创建于 1946 年。潍柴集团在全球拥有员工 4 万余人，2010 年，潍柴控股集团以营业收入 911.376 亿元的业绩，名列中国机械工业百强企业第 2 位，2011 年度中国 500 强企业排名榜上位居 93 位，比上一年跃升了 24 位。建厂 65 年来，集团探索出了一条资本运营与产业经营双轮驱动的发展模式，创造了 10 年增长 100 倍的奇迹，其旗下三只股票市值近 1000 亿元。

潍柴集团是国内唯一同时拥有整车、动力总成和汽车零部件三大业务平台的企业，分公司遍及欧洲、北美、东南亚等地区，在中国山东、陕西、湖南、上海、重庆、江苏、黑龙江 7 省市设立了全资或控股子公司，成为了国内综合实力最强的装备制造集团之一。在集团控股子公司中，潍柴动力股份有限公司（潍柴动力 - 2338 HK）于 2004 年 3 月 11 日在香港联交所主板上市，是中国第一家在香港上市的内燃机企业；2007 年 4 月 30 日，潍柴动力（000338 SZ）通过换股方式，吸收合并湘火炬在深圳证券交易所挂牌上市，成为中国资本市场全流通条件下的最富创新价值的第一并购案例，开创了资本市场上的"潍柴模式"；2007 年 4 月 30 日，潍柴重机股份有限公司在深圳证券交易所上市。潍柴集团已成为中国发动机行业全系列、全领域最大的提供商，其中 10 升以上发动机产销量居全球第一。集团率先推出商用车动力总成产品后，使中国商用车研发效率提升了 1/3。

汽车及装备制造业的发展水平是一个国家先进制造业的重要体现，具有产业关联度大、规模效益显著等特点。近年来，中国的汽车及装备制造业开始融入国际市场，并取得了令人瞩目的持续高速发展。然而在国际竞争力方面，中国汽车及装备制造业在自主品牌、产品研发和创新、产业链定位、国际市场话语权等方面仍存在着一系列的问题，与国际竞争对手存在着相当大的差距。令人欣慰的是，作为中国汽车及装备制造业的核心企业，潍柴集团近年来的快速发展和骄人业绩成为行业的佼佼者，为同行企业树立了一个标杆形象。

潍柴集团的前身是潍坊柴油机厂，20 世纪 60 年代全面引进捷克 6160 系列中速柴油机，经过 10 年的吸收、消化、创新，到 70 年代中期，已进入畅销期，年产达到 5000 台，销售额为 10 亿元人民币，职工 5000 人。后来又自主开发了

---

① http://www.weichai.com/.

6200系列中速机,到80年代中期畅销国内外,这两大产品系列都获得了国家银牌奖。80年代中期引进的奥地利斯太尔发动机和90年代中期引进的德国道依茨发动机,使潍柴集团进入了全新的发展时期,销售额从2002年的30亿元,发展到2003年的50亿元,直到2004年的105亿元,成为全国内燃机行业第一个过百亿企业。在这期间建立了三个合资企业、兼并了重庆柴油机厂、控股了湘火炬上市公司,并成功地在香港上市。潍柴集团主要产品包括柴油机、重型卡车、汽车零部件等,涉及柴油机、汽车、工程机械等行业。迄今为止,潍柴集团几乎打通了整个产业链,形成了全产业链的高度纵向一体化,业务范围覆盖整车、动力总成和汽车零部件,不仅拥有强大的研发和制造能力,而且具有产业链整合能力。

潍柴集团是行业"链合创新"发展的倡导者。集团与产业链上下游企业、科研院所成立"研发共同体"平台,与北汽福田、北方奔驰、广西柳工、上海龙工等下游整车企业进行战略合作,主持和参与国家科技攻关项目和国家标准制定,建立了"国家商用汽车动力系统总成工程技术研究中心",发起设立"商用汽车与工程机械新能源动力系统产业技术创新战略联盟",与天津大学、山东大学、浙江大学、北京交通大学等科研院所通过建立联合研发中心、设立博士后流动站等方式,加快了科技成果转化为现实生产力的步伐。推动了中国内燃机行业和相关上下游产业的技术进步。

2005年9月,WEICHAI牌多缸柴油机荣获"中国名牌产品"称号。2006年7月,潍柴荣获"中国驰名商标"称号。2007年11月26日,潍柴动力以总分全国第一名的成绩荣获全国质量奖。

2008年国际金融危机以来,潍柴集团不但没有受其影响,反而取得了跨越式飞速增长。在国内,潍柴集团紧紧抓住了产业优化升级的机遇;在国际上,潍柴集团充分利用衰退期,一方面进行了战略性的抄底并购,另一方面积极抢占人才、市场等优势资源,扩充自身实力。

2009年6月18日,潍柴集团、山东工程机械集团、山东汽车工业集团三家山东国资委旗下企业,组合成立了山东重工集团。潍柴拥有山东重工集团近80%的资产比例,位居核心地位。山东重工集团成立之后,潍柴董事长谭旭光出任了山东重工集团董事长、党委书记。

潍柴集团的战略愿景是"打造全球领先、全系列、全领域动力提供商,建设百万台、千亿级动力研发制造基地,综合实力跻身全球发动机行业前两位,进入世界500强"。为适应建设国际化潍柴大目标的发展要求,集团管理层始终以国际市场为导向,走国际化发展之路。

潍柴集团的国际化经营历史悠久,追溯到20世纪50年代末期。潍柴发动机随终端产品出口到海外市场,开启了潍柴发动机销往海外市场的起步阶段。80年代末,潍柴一般贸易经历了一个艰辛、漫长的市场开拓过程,尤其是1997年的亚洲金融危机,对潍柴的出口形成了不小的打击。

20世纪90年代,集团进入国际化的发展阶段,业务向东南亚地区辐射,船机销往越南,迅速打开了市场。东南亚市场销售额达200万美元。在1990年至2009年年末扩张阶段,潍柴动力发动机板块累计出口额达7亿美元,海外市场潍柴发动机保有量达13万台。

2000年年初,受集团产品的限制,潍柴产品主要销往第三世界国家,在有限的可利用资源条件下,广大业务人员尽最大努力开拓着海外市场。

近年来,潍柴的产品和品牌逐步为海外市场所接受,方式也不再仅仅局限于产品走出去,更多的开始实施资本走出去,品牌走出去,人才走出去。在"海外并购坚定不移地走资本扩张道路"的过程中,潍柴认识到,只做一般贸易出口,企业永远不会成长为一个国际化的企业,企业要进入海外市场,必须要借助多种模式。

2009年1月23日，作为潍柴集团下属企业，潍柴动力股份有限公司的子公司潍柴动力（香港）国际发展有限公司，通过竞拍获得了法国"博杜安公司"的相关资产。博杜安公司专业从事发动机及驱动总成的设计、开发和销售，主要产品包括发动机、齿轮箱、传动轴和螺旋桨等。通过收购博杜安的产品、技术和品牌，集团以博杜安公司为依托，全面开展公司全系列产品在欧洲、北非市场的推广，有效实现品牌联动，从而将博杜安公司打造成为潍柴集团抢滩欧洲、北非市场的制造中心、物流配送中心、备件中心及服务中心。同时，借鉴全球化发展定位的产品研发和技术管理经验，集团可以扩大其产品配套范围，推动业务的协同发展。

为了开拓北美市场，潍柴集团收购了美国MAT AUTO公司，成为集团在美国设立的全资子公司，主营汽车零部件。收购MAT AUTO公司是潍柴集团在海外市场资本运作及兼顾潍柴集团海外市场核心业务的一个成功案例。

为进一步整合国际市场资源，扩大在东南亚市场的市场影响力，潍柴集团于2010年年初在新加坡注册成立了潍柴—博杜安（新加坡）分公司。集团以此为平台，打造在东南亚地区的销售中心、培训中心、仓储中心、服务中心、再制造中心，借助中国与东盟自由贸易区成立的东风，将新加坡公司建成潍柴集团在东南亚地区的运营中心，有效配置东南亚地区市场资源。

2010年是潍柴集团再创辉煌的一年，全年销售收入达到911亿元，产销各类发动机77万台，继续保持了全球高速大功率动力第一提供商地位。随着人才第一、结构调整、核心技术转型、信息化、国际化、机制体制创新工程全面实施，一个具有较高品牌知名度和较强影响力的国际化大型企业集团，屹立在世界装备制造业之林。

2011年6月22日，在深圳"第四届中国上市公司最佳董事会评选"会上，潍柴动力股份有限公司谭旭光董事长当选"2011中国上市公司最受尊敬董事长"。在2011年7月18日全国企业文化年会上，谭旭光董事长被大会授予"2010~2011年度全国企业文化突出贡献人物"荣誉称号，这是全国企业文化领域最高奖项。自1998年担任原潍坊柴油机厂厂长以来，谭旭光董事长大胆改革、锐意进取，带领潍柴实现了超常规、跨越式发展。他带领管理团队将企业文化与企业战略实现良好互动，在企业文化建设上进行了积极探索，不断丰富和创新企业文化内涵，实现了企业和谐快速发展。企业运营规模从他上任之初的5亿元增长到目前的近1000亿元，从一家濒临破产的传统国有企业，逐步发展成为国内外知名的装备制造集团。

2011年7月13日，在《财富》2011年中国上市公司500强排行榜上，潍柴动力排名第52位，比上一年排名上升21位，排名位居山东企业之首。此外，在净资产收益率排名中，潍柴动力排名第10位；在最赚钱的公司排名中，公司排名第39位。①

2011年9月3日，2011年中国企业500强发布会暨中国大企业高峰会在成都召开。潍柴控股集团有限公司以911亿元的营业收入，位居中国企业500强第93位，较2010年上升24位，在中国制造业500强中位居第35位，较2010年上升14位。10年增长100倍的潍柴集团还在加速发展，向着基业长青的百年企业奋进。

（本案例根据实地采访和报刊资料整理而成）

---

① http://www.fortunechina.com/fortune500/node4302.htm/.

◆ 思考题

1. 潍柴集团是如何创造 10 年增长 100 倍奇迹的?
2. 企业如何才能平衡资本运作和产业经营两者之间的关系?
3. 潍柴集团的国际化经营特点是什么?集团在扩大海外营销网络过程中会遇到哪些问题?
4. 要打造全球领先、全系列、全领域动力提供商,潍柴集团在战略层面还需做哪些努力?你有什么具体建议?

13 通过管理人员和组织的发展来管理变革

[学习目标]

学完本章后,你应该能够:

1. 区别管理人员的培养、管理培训和组织发展。
2. 讨论管理人员培养的过程及培训。
3. 说明培养管理人员的各种方法。
4. 确定变革和冲突的根源,并说明如何应对。
5. 阐述组织发展的特征及其过程。
6. 理解学习型组织。

本章探讨的主题是变革。首先将集中讨论个人的变化,尤其是管理人员的培养和培训,当然,人们不是孤立地进行经营活动的,因此,本章后半部分将重点讨论群体和组织的发展。

出色的高层管理人员总是未雨绸缪,着眼于未来。他们所采用的一个重要方法是对管理人员进行培养和培训,使他们能够应对新的需求、新的问题和新的挑战。的确,高层管理人员有责任对其下属提供培养和培训的机会,以使下属充分发挥其潜能。

管理人员的培养是指长期性的、面向未来的、旨在改进人们管理能力的计划。

管理培训是短期性的计划,有利于学习过程,有助于管理人员更好地做好工作。

组织发展是一个系统、完整、有计划的方法,用以提高群体、整个组织或组织内部主要部门的有效性。

管理人员的培养这一术语是指长期性的、面向未来的计划以及个人在学习管理的过程中取得的进步;而另一方面,**管理培训**则是指为了促进学习过程而实施的计划,通常是短期性的活动,旨在使管理人员更好地做好工作。在本书中,**组织发展**是一个系统、完整、有计划的方法,用以提高群体、整个组织或组织内部主要部门的有效性。组织发展运用各种方法来识别和解决问题。

因此,组织发展主要是针对整个组织(或其中一个主要部门)的发展而言,而管理人员的培养则主要是针对个人的。这两个方面是相辅相成的,应将它们结合起来,以提高企业管理人员的素质和企业的有效性。

13.1 管理人员的培养过程和培训

在决定具体的培训和培养计划前，必须考虑三种要求：一是组织本身的要求，包括企业的目标、管理人员的可供性和人员的流失率；二是与企业经营和工作有关的要求，这些可以根据岗位说明书和工作绩效标准加以确定；三是有关个人培训要求的信息，这些可以从工作绩效考评、与在职人员面谈、测验、调查和个人职业生涯计划中获得。下面深入探讨一下管理人员培养过程中的几个步骤，首先是个人目前的工作；其次是职业生涯阶梯中的下一个工作；最后是组织未来的长期发展要求。这些管理人员培养步骤见图13-1。

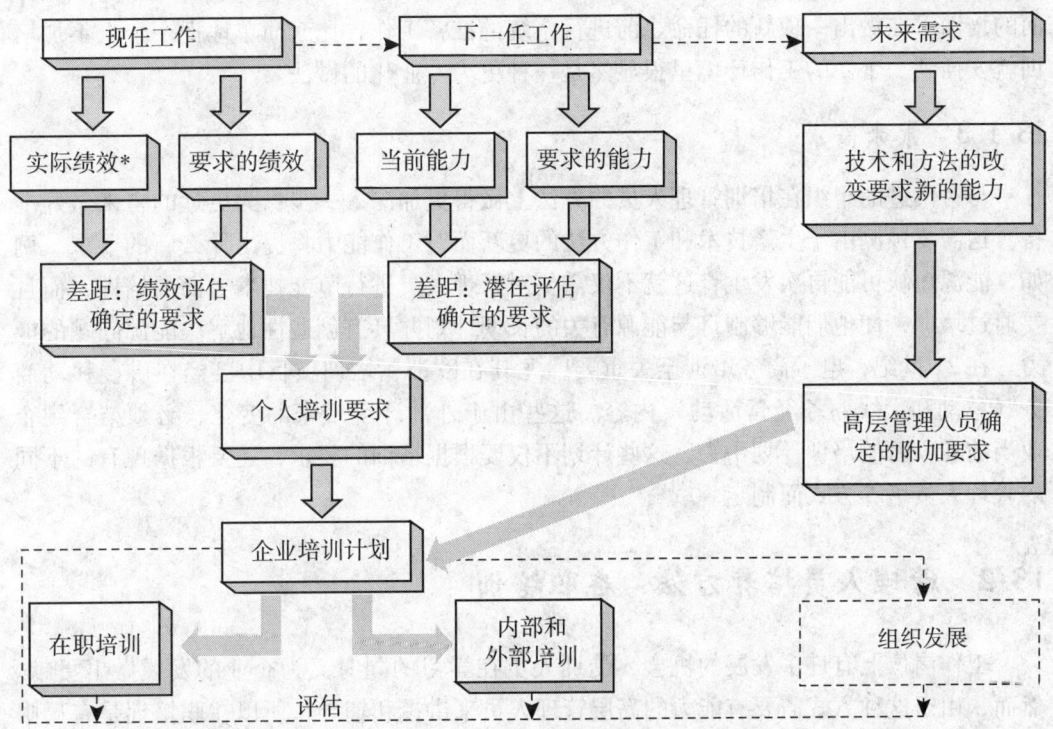

图13-1 管理人员培养过程和管理人员培训

* 这里包括按可考核目标衡量的绩效和实施关键性管理活动的绩效。

资料来源：Adapted from John W. Humble, Improving Business Results [Maidenhead, England: McGraw-Hill Book Company (UK), Ltd., 1968].

13.1.1 现任工作

管理人员的培养和培训必须基于对要求的分析，这一分析可以通过比较实际的工作绩效和表现与要求的工作绩效和表现而得到。地区销售经理确定预计销售额为1000件，认为这是一个合理的数字，但实际销售量仅为800件，比计划目标少了200件。对这一差异进行分析有可能表明，销售经理缺乏做出正确预测的知识和技能，另外，下级管理人员之间的冲突妨碍了有效的团队工作。在此分析的基础上，就可以确定克服这些缺点的培训要求和培训方法。结果，该地区销售经理报名参加了有关预测和解决冲突的课程。

13.1.2 下一任工作

如图13-1所示，在确定下一任工作的培训要求时，也采用了类似的过程，尤其是要把目前的能力与下一任工作所要求的能力相比较。例如，可考虑让一个一直从事生产工作的人去担任项目经理。这一职位需要经过诸如工程、市场营销，甚至财务等职能方面的培训。在做出一项新的任命之前进行系统的准备工作，比起简单地把一个人不加培训就安插到一个新的工作环境里很显然是一种更为专业化的做法。

13.1.3 未来需求

与时俱进的组织在培训管理人员的方法上做得更加深入一步：为更远的将来做好准备。这需要预测由于生产技术和工作方法的更新而对工作能力将提出什么新的要求。例如，能源短缺可能再次发生，这就不仅需要对管理人员进行节能技术方面的培训，而且要通过培训，使他们能够制订与能源有关的长期计划并具有创造性地解决能源问题的能力。在21世纪，电子商务培训至关重要，尤其在欧洲，培训项目中已经在讲授移动商务（移动和无线商务经营活动）内容。这些由于外部环境带来的变化，必须结合到企业当前和今后的培训计划中去。这些计划不仅要根据培训的要求，还要根据现有的不同的管理人员培养方式而制定。

13.2 管理人员培养方法：在职培训

工作岗位上有许多发展的机会，受训人员在学习的同时又为企业的发展做出贡献。然而，由于这种方式需要有能力的高层管理人员来讲授和辅导，所以在职培训是有局限性的。

13.2.1 有计划地推进

有计划地推进是一种能给管理人员提供清晰了解自己发展途径的方法，管理人员知道他们目前所处的位置，也明白他们将来可能达到的目标。例如，一个基层管理人员可以看到从主管到工厂负责人，一直到成为生产经理的一个粗略发展蓝图，进而了解到晋升的条件和得到晋升的方法。不幸的是，人们可能会过分强调为下一任工作而做出努力，忽视

> **有计划地推进**是一种能给管理人员提供清晰了解自己发展途径的方法。

应在现在的工作中有良好的绩效。受训人员可能会把有计划地推进看成是达到高层的坦途，但实际上有计划地推进是一种按部就班的方法，需要把每一级的工作都努力做好。

13.2.2 岗位轮换

岗位轮换的目的是拓宽管理人员或继任管理人员的知识。受训人员通过在不同岗位上的轮换了解各种不同的企业职能，主要有以下方式：（1）非监督性工作；（2）观摩工作（观察管理人员的工作而非亲自进行管理）；（3）在各种管理培训岗位工作；（4）担任中级助理工作；（5）甚至不固定地轮换到诸如生产、销售和财务等不同部门的不同管理岗位。

从理论上讲，轮换工作有好处，但实行起来也有困难。在有些工作轮换计划中，参与者实际上并没有管理职权，他们只是观察或帮助在职管理人员，他们不像真正管理那样要担负责任。即使轮换到管理岗位，轮换计划的参与者的任职时间也不足以证明他们今后作为管理人员的有效性。再者，在轮换计划完成时，可能没有合适的职位安排给他们。尽管有这些缺陷，如果管理人员和受训人员都能理解存在的困难，轮换工作就有其积极的一面，并且对受训人员应该是有好处的。

> 岗位轮换的目的是拓宽管理人员或继任管理人员在不同的企业职能方面的知识。

13.2.3 设立"助理"职位

设立"助理"职位往往可以拓宽受训人员的视野，它使受训人员与有经验的管理人员一起工作，而有经验的管理人员可以对受训人员的培养要求给予特别的关注。管理人员除其他工作外，还可以专门安排任务来测试受训人员的判断力。与轮换工作相同，如果上级同时又是合格的教师，能给受训人员以适当的指导和培养，直到受训人员能够独立承担管理人员的全部责任，则这一方法也是非常有效的。

> 设立"助理"职位可以拓宽受训人员的视野，它使受训人员与有经验的管理人员一起工作。

13.2.4 临时性晋升

在正式经理外出度假、生病、较长时间出差甚至出现职位空缺时，他人常常被指派作"代理"经理。所以，临时性晋升既是一种培养管理人员的方法，同时也给企业带来了便利。

当代理经理做出决定并承担完全责任时，他所取得的经验是很宝贵的。另一方面，如果代理经理只是挂个名，既不做任何决策，也不真正进行管理，那么就起不到培养的效果。

> 临时性晋升"代理"经理是指以此来行使缺位管理人员的职责。

13.2.5 委员会和基层管理委员会

委员会和基层管理委员会亦称多层管理，使受训人员有机会与有经验的管理人员交往。

委员会和基层管理委员会亦称多层管理，有时用来作为培养管理人员的方法，使受训人员有机会与有经验的管理人员交往。此外，受训者一般来自企业的中层，也有些来自企业的基层，他们开始熟悉整个组织的各种问题，这样，他们就了解了不同部门之间的关系以及这些部门相互作用下所产生的问题。受训人员可能有机会向委员会或基层委员会提出报告和建议，以证明他们的分析和想象能力。这个方法的负面作用是，高级管理人员可能会用家长方式来对待受训人员，可能不给他们真正参与管理的机会，其做法会使他们感到沮丧，产生消极情绪。这样一来，这种方法对他们的成长是不利的。

13.2.6 辅导

辅导必须在相互信赖和信任的气氛中进行，目的在于巩固下属的优点，克服其缺点。

在职培训是一个循序渐进的过程，一个好的实例是体育培训中运动员的培训。**辅导**是每一个直线经理的职责，要使辅导有成效，必须在上级和受训者之间建立起一种相互信赖和信任的气氛。上级必须有耐心，有智慧，必须能够授权，而且对于下属出色的工作给予认可和赞赏。有效的辅导能巩固下属的优点并发挥其潜在的能力，能帮助他们克服缺点。辅导需要时间，但是，如果把辅导做好，就可以节约时间、财力和防止下属犯高代价的错误。因此，从长远来看，辅导会给上级、下属及企业三者都带来好处。

13.3 管理人员培养方法：内部和外部培训

如图 13-1 所示，除了在职培训，还有很多方法可以培养管理人员。这些培养计划可在企业内实施，也可由企业外的教育机构和管理协会实施。

13.3.1 会议项目

会议项目使管理人员或继任管理人员可以接触到各类专家的看法。

会议项目既可用于企业内部培训也可用于企业外部的培训。在这一方法中，管理人员或继任管理人员可以接触到各类专家的看法。在企业内部，可向他们讲解企业的历史，目标，政策，与顾客、消费者及其他群体的关系等，而企业外的会议内容极为多样，包括从具体管理方法到涉及企业与社会的关系这样广泛的问题。

如果这些方案可以满足培训的要求，并且经过深思熟虑的计划，那就会很有价值。认真地挑选培训话题和专家，能够增加这种方法的效果。此外，开展讨论能使会议更加成功，因为通过双向交流，参加者可以要求澄清与他们特别有关的具体话题。

13.3.2 大学管理项目

现在许多大学除了提供工商管理专业本科和研究生学位外，还举办一些培训管理人员的课程、讲习班、研讨会和正规培训项目。提供的方式有夜读班、短期研讨班、住宿课程、全日制研究生课程，甚至按不同公司的要求而特别设计的项目。有些高级管理人员发展中心甚至还提供职业生涯发展支持项目，以满足基层主管人员、中层管理人员及高层管理人员的特殊培训和发展要求。

> 大学管理项目使管理人员接触到管理的理论、原则和新的发展。

这些大学项目使管理人员接触到管理的理论、原则和新的发展。此外，参加这些项目的管理人员管理职位相近，面临类似的挑战，通常在项目中交流其宝贵的管理经验。

13.3.3 内部"大学"

通用电气的首席执行官拉尔夫·科迪纳（Ralph Cordiner），在20世纪50年代中期至末期阶段在纽约克罗顿维尔（Crotonville）建立了最早的企业内训机构。几年前退休的通用电气首席执行官杰克·韦尔奇喜欢在克劳顿维里的培训中心，讲授他的通用电气下属经营单位在市场中第一和第二的战略基调。克罗顿维尔成了通用电气的学习中心。

另一个知名的企业内训中心是芝加哥附近的麦当劳大学。这个大学有自己的图书馆和现代的电子设备教室，管理人员在那里学习如何经营麦当劳餐厅。世界各地战略性地分布着不少这样的大学，许多公司创建了自己的大学。

其他推行管理人员自行培训和培养的公司包括：英特尔、联邦快递（FedEx）、第一资本财务公司（Capital One）以及其他公司。德国公司以其全方位的培训期制度（apprenticeship system）著称，现已扩展到管理教育培训项目。例如，撒普公司（SAP软件公司）和巴斯夫公司（BASF，大型化学跨国公司），联手在德国路德维希港（Ludwigshafen）的应用科学大学推出了培训项目，作为其各自内训机构的补充。

还有一个企业内部培养的范例是美国国际商用机器公司（IBM）的"和平使团类培训"（Peace Corps – Type Training）。IBM素以员工课堂培训著名，但是真实世界与课堂大相径庭。所以，IBM人力资源部制订了一个类似于美国的"和平使团"项目的计划，目的是让管理人员深入了解真实世界。按照这个创新计划，IBM员工在诸如印度、巴西、马来西亚、南非以及其他国家进行一个月的培训，了解当地的文化，成为"地球人"。这就意味着他们居住在不同于本国的生活环境中，那里没有能收看CNN新闻的豪华宾馆，有的只是提供当地饮食的招待所。参加培训的员工与当地的政府部门、大学、企业人员以团队方式工作，帮助他们提高技术水平，改善饮用水质量。尽管一个月不可能使参与培训人员成为全球性专家，但足以让他们知道，地球越来越呈现扁平状，来自不同文化背景的人们联手工作才能完成共同的目标。

13.3.4 阅读、电视、电化教学及在线教学

还有一种培养管理人员的方法是有计划地阅读有关的最新管理文献资料，这基本上是一种自我发展的方法。管理人员可以得到培训部门的帮助，后者经常编制有价值的书籍目录表。与其他管理人员和上级讨论相关的文章和著作也可以提高学习的效果。

管理和其他一些话题已经越来越成为电视教育节目的主题。某些培训项目可以获得大学学分。此外，还有不同主题的录像带，可在大学或公司的教室里使用。

www. education. co
www. ucla. edu
www. phoenix. edu
www. uchicago. edu
www. columbia. edu
www. stanford. edu
www. lse. ac. uk
www. cmu. edu
www. cardean. edu
www. blackboard. com
www. webct. com

在线教育投资在日益增长，提供在线教育的机构可以划分为三类：（1）学院；（2）大学；（3）企业和商业培训组织。大学在研究生项目和扩展课程方面正在采用新的技术。例如，在加州大学洛杉矶分校，3000个本科课程中的大部分都附有网页，包括讲义和补充材料，甚至测验也可以在网上进行。凤凰城大学（University of Phoenix）将函授学习与晚间课程结合在一起，诸如芝加哥大学、哥伦比亚大学、斯坦福大学、伦敦经济学院等下属的管理学院，以及卡耐基梅隆大学与卡帝恩大学（Cardean University）合作提供的完整的在线课程。黑板公司（Blackboard）和瓦布斯帝公司（WebCT）等企业已经开发出了网络平台，在网上提供课程材料。尽管在线教育很有益处，批评家对新技术的应用带来的利润和有效性提出了质疑。

13.3.5 企业模拟和拓展训练

企业模拟游戏和拓展训练已经推出了一段时间，但电脑的出现使这些培训和培养方法更为流行。然而，计算机只是工具之一，许多培训根本不需要任何硬件。

www. towson. edu/ ~absel

大量的各种各样的企业模拟方法可以通过"企业模拟和拓展学习协会"（the Association for Business Simulation and Experiential Learning, ABSEL）会议上讨论的话题得到最好的解释。例如，这些方法从涉及观念和价值的行为培训，到诸如营销学、会计、决策支持系统及商业政策和战略管理的课程，无所不有。

13.3.6 电子化培训

www. mcdonalds. com
www. thrifty. com
www. circuitcity. com

随着企业的经营活动越来越广泛，诸如麦当劳、节俭汽车租赁公司（Thrifty Car Rental）和环行城（Circuit City）电子产品公司等企业推出了基于网页的培训课程，可能比传统意义上的课堂培训要更具成本优势。例如，在2001年，麦当劳首次启动了网上培训项目，在6个国家，用4种语言对3000名员工进行培训。公司采用各种可能的培训方法，有的是提供近似于实战的内容，有的是形成虚拟的教室，教师和学生

能够互动。与实况讲授相同步的电子化培训看起来比需要自律的自我安排进度的学习方法更为有效。实况讲授可以通过投影胶片、幻灯片和讲义相结合的方式,以适应学生不同时间段的需要。方法之一是将近似于实战的项目与实况电子化培训混合使用。

那些知识密集型公司已经成功地应用了电子化学习方式,如国际商用机器公司(IBM)推出的基本蓝色调(Basic Blue)电子化学习方法。近年来,电子化培训用于传授技能,美国国内税务署(The U. S. Internal Revenue Service)使用基于网页的培训,海王星东方海运公司(Neptune Orient Lines)是一家大型集装箱运输公司,也在使用网上培训。这家集装箱公司必须要对其分布在欧洲、亚洲、南美洲和世界其他地区的全球员工队伍进行培训,通过电子化适时学习这一节约成本的选择,公司不必像以往那样向世界各地派出培训人员。

www.ibm.com
www.irs.gov
www.nol.com.sg

电子化学习方式刚刚处于起步阶段,需要有更多的研究使其更为有效,以适当地平衡自我安排的学习和教师引导的培训之间的关系。

13.3.7 特别培训项目

管理人员的培养必须采用开放系统的方法,以对外界环境的需要和需求做出反应。人们越来越认识到,有必要为少数民族人员和残疾人专门制定培训项目。许多公司已经做出努力来培训这些人,以使他们在为企业目标做出贡献时把全部潜力发挥出来。

公司也可针对所选科目提供专门的培训项目。有关伦理道德的话题经过讨论后可以为员工提供行为规范方面的指南。有关公司文化的专题可通过正式或非正式的方式来讨论,日本公司尤其以竭尽全力在员工中灌输公司理念以促进公司文化建设而著称。

13.4 培训项目的评价和相关事宜

确定培训项目的有效性是困难的,这需要有衡量的标准以及系统地确定培训要求和目标。

> 确定培训项目的有效性是困难的,这需要有衡量的标准以及系统地确定培训要求和目标。

一般来说,培训目标包括:(1)增长知识;(2)培养有助于良好管理的态度;(3)获得技能;(4)提高管理绩效;(5)完成企业目标。

要使培训有成效,极为重要的一点是,在课堂中所使用的评价标准应尽可能地与工作环境的评价标准相一致。管理人员培养应考虑环境因素,把培训目标、手段和方法与环境的价值观、规范和特点充分协调一致起来。

13.5 变革管理

> 变革的驱动力可能来自企业的外部，也可能来自企业内部，或者员工个人本身。

变革的驱动力可能来自企业的外部，也可能来自企业内部，或者员工个人本身。

13.5.1 影响管理者和组织发展的变革

有几种趋势（有些已成为现实）对人力资源的开发会产生影响。这里举几个例子：

- 电子计算机，特别是微机的使用越来越多，要求从老师到学生都成为会使用计算机的人；
- 教育已经渗透到成年人的生活中，终身教育已经成为一种必然，教育机构和企业必须认识成人教育的特殊需要；
- 知识工人的比重将会增加，熟练工人的需求将会减少，这会要求更多的知识、想象性和设计性技能方面的培训；
- 从制造业向服务业的转型要求进行再培训，为新的职位做准备；
- 选择受教育的机会将会增加。例如，许多企业已经在实施自己的培训项目；
- 至少在有些国家（如加拿大），私营部门和公众部门将在更大的程度上进行合作，并将更加互相依赖；
- 国际化的进程将会继续，不同国家的管理人员必须学会相互沟通和相互适应。公司要以全球化的视野来进行培训。

人们推出各种不同的方法以应对上述驱动力，其中之一是仅仅对危机做出反应。不幸的是，这往往不是最有效的反应。另一种方法是有意识地策划变革，这就可能需要重新确定目标和政策，对组织重新安排或者改变领导作风和企业文化。

13.5.2 引起变革的方法

> 场动力理论中的均衡状态是由推动力量和抵制力量共同作用下形成的。

当组织一方面受到变革力量的推动，另一方面又受到企图保持现状、抵制变革力量的抗衡时，可能会处于一种均衡状态。库尔特·卢因（Kurt Lewin）在他的"场动力理论"（field force theory）中解释了这一现象。这种理论认为，均衡状态是由推动力量和抵制力量共同作用下形成的。为了引发转变，人们一般倾向于增强推动力量，这确实可以引起一些变化，然而，由于抵制力量也加强了，因而常常也会增大阻力。另一种通常更为有效的方法是，削减或消除抵制力量而后达到新的均衡水平。在一些组织机构中，当受政策影响大的人们参与这一变革之中时，政策性变革受到抵制的程度就会相应地减弱。

变革的过程涉及三个阶段：（1）解冻；（2）移动或改变；（3）重新冷冻。第一阶段解冻是形成变革的动力。当人们觉得目前情况不合适时,他们就会产生变革的需要。然而,在某些情况下,故意造成人们不满而导致的变革,其合法性可能引发伦理道德问题。

第二阶段是变革本身。当吸收新的信息、新的思想出现或形成不同看法时,变革就有可能出现。第三阶段是重新冷冻阶段,即稳固变革的阶段。有效的转变必须与个人的自身意识和价值观相一致,如果变革与组织内其他人的态度和行为不一致,个人很可能恢复原来的行为方式。因此,强化新的行为方式非常重要。

13.5.3　变革的阻力

人们抵制变革有很多原因,这里列举一些实例:
- 未知因素引起心理恐惧和抵制感。组织重组会使人很难清楚对他(她)的工作带来什么影响,而人们都希望有安全感,并对变革有某种程度的控制;
- 不明白变革的原因也会导致抵制。事实上,那些受到变革影响的人往往不清楚究竟这种变革有何必要;
- 变革还会造成利益减少和权力丧失的后果。

有许多减少阻力的方法。组织成员参与制订变革计划可以使他们减少心中的疑虑,对所提的变革建议加强沟通也有助于认清变革的原因和所带来的影响。有些方法着重针对变革中人的问题,另一些方法则侧重于改变组织结构或技术。本书第1章讨论过的、图1-3中涉及的社会技术系统方法建议,有效的组织需要同时考虑企业的社会和技术因素。

13.6　组织冲突

冲突是组织生活的一部分,可能发生于个人自身、人与人之间、个人和群体之间、群体和群体之间。尽管一般总把冲突视为对工作有害,但它也可能是有益的,因为它可以使人们从不同的角度对一个问题进行分析。正如一家大公司的某位高层主管所认为的,如果对一个问题没有不同意见,那么这个问题就可能得不到充分的分析,这样,对这个问题的最后决定常常要拖到对各方面的情况都审慎地做了评估后才能做出。

> 冲突是组织生活的一部分,可能发生于个人自身、人与人之间、个人和群体之间、群体和群体之间。

13.6.1　冲突来源

引起冲突的潜在原因很多。当今组织的特点是关系复杂,各种任务的相互依赖性很高,这就会很容易引起摩擦。再者,有关各方的目标常常互不相容,尤其是在大家都设法分享有限资源时更是如此。人们的价值观不尽相同,对问题持有不同的看法。生产经理可能采取这样的立场,即理顺生产线,集中生产少数产品可以提高企业的生产率；而销售经理可能希望建立一个宽泛的生产线来满足不同顾客的需求。至于工程师，其想法可能是希望设计出最好的产品，而不管成本高低或市场对该产品有无需求。

还有其他引起冲突的原因。直线职位和参谋职位人员之间可能会有冲突，上级独断专行的领导作风可能会引起冲突，不同的教育背景也是引起冲突的潜在原因。也许人们谈及最多的原因是缺乏沟通。许多这类问题已经在本书的各章中有所阐述。

13.6.2 冲突管理

> 处理冲突有不同的方式，有的将重点放在人际关系上，有的侧重在改变组织结构。

处理冲突有不同的方式，有的将重点放在人际关系上，有的侧重在改变组织结构。避免引起冲突的局面是处理人际关系的一种做法。另一种做法是调和冲突，强调一致意见和相同的目标而淡化分歧。第三种做法是施加压力，把自己的观点强加于他人，这当然会引起公开的和隐蔽的抵制。传统上处理冲突的办法是妥协，部分地同意他人的观点或要求。

也可以尝试改变人们的行为，这是一件非常困难的任务。有时也可以把某个人重新分配到另一个部门。在许多情况下，冲突是由组织中上级领导来解决的，其有充分的权力来对争端做出裁决。然而，如果解决方案被认为有失公正，那么，吃亏的一方可能在日后向对方算总账，这样冲突就会持续下去。针对组织冲突的解决问题方法是公开地面对不同意见，而且要尽可能地客观地分析问题的根源。

另一种处理冲突的方法是做出结构性的改变，也就是说，要修改并统一持不同观点群体的目标，另外，也可能不得不改变组织结构，明确职权和责任关系。还可能需要采用新的协调方法，也可重新安排任务和工作位置。例如，在一个车间里，机器的合理安排可以避免冲突各方互相交往。人们往往不仅要决定做出必要的改变，而且要选用合适的方法，正因为如此，下面将重点探讨组织的发展。

13.7 组织发展

如前所述，**组织发展**（一般简称"OD"）是一种系统的、完整的、有计划地提高企业效益的方法。这一方法的目的是为了解决影响各级部门工作效率的各种问题。这些问题可能包括缺乏合作、过度分权及沟通不畅等。

组织发展涉及的方法包括实验室培训法（人们在群体环境中沟通）、管理方格图培训法和调查反馈。有些组织发展工作者也使用团队建设、过程磋商、工作丰富化、组织行为修正、工作设计、压力管理、职业生涯和生活计划，以及目标管理等做法，作为他们整体方案中的一部分。

组织发展过程

组织发展是一种根据具体情况而定或权变的方法,旨在提高企业效益。尽管使用不同方法,但其过程通常包括如图13-2所示的几个步骤。下面用一个实例来加以说明。

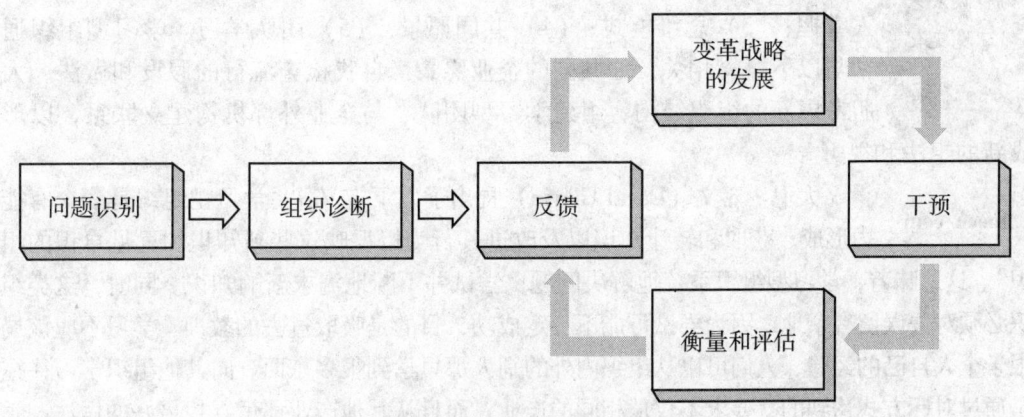

图13-2 组织发展过程模式

资料来源:Adapted from H. M. F. Rush, Organizational Development: A Reconnaissance (New York: National Industrial Conference Board, Inc., 1973), p.6. Used by permission.

假如一个企业存在这样一些问题:组织内部部门之间存在冲突、士气低落、顾客投诉、成本增加(模式中的问题识别阶段)。首席执行官找组织发展顾问讨论这一情况,两个人一致认为需要进行"组织诊断",然后,顾问通过问卷调查、面谈和观察,收集了几个部门的情况,并对这些资料进行分析,以供反馈使用。

首席执行官与其他经理们商量决定开会研究这些问题。会上,顾问先作介绍性说明,然后将他发现的问题,分别以"部门之间的关系"、"企业目标"和"顾客关系"(反馈)为题分别进行了说明。与会者将问题按重要性加以排序。在顾问的指导下,与会者讨论了这些困难,确定了深层次原因,并探讨可能解决的方法。

顾问在这里起教练员的作用以促进这一过程。这个过程将简短的讲授与决策、团队建设和解决问题方面的演练结合在一起,有时要进行分组来处理具体问题。这一过程始终强调的是坦率和客观,会议结束时对变革战略达成一致意见。

具体的干预措施可能包括组织结构的改变、制定更有成效的处理顾客投诉的工作程序以及建立一个小组来专门实施成本降低项目。除此之外,小组同意3个月后再次开会,对组织发展所做出的努力进行衡量和评估。

尽管三个步骤是组织发展的一个周期,但工作并没有终止。相反,组织发展成为一个有计划的、系统的、重在变革的连续过程,其目的在于使企业更有成效。

13.8 学习型组织

学习型组织是指那些通过不断更新其组织结构和做法来适应外部环境变化的组织。彼得·圣吉因其《第五项修炼》著作而使学习型组织的概念广为流传，他提出了有助于组织学习的五种方法：(1) 系统思维；(2) 个人掌握；(3) 思维模式；(4) 共同愿景；(5) 团队学习。学习型组织通常与以下概念相关，如共同的企业愿景、自我检查流行的假设和做法、大胆考虑新的组织结构、组建学习型团队、与企业外部机构建立联系，以形成新的想法和视野。

> 学习型组织是指那些通过不断更新其组织结构和做法来适应外部环境变化的组织。

> www.llbean.com

大卫·嘉文（David Garvin）提出了以下定义："学习型组织是一个有能力形成、获取和转让知识以及改进其行为以反映这些新知识和远见卓识的组织"。这意味着，学习型组织系统地解决问题，尝试并不断地渴求新的知识。同时，这类组织必须对失误留有余地，因为尝试可能不一定成功，目的是吸取过去的教训。学习不应该局限于个人自己的经验，人们可以从组织内外的别人那里学到很多东西。向其他组织学习往往是通过对标方式达到的，要求不仅从相同的产业，而且从其他产业那里寻找最好的做法。学习到的东西应该交流、分享，例如，通过汇报、工厂参观、教育和培训项目等方式。应该鼓励个人或团队分享他们的专有知识，使其在组织内广为传播。仅仅获得知识是不够的，知识必须加以应用。除非行为已经发生改变，否则建立学习型组织的努力是徒劳的。因此，有必要通过问卷、调查、面谈和行为观察等方式来衡量进步和改善的程度。例如，百货公司通过购买者来了解其销售人员的服务质量。在 L. L. 彼恩（L. L. Bean）百货公司的评估人员，通过电话来评估其营业员的服务。一个综合性的学习审查计划可能会包括各种衡量方法。

本章小结

管理人员的培养系指管理人员在学习如何有效管理方面取得的进步，通常情况下，这又与发展项目相关。另一方面，组织发展是一个系统的、完整的、有计划的方法，目的在于使整个组织或组织中的部门更为有效。

好的结果往往是通过系统的管理人员培养和培训方法取得的。在职培训包括有计划的推进、工作轮换、设置助理职位、临时晋升、使用委员会和基层委员会以及辅导。管理人员的培养可能包括各种各样的企业内部和外部培训项目。

冲突的原因是多种多样的，处理冲突的方法包括回避、调和、强加、妥协、改变行为、重新安排职位、通过高层解决冲突以及解决问题。另外一种方法是进行组织变革：修订目标、推出新的协调方法，以及重新确定职权和职责的关系、重新安排任务和工作岗位。

典型的组织发展过程包括问题的识别、组织的诊断、组织信息的反馈、变革战略的发展、干预以及变革努力的衡量和评估。学习型组织通过不间断的学习快速适应环境中的变化。

第13章　通过管理人员和组织的发展来管理变革

主要概念回顾

管理人员的培养　　　　内部和外部培训及培养　　处理组织冲突的方法
管理培训　　　　　　　企业模拟和拓展训练　　　组织发展过程
组织发展　　　　　　　电子化培训　　　　　　　学习型组织
管理人员培养过程　　　场动力理论
在职培训　　　　　　　组织冲突的根源

讨论题

1. 企业有义务对具有潜在管理能力的所有员工进行培训和培养，这是一个一直有争议的问题。你同意这个观点吗？为什么？

2. 在管理人员的培养和培训中有些什么典型的失败实例？你能解释这些失败的原因吗？你对克服这些缺点有何建议？

3. 评价各种在职培训方法的优点和局限性。

4. 在你目前的工作中或你希望将来从事的工作中，哪一种辅导和管理发展方法对你最有帮助？

5. 组织发展的主要特征是什么？组织发展与管理人员培养有何区别？你认为组织发展在你所处的组织中能起作用吗？解释能或不能的原因？

企业案例

中粮集团的全产业链战略[①]

中国粮油食品进出口集团有限公司（简称"中粮集团"）于1952年在北京成立。是一家集贸易、实业、金融、信息、服务和科研为一体的大型跨国公司，横跨农产品、食品、酒店等众多经营领域，参与国内与国际两个市场竞争，实为国内为数不多的全球化运作程度最高的标杆性企业。

中粮集团隶属于国务院国有资产监督管理委员会（简称"国资委"），是"国资委"下属的120家国有大型企业之一。60年来，尤其是自2000年实施产业链纵向一体化战略以来，中粮集团在实业化、集团化、国际化、多元化经营上迈出了坚实步伐，取得了可喜的成绩。

经过60年的艰苦创业和不断开拓，中粮集团的进出口商品已由几十种发展到2000多种，同世界五大洲130多个国家和地区的数千家客商建立了稳定的贸易关系。改革开放以来，中粮集团的国际化经营在不断扩大，成为我国企业实施"走出去"战略的排头兵。自1981年在美国设立第一个海外子公司——中粮（纽约）有限公司以来，中粮集团已在几十个国家建立了海外全资子公司和代表处，国际化经营从一般贸易扩展到易货贸易、转口贸易、期货贸易、农产品种植、仓储运输、国际金融、房地产开发、酒店经营管理等诸多方面。海外企业的发展，增强了子

[①] http://www.cofco.com/.

公司的竞争实力和开拓能力，推动中粮集团的国际化跨国经营进入了一个新的发展时期。

2000年6月，中粮集团的领导管理体制和决策机制发生了重大变化。调整后的中粮集团领导班子，年龄结构、知识结构更加合理，领导班子的力量得到充实与加强，更重要的是通过董事会、经营层的分设，使中粮集团的领导体制、管理体制决策机制向建立现代企业制度和法人治理结构的要求跨出了一大步。

通过建立与国际惯例接轨的法人治理结构，增强了中粮集团的竞争能力和经营实力，使中粮集团发展成为具有较强竞争能力的跨国企业。公司通过重组和战略调整，压缩进出口机构，突出按业务领域建立机构，彻底由传统意义上的外贸代理公司向综合经营的跨国企业转变，形成以国内国际两个市场为目标的、生产与销售、实业与贸易相结合的经营格局。同时通过改革上市，将彻底改变计划经济体制下形成的运行机制，建立起符合市场竞争法则、符合国际惯例的治理结构，使传统的国有企业重新焕发出活力。

中粮集团的做法，第一是进行战略调整。在公司内部通过资产、业务、机构重组与合并，坚持有所为、有所不为的方针，确立以粮油食品生产加工销售为主业和围绕主业完善多种经营，达到调整产业结构的目的，实现产供销、主辅业、内外贸一体化的经营格局；第二是人力资源配置的调整，人员的组合将不设虚职；第三是建立了较为完善的法人治理结构；第四是缩减并逐步取消多级法人；第五是建立有效的、符合市场经济体制要求的激励与约束机制。

中粮集团重组后，进一步简化了层次，突出经营利润中心，强化成本核算基础，管理得到有效加强。总部有8个职能机构，行使四大管理中心的职能：即总部的财务计划、财务管理与投资中心，人事管理与培训中心，战略发展与规划管理中心，区域及海外及关联企业管理中心。

中粮集团的战略目标是"成为中国乃至亚太地区最大的食品公司"，目前拥有5大经营业务群，分别为：

（1）中粮粮油进出口公司，主营玉米、小麦、食用油、食糖及啤酒大麦等大宗政策性商品的进出口业务。

（2）中粮国际，主营谷物、食品贸易，粮油食品生产加工业务。著名品牌有"福临门"、"鲁花"食用油、"长城"葡萄酒、"金帝"巧克力等；中粮集团是可口可乐公司在中国的主要合作伙伴。

（3）鹏利国际，主营酒店管理、房地产开发和物业管理。旗下的凯莱系列酒店在大连、沈阳、海南三亚、青岛等地拥有10家酒店，已经跻身世界酒店集团300强。

（4）中粮发展公司，主营冷冻肉制品、包装产品、船运及一般贸易等非上市业务。

（5）中粮金融服务，始于20世纪90年代初。1994年中粮集团先后在美国和中国香港成立财务公司，开始涉足国际金融领域，并连续在美国及中国香港资本市场发行商业票据。

2009年年初，中粮集团推出了全产业链战略，即从"种植—收储—加工"延伸到"贸易—品牌—分销"的纵向一体化产业链。对于全产业链之下的各个子公司（亦称独立业务单元）而言，中粮集团承担战略导向、规划和资源配置的使命。在中粮集团的全产业链模式下，各个产业链条之间将形成物流、人流、资金流和信息流的互补、互动与协同，从而为整个集团带来最优化的产业集群效应，为产业链条上的价值创造子公司和整个集团提供强有力的竞争优势。按照中粮集团的战略规划，企业将用3~5年的时间来初步完成全产业链战略布局。

中粮集团所涉及的大宗农产品贸易、初加工、深加工、食品消费品等业务，均与新农村建设息息相关，与农村、农业、农民密不可分。在打造全产业链粮油食品企业的过程中，中粮集团运用土地集约经营、农业现代管理、城乡一体发展的方式整体服务"三农"。在生产经营方面，以市场为导向，通过产业链的延伸，从广度和深度上实现农产品的转化增值。在运行方式上,通过全产业链将中粮、农户与市场紧密结合起来,使农产品生产与市场有机衔接在一起。

就食品安全管理体系而言,全产业链模式使得中粮集团食品安全管理工作向前延伸到种植养殖环节,向后延伸到粮油食品销售环节,在源头控制、生产过程控制、检验检测、可追溯体系建设等重要方面严格保障食品安全。在产业上游,集团从源头开始控制,抓好种植环节管理、供应商管理、新改扩项目管理以及新品研发管理,打造原料端、生产端、运输端、流通端等环节的无缝链接,确保从田间到餐桌每一个环节的质量安全。

所谓"全产业链",系指产业链上众多经营活动的纵向高度一体化整合。这是西方尤其是美国和欧洲发达国家跨国公司20世纪70年代至80年代期间流行的做法,并不是企业的创新模式。全产业链战略更适合于大型制造业和市场化竞争集中度不高的领域。产业链的整合和运营是一项庞大而复杂的工程。"全产业链"模式需要各大产业链条实现均衡发展,在实际操作中,企业决策、经营管理、员工队伍、文化理念等各个子系统能否很好融合,是一个极大的挑战。链条越长,环节越多,风险就越大,成本就越高,协调就越困难,发生失误和失调的可能性就越大。随着纵向环节的增加,产业链的管理和控制难度随之加大。正像中粮集团董事长宁高宁坦言,"发展全产业链最大的困难就在于产业链之间的衔接。目前的状况下,有些产业链之间的确还没有达到匹配融合的程度。"

全产业链模式下,中粮集团给自己的新定位是:做最专业的农产品、食品生产商,食品原料、食品产品和服务的提供商。要实现这一新定位,中粮集团需要在上游产品开发、原料基地建设和加工以及下游产品渠道建设、品牌传播和物流等环节全方位推进,其难度可想而知。全产业链上下游业务环节的衔接、关联与协同,对中粮集团是巨大的挑战。

经过60年的不懈努力,集团铸造了"中粮"这一国际品牌。1994年,中粮集团首次上榜《财富》全球500强。到2011年,中粮集团已经连续18年被评为全世界最大的500家企业。2011年,中粮名列全球500强第365名,实现销售收入264.688亿美元,净利润8.003亿美元,比上一年增长了27.3%,销售利润率为3%。截至2010年年底,总资产达352.986亿美元。在全球贸易行业里,中粮名列第7位。①

中粮集团的全产业链定位和布局已经初具规模,正在向产业链的深度和广度拓展,管理难度之大可想而知。如何让集团下属各子公司利用整体资源,共享采购、技术、生产、品牌、渠道、仓储、物流和服务等渠道,充分发挥协同效应,进而提升中粮集团的整体核心竞争力至关重要。目前我国实施全产业链战略的企业凤毛麟角,鲜有成功的案例。对于中粮集团和中化集团推行的高度纵向一体化全产业链战略,人们正拭目以待。

(本案例根据报刊资料整理而成)

◆ 思考题

1. 中粮集团的核心竞争力是什么?
2. 如何评价中粮集团的多元化和实业化经营?
3. 企业推行全产业链战略的利与弊是什么?
4. 你认为中粮集团推行全产业链战略最大的挑战是什么?你有什么具体建议?

---

① http://money.cnn.com/FortuneGlobal 500 2011: The World's Biggest Companies – Cofco/.

第5篇
领　　导

第14章　人的因素和激励
第15章　领导
第16章　委员会、团队和集体决策
第17章　沟通

14

人的因素和激励

[学习目标]

学完本章后,你应该能够:
1. 阐明领导工作性质和领导。
2. 描述影响管理工作的基本的人的因素。
3. 解释激励。
4. 阐明各种激励理论及其优缺点。
5. 分析激励方法,强调金钱的作用、参与、工作生活质量和工作丰富化。
6. 演示激励的系统和情境方法。

管理和领导常常被看做一回事。虽然情况的确如此,即最成功的管理人员肯定是一位成功的领导者,同时领导工作也是管理人员最基本的职能,但管理要比领导工作广泛得多。正如前面各章所指出的,管理包括谨慎地制订计划,建立组织机构以帮助人们实现计划,并且给组织机构配备最有能力的人员。正如第 6 篇中所涉及的,通过控制来衡量并纠正人们的活动也是管理的重要职能。可是,如果管理人员不知道怎样去领导别人,不了解在经营活动中如何去调动人的因素以达到预期的结果,则所有这些管理职能都将收效甚微。

领导工作的管理职能定义为影响人们为组织和群体目标做贡献的过程。正如讨论这个职能时所表明的,行为科学在这方面对管理做出了重要的贡献。在分析有关领导方面的知识时,本书第 5 篇将重点集中在人的因素、激励、领导和信息沟通 4 个方面。

本章将讨论各种人的因素。管理需要创造并维持一种环境,使人们以群体的方式一起工作,共同完成各种目标。本章强调了了解和利用人的因素和激励因素的重要性,但这并不意味着管理人员需要成为业余心理学家,管理人员的工作不是去支配人,而是要确认什么因素能激励人。

> **领导工作的管理职能**定义为影响人们为组织和群体目标作贡献的过程。
>
> 管理需要创造并维持一种环境,使人们以群体的方式一起工作,共同完成各种目标。

14.1 管理工作中人的因素

很显然，在各种不同的组织里，企业的目标可能有所不同，同样，企业中的每一个人，也都有对他们来说是特别重要的需要和目标。管理人员就是要通过领导职能，帮助人们看到在他们为企业目标做出贡献的同时，也能满足他们自己的需要并施展他们的潜在能力。因此，管理人员就需要了解员工所起的作用、个体行为和人的个性。

14.1.1 角色的多样性

在管理的计划中，员工远远不只是一种生产因素。他们是许多组织的社会系统的成员；他们又是产品和服务的消费者，因而对需求起关键作用；他们也是家庭、学校、教会、贸易协会和政党的成员。因此，他们对需求起着举足轻重的影响。在这些不同的角色上，他们制定治理管理人员的法律，建立指导行为的伦理道德规范，以及形成人类社会中的主要特征，即人的尊严这一传统。简而言之，管理人员及其领导下的员工都属于一个广泛社会系统中的、互动中的成员。

14.1.2 没有一般化的人

人们不仅担负的角色不同，而且连他们自己本身也是各不相同的。因此，同样的、一般化的人是没有的。然而，在组织有序的企业中却常常假定同样的人是存在的。公司制定规章、程序、工作进度、安全标准和职务说明书，所有这些都隐含地假定人在本质上是一样的。当然，从系统的工作角度看，这种假定在很大程度上是必要的。但是，同样重要的是应该承认个人的特殊性，即他们有不同的需要、不同的志向、不同的态度、不同的责任感、愿望、不同的知识和技能以及不同的潜力。

管理人员只有了解员工的复杂性和个性特点，才不至于误用关于激励、领导与沟通的一般性原则。虽然原则和概念一般都是正确的，但应该针对具体的情况来加以运用。在企业中，不可能完全满足个人的各种需要，但是管理人员在安排每个人的工作时还是有相当大的自主权的。虽然职位设置通常根据企业和组织计划拟定，但这并不排除管理人员按具体情况给员工安排适当工作的可能性。

14.1.3 个人尊严的重要性

> **个人尊严的概念**是指，人必须受到尊重，而不论他们在组织中的职位高低。

管理涉及企业目标的实现。获得成果当然是重要的，但是实现目标的方法或手段绝不能侵犯人的尊严。**个人尊严的概念**是指，人必须受到尊重，而不论他们在组织中的职位高低。总裁、副总裁、经理、一线主管和工人，都在为企业的目标做贡献。他们每个人都有自己的独特性，都是具有不同能力和愿望的人，但是他们都是人，因而都应该受到人的待遇。

14.1.4 将人视为一个整体来考虑

如果我们不把人作为一个整体来考虑，而只是考虑单独的不同的特征，如知识、态度、技能或个性素质，我们便无法讨论人的本质了。人都有这些特征，只是程度不同而已。况且这些特征彼此间相互作用，并在特定情况下，起主导作用的特征也是瞬息变化和难以预料的。人都是受外界因素影响的个体，人们工作的时候不可能摆脱这些外界力量的影响。管理人员必须承认这个事实，随时准备处理这些问题。

14.2 激励

人的动机是建立在需要基础上的，无论是有意识的还是无意识的感觉到这种需要。有些是基本的需要，如水、空气、食物、睡眠和住所等生理需要；另外一些需要则是从属性的，如自尊心、地位、归属感、感情、礼尚往来、成就和自信等。很显然，这些需要的强度各不相同，而且因时因人而异。

激励是一个通用名词，广泛用于驱动力、愿望、需要、祝愿以及类似作用力的整个这一类别。说到管理人员激励他们的下属，也就是说他们希望所做的事情会满足这些驱动力和愿望，并引导下属人员按所希望的方式去行动。

> **激励**是一个通用名词，广泛用于驱动力、愿望、需要、祝愿以及类似作用力的整个这一类别。

14.3 早期的行为模式：麦克雷格的 X 理论和 Y 理论

关于人性论的另一种观点可以用麦克雷格所提出的两组假设来表达，这就是人所共知的"X 理论"和"Y 理论"。麦克雷格认为，管理必须从管理人员如何看待他们自己与别人的关系这个根本问题开始。这个观点需要对人性这个概念做某些考虑。"X 理论"和"Y 理论"是两组关于人性的假设。麦克雷格选用这两个术语的理由是想用中性词，而没有任何"好"与"坏"的含义。

> **麦克雷格的"X 理论"和"Y 理论"** 是两组关于人性的假设。

14.3.1 X 理论的假设

依照麦克雷格的观点，关于人的本性的传统的假设包括在如下的 X 理论之内：

- 一般来说，人本质上是好逸恶劳的，而且只要他们能够做到，就设法避免工作；
- 由于人的这种厌恶工作的特性，所以对绝大多数的人必须用强迫、控制、指挥并用惩罚相威胁等手法，使他们做出适当的努力去实现组织的目标；

- 一般的人情愿受人指挥，希望避免担负责任，相对地缺乏进取心，把安全看得比什么都重要。

14.3.2 Y理论的假设

以下是麦克雷格在Y理论中的假设：
- 工作中的消耗体力和脑力如同游戏和休息一样自然；
- 外力的控制和处罚的威胁都不是促使人们为组织目标做出努力的唯一手段，人们在实现所承诺的目标过程中，将会实施自我指导和自我控制；
- 这种承诺的程度是与他们的成绩相联系的报酬大小成比例的；
- 在适当的条件下，一般的人不仅学会接受任务，而且也学会主动寻求任务；
- 在解决各种组织问题时，大多数人具有相对高的想象力、机智和创造的能力；
- 在现代工业生活的条件下，一般的人只是部分地发挥出他们的智能潜力。

很显然，这两组假设是截然不同的，X理论是悲观、静态和僵化的。控制主要来自外部，是上级强加给下级的。相反，Y理论是乐观、动态和灵活的，强调自我指导，并把个人需要与组织要求结合在一起。毫无疑问，每一组假设都会影响管理人员行使他们的管理职能和活动的方式。

14.3.3 对两种理论的澄清

麦克雷格显然担心X理论和Y理论可能被人误解。下面各点将澄清某些误解，从而使这两种假设保持其客观性。第一，X理论和Y理论假设仅仅是假设而已，它们并非是管理战略方面的方案或建议。说得更确切一点，这些假设必须经受实践的检验。此外，这些假设只是直觉演绎出来的，并不是根据研究得出的结论。第二，X理论和Y理论并不意味着"硬性"或"软性"的管理方法。"硬性"方法可能引起反抗和敌对；"软性"方法则可能导致管理上的放任自流，因而不符合Y理论原则。成功的管理人员不仅承认人的局限性、人的尊严和能力，并且要根据情况来调整他们的行为。第三，X理论和Y理论并不是把X和Y看成是一个连续体上的两个极端，它们不是程度的问题，而是对人的截然不同的看法。第四，对Y理论的讨论并非是要说明一致性的管理，更不是强调反对使用职权。相反，根据Y理论，职权被看成为管理人员行使领导的许多方法之一。第五，不同任务和情况要求采取各种不同的管理方法。有时，职权和结构对某些任务来说是有效的，正如约翰·J·莫尔斯（John J. Morse）和杰伊·W·洛尔施（Jay W. Lorsch）的研究所表示的那样。他们认为，不同的方法在不同的情况下是有效的。因此，效益好的企业是那些工作要求适应其员工和具体情况的企业。下面将阐述各种激励理论。

14.4 马斯洛的人的需要层次理论

最广泛地被引用的激励理论之一,是由心理学家亚伯拉罕·马斯洛提出的人的需要层次理论。马斯洛把人的需要看做是有等级层次的,从最低级的需要逐级向最高级的需要发展。他认为,当某一级的需要获得满足以后,这种需要便不再起激励作用。

> 马斯洛的需要层次理论认为,当某一级的需要获得满足以后,这种需要便不再起激励作用。

14.4.1 需要的层次

图 14-1 所示的由马斯洛提出的人的基本需要,按其重要性依次排列如下:

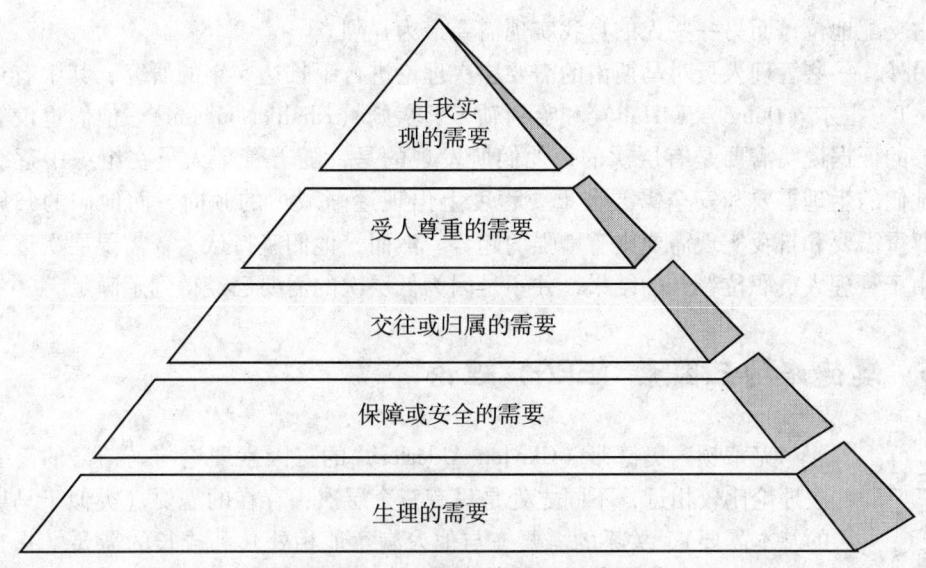

图 14-1 马斯洛的需要层次理论

(1) 生理的需要。这些是维持人类自身生命的基本需要,如食物、水、衣着、住所和睡眠。马斯洛认为,在这些需要尚没有足以维持生命之前,其他的需要都不能起到激励人的作用。

(2) 保障或安全的需要。这些需要是避免人身危险和免受失去职业、财产、食物和住所等威胁。

(3) 交往或归属的需要。由于人是社会人,他们就需要有所归属,并为他人所认可。

(4) 受人尊重的需要。根据马斯洛的观点,人们一旦满足了他们的归属需要,他们会倾向于自我尊重和受到别人的尊重。这种需要将会产生诸如权力、威望、地位和自信等方面的满足。

（5）自我实现的需要。马斯洛将这一需要视为他的层次理论中最高层次的需要。它是一种把个人能力充分发挥出来的愿望，即最大限度地发挥一个人的潜在能力，并有所成就。

14.4.2 对需要层次提出的质询

许多人对马斯洛的需要等级层次概念进行了研究。爱德华·劳勒（Edward Lawler）和劳艾德·J·萨特尔（Lloyd J. Suttle）花了6个月至1年的时间，收集了两个不同组织中的187名主管人员的有关数据。他们找不出任何证据来支持马斯洛的关于人的需要是有层次的理论。但他们的确发现，人的需要有两个层次，即生物学上的需要和其他的需要，而且只有当生物学上的需要得到适当满足的时候，其他的需要才会显露出来。此外，他们发现，在较高层次的需要里，其需要的迫切程度是因人而异的；某些人的社会需要占支配地位，而另一些人的自我实现需要最为强烈。

另外，一些管理人员对马斯洛的需要层次理论进行了长达5年的研究，其中有道格拉斯·T·霍尔（Douglas T. Hall）和哈利勒·努盖姆（Khalil Nougaim）。他们也没有发现足够的证据说明需要是有层次的，他们所发现的是，随着管理人员在组织中逐级晋升，他们的生理需要和安全需要在重要程度上出现逐渐减少的倾向，而他们的归属需要、尊重需要和自我实现需要则有增强的趋势。然而，他们坚持认为，需要层次逐渐上升是由于管理人员职位晋升的结果，并不是因为低层次的需要已经得到了满足。

14.5 奥德弗的三因素（ERG）理论

奥德弗的三因素（ERG）理论是指，人们受到来自存在、关系和成长三个类别需要的激励。

克莱顿·奥德弗（Clayton Alderfer）的三因素理论与马斯洛的需要层次理论比较相近，不同之处是只有三个层次：存在的需要（类似于马斯洛的基本需要）、关系的需要（与他人满意地相处）和成长的需要（指自我发展、创造性、成长和能力）。所以，三因素理论系指存在、关系和成长三个类别。奥德弗认为，人们在同一个时间里可能受到不同层次需要的激励，例如，人们工作是为了生计（存在需要得到了满足），而同时由于与同事之间良好的关系得到激励。此外，根据奥德弗的理论，当人们在某一层次上受挫时，他们可能会转向较低层次的需要。

14.6 赫茨伯格的激励—保健因素理论

马斯洛的需要层次理论后来被弗雷德里克·赫茨伯格和他的同事们做了许多修正。他们研究的宗旨是找出激励的**双因素理论**。赫茨伯格发现，有一组需要涉及公司政策与管理、监督、工作条件、人际关系、薪酬、地位、工作稳定性和个人生活等，这些是不满意因素，起不到激励作用。换言之，如果工作环境中大量存在这种高质量的因素，不至于引起员工的不满。但这类因素的存在并不能使人们产生满意感，因而不能起到激励作用；当缺少这类因素时，就会引起人们的不满。所以，赫茨伯格把这类因素称为"维持因素"、"保健因素"或"工作氛围因素"。

> **赫茨伯格双因素理论**中的不满意因素亦称维持、保健或工作氛围因素，是起不到激励作用的；而满意因素与工作内容相关，是激励因素。

在第二组需要中，赫茨伯格列出了某些满意因素（因而是激励因素），都和工作内容有关。这类因素包括成就、赏识、挑战性工作、晋升和工作中的发展等。这些因素可以产生满意感或者尚未达到满意（但不会产生不满）。如图14-2所示，赫茨伯格提出的激励因素和保健因素与马斯洛提出的理论有些类似。

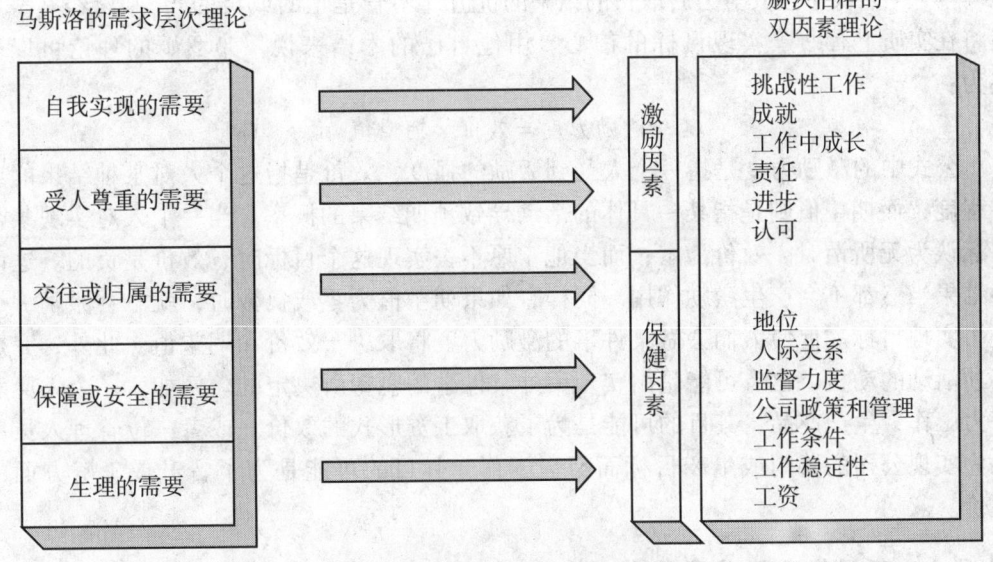

图14-2 马斯洛和赫茨伯格激励理论的比较

在组织中，第一组因素（保健因素）的存在不能激励员工，但非有不可，否则员工会产生不满；第二组因素或工作内容相关因素才是真正的激励因素，因为这类因素有产生满意感的潜在能力。很显然，如果这种激励理论起作用的话，管理人员就必须竭尽全力去改善工作的内容。

赫茨伯格的研究同样受到挑战。有些人对赫茨伯格采用的调研方法提出了质疑，认为这种研究方法容易使结论出现偏差。例如，人们都有归功于己、委过于人的倾向，这种众所周知的倾向使赫茨伯格的发现错位。另外一些人没有采用赫茨伯格的方法，他们的研究结果不支持双因素理论。

14.7 激励的期望理论

> **弗罗姆的期望理论**
> 是指，人们若能相信目标的价值，并认定所做的一切有助于实现这一目标时，他们就会受到激励而努力工作，完成目标。

另一种被许多人认为是专门阐明怎样激励员工的方法称为期望理论。提出和阐明这种理论的奠基人之一是心理学家维克托·H·弗罗姆（Victor H. Vroom），他认为，人们若能相信目标的价值，并认定所做的一切有助于实现这一目标时，他们就会受到激励而努力工作，完成目标。从某种意义上讲，这是马丁·路德（Martin Luther）在几个世纪以前就观察到的社会现象的一种现代表述方法，他说，"在这个世界上所做的每一件事都是怀着希望而做的"。

更详细地说，弗罗姆的理论认为，人们从事任何工作的激励作用将取决于经其努力后取得的结果的价值（不管是正的或负的），乘以经其努力后将在实质上有助于实现目标的信心。用他自己的术语来说，弗罗姆的理论可以表述为：

$$激励力度 = 效价 \times 期望值$$

公式中的激励力度是指一个人受到激励的强度，效价是指这个人对某种结果的期待程度，而期望值则是指某一具体的活动导致预期结果的概率。当一个人对实现某个目标认为无所谓时，效价为零；而当他宁愿不去实现这个目标时，效价是负的。这两种结果当然都不会产生激励作用。同样，如果期望值为零或负数时，就不会激励一个人去实现目标。促使人们去做某件事的激励力度将取决于效价和期望值。此外，完成某项活动的动机，也有可能是由实现另外某件事的愿望所决定的。例如，一个人愿意努力工作，生产产品，其目的可能是为了获取工资形式的效价。或者一位管理人员愿意为实现公司的营销或生产目标而努力工作，其目的可能是为了晋升或工资方面的效价。

14.7.1 弗罗姆的理论和实践

弗罗姆理论的巨大吸引力在于他认识到人的各种需要和激励的重要性，因此而避免了马斯洛和赫茨伯格研究方法中的一些简单化的缺陷。这个理论似乎更加现实，更符合目标协调的原则，即个人的目标不同于组织的目标，但它们是可以协调的。此外，弗罗姆的理论与目标管理体系是完全一致的。

弗罗姆理论的优点也正是他的缺点。他的因人、因时、因地而异的价值观的假设，显得更加符合实际生活。弗罗姆和下面的观点是一致的，即管理人员的任务是必须考虑到各种不同的情况的不同之处，为员工设计一个有利于实现目标的环境。另一方面，弗罗姆的理论在实际中应用是困难的。尽管如此，弗罗姆理论在逻辑上的准确性表明，激励远比马斯洛和赫茨伯格方法所引申的含义要复杂得多。

14.7.2 波特和劳勒的激励模式

莱曼·W·波特（Lyman W. Porter）和爱德华·E·劳勒（Edward E. Lawler）在很大程度上基于期望理论，推出了一种更加完善的激励模式。在他们的研究中，这一模式主要用于管理人员，图14-3总结了这一模式。

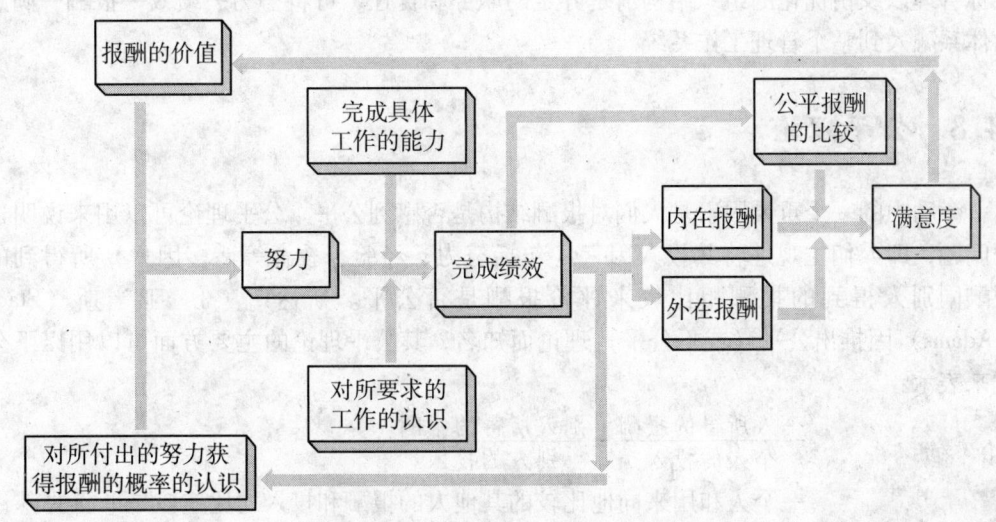

图14-3　波特和劳勒的激励模式

资料来源：Adapted from L. W. Porter and E. E. Lawler, Managerial Attitudes and Performance (Homewood, IL: Richard D. Irwin, Inc., 1968), p. 165.

正如这个模式所示，努力的程度（激励的程度和付出的能力）取决于报酬的价值，加上人们认为需要付出的努力和获得报酬的概率。对所需付出的努力和实际取得报酬概率的认识程度，则又反过来受到实际工作绩效的影响。很显然，如果人们知道他们能做或者曾经做过这样的工作，则他们便可更好地判断所需的努力并更清楚地知道报酬的概率。

一项工作中的实际绩效（任务的实施或目标的实现）主要取决于所付出的努力，但它也在很大程度上受个人完成这项工作的能力（知识和技能）和他对所做工作的理解（对目标、所需进行的活动和有关任务的其他内容的理解程度）的影响。而工作绩效又可以带来内在报酬（如成就感或自我实现感）和外在报酬（如工作条件和地位）。这些报酬是否能给人们带来满意取决于人们对报酬公平性的看法。但是，绩效也会影响颇具敏感性的公平报酬。由此可以理解，人们对其所付出的努力得到的报酬是否公平的看法必然会影响他们的满意程度。同样，报酬的实际价值也会受到满意程度的影响。

14.7.3 实践的含义

波特和劳勒的激励模式虽然比其他一些激励理论更为复杂,但可以肯定,它更适当地描述了激励的系统。对从事实际工作的管理人员来说,这个模式意味着激励不是简单的因果关系问题。它还意味着,管理人员应谨慎地评估报酬结构,并通过周密的规划、目标管理以及由优化的组织结构清楚界定的职务和责任,可将努力—绩效—报酬—满意的体系融入到整个管理工作系统。

14.8 公平理论

激励中的一个重要因素是人们对报酬结构是否感到公平。公平理论可以用来说明这个问题,即人们主观地将其投入因素(包括努力、经验、教育等诸多因素)所得到的报酬同别人得到的报酬相比较来评价报酬是否公平。斯达斯·J·亚当斯(Stacy J. Adams)因推出公平(或不公平)理论而知名,其公平理论的主要方面可以用以下公式来表示:

> **公平理论**认为,人们主观地将其付出所得到的相应报酬同别人得到的报酬相比较来评价其报酬是否公平。激励是受这个过程影响的。

$$\frac{个人所得的报酬}{个人的投入} = \frac{别人所得的报酬}{别人的投入}$$

一个人和用来同他比较的其他人的报酬和投入之比应该是平衡的。

如果人们觉得他们所获的报酬不适当,他们可能产生不满,进而降低产出的数量或质量,或者甚至离开这个组织。如果人们觉得报酬是公平的,他们可能继续保持同样的产出水平。如果人们认为得到的报酬比想象中的公平报酬要多,他们可能工作得更加努力。有些人也可能由此对报酬感到无所谓,这三种情况在图 14-4 中进行了表述。

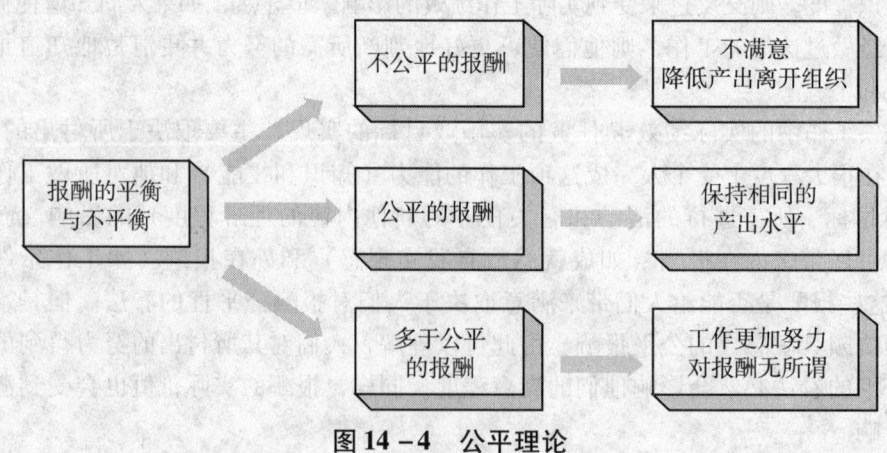

图 14-4 公平理论

问题之一是，人们可能对自己的贡献以及别人取得的报酬估计过高。员工对某些不公平可能会忍受一段时间。但是，这种不公平感积累时间长了，可能会对一桩明显的小事引起强烈的反应。例如，一个工人因迟到了几分钟受到了批评很生气，决定辞去这个工作，其真正的原因并不是因为他受了批评，而是由于他长期以来认为给他所做贡献的报酬，同别人相比是不公平的。同样，一个人对他每周500美元的工资很满足，直到后来发现有人跟他承担相类似的工作而得到比他多10美元的工资，他就会产生不公平感。

14.9 激励的目标确定理论

本书第4章阐述了目标管理系统方法，其中图4-4中引用的模式表明了目标管理（MBO）的综合性看法。研究表明，为了确保有效性，许多关键的管理活动必须要集成在综合的系统中。同样，这个系统中一个重要的部分是所要求采取的步骤，如确定目标、计划行动方案、实施以及控制和考评，如图14-5所示。需要回顾的是，在管理文献中，"目标"和"目的"两个词经常是相互混用的。

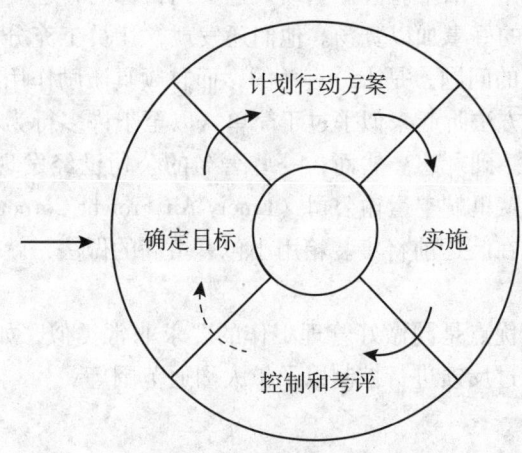

图14-5 确定激励目标

需要指出的是，目标要有意义就必须是清晰的、可以达到的和可考核的。的确，清晰的目标一旦被接受是会产生激励作用的，人们要想知道期待他们做些什么。然而，这里必须要满足几个条件，包括目标必须是可考核的，意指在结束期末，人们必须能够衡量其目标是否完成以及在多大程度上完成了。诸如"在校期间尽可能地获得最好的分数"的目标是不能考核的，但是"毕业时平均分数达3.8"这样的目标是可考核的。目标必须要有挑战性，但同时又必须是合理的。根本完不成的、完全不现实的目标不仅起不到激励的作用，反而会使人丧失信心，这是目标管理方法的一个重要的前提条件。

> 目标要有意义就必须是清晰的、可以达到的和可考核的

要致力于完成目标，关键是要认真地确定目标。一般情况下，应该鼓励员工确定各自的目标，当然，上级应该审核和批准这些目标。在这方面，有可能出现员工定的目标高于其上级给他们目标的倾向。

14.10 斯金纳的强化理论

哈佛大学的心理学家 B. F. 斯金纳（B. F. Skinner）提出了一个有趣的、但颇有争议的激励方法，称作**正强化**或**行为改造理论**。他认为，人们可以通过为他们适当设计的工作环境以及对他们的绩效加以表彰而受到激励；而通过对绩效差的加以惩罚可以产生负面效果。

> **正强化**或**行为改造理论**认为，人们可以通过为他们适当设计的工作环境以及对他们的绩效加以表彰而受到激励；而通过对绩效差的加以惩罚可以产生负面效果。

斯金纳及其追随者所做的工作远不止对绩效好的加以表彰而已。他们分析工作情况以确定员工按他们的方式做事的原因，然后，他们着手引入变革以消除那些影响绩效的问题和障碍之处。在员工的参与和支持下制定具体的目标，对工作成果迅速而又定期地进行反馈，对绩效的提高采用认可和表彰作为回报。甚至当绩效达不到目标时，也要设法帮助他们，并对他们所做的好事加以赞扬。他们还发现，让员工充分了解公司的问题，特别是那些涉及他们自身的问题，是十分有益的，而且颇具激励作用。

> www.emeryworld.com

这种方法听起来似乎过于简单，以至于许多行为科学家和管理人员对其有效性感到疑惑。然而，一些著名的公司已经发现这种方法是有益的。例如，埃默里航空运输公司（Emery Air Freight Corporation）看到，他们仅仅从诱导工人尽力做到在装运前将集装箱用小包裹填满的做法，就使公司节省了大量的运费。

也许斯金纳方法的优点是同做好管理工作的要求非常类似，如强调消除绩效障碍，认真的计划和组织，通过反馈进行控制以及扩大沟通范围等。

14.11 麦克莱兰的激励需要理论

大卫·C·麦克莱兰（David C. McClelland）阐明了三类基本的激励需要，对理解激励做出了贡献。他把这些激励需要分为权力的需要、归属的需要和成就的需要。人们对检验这三类需要的方法进行了大量的研究，特别在成就的需要方面，麦克莱兰和他的同事们已经做了实质性研究。

> **麦克莱兰的激励需要理论**将基本的激励需要分为权力的需要、归属的需要和成就的需要。

所有这三种驱动力，即权力的需要、归属的需要和成就的需要都与管理紧密相关，因为人们只有充分认识这三类需要后，才能使一个严密组织的企业运转好。

14.11.1 权力的需要

麦克莱兰和其他一些研究人员发现,权力需要强的人特别关注影响力和控制力的发挥。这种人一般都追求领导的职位;他们往往是健谈者,尽管常常好争辩;他们性格坚强,敢于发表意见,头脑冷静,咄咄逼人;他们喜欢教训别人和在公众面前讲话。

14.11.2 归属的需要

归属需要强的人通常从受到别人爱抚中得到乐趣,倾向于避免被群体排斥而带来的痛苦。作为个人,他们关心并维护融洽的社会关系,欣赏亲密友好和理解的乐趣;能随时抚慰和帮助处境困难的人,并且乐意同别人友好交往。

14.11.3 成就的需要

成就需要强的人,既有强烈的获得成功的愿望,也有同样强烈的失败的恐惧。他们希望受到挑战,常为自己制定一些有适度困难(但不是无法达到)的目标。他们对风险采取现时主义态度;他们不大可能成为投机者,但更喜欢分析和评价问题,能为完成任务承担个人责任,喜欢对他们的工作情况得到具体而又迅速的反馈。他们倾向于闲不住,喜欢长时间地工作,即使遭到失败也不会过分沮丧,并且喜欢独断专行。

14.11.4 如何将麦克莱兰的方法用于管理者

在麦克莱兰和其他人的研究中,那些创办并推动企业发展的企业家们显现出很强的成就需要和相当大的权力需要,但归属需要则很低。管理人员一般表现出高的成就需要和权力需要以及低的归属需要,但其高低程度都没有企业家那样显著。

麦克莱兰发现,成就需要这种激励方式,在小型公司员工身上尤为明显,那里的总裁普遍有强烈的成就需要。十分有趣的是,他发现大公司的首席执行官们只有一般的成就需要,而对权力和归属需要的追求往往较高。大公司的中上层管理人员,在成就需要上却要高于他们的总裁。也许正如麦克莱兰所指出的,这种情况是可以理解的,首席执行官们已经到达了"顶峰",而那些下面的人还在竭尽全力向上攀登。

经常有人提出这样的问题,是不是所有的管理人员都应当有高的成就需要呢?成就需要高的人要比那些不高的人倾向于进步得更快些。但因为大量的管理工作,除了要有成就的驱动力外,还需要有许多其他特征,所以每个公司也许应该既有较强成就需要的管理人员,也有归属需要高的管理人员。而这后一种需要对于与他人一起工作和协调群体成员的工作方面尤为重要。

14.12 特殊的激励手段

在探讨了各种激励理论之后,人们不禁要问激励对管理人员有什么意义,管理人员能够采用的激励手段是哪些？尽管激励非常复杂，且因人而异，因而不存在唯一的最佳答案，然而人们还是可以确定一些主要的激励手段。

14.12.1　金钱

> 金钱往往有比金钱本身更多的价值，它也可能意味着地位或权力，或其他东西。

金钱作为一种激励因素是永远也不能忽视的。无论采取工资的形式、计件工资（按一定的质量水平生产的件数所获得的报酬）或任何其他激励性报酬、奖金、股票期权、公司支付的保险金，或对所做出的绩效给予的其他形式的东西，金钱总是重要的。正如一些作者指出的那样，金钱往往有比金钱本身更多的价值，它也可能意味着地位或权力，或其他东西。

经济学家和大多数管理人员倾向于把金钱放在高于其他激励因素的地位，而行为科学家则倾向于把金钱放在次要地位。也许这两种看法都不是正确的。但是，如果要使金钱能够成为和应该成为一种激励因素，则管理人员必须记住以下几个要点。

第一，就金钱本身价值而言，金钱对那些抚养一个家庭的人来说要比那些已经功成名就的、在金钱的需要方面已不再迫切的人重要得多。金钱是获得最低生活标准的主要手段，虽然这种最低标准会随着人们日益富裕而提高。例如，一个过去曾满足于一所小房子和一辆廉价汽车的人，可能现在却要有一所又大又舒适的房子和一辆豪华的轿车才能使他得到同样的满意。即使在这些方面也不能一概而论。对于有些人来说，金钱是极其重要的，而对另外一些人来说，金钱可能从来就无所谓。

第二，在大多数企业和其他单位中，金钱实际上是用来维持一个组织拥有适当人员的手段，而并非作为主要的激励措施，这种情况也是十分正常的。企业往往使他们的薪酬水平在其行业内有竞争性，以便吸引和留住其员工。

第三，由于许多公司里各类管理人员的薪酬大同小异的做法，金钱作为一种激励因素呈现出弱化的趋势，换言之，组织常常竭尽全力确保人们在相应的级别上得到相同的或大体相同的报酬。这是可以理解的，因为人们通常参照同他们地位相当的人的收入来评价他们的报酬。

第四，如果要使金钱成为一种有效的激励因素，在各种职位上的人们，即使级别相当，但给予他们的工资和奖金也必须能反映出他们个人的绩效。即使公司坚持采用可比性薪酬的做法，一个管理有序的公司在其奖金发放上也不会采取"一刀切"的做法。实际上很明显，除非管理人员的奖金根据个人绩效发放，否则，企业即使支付了奖金也不会产生激励作用。为了确保金钱作为人们完成任务的一种回报手段和给人们因完成任务而带来喜悦的一种有效的方法，要尽可能地将报酬与绩效挂钩。

只有当预期得到的支付与目前个人收入相比差距较大时，金钱才能起到激励作用，这一点几乎是无须质疑的。问题是，很多企业增加了薪酬，甚至支付了奖金，但其力度没有大到足以激励这些收益人的程度。它们可能免于使人们产生不满情绪和不致另外去找工作，但除非达到一定力度，否则是不会成为有力的激励因素的。

作为一种传统，日本的薪金和晋升是建立在资历基础上的。然而，目前有一些日本公司已经推出了绩效工资，其原因在于，一些年轻的日本专业人才离开那些稳定的工作，转而到互联网公司工作。为了留住员工，一些公司采用基于绩效的工资做法。

14.12.2 其他奖励措施

大多数的激励理论都含蓄地涉及内在报酬和外在报酬。内在报酬可能包括成就感或自我实现，而外在报酬则包括利益、赏识、地位标志以及金钱。有些补偿计划可能产生的激励作用不大，如小时工资、周工资或甚至年薪；而另一方面，激励计划可能基于计件工资、销售提成、绩效工资、奖金、利润或增益分享（如生产率增长）以及股票期权等。本书第12章曾阐述了林肯电气公司的绩效工资计划，有些公司提供与员工需求和偏好相适应的"自取"（cafeteria）补偿计划。

> **内在报酬**可能包括成就感和自我实现。**外在报酬**包括利益、赏识、地位标志和金钱。

薪金的支付可能基于个人绩效、小组绩效和组织绩效。当薪金完全按个人绩效发放时，人们会相互之间竞争，从而使小组工作和合作起来有一定的困难。另一方面，如果完全按小组绩效发放工资，有些员工可能不会尽全力工作。将组织绩效作为发放奖金的标准，是考虑到员工对卓越的绩效做出了贡献，理所当然地应该得到回报。认识到个人、小组和组织报酬体系的各自优缺点，一些公司在使用综合性的薪金计划。

> **薪金的支付可能基于个人绩效、小组绩效和组织绩效。**

14.12.3 参 与

一种得到激励理论和研究大力支持的、越来越多的人了解和使用的方法是员工参与的做法。人们在其身临其境的工作中得到别人的咨询，即"身在其中"而感受不到激励作用的例子恐怕是凤毛麟角的。除此之外，处在运作中心的大多数员工不仅了解问题之所在，而且也知道解决问题的方法。所以，员工适当的参与不仅会产生激励效果，而且会给企业的成功带来颇有价值的知识。

参与同时也是认可的一种手段，因为它迎合了员工归属和赞许的需要。更重要的是，参与给人们一种成就感。当然，鼓励员工参与不应该意味着削弱管理人员的地位。尽管鼓励下属参与讨论问题，认真聆听下属的建议，但是最终还是管理人员自己必须做出决策。

14.12.4 工作生活质量

一种最有趣的激励方法是工作生活质量（QWL）计划，它是一种工作设计的系统方法，而且在工作丰富化的广泛领域里颇有发展前景，其根基与社会技术系统的管理方法一脉相承（见第1章）。工作生活质量不仅是一种很广泛的

> www.qwl.com

工作丰富化的方法，而且也是一种探究与活动的跨学科领域，与产业和组织心理学和社会学、产业工程学、组织理论与发展、激励与领导理论以及工业关系等学科密切相关。虽然工作生活质量方法仅仅在20世纪70年代才崭露头角，但现在已有数以百计的案例研究和实际方案以及一些工作生活质量项目中心，主要集中在美国、英国和斯堪的纳维亚等一些国家。

工作生活质量计划已经得到了许多方面的大力支持。管理人员认为它是解决生产率停滞不前的一种很有希望的方法，特别在美国和欧洲更是如此。员工和工会代表们也认为它是改善工作条件和提高生产率的一种手段，并且是合理提高工资水平的一种方法。

工作生活质量方法对政府机关也颇有吸引力，认为它是提高生产率和降低通货膨胀的一种手段，而且也是获得产业民主和将劳资纠纷减少到最低程度的一种方法。

www.gm.com
www.pg.com
www.alcoa.com
www.att.co

正是由于这些重要的效果，工作生活质量计划发展如此之快，尤其在一些大公司更是如此也就不足为奇了。这也解释了为什么采用工作生活质量计划的先驱们是那些管理有方的，诸如通用汽车公司、宝洁公司、美国铝业集团（ALCOA）和美国电话电报公司（AT&T）的公司。

14.13 工作丰富化

激励的研究和分析十分强调使工作具有挑战性和富有意义的重要性，这既适用于管理人员的工作，也适用于非管理人员的工作。工作丰富化和赫茨伯格的激励理论有密切关系，在这个理论中，诸如挑战性、成就、赏识和责任等都被视为是真正的激励因素。尽管他的理论遭到一些质疑，但它在开发丰富工作内容方面推出的各种方法，在全世界范围内引起了广泛的兴趣，尤其是对非管理人员更是如此。

工作扩大化是通过增加一些类似的任务扩大了工作范围，但并没有增加责任。

工作丰富化是在工作中建立一种更高的挑战性和成就感。

工作丰富化应该与工作扩大化区别开来（但有些作者并未做出这种区别）。**工作扩大化**是企图通过消除因重复操作带来的单调乏味感来使工作内容有更多的变化，它意味着工作范围的扩大，只是增加了一些与此类似的任务而并没有增加责任。例如，一条生产线上的工人不仅在车上装配缓冲器，而且也安装前灯盖。一些批评家认为，这是简单地在一项单调乏味的工作上增加另一项单调乏味的工作，并没有增加工人的责任。相比之下，**工作丰富化**则是企图在工作中建立一种更高的挑战性和成就感。一项工作可以通过多样化使它丰富起来，但也可以用下面的办法增强其丰富性：（1）在决定如工作方法、工作顺序和工作速度，或接受还是拒收材料等方面，给工人以更多的自由；（2）鼓励下属人员参与管理和鼓励工人之间相互交往；（3）让工人们对其所承担的任务富有个人责任感；（4）采取措施以确保让工人们看到其任务是如何对企业的产成品和效益方面做出贡献的；（5）最好在基层管理人员得到反馈之前，把工人们的工作绩效情况反馈给他们；（6）让工人参与分析和改变工作环境的工作，如办公室或厂房的布局、温度、照明和清洁卫生等。

14.13.1 工作丰富化的局限性

即使是工作丰富化最坚决的支持者也会承认，它在应用上有局限性，其中之一是技术问题。在专用机器和装配线技术的情况下，要使所有工作都很有意义是不大可能的。另一个局限性是成本，通用汽车公司曾试用过 6 人和 3 人小组的方式来装配家庭旅游汽车，但发现这种方法困难太大、太慢，而且成本也太高。另一方面，两个瑞典的汽车制造公司，即萨博（Saab）和沃尔沃（Volvo）也使用过这种小组方法。他们发现成本只是略高一点，但认为，工人缺勤率和流失率的降低足以抵消成本的增加。

www.gm.com
www.saab.com
www.volvo.com

另一个问题是，工人是否真正需要工作丰富化，尤其是那种要改变他们工作基本内容的丰富化。对工人的态度，甚至对装配线工人的态度进行的各种调查表明，多数工人对自己的工作并无不满，而且很少要求"更有兴趣"的工作。这些工人似乎最需要的是工作的稳定和工资收入。况且，工人关心的是，改变任务的性质来提高生产率可能意味着他们要失去一些工作机会。

工作丰富化的局限性主要表现在对技能要求比较低的工作上，对技能要求高的工人、专业人员和管理人员的工作，本身已经含有不同程度的挑战性和成就感。也许这些工作还有比目前更加丰富的余地，但这一切可以通过管理方法使其更加丰富化，如目标管理、在授权过程中运用更多的政策指导、采用职称和提供办公条件等形式推出更多的显示地位的标志，以及将奖金和其他报酬更紧密地与绩效挂钩等。

14.13.2 使工作丰富化卓有成效

有几种不同的方法可以用来使工作丰富化起到更高水平的激励作用。第一，组织必须更好地了解人们需要什么。正如一些激励理论研究者所指出的那样，需求因人而异和因情况而异。研究表明，技能低的工人倾向于诸如工作稳定、工资报酬、利益、限制较少的规章制度以及富有同情心和善解人意的上级领导等需求。随着人们在企业中逐级晋升，其他一些激励因素便变得日益重要了。但是，针对高层的专业人员和管理人员工作丰富化的研究目前几乎凤毛麟角。

第二，如果提高生产率是工作丰富化的主要目标，那么，这样的计划必须表明工人们将如何得到好处。例如，一个拥有大量无人监督双人驾驶运货车的公司推出一项计划，员工可以从提高生产率而节省下来的费用中提取 25%，同时清楚地告诉大家，公司也将从他们的努力中受益。结果是产量大幅度增加，人们对这项工作的兴趣也与日俱增。

第三，人们愿意参与，愿意受到咨询，并希望给予机会提出建议。他们希望同别人一样平等相待。在一个航天导弹工厂里，由于公司在每个员工工作的地方设置他们的姓名牌，将每一个项目小组工作区域（从零部件生产、装配到质量检查）里的机器和设备喷涂上不同的颜色，这样一些简单的措施却极大地提高了该厂员工的士气和生产率，同时大大地降低了缺勤率和人员流失率。

第四，员工希望能感受到他们的管理人员是真正关心他们的福利的，希望知道他们正在做什么和为什么要做，希望能得到关于他们工作绩效的反馈，获得对他们工作的赏识和赞赏。

14.14 激励的系统方法和权变方法

> 必须以一种系统的和权变的观点来看待激励。

前面对理论、研究和应用的分析表明，必须以一种系统的和权变的观点来看待激励。鉴于人们个性区别和情况差异使激励工作异常复杂的现状，任何单一激励因素或一组激励因素应用时若不把这些变量考虑进去就会有失败的风险。人的行为不是一件简单的事情，而必须把它看成是一个由许多变量和某些重要的激励因素相互作用的系统。

本章小结

领导是影响人们并使其能够为组织和群体的目标做出贡献的过程。人们承担不同的角色，而且不存在一般人。当为实现公司目标而努力时，管理人员必须考虑员工的整体人格。

激励不是一个简单的概念，相反，它涉及各种驱动因素、欲望、需要、愿望以及其他影响力。管理人员通过提供一个促使员工为公司做出贡献的环境达到激励目的。

对于人的本质问题存在着不同的观点和假设。麦克雷格将他的一套对于人的看法称作X理论和Y理论，马斯洛的理论将人的需要从最低层次（生理需要）到最高层次（自我实现需要）进行排序，奥德弗的三因素理论（ERG）包括3个类别（马斯洛的理论包括5个类别），认为人们在同一时间里可能会受到一个以上因素的激励。赫茨伯格的双因素理论包括两组不同的激励因素，其中一组是保健因素，与工作内容有关（环境、条件），这些因素的缺位会导致人们不满；另一组是满意因素或称激励因素，与工作内容有关。

弗罗姆的激励期望理论认为，人们可以为实现目标而努力，如果他们认为这个目标值得付出努力，而且他们能够看到他们所做的工作有助于目标的实现。波特和劳勒模式有许多变量。从本质上讲，绩效是能力、对所要完成任务的看法以及努力程度的函数。努力程度受报酬的价值和努力—报酬可能性的影响。绩效完成情况反过来又与酬金和满意程度有关。

公平理论是指人们基于别人报酬而对自己所得报酬与付出公平性比较的主观判断。强化理论由斯金纳提出，他认为，对好的行为给予赞扬会激励人们奋进；人们应该参与制定自己的目标，应该定期得到认可和赞扬的反馈信息。那些可获得的、可考核的以及被人们理解和接受的目标可以产生激励作用。麦克莱兰的理论是建立在权力、归属和成就需要的基础上的。

特殊的激励手段包括使用金钱和其他报酬方面的考虑、鼓励参与以及提高工作生活质量。工作丰富化旨在使工作颇具挑战性和更有意义。尽管人们在工作丰富化上取得了一些成就，然而某些局限性也不容忽视。

激励的复杂性要求人们采用充分考虑环境因素的权变方法。

主要概念回顾

领导	奥德弗的三因素（ERG）理论	正强化或行为改造
管理工作中人的因素	赫茨伯格的激励—保健因素理论	麦克莱兰的激励需要理论
个人尊严	弗罗姆的期望理论	金钱和其他报酬考虑
激励	波特和劳勒的激励模式	工作生活质量
麦克雷格的 X 理论和 Y 理论	公平理论	工作丰富化
马斯洛的人的需要层次理论	激励的目标确定理论	激励的系统和权变方法

讨 论 题

1. 什么是激励？有效的管理工作如何利用激励做出贡献？

2. 什么是 X 理论和 Y 理论假设？陈述你是否同意这些假设的理由。对 X 理论和 Y 理论的误解有哪些？

3. 为什么马斯洛的需要理论受到批评？这一理论在多大程度上是有效的？

4. 比较和对照马斯洛和赫茨伯格的激励理论。赫茨伯格理论受到批评的原因是什么？为什么你怀疑赫茨伯格的方法受到在岗管理人员的欢迎？

5. 解释弗罗姆的激励期望理论。它与波特和劳勒的方法有什么不同？你认为哪一个更正确？哪一个在实践中更有用？

6. 解释麦克莱兰的激励理论。它如何适用于系统的方法？

7. "你不可能激励管理人员，他们是自我调控的。如果你真正希望绩效，那么你就放手让他们各行其是。"请对此加以评论。

8. 金钱在多大程度上以及如何成为一种有效的激励因素？

9. 你在学校学习过程中，是什么激励你努力成为优秀生？这些激励驱动力是不是在本章中所讨论的一些理论模式中有所体现？

企 业 案 例

牙膏市场的后起之秀——云南白药集团①

自 2009 年以来，在中国大陆市场上，在竞争激烈的牙膏类产品中，一个名不见经传的牙膏品牌——云南白药牙膏进入了消费者的视线，逐渐成为高端客户群的首选。

---

① http://www.yunnanbaiyao.com.cn.

云南白药是著名的国产成药，自1902年问世以来，驰名中外，名扬四海。云南白药家喻户晓，许多人对生产传统白药的云南白药集团并不陌生，但是，对于云南白药集团推出云南白药牙膏和护肤系列等日化产品，人们却知之甚少。

云南白药集团公司是云南大型医药企业集团，其前身是成立于1971年6月的云南白药厂。1993年12月15日在深圳证券交易所上市，1996年10月公司更名为云南白药集团股份有限公司。

经过40年的发展，云南白药集团从一个资产不足300万元的生产企业，成长为截至2010年年末资产76.3亿元多、销售收入100亿元的多元化大型医药企业集团。其主营业务涉及化学原料药、化学药制剂、中成药、中药材、生物制品、保健食品、化妆品及饮料的研制、生产及销售，同时还经营糖、茶、建筑装饰材料、医疗器械和卫生用品、日化用品等。

云南白药集团是中国中成药50强之一，1997年获得进出口权，1999年被云南省科委认定为高新技术企业。2002年被云南省政府列为10户重点扶持的医药企业之一。公司产品以云南白药系列和田七系列为主，共10种剂型70余个产品，主要销往国内、东南亚等地区，并已进入日本、欧美等国家、地区的市场。"云南白药"商标于2002年2月被国家工商行政管理总局商标局评为中国驰名商标。

近年来，在全球化浪潮中，在中国市场经济快速发展中，云南白药集团焕发新生机，在立足主业的同时进行多元化经营。在依托白药优势基础上，将"有药效果更好"的理念渗透到终端产品中，牙膏和护肤系列产品的设计理念都与白药机理相关，是典型的相关多元化。集团创新推出的日化产品是其发展中新的增长点，巨大的市场空间支撑了云南白药近年来的高速可持续增长，使云南白药集团不仅仅是因为其主业白药产品声名远播，还在于其敢于在创可贴行业与强生竞争，在洗发水行业与宝洁竞争，在多如牛毛的牙膏市场品牌中挤出一片"蓝海"，成为了佳洁士等品牌的强劲对手。集团在向市场推出留兰香型云南白药牙膏的基础上，又先后研发了金口健（口清新）和朗健等数个白药牙膏品牌。这些牙膏产品内含云南白药活血、养护和抑菌因子，能更好地增加牙龈营养供给，减少牙菌斑，给牙周更周全的护理保健，成为不断扩大的高端消费群口腔护理和保健的理想产品。

在白药牙膏产品定价上，云南白药集团运用差异化策略，针对高端消费者这一细分客户群，市场价格远远高于国内同类牙膏，甚至比家喻户晓的高露洁品牌高出两倍。市场需求旺盛，销量不断增长。

根据《云南白药集团股份有限公司2010年度报告》①，2010年，集团实现营业总收入100.75亿元，净利润9.26亿元，营业利润率为10.35%。集团上缴税费6.6亿元，较上年增长了20%，位居沪深所有生物医药类上市公司前列。截至2010年年底，集团总资产76.33亿元，拥有3828员工。数据显示，云南白药股东净利润10年增长率高达17.02倍，营业收入10年增长率为29.91倍，其高成长性令人瞩目。

40年资产增长2500倍、近10年营业收入增长30倍，人们不禁要问，云南白药集团是如何实现高速可持续增长的呢？综观集团的发展历程不难发现，坚持不懈的创新战略是云南白药集团实现高速可持续增长的关键。

（1）产品创新。1999年云南白药集团推出了"稳中央、突两翼"的发展战略，在稳固发展白药主产品的同时，创新拓展出白药牙膏和创可贴等一系列的日化副产品。对于产品创新，云南白药集团在对标基础上采用创造性模仿，将生物医药技术与材料科学相结合，突出产品特征，

---

① 云南白药集团股份有限公司2010年度报告，2011年3月26日，http://www.yunnanbaiyao.com.cn/upload/2011/3/ndbg.pdf.

以适应不同的细分市场。不管是云南白药创可贴、白药气雾剂、白药膏、急救包,还是云南白药牙膏等,都是中药与材料科学相结合的产品创新,使一个传统中医品牌焕发了青春活力。

(2)商业模式创新。云南白药集团推出了"线上线下"并行的商业模式。为了适应信息化时代竞争态势、充分利用移动互联网的优势,集团组建了云南白药集团医药电子商务有限公司,开展线上营销以此拉近与消费者的距离。线下则是在全国公开招聘,选拔营销精英,把中国市场分为15个分公司,对医院、药店甚至乡镇医院(所)等终端市场进行直接到位的营销服务。公司下达指标,超标可与股东分享利润,实行末位淘汰。为了确保这一新的商业模式成功,集团不断加大了人才培养力度,对各地营销网点管理人员和经营骨干分期分批进行了系统培训。集团将人力资源开发和培养纳入发展战略规划,采用公司中高层管理人员送出培训和基层管理人员内部培训两条腿走路的方式,大大提高了管理人员的管理水平和一线员工的素质。

(3)制度创新。产业链下游营销渠道的变革必然引起上游的联动效应,云南白药集团设计了一系列的制度来保障创新和终端对产品的需求。在制度创新方面,云南白药集团在营销系统推行内部创业机制。在研发领域推行首席科学家制度,将科研人员的个人收益与研究成果紧密挂钩,分配"成果共享",最大限度地调动科研人员的工作积极性和创造性。生产和销售衔接方面,推行了内部订单制。

云南白药集团的成功转型经验为其他传统企业二次创业和长远发展提供了很好的借鉴。

(本案例根据报刊资料整理而成)

◆ 思考题

1. 云南白药集团进军牙膏等日化产品的根本原因是什么?
2. 拥有诸如"云南白药"驰名商标类型的企业如何才能保持其传统的竞争优势?
3. 创新是企业的生命线。云南白药集团是如何进行产品创新的?
4. 云南白药集团二次创业的成功经验有何借鉴和启示效应。

15 领　导

[学习目标]

学完本章后，你应该能够：
1. 对领导做出定义，并区分其构成要素。
2. 论述领导的素质论方法和个人魅力领导方法以及这两种方法的局限性。
3. 论述基于职权的各种领导风格。
4. 确定管理方格图的两组维度以及由此引出的截然不同的管理风格。
5. 认识到领导可以视之为一个连续统一体。
6. 解释领导的权变方法。
7. 论述领导有效性的途径——目标方法。
8. 区分交易型和转化型领导。

虽然有些人把"管理艺术"与"领导艺术"视为同义词，但这两者还是应该加以区别的。事实上，可能有完全无组织群体这样的领导，但此处所述及的，只是系统组织结构职位上的管理人员。把领导同管理区别开来对分析问题颇有好处，把领导问题单独挑出来研究，就不会陷入到大量的涉及管理的较为一般性的问题之中。

领导是管理的一个重要方面，正如在本章中将要指出的，有效地进行领导的能力是一名有效管理者的必要条件之一。此外，从事其他一些重要的管理职能（整个管理工作），对于确保管理者成为成功领导者有着重大的影响。管理人员必须行使他们职位所赋予的全部职能，以便把人力资源与物质资源结合起来以实现目标。要做到这一点，关键是要有清晰的角色和一定程度的自主权或职权来支持管理人员的行动。

领导的实质是追随关系，换言之，正是人们愿意追随某人，从而使他成为一名领导者。此外，人们往往追随那些他们认为可提供其实现愿望、要求和需要手段的人。

> 领导和激励是密切相关的。

领导和激励是密切相关的。人们了解了激励的作用就能更好地理解人们需要什么以及人们的行为动因。领导者不仅可以对下属的激励因素做出反应，而且还能运用他们所开发的组织氛围来激发或抑制这些激励因素。这两项因素无论对领导工作还是对管理工作都是重要的。

15.1 领导的定义

管理学作者们对领导有不同的含义。美国前任总统哈里·杜鲁门（Harry Truman）曾经说过，领导就是让人们做他们不愿意做的事情，并使他们愿意做的能力。本书则把**领导**定义为影响力，即影响人们心甘情愿和满怀热情地为实现群体的目标而努力的艺术或过程。理想的情况是，应当鼓励人们不仅要提高工作的自愿程度，而且情愿以满腔热忱和满怀信心地工作。热忱是在工作中表现出来的旺盛的热情、诚挚和投入；信心则反映了经验和技术技能。领导者的作用在于通过最大限度地运用其能力，帮助群体尽其所能地实现目标。领导者不是站在群体的后面推动和激励，而是要置身于群体之前，促动群体的进步，鼓舞群体为实现组织目标而努力。一名乐队的指挥即是一个恰当的例子，他的任务就是要通过乐师们共同一致地努力演奏，奏出和谐之音和正确的节拍。一个管弦乐队的好坏取决于其指挥的领导素质。

> **领导**是影响人们心甘情愿和满怀热情地为实现群体的目标而努力的艺术或过程。

15.2 领导的构成要素

领导者眺望未来，他们激发组织成员的热情，并规划组织的发展路径。克莱斯勒公司的前任首席执行官李·亚科卡（Lee Iacocca）和通用电气公司前任首席执行官杰克·韦尔奇（Jack Welch）以及微软公司的比尔·盖茨都为他们的公司提出了愿景。作为领导者，他们应持有这样的价值观：他们是否关注质量、诚实和已计算出的可承担风险，以及他们是否关心他们的雇员和顾客。

> www.chrysler.com
> www.ge.com
> www.microsoft.com

任何一个由全力以赴工作的人们所组成的群体，都有某个擅长领导艺术的人作为群体的首领。这种技能似乎至少包括以下四个主要方面：（1）有效地、负责任地运用权力的能力；（2）了解人们在不同的时间和不同的情况下有不同的激励驱动力的能力；（3）激发人们奋进的能力；（4）营造有利于应对和发挥激励作用氛围的能力。

> **领导的组成要素**：权力；对人的最基本的理解；激发追随者竭尽全力的能力；领导风格和营造有利的组织氛围。

构成领导的第一要素是权力，对权力的性质以及权力与职权的区别已经在第 9 章论述过了。领导的第二个要素是对人要有最基本的理解。正如在所有实际工作中那样，懂得激励理论、各种激励驱动力和激励制度的性质是一回事，针对不同的人和情境运用这类知识的能力却是另外一回事。一名管理者或任何领导者如果起码懂得激励理论的现状和理解激励的要素，那么，他就能更多地理解人的需要的性质和程度，也就能界定和设计满足这类需要的方法并加以管理，以期达到理想的反馈结果。

领导的第三个要素是一种少见的能力，即激发追随者竭尽全力从事某项工作的能力。虽说激励因素的运用似乎主要是围绕着下属及其需要，然而激发力却来自群体的领导者。他们可能有魅力和感召力，使追随者产生忠诚度、奉献精神和强烈的实现领导意图的意愿。这不是满足人们需要的事，相反，倒是一件人们对中意的领导者给予无私支持的事。激发人们斗志，领导的榜样是在绝望和令人恐怖的情境中表现出来的，如处在战争前夕而毫无准备的国家、精神状态异常的囚犯集中营，或是被打败了的领袖仍然被忠诚的追随者紧随其后等。有些人也许会说，这种对领导者的忠诚并非完全是无私的，这样做是为了那些追随者的利益，因为他们面临灾难而要追随所信赖的人，但是几乎没有人会否认在上述两种情况下个人感召力的价值。

领导的第四个要素同领导者的风格和领导者所营造的组织氛围有关。如前一章所表明的，激励的力度在很大程度上取决于期望概率的大小、预期报酬的多少、认定需要努力的程度、有待完成的任务，环境中的其他因素以及组织氛围。人们意识到这些因素的存在，于是对领导行为进行了大量的研究，提出了各种相关的理论。那些长期以来就把领导作为人际关系心理学研究内容的人，他们的观点与本书作者的观点是趋同的，即管理人员的首要任务是设计并维持绩效增长的工作环境。

约翰·盖巴罗（John Gabarro）和约翰·科特（John Kotter）增加了另外一个要素：有效的管理人员必须与其上级保持健康的关系。这就意味着，这种关系是基于相互依赖基础上的。因此，管理人员必须了解上级的目标以及压力，并对此给予关注。

> **领导的基本原则**是：由于人们往往追随那些他们认为有助于实现个人目标的人，所以，管理人员越是了解那些激励其下属的因素，并把这种理解更多地体现在其管理行动之中，那么，他们就能成为更为出色的领导者。

依靠那些能够帮助他人实现对诸如金钱、地位、权力和成就自豪感之类需要的人，使得企业中的几乎每个角色都能让员工得到满足，并使得企业更有效益。**领导的基本原则**是：由于人们往往追随那些他们认为有助于实现个人目标的人，所以，管理人员越是了解那些激励其下属的因素以及这些激励因素如何发挥作用，并把这种理解更多地体现在其管理行动之中，那么，他们就能成为更为出色的领导者。

由于领导对所有各类群体行动都有重要作用，因此，关于领导问题的理论和研究数量相当可观。对这种庞大的研究内容难以用某种方式概括起来以适用于日常的管理。不过，下面将探讨几种主要的领导理论和研究成果，并概述几种基本的领导风格。

15.3 领导素质论

在 1949 年之前，对领导的研究主要是试图分析领导人所具备的素质。

"伟人"论认为领袖是天生的而不是造就的,这种信念可追溯到古代希腊人和罗马人,以此为出发点,研究人员试图辨析不同的领袖人物在体质、智力和个性方面的素质。"伟人"论随着心理行为学派的兴起而极大地丧失了它的可接受性。

不少学者已经做过各种素质问题的研究。拉尔夫·M·斯托格迪尔(Ralph M. Stogdill)发现,各类研究人员明确了与领导能力有关的 5 种体质特征(如精力、外表和身高),4 种智力与能力特征,16 种个性特征(如适应性、进取心、热情和自信心),6 种与任务有关的特征(如成就动力、持久性和进取心)以及 9 种社会特征(如合作性、人际关系能力和管理能力)。

有关领导素质重要性的讨论仍在继续,近年来,人们又确定了以下一些关键的领导素质:动力(包括成就、激励、精力、志向、进取心和韧性)、领导激励(领导激情,但不是争权)、诚实和正直、自信心(包括情绪稳定性)、认知能力以及对企业的理解程度。不太清晰的是创造性、灵活性和个人魅力对领导有效性的影响。

总的来说,把领导素质的研究成果用来解释领导行为不能说是一种富有成效的方法,因为并非所有领导人都具备这一切素质,而且许多非领导人也可能具备其中的大部分或全部素质。另外,素质研究方法对人们应该具备的任何品质达到多大程度,没能提供有益的指南。除此之外,已经完成的数十项研究对哪些素质属于领导素质看法不一,或者对素质与实际的领导情况是什么关系的看法也不尽相同。大多数所谓的素质实际上不过是行为方法而已。

个人魅力领导

个人魅力领导与上述讨论密切相关,早年对个人魅力特征的研究是由罗伯特·J·豪斯(Robert J. House)承担的。他和其他几位作者指出,个人魅力型领导可能有某些特征,如有自信心、有很强的说服力、清晰地阐明愿景、能够引发变革、沟通高期望值、有影响和支持追随者的需求、热情奔放以及敢于面对现实。尽管这些特征值得称道,但正如本章后面要指出的其他因素,如追随者和情境特征等也可能对领导的有效性产生影响。

15.4 领导行为和领导风格

有几种研究领导行为与领导风格的理论。这里集中论述:(1)基于职权的领导;(2)管理方格图;(3)涉及不同风格的领导,从最大限度至最低限度运用权力与影响的领导。

15.4.1 基于职权的领导风格

> **专制的领导者**发号施令，要求他人依从，教条且独断，凭借采用奖惩的能力实施领导。
>
> **民主或参与式领导**同下属磋商，并且鼓励下属参与其中。
>
> **自由放任式领导者**很少运用其权力，在工作中给下属很大的自主权。

早期对领导风格的一些解释是根据领导者如何运用他们的职权来分类的。人们认为，领导者采取的基本风格有三种。**专制的领导者**发号施令，要求他人依从，教条且独断，凭借采用奖惩的能力实施领导。**民主或参与式领导**在拟定行动和决策时同下属磋商，并且鼓励下属参与其中。这种类型的领导包括那些只有在得到下属一致同意后才采取行动的领导者和在做出决策之前要同下属磋商的领导者。

自由放任式领导者很少运用其权力，在工作中给下属很大的自主权。这类领导者主要依靠下属来确定他们自己的目标以及实现目标的方法，他们认为其任务就是为下属提供信息，主要充当群体与外部环境的联系人，以此帮助下属进行工作。

在简单分类的领导风格中还有不少变异类型，有些专制的领导者被视为"仁慈独裁者"。尽管他们在做出决策之前能很好地听取其下属的意见，但仍由他们自行决策。他们也许乐意听取并考虑下属的想法和疑虑，但当需要做出决策时，他们可能更多地表现为独裁者而不是仁慈者。

参与式领导者的一种变异形式是支持者。这类领导者视自己的任务不仅要同下属磋商，认真考虑他们的意见，而且还要尽其所能地支持下属来履行其职责。

采用任何一种领导风格都要视情况而定。一名管理人员在紧急状态下可能非常专制，人们很难想象消防队长会同队员长时间开会商量灭火的最佳方案。管理人员在只有他们能对某些问题提供答案时，也可能是专制的。

一名领导者通过同下属磋商可以获得相当多的知识和得到相关人员的承诺。正如前面已经阐述过的，这一点在目标管理系统中拟定可考核目标时体现得尤为突出。此外，一名同一批研究型科学家打交道的管理人员，可能在他们探究和实验过程中给予充分的自主权。但同样是这名管理者，在处理某些潜在危险的化学品时，可能非常果断地要求下属必须穿戴防护服。

15.4.2 女性在领导方式上与男性有区别吗？

女性管理人员的管理风格可能与男性有所不同。一项调查表明，女性管理人员将领导视为通过人际关系技能和个人品质来激励下属，将下属的个人利益集成在公司整体利益的过程。这种互动式领导风格需要与下属分享信息和权力，鼓励下属参与并让其感到他们存在的重要性。相比之下，男性领导则更倾向于视领导为一系列与其下属做交易的过程。此外，他们更经常运用资源控制和职权来激励其下属。这并不意味着所有成功的男性或女性管理人员在分别运用各自的领导风格。当然，有些男性管理人员在领导下属时采用互动式领导风格，而一些女性管理人员则采用传统方法。

15.4.3 管理方格图

众所周知的界定领导风格的研究方法之一是管理方格图,这是数十年前由罗伯特·布莱克(Robert Blake)和简·穆顿(Jane Mouton)开发出来的。在此之前的研究表明,既关心生产又关心人对一名管理人员而言具有重要意义,于是,布莱克和穆顿便设计出一个巧妙的方格图,形象地表述了对生产和对人的关注,如图15-1所示。这个方格图作为管理人员培训和确定各种领导风格不同组合的手段在全世界得到了广泛的应用。

> 管理方格图有两个维度:对人的关心与对生产的关心。

管理方格图的维度

管理方格图有两个维度:对人的关心与对生产的关心。正像布莱克和穆顿所强调的那样,他们使用"对……关心"这句话的含义是要表明管理人员怎样关心生产,或他们

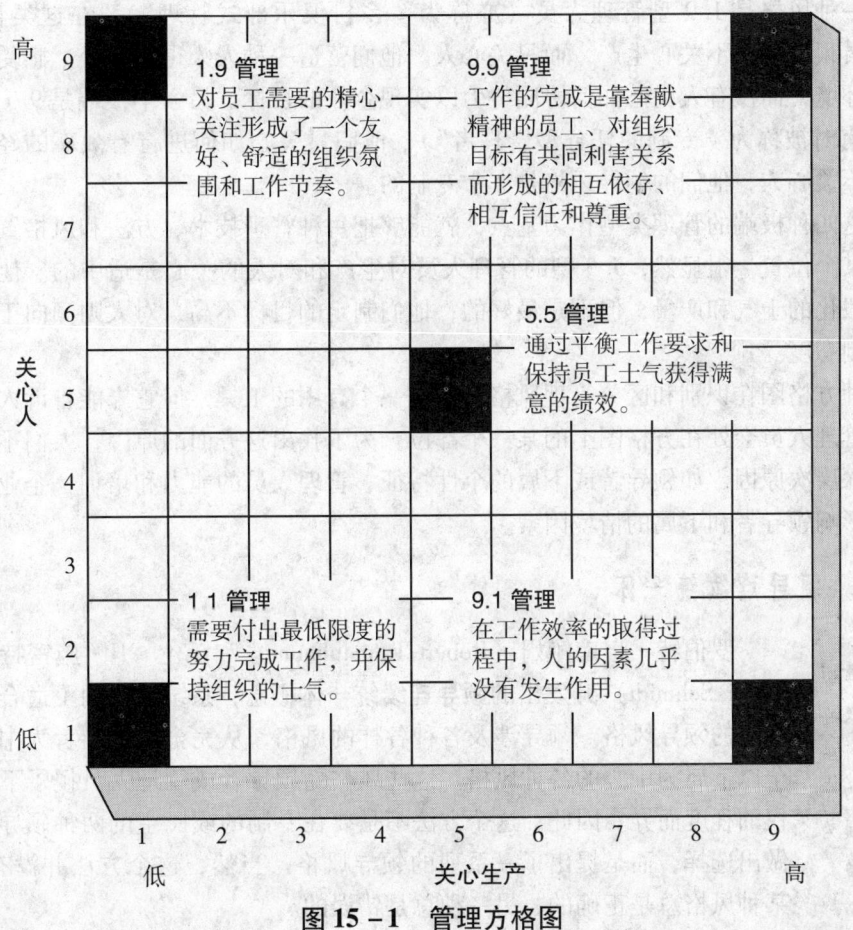

图15-1 管理方格图

资料来源:Adapted from R. R. Blake and J. S. Mouton, *The Managerial Grid* (Houston, TX: Gulf Publishing Company, 1964), p. 10.

怎样关心人，而不是关心群体中产量之类的事。

关心生产是指一名主管对各种不同情况所持的态度，如政策决议的质量、程序与过程、研究的创造性、服务质量、工作效率和产量等。同样，关心人也有广泛的解释，包含了诸如个人对实现目标的承诺程度、工人自尊心的维护、基于信任而非服从的职责安排、提供良好的工作条件和保持令人满意的人际关系等内容。

四种极端的管理风格

布莱克和穆顿认定有四种极端的管理风格。在1.1型风格中（称之为"贫乏型管理"），管理人员既不关心人也不关心生产，很少过问他们的工作。实际上他们已放弃了自己的职守，无所事事或者只充当将上级信息向下属传达的传声筒。处于另一个极端的是9.9型的管理人员，他们在工作中不论对人还是对生产都显示出最大的奉献精神，是真正意义上的"团队管理人员"，他们能够把企业的生产需要同个人的需要紧密地结合在一起。

另一种风格是1.9型管理人员（亦称为"乡村俱乐部式管理"）。在这类管理中，管理人员很少甚至不关心生产，而只关心人。他们营造一种人人得以放松，感受友谊与快乐的环境，而没有人关心如何协调努力以实现企业的目标。另一个极端是9.1型管理人员（有时被称为"专制的任务型管理者"），他们只关心如何进行有效率的经营，很少甚至不关心人，他们的领导风格是非常专制的。

把这四种极端的管理类型作为基点，就能够把每种管理技术、方法和风格置于方格图中的某个位置。很显然，5.5型的管理人员对生产和对人的关心是适中的。他们获得的是一般化的士气和产量，但不是最好的；他们制定的目标不高，对人则倾向于采用仁慈的专制态度。

管理方格图在识别和区分管理风格方面是一个有用的工具，但它未能告诉人们为什么一名管理人员会处在方格图上的某一个部位。为了找出这方面的原因，人们不得不考虑一些深层次原因，如领导者或下属的个性特征、管理人员的能力和培训、企业环境以及其他影响领导者和下属的情境因素。

15.4.4 领导连续统一体

罗伯特·坦南鲍姆（Robert Tannenbaum）和沃伦·H·施密特（Warren H. Schmidt）开发出的**领导连续统一体概念**，系统地归纳了适合于不同情境的领导风格。领导涉及各种各样的风格，从完全以领导者为中心到完全以下属为中心的各种风格。这些风格随领导者或管理人员授予下属自主权的程度而异。因此，这个方法不是要在专制的或民主的两种领导风格中做出选择，而是提出了一系列的领导风格。当然，这个方法并没有建议，某种风格总是正确的，另一种总是错误的。

领导连续统一体理论认为，适当的领导风格取决于领导、下属和情境。对坦南鲍姆和施密特而言，最重要的影响管理人员风格的因素可以体

> **领导连续统一体概念**系指领导涉及各种各样的风格，从完全以领导者为中心到完全以下属为中心的各种风格。适当的领导风格取决于领导、下属和情境。

现在一个连续统一体上，包括：(1) 管理人员个性中的因素，如他们的价值系统、对下属的信任程度、对领导风格的倾向性，以及不确定情况下的安全感等；(2) 影响管理人员行为的、下属个性中的因素，如愿意承担责任的程度、知识和经验以及对模棱两可情况的容忍程度等；(3) 情境因素，如组织的价值准则和传统、下属人员作为整体工作的有效性、问题的性质和授权下属处理这一问题的可能性，以及时间的压力等。

1973年坦南鲍姆和施密特重新研究他们的模型时（领导连续统一体模型是在1958年首次提出的），在其周围画了两个圈，以此表示组织环境和社会环境对领导风格所施加的影响。这样做的目的是要强调领导风格开放系统的性质，并强调企业外部组织环境和社会环境两者所产生的各种影响。在1973年所作的解释中，他们更加强调领导风格同环境因素的相互依存关系，这些环境因素包括工会、与日俱增的要求企业履行社会责任的压力、民权运动、生态和消费者保护运动等。这些环境因素对管理人员在不顾及组织外部利益的情况下做出决策或处置下属的权力提出了挑战。

15.5 领导情境或权变论

随着人们对以"伟人"论和素质论来解释领导越来越感到失望，于是便把注意力转向对领导所处情境的研究，同时认定领导者是既定情境的产物。人们做了大量的研究，前提条件都是领导行为在很大程度上受造就领导者和领导者赖以生存情境的影响。这一研究方法是有说服力的，可以从20世纪30年代美国大萧条时期富兰克林·迪兰诺·罗斯福（Franklin Delano Roosevelt）和第二次世界大战后中国毛泽东的出现中得到证实。这一研究方法确认，群体与领导者之间存在着一种互动效应，这个方法支持追随者理论，即人们倾向于追随他们认为（正确地或不正确地认为）能帮助他们实现各自愿望的领导者。因此，领导者就是那些确认这些愿望，并且采取实现愿望的行动或承担计划的人。

情境法，或称为权变法显然对管理理论与实务有很重要的意义。这种方法也可同第14章中所论述的激励系统结合起来，对在岗的管理人员来说尤为重要，因为他们在设计绩效环境时必须要考虑到情境因素。

15.5.1 菲德勒的领导权变论

虽然说伊利诺伊大学的福来德·E·菲德勒（Fred E. Fiedler）和他的同事研究领导理论的方法主要是一种分析领导风格的方法，但他们却提出了一种**领导权变理论**（contingency theory of leadership）。这个理论认为，人们之所以成为领导者不仅在于他们的个性，而且也在于各种不同的情境因素和领导者与群体成员之间的交互作用。

领导情境的几个关键性维度

菲德勒根据他们的研究阐明了领导情境的3个关键性维度，它们有助于决定采取何种领导风格最为有效：

> 领导权变理论认为，人们之所以成为领导者不仅在于他们的个性，而且也在于各种不同的情境因素和领导者与群体成员之间的交互作用。

（1）职位权力。这是指一个领导者所处的职位能使群体成员遵从他们指挥的权力，不同于来自其他方面的诸如个性或专长的权力。就管理人员而言，这是来自组织职权所赋予的权力。正如菲德勒所指出的，有了清晰和相当大职位权力的领导者才能比那些没有此种权力的领导者更易博得下属真诚的追随。

（2）任务结构。菲德勒将这个维度界定为任务能够细分和人员职责划分的清晰程度。只要任务明确（而不是含混不清和非结构性的），工作绩效的质量就能比较容易加以控制，并能更确切地划分群体成员承担绩效的责任。

（3）领导者与成员的关系。从领导者的观点来看，菲德勒将这一维度视为最重要的因素，因为职位权力和任务结构在很大程度上企业是可以控制的。领导者与成员之间关系的前提条件是，群体成员爱戴、信任领导者，并心甘情愿地追随领导者。

领导风格

菲德勒为了进行他的研究确定了两大领导风格，其中之一是任务导向风格，即领导者从设法完成任务中得到满足；另一种取向是实现良好的人际关系和个人获得显赫的职位。

菲德勒运用一种不同寻常的测试方法来测量领导风格和确定领导是否在大体上呈现为是任务型的。他的研究成果基于以下两种来源：（1）"最不喜欢的同事"（LPC）量度的得分，即按群体中人们最不喜欢与之共事的人所定的等级；（2）"假设的相反方面类似点"（ASO）量度的得分，即根据领导者认为群体成员与自己相类似的多少来测定等级，这是基于人们最喜欢与自己相似的人相处共事的假设。现在，在调查研究工作中应用得最普遍的便是 LPC 量度方法。在开发这一方法时，菲德勒要求问卷填表人确定他们认为最不能一起共事人的品质。填表人用一个含有 16 个问题的量度表，逐项给被调查人打分，如下所示：

令人愉快的｜___｜___｜___｜___｜___｜___｜___｜令人不愉快的

拒　　绝　｜___｜___｜___｜___｜___｜___｜___｜接受

菲德勒使用这一方法进行研究的结果以及其他人的研究结果都表明，将他们的同事评分高（即以赞许的词句评分）的人，是那些通过建立良好的人际关系得到极大满足的人；而把他们"最不喜欢的同事"评分低（即以否定的词句评分）的人，是那些从任务绩效中得到极大满足的人。

菲德勒根据他的调查研究，得出了一些有趣的结论。尽管他认识到人的直觉可能是不清晰的，甚至是十分不准确的，但他发现下述情况却是真实的：

"领导工作的绩效取决于组织，在同样程度上也取决于领导本人的品质。也许除了特殊情况外，说什么成功的领导者或不成功的领导者是没有意义的。我们能说的是，有些领导者在某一种情境中是成功的，而在另外的情境中也许是不成功的。如果我们希望提高组织和群体有效性的话，那么，我们不仅必须学会怎样培训领导者，而且必须学会怎样建设一个使领导者能够在其中很好地履行其职能的组织环境。"

图15-2 对菲德勒的权变领导模型用示意图做了表述。实际上，这张图是菲德勒调研成果的概括。在研究中他发现，关心任务的领导者在"不利的"或"有利的"情境下，将是最有成效的领导者。菲德勒将**情境有利性**定义为特定情境下领导对群体施加影响的程度。换言之，当领导在职位权力不足、任务结构不明确、领导与其成员关系紧张时，领导者的处境是不利的，在这种情况下，关心任务的领导者将是最有成效的（参照图15-2的右下角）。而在另一个极端情况下，在职位权力很高、任务结构明确、领导与其成员关系良好时，领导者的处境是有利的，在这种情况下，关心任务的领导者也是最有成效的。然而，当情况仅仅是有些不利或有些有利（见图15-2中水平量度的中部）时，注重人际关系的领导者是最有成效的。

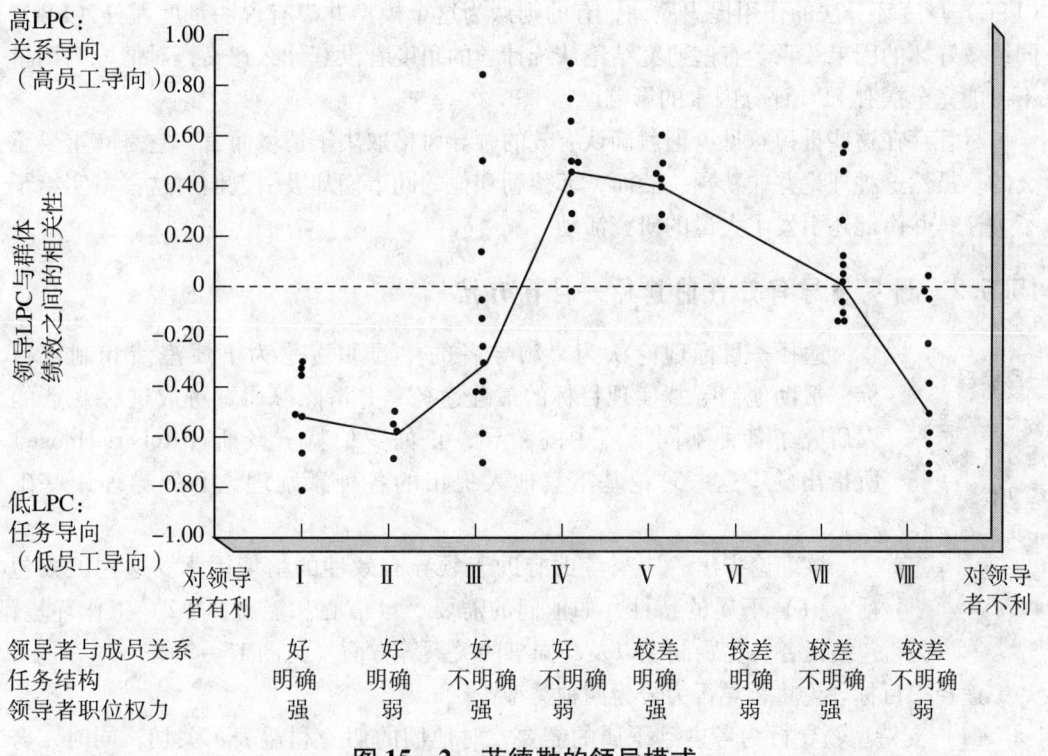

图15-2 菲德勒的领导模式

注：图中每一个点代表研究中的发现。

资料来源：Adapted from F. E. Fiedler, *A Theory of Leadership Effectiveness* (New York: McGraw-Hill, 1967), p.146. Used with permission.

在结构非常清晰的情况下，如战争期间的军队，领导者拥有很强的职位权力，与其成员保持良好的关系，在这种有利的情况下注重任务则是最佳的。处在另一个极端的情况下，即关系紧张、任务不明确以及职位权力不足的不利情况下，领导者也主张注重任务，这样可能会减轻因任务安排不当导致的焦虑或模糊不清。在两种极端情况之间，建议采取的领导方法所强调的是领导者要同成员合作并保持良好关系。

菲德勒的研究与管理

人们在评论菲德勒的研究结果时发现，无论是注重任务的领导风格还是注重人际关系的领导风格都不存在自动产生效应，或"好"、"坏"的概念。领导有效性取决于群体环境中的各种因素，这是可以预料到的。处在理想的领导角色的位置上，那些把知识应用于向他们汇报工作的群体事务中的管理人员，一旦认识到他们是在运用一种艺术，他们会做得很好的。但他们这么做时，必须要考虑到那些调动群体成员的激励因素和他们为了实现企业目标而满足群体成员需要的能力。

有些学者把菲德勒的理论置于各种情境中进行测试。有的对"最不喜欢的同事"（LPC）量度评分法的作用提出质询，有的则认为这个模型并没有说明量度评分（LPC）同绩效好坏的因果关系。有些研究结论从统计学的角度看没有什么意义，对情境的衡量不可能完全摆脱 LPC 评分因素的影响。

尽管存在这些批评意见，但就确认有效的领导风格取决于情境而言，它是有重要意义的。虽然这种理论并非新颖，然而，菲德勒和他的同事们却吸引人们对这一事实给予了关注，并由此还引发了大量的研究活动。

15.5.2 研究领导有效性的途径—目标方法

> 途径—目标理论认为，领导者的主要职责是为下属澄清和制定目标，帮助他们寻找实现目标的最佳途径，并清除障碍。

途径—目标理论认为，领导者的主要职责是为下属澄清和制定目标，帮助他们寻找实现目标的最佳途径，并清除障碍。赞成这一观点的人研究了各种不同情境中的领导，正如罗伯特·豪斯（Robert House）所指出的，这一理论基于其他人提出的各种激励理论和领导理论基础之上。

该理论指出，应当考虑有助于领导有效性的情境因素。这些因素包括：(1) 下属的特性，如他们的需要、自信心和能力；(2) 工作环境，包括任务、奖励制度以及与同事的关系等方面（见图 15-3）。

途径—目标理论将**领导行为**分为四种类型：

(1) 支持型领导行为考虑到下属的需要，对他们的切身利益表示关切，同时，努力营造和谐的组织氛围。当下属受到挫折和不满意时，这类领导行为对下属的绩效影响最大。

(2) 参与型领导允许下属对他们的决策施加影响，这样会提高激励效果。

(3) 指导型领导给予下属相当具体的指导，明确对下属的期望和要求，这涉及领导的计划、组织、协调和控制等方面。

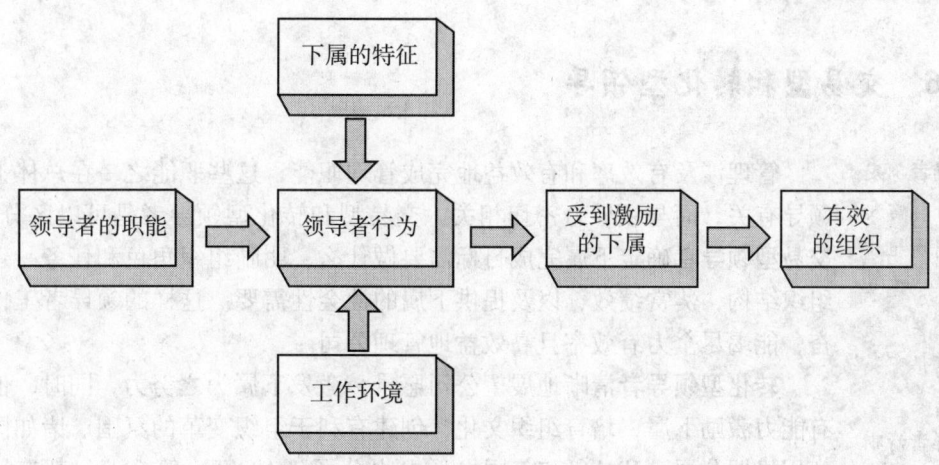

图 15–3　领导有效性的途径—目标方法

（4）成就导向型领导涉及确定富有挑战性的目标，寻求提高绩效的方法，并深信下属能够实现高目标。

这一理论不是提出了一种最佳的领导方式，而是指出了得当的领导方式取决于情境。模棱两可的和不确定的情境对下属来说可能是令人沮丧的，此时需要更为注重任务的领导方式。换言之，当下属不知所措时，领导者可以告诉他们该做些什么，并清晰地指明实现目标的途径。另外，对诸如装配线那种常规任务若再增加途径说明（通常由注重任务的领导者提供）可能是多此一举，下属会认为这种做法是管得过了头，进而有可能引起不满意。从另一个角度看，员工希望他们的领导者不要妨碍他们，因为他们的途径早已清晰无误了。

这一理论提出，领导者的行为是可以接受的，领导者能在下属视其为满意来源的情况下满足下属的需要。这一理论的又一论点是，领导者的行为增强了下属的努力程度，即产生了激励作用，体现在以下两方面：（1）取决于有效绩效，领导行为满足了下属的需要；（2）领导行为通过辅导、指挥、支持和奖赏来改善下属所处的环境。

这个理论的核心是，领导者影响着介于行为与目标之间的途径。领导者能够这么做是通过确定职位与任务角色，清除实现绩效的障碍，在制定目标方面谋取群体成员的支持，促进群体的凝聚力和协作努力，在工作绩效方面增加个人满意度的机会，减轻压力和外界的控制，使期望目标更加清晰，以及满足成员期望的措施。

途径—目标理论对于在岗的管理人员具有重大意义，同时，人们必须承认，这个方法在能够成为管理工作的明确指南之前，还需要进一步测试。

15.6 交易型和转化型领导

交易型领导者确定下属完成目标需要做什么,明晰组织角色和任务,建立组织结构,奖赏绩效,以及提供下属的社会性需要。

转化型领导者清晰地展望公司愿景,激发和激励下属,以及创建有利于组织变革的氛围。

www.ibm.com
www.att.com

管理涉及有效率和有效益地完成管理职能,这些职能之一在总体上与领导有关,而与领导力密切相关。交易型和转化型领导者是可以区分的,**交易型领导者**确定下属完成目标需要做什么,明晰组织角色和任务,建立组织结构,奖赏绩效,以及提供下属的社会性需要。这样的领导者工作勤奋,能竭尽全力有效率且高效益地管理公司。

转化型领导者清晰地展望公司愿景,激发下属为之努力,同时,他们有能力激励下属,培育组织文化,创建有利于组织变革的氛围。诸如国际商用机器公司(IBM)和美国电话电报公司(AT&T)等企业,都有培养转化型领导者的计划,目的在于使公司能够快速应对外部环境的剧烈变化。

转化型领导者与个人魅力领导者之间有许多相似之处,其中前者以引发创新和变革而著称。人们在联想到个人魅力领导者时,不禁会回忆起温斯顿·丘吉尔(Winston Churchill)、马丁·路德·金(Martin Luther King)和马瑟·特丽萨(Mother Theresa)这些名人,特丽萨以其对穷人的无私服务激发人们奋进。

本章小结

领导是影响人们使其愿意为实现群体目标做出积极贡献的一种艺术或过程。领导需要下属的追随,对于领导的研究有各种各样的方法,从素质论到权变方法。方法之一是将重心集中在三种风格上:专制的、民主的或参与的,以及自由放任的。

管理方格图确定了两个维度:对生产的关心和对人的关心。在这两个维度的基础上,形成了四个极端的风格和一个"居中"的风格。领导的风格也可以被视为是一个连续统一体,在这个统一体的一端,管理人员有很大的自主权,而下属的自由度却很少;而在另一端,管理人员自主权有限,而下属则有很大的自由度。

还有另外一种领导方法是基于这样一种假设,即领导者是一定情境的产物,于是将重点集中在对不同情况的研究上。菲德勒的权变方法将领导者的职权、任务结构和领导与群体成员关系纳入考虑范围,其结论是,没有最好的领导风格,但是,领导者一旦处于适合的环境是可以成功的。领导途径—目标研究方法认为,最有效的领导者是那些帮助下属完成企业以及个人目标的管理人员。交易型领导者明晰角色和任务,建立组织结构,并帮助下属完成目标。转化型领导者展望愿景,激发下属,改变组织。转化型领导者和个人魅力领导者概念有相似之处。

主要概念回顾

领导 基于职权的领导风格 领导的途径—目标方法
领导构成要素 管理方格图 交易型领导者
领导原则 领导连续统一体 转变型领导者
领导素质论 领导情境方法
个人魅力领导 菲德勒的权变理论

讨论题

1. 你认为领导的实质是什么?
2. 领导理论和领导风格是如何与激励相关的?
3. 为什么将素质论作为解释领导力的一种方法容易引起争论?
4. 你能否解释为什么管理方格图作为一种培训工具深受欢迎?
5. 针对你所钦佩的一名企业领导人或政治领袖,应用管理方格图或运用坦南鲍姆与施密特的领导行为连续统一体模型来辨析其领导风格。
6. 何谓菲德勒的领导理论?将其应用于你所了解的领导者案例中进行分析,你是否认为这个理论是正确的?
7. 领导途径—目标方法的优点及局限性是什么?
8. 如果你被选拔为课堂练习项目的小组领导(例如,针对某公司的案例研究),那么,你会运用何种领导风格或领导行为?为什么?

企业案例

走出国际化"阵痛"的TCL集团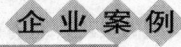

2011年9月28日,TCL集团迎来了30周年庆典。

TCL集团股份有限公司(以下简称"TCL")是1997年7月17日注册成立的,总部设于广东省惠州市,李东生是董事长和首席执行官。TCL是一个以多媒体电子、移动通信、数码电子为支柱,包括家电、核心部品(模组、芯片、显示器件、能源等)、照明和文化等产业在内的产业集群。2004年,通过兼并重组法国汤姆逊彩电业务,成立TTE公司。TCL旗下手机业务通过兼并阿尔卡特手机业务,成立T&A公司,从而一举迈进跨国公司的行列。

2004年,TCL通过整体改制上市,公司规模和实力有了增长。同年并购法国汤姆逊彩电业务,使国际业务规模有了明显的提升。从2005年开始,TCL海外销售超过了国内的销售,2007年度TCL实现净利润3.69亿元。但是,2004年国际并购给TCL带来了巨大压力和挑战,集团连续两年出现亏损,TCL不得不在2006年12月对这部分业务进行剥离和重组,并于2007年5

① http://www.tcl.com/.

月24日进入清算程序。

从彩电等行业全球格局来看，欧美仍然是最大的市场，TCL要想做成国际化的企业，必须在这个市场占有一席之地。2002年9月，TCL控股的TCL国际通过其全资子公司与德国施耐德公司达成协议，收购施耐德生产设备、研发力量、销售渠道及包括品牌的商标权益，建立TCL欧洲生产基地。公司管理层认为，此举标志着TCL在走向世界的进程中迈出了重要的一步，其战略意义十分明显：第一，绕开了欧盟的贸易壁垒；第二，施耐德在德国与欧洲有相当的市场基础，通过收购施耐德，TCL可以利用其现成的品牌和网络，快速切入德国市场；第三，通过施耐德进入欧盟这个成熟市场，真正地与国际大企业竞争，有助于TCL提升国际竞争力；第四，收购施耐德还能提高TCL的国际化管理能力。施耐德在德国雇了120多个员工，其中的管理人员融进TCL的团队后，给TCL带来了先进的管理理念。

2004年4月，TCL并购阿尔卡特全球手机业务部门。同年6月，TCL收购法国汤姆逊，成立了TCL—汤姆逊电子公司。通过这些并购重组运作，TCL进入了欧美发达国家的市场。

然而，TCL的一系列国际并购并没有给其带来预想的结果。TCL并购国际大企业的目的之一是为了能规避贸易壁垒，降低美国和欧洲对中国电子产品的反倾销政策；第二是国内传统CRT彩电已经趋于饱和，作为技术替代的液晶与等离子彩电，TCL并未掌握核心技术，急需在这方面有所突破。但是，一系列的国际并购给了TCL什么呢？

在技术方面，TCL所获得的大多只是过时技术。TCL获得了汤姆逊的研发机构，但要想使用汤姆逊在传统CRT彩电领域所掌握的34000多项专利，TCL还必须出钱购买。

在销售渠道方面，TCL收购汤姆逊后既不拥有汤姆逊原有营销网络，也不拥有汤姆逊的品牌。至于收购施奈德更是适得其反，施奈德的品牌和技术都很不尽如人意。施耐德在德国的社会形象是一个保守的、不断破产转卖的私人企业，产品还不如TCL先进。TCL若要借施耐德进入德国市场，还不如用其自有品牌。企业决策的草率和急于求成使管理层忽略了对欲并购企业的全面了解和慎重评估，意欲获得高端技术从而提高产品等级和减少进入国际市场的阻力的并购最终成了企业的包袱。

TCL总裁李东生在不同场合多次强调，区域化企业是无法和国际化企业竞争的。TCL的国际化战略目标是2010年销售收入突破1500亿元。为了快速迈进国际化大企业的门槛，为了尽快进入全球500强，公司管理层过于强调销售收入，不考虑经营利润，不考虑长远发展，急于求成和贪大的心理因素使收购的几个企业陷入巨额亏损，拖累了整个集团的效益。

国际并购要获得成功，首先必须突破的是国家间文化上的障碍，其次必须熟悉和解决的是管理风格和企业文化上的差异。TCL在并购前极其缺乏的就是国际化管理人才，快速并购使得企业没有认真考虑并购后的整合问题，想当然地认为可以将中国国内的低成本优势和对国内员工的管理模式很简单地移植到并购企业内。然而，国外的员工在思想和生活方式上与国内的员工都有着巨大的差别，国家政策和制度也存在着极大的不同。欧洲这样的成熟市场与中国市场在政府社保体系和福利保障上存在着很大的差别，对并购后的企业进行整合，既不能裁员，又不能减薪，TCL花了大部分的时间与精力和法国政府及工会进行沟通和对话。欧洲的人力成本是极其昂贵的，TCL为此付出了高昂的代价，国内获得的微薄利润变成了国外公司的输血源，整个集团被其不断加大的亏损拖下了水。

几个重大国际并购项目分散了核心管理团队的精力和资源，国际化并购重组的谈判、筹建过程的复杂和艰难以及运作过程中产生的许多意想不到的问题和困难，使公司利润急剧下降。TCL创业20年来一直在盈利，从来没有亏损过，收购出现的20多亿元亏损把TCL推到了"生死的边缘"。TCL不得不进行重大的战略调整。2007年

12月1日，TCL宣布，以6000万元价格出售TCL电脑科技有限公司（简称"TCL电脑"）82%股权。TCL电脑业务收入约占集团比重10%。截至2007年年底，TCL电脑事业部总资产为5.9亿元，净资产为5亿元，净亏损约2600万元。

2007年12月3日，TCL集团宣布其业务重组计划，组成多媒体（包括彩电）、通信（包括手机）、家电、部品四大产业集团以及房地产及金融投资、物流及服务两个新的业务群。TCL集团股份有限公司将作为投资控股型公司，决定其下属业务群的战略发展方向，进行资源配置，力求快速走出企业亏损的阴影，重建辉煌。

TCL集团2011年报显示[①]，集团实现营业总收入237.55亿元，同比增长18.08%；销售收入266.39亿元，同比增长17.45%。TCL手机市场份额在全球排名第七位，在中国企业中排名第二位；在彩电领域，TCL在全球排第七位，在中国企业中则一直保持第一位。在经历了2004年并购法国阿尔特手机及汤姆逊彩电业务之后的出现国际化阵痛之后，TCL在2011年实现了根本性的逆转。

面对未来10年，TCL集团完善了"立体发展战略模型"和"4+6"新产业布局，聚焦主营业务，提升三个能力，确立战略导向。新的立体发展战略模型以工业能力、技术能力、全球化运营能力为根基，以清晰的战略目标为企业安身立命之本。

为了适应TCL集团长远发展的需要，李东生对TCL组织架构进行了调整，由原来的"4+2"模式，改变为"4+6"产业布局，即多媒体、通信、家电、画星光点构成四大核心业务，外加翰林汇、房地产、远程教育、医疗电子、泰科立、系统科技六大业务板块。集团致力于持续提升核心业务的产业地位，构筑业务在中国乃至全球市场的领先优势，依托业务优势和相关衍生资源，向多元化领域扩张，向数字家庭与智能化服务整体解决方案提供商的方向迈进。

2011年8月8日，由TCL主导的华星光电8.5代液晶面板项目在深圳正式投产。该项目注册资本为100亿元人民币，其中TCL集团出资55亿元人民币，占注册资本的55%股份，计划于2011年第四季度量产，年产量约为1750万块电视模组，相当于中国彩电面板总需求量的20%。

无独有偶，2011年9月27日，京东方科技集团股份有限公司宣布，其8.5代液晶面板（TFT-LCD）生产线正式量产，实现了从1.8英寸到55英寸全系列主流液晶面板的国产化，有效缓解了中国电子信息产业困扰多年的"缺屏之痛"。京东方8.5代线项目位于北京亦庄经济技术开发区，项目总投资280.3亿元，玻璃基板投入设计产能为9万片/月，预计年产量为1300万片液晶面板，产值200亿元。

TCL集团坚定不移地走国际化经营之路，将其国际化战略分成了三步走：扭亏、健康、成长。2004~2007年式扭亏阶段，主要进行内部文化变革；2008~2010年为健康阶段，强调产业链的垂直整合，向上拓展价值空间，打造自身的核心竞争力；从2011年开始，TCL进入新的成长阶段。

TCL集团的国际化经营之路在公司的愿景中得到了充分的表述。2004年并购失利后，TCL痛定思痛，经过深刻反思认识到TCL的问题出在文化上面。TCL的文化没有随着集团国际化战略的更新而变化，在公司内部没有形成一个统一的愿景。2006年，李东生将集团愿景定位于"成为受人尊敬和最具创新能力的全球领先企业"。

2011年上半年，TCL集团收入273.55亿元，同比增长18.08%，实现净利润5.39亿元，同比增长241.67%。TCL集团的两个业务板块在全球市场排名第七位，即多媒体在全球液晶电视市场排名第七位，TCL通信在全球手机市场排名第七位。同期，TCL集团海外业务增长了6.67%。2011年年初以来，集团对北美和欧洲业务进行了

[①] TCL集团：中年报公告（000100），2011年10月27日，http://www.stock.hexun.com。

收缩，而将海外拓展的重点放在了新兴国家市场。李东生认为，"中国企业国际化没有任何的经验可以借鉴，不同的发展模式和市场环境决定了众多的中国企业不能盲目地模仿欧美企业的模式，只能通过自身探索来确定自己的国际化道路。走出去的企业要有全球化的视野和长远的发展战略。企业必须要有清晰的战略目标，才能逐步提升自己的国际竞争能力"。李东生坚信，"守住就有机会"。

经历了国际化阵痛的TCL集团，企业整体的竞争能力有了质的提高，未来10年是其继往开来、国际化经营向纵深发展的10年。能否像早已进入世界《财富》500强排名榜的华为公司、联想集团那样，成为中国企业"走出去"的领军企业，人们将翘首以盼。

（本案例根据报刊资料整理而成）

◆ 思考题

1. TCL集团并购法国汤姆逊彩电业务失败的原因是什么？
2. TCL集团"先易后难"的国际化经营模式与海尔集团先期进入发达国家市场投资建厂的做法有何区别？哪一种更适合中国企业走出去？
3. 你如何评价TCL集团出资55亿元建立的8.5代液晶面板项目？
4. "走出去"的中国企业如何才能走出"并购不易、整合更难"的困境？你有何建议？

16

委员会、团队和集体决策

[学习目标]

学完本章后,你应该能够:
1. 说明各种不同类型的委员会和小组的性质。
2. 概述采用委员会和小组的理由,特别要关注它们在决策中的使用。*
3. 阐述委员会的缺点,特别是在决策中的缺点。
4. 讨论有效使用委员会的要求。
5. 解释各种小组的概念。
6. 理解团队、团队建设、自我管理团队和虚拟团队的性质。
7. 认识委员会、小组和组织冲突问题。

一种最为普遍又最有争议的组织方法就是委员会。无论把它称为全体委员会、委员会、突击小组、团队、自我管理团队、自我管理工作小组或自治工作小组,其基本性质是一样的。**委员会**是由承担一定责任的人员组成的。正是这一小组行动的特点决定了委员会和团队与其他组织方法的不同,尽管事实上并非所有的委员会都涉及集体决策。正如本章后面涉及的,团队的定义与委员会很相近,所以,对委员会进行的大量探讨也同样适合团队,尽管团队这个词不经常提及。

> **委员会**是由承担一定责任的人员组成的。

16.1 委员会和小组的性质

因为委员会被赋予不同的职权,所以,对委员会理解上的混乱在很大程度上与委员会的性质有关。

---

* 本书第6章讨论了决策问题。

16.1.1 委员会中的小组进程

> 小组经过四个发展阶段：形成阶段、动荡阶段、规范阶段和实施阶段。

有人说小组经过四个发展阶段：（1）形成阶段，小组成员们开始相互认识；（2）动荡阶段，小组成员在确定会议目标时出现争论；（3）规范阶段，此时小组成员就规范和行为准则达成一致意见；（4）实施阶段，小组成员认真着手工作。尽管在大多数的小组中都可以发现这些特点，但它们不一定按此顺序显现出来。

人们在委员会中起着一定的作用。有些人寻求信息，另一些人提供信息；有些人竭力鼓励另一些人出力，另一些人则成为追随者。最后，有一些人试图协调小组的工作或在现有分歧的基础上达成和解；另一些人则扮演了更为咄咄逼人的角色。

> www.mercedes.com

要使自己在小组中发挥作用，人们不仅要聆听别人发言，而且要观察其非语言行为。此外，通过观察各成员入座情况，可看出委员会成员之间社会关系的一些情况，相互了解的人总是坐在一起。座次的安排会给小组成员的交互作用带来影响。人们常常看到，主席大多数坐在长方形会议桌的首席，但是，在生产奔驰汽车的戴姆勒—奔驰（Daimler-Benz）公司，董事会成员是围坐在圆桌旁召开会议的，以此来淡化主席的地位。

16.1.2 委员会和小组的职能和规则

有些委员会和小组承担计划、组织、人员、领导和控制职能，另一些则不承担这种管理职能；有些委员会和小组制定决策，另一些则仅商讨问题而无权做决定；有些委员会和小组有权向管理人员提出建议，而后者可以接受，也可以不接受建议；另一些委员会的组建仅是为了收集信息，而不提出任何建议或做出任何决定。

> **多元执行委员会**是行使管理职能的实权委员会，如董事会。

委员会可以行使实权或参谋权限，取决于它的职权。如果它的职权涉及做出影响下属的决定，并承担相应责任，那么，它就是一个**多元执行委员会**，即行使管理职能的实权委员会，如董事会；如果它与下属的职能关系只是顾问性的，那么它就是一个参谋委员会。

委员会可以是正式的或非正式的。如果是组织结构的一个组成部分，且委任以专门的职责和职权，那么，这样的委员会就是正式的。长期性的赋予这种职能的大多数委员会都是属于这一类的。通常非正式委员会是在没有具体授权的情况下，由一些想就某一特定问题进行集体研究或决策的人们组建的。例如，管理人员可能就某一问题需要听取其他部门的管理人员或专家的意见，为此，便可召开一个专门的会议来解决这个问题。

此外，委员会相对来说可以是常设的或临时的。人们会认为，正式的委员会比非正式的委员会存在的时间要长，尽管并非绝对如此。一个正式的委员会可能是根据公司总裁的指示而建立的，并在组织结构上有相应的规定，目的只能是研究建设一座新厂的可行性，任务一旦完成，委员会即刻解散。而无限期继续下去的倒可能是工厂经理设立的一个非正式委员会，它可以对如何提高产品质量提出建议或协助协调售货承诺与交货日期。

16.2 采用委员会和小组的缘由

人们无须深究广泛应用委员会的理由。虽然人们有时认为委员会有着民主的根源，是民主社会的一个特征，但委员会存在的理由远远超出了仅仅是对集体参与的期望。委员会即使在专制型组织中也是广泛存在的。

16.2.1 集体审议与判断

也许采用委员会最重要的理由是其取得集体审议与判断的优点，正如谚语所说"三个臭皮匠胜过诸葛亮"。企业中很少有这样的情况，即重要的问题都出在诸如生产、工程、财务或销售等单一部门，与此相反，大多数问题都需要用比任何个人能掌握的更多的知识、经验和判断来解决。

不应因此推论只有通过委员会的方式才能得到小组判断。参谋专家与很多人就问题的某一阶段个别商谈可以取得小组判断，而不需要成立委员会。同样，高层管理人员可能要求其主要下属或其他专家提出对问题的分析和建议。有些情况下，上述方法由于不需要委员会长时间的商议，往往能更有效率地取得小组判断。

16.2.2 唯恐个人权力过大的焦虑

另一广泛采用委员会的理由是唯恐给一个人授权过多。这种考虑特别在政府方面表现得更为明显，在这种忧虑的支配下，《美利坚合众国宪法》的制定者不仅确立了两院制和多个成员组成的最高法院，而且还将政府权力在国会、最高法院和总统之间进行了划分。然而，尽管唯恐权力过于集中，美利坚合众国的缔造者们还是将法律的行政实施置于最高执行官一人手中。不过，正如前总统尼克松（Nixon）所发现的那样，立法机构有权力免除或迫使最高执行官辞职。

www.supremecourtus.gov
www.house.gov
www.whitehouse.gov

16.2.3 利益相关群体的代表

在企业中，组建委员会和为之设置人员时，代表制也起着作用。董事会的选择经常是根据与公司与之有利害关系的集团做出的。当总经理遇到特别的困难，涉及各个部门和各项活动的管理者和专家的内部问题时，他们可以通过选择委员会的成员的办法，以保证上述有关各方都有代表。

16.2.4 部门、计划与政策的协调

人们普遍赞同，委员会对于协调各组织单位之间的活动是非常有用的，同时，委员会对协调计划和政策的制定以及实施也是有用的。现代企业的动态性使管理人员肩负着把计划与业务活动联系在一起的重担。委员会允许委员们不仅取得关于计划和他们在计划中地位的第一手材料，而且还能提出改进计划的建议。

16.2.5 信息的传递和共享

委员会有益于信息的传递和共享。所有受共同问题或项目影响的小组成员都能同时获悉这个问题，能系统地获得决议和指示，并有澄清的机会，由此节省了许多时间。口头的交流与措辞严谨的书面备忘录相比，更能澄清问题。

16.2.6 职权的加强

部门、分公司或科室的管理人员通常只拥有为了完成某项任务所必要的部分职权，也称做离散职权。处理这类问题的一个办法是，把这些部分职权不能处理的问题沿着组织级层向上反映，直到达到具有必要权责的部分为止。但是，通常这种部门是在总裁办公室的职责范围，而有些问题的重要性程度可能尚不足以让这个级别的部门去解决。

例如，某机床制造厂的一位顾客可能希望该厂对某一设备的设计进行某种微小但却非同寻常的改变。他会与销售部接洽，而销售部（对这种改变设计的做法没有既定的程序）在没有工程部、生产部和成本估算部的授权下，是无能为力的。在这种情况下，销售经理可能建立一个专门的委员会来研究这一问题，对改变的性质和成本问题取得一致意见，利用委员会成员的联合权限来批准这一要求。

这种委员会的非正式使用给组织带来很大的灵活性。然而，运用委员会来加强离散职权时必须谨慎行事。为了将适当的职权集中于某一职位以制定重复性决定时，首先要弄清组织结构本身是否需要改变。

16.2.7 参与型激励

委员会容许人们广泛参与决策。参与制订计划或做出决策的人通常在接受和执行这项任务时热情更高，即使参与的范围有限也有好处。

16.3 委员会的缺点和使用不当

虽说有许多理由采用委员会这种形式，但它也存在着某些弊端。委员会开支很大；有可能造成最小共同基础上的妥协；议而不决；有可能分散责任。最后，委员会可能导致少数人不容许其他成员参与，将其意愿强加于大多数人的局面。

委员会这种形式常常因为使用不当而名声扫地。一般来说,委员会在调查研究、非重要性决定和超出参与者职权的决定等方面不能取代管理者。

16.4 委员会和小组的成功运用

管理人员在委员会上花费了大量的时间。委员会的应用不仅与民主传统有关,而且与目前在组织中日益强调的小组管理和小组参与有关。管理人员在设法克服委员会缺点的过程中可能会发现以下指导方针是有益的。

16.4.1 职权

必须明确委员会的职权以便使委员们弄清楚,他们的责任是制定决策、提出建议,还是仅进行审议并就讨论的问题向主席提出一些真知灼见。

16.4.2 规模

委员会的规模是非常重要的。随着委员会规模的增大,委员会关系的复杂性也大大地增加了。如果委员会规模太大,委员之间就可能没有适当交流的机会。另外,假如委员会只有三个成员,则有可能出现其中两人联合起来对付第三人的情况。就委员会的合理规模而言,这里不可能得出精确的结论。一般来说,委员会应大得足以有利于问题的审议,应包括为工作所需的专门知识,但又不能大到浪费时间或议而不决。很明显,委员会规模越大,就越难达到"思想交流",要使每个人都畅所欲言,就需要更多的时间。

> 随着委员会规模的增大,委员会关系的复杂性也大大地增加了。

16.4.3 成员资格

必须精心挑选委员会的成员。要使委员会成功,其成员必须是他们想要为之服务的利益群体的代表。他们必须拥有所需要的职权,并能够胜任委员会的工作。最后一点,委员会成员应具备交流的能力,并有通过集思广益而不是通过不恰当的妥协来形成集体决策的能力。

16.4.4 主题事项

必须精心选择议题。委员会的工作必须限制在小组讨论可以处理的主要事项上。有些问题适宜于委员会采取行动,而有些却不适合。例如,管辖范围的争端及战略的制定可能比较适于小组审议,而有些孤立的、技术性的问题,可能由一位相关专业领域的专家解决更好些。如果在会议召开前就可以把日程及相关信息提前发给委员会成员,委员会的效率会更高。

16.4.5 会议主席

会议主席的选定是高效率委员会会议的关键。这样的人可以通过为会议做计划，准备议事日程，确保委员们事先能得到研究的结果，制订讨论或采取行动所需的具体建议方案，并有效地主持会议，来避免委员会可能出现的浪费现象和克服委员会存在的不足。会议主席确定会议的基调，统一思想，并使讨论不偏离主题。

16.4.6 会议记录

委员会中有效的沟通常常要求传阅记录并核对结论。有时委员们会带着对已议定事项的不同解释离开会议。为避免这种情况，最好是认真做好详细的会议记录，并在委员会核准最终文本之前将记录以草案的形式进行传阅或做出修改。

16.4.7 成本效率

委员会必须要做到物有所值。计算委员会的收益可能是困难的，特别是那些无形的因素，如士气、委员会成员地位的提高、委员会作为提高团队精神培训手段的价值等。但只有当成本被有形和无形的收益相抵后，才可证明委员会的存在是有意义的。

16.5 与小组相关的其他概念

尽管委员会作为一种组织手段有着特别的重要性，但这确实只是在各组织中存在的许多小组之一。除了委员会外，还有团队、会议、突击小组、谈判会议等，这些都涉及小组活动。

> 小组是两个或两个以上的人为达到共同的目标，以统一的方式互相依赖地工作。

小组可以定义为"两个或两个以上的人为达到共同的目标，以统一的方式互相依赖地工作"。一个小组不仅仅是个人的集合，而是通过他们的相互作用，在他们中间产生需要确定和研究的新的力量和新的特性。目标可能与具体任务相关，但它也意味着这些人有共同的关注点或共同的价值观或世界观，因此，小组成员因某些社会关系而相互吸引。

16.5.1 小组的特点

小组（组织中群体的集中点）有一些特点。第一，小组成员有一个或一个以上的共同的目标，如产品小组的目标是开发、制造和销售新产品。第二，它们一般要求其成员相互交往、相互沟通，没有沟通就不可能协调小组成员的努力。第三，小组成员承担一定的角色。例如，在产品小组中，各成员对产品的设计、生产、销售或分销分工负责。毫无疑问，为了完成小组任务，个人的角色是以某种方式相互联系的。第四，小组通常是一个更大的群体的一部分，如产品小组可能属于产品部，该部生产许多类似的产品。大组也可能是由许多小组构成，所以，产品组中可能由一个小组专门从事产品的销售工作。同样，小组之间也相互联系，因而，产品 A 组与产品 B 组在分销它们产品时可能合作。很明显，从侧重于各部分相互联系性的系统观点来看，正确理解小组的作用是至关重要的。

除此之外，人们还必须要看到小组的其他一些社会特征。小组制定要求有关小组成员做到的**行为规范**。如果成员的行为偏离规范，则要对他们施加压力，迫使他们遵守规范。例如，当某个成员因工作常常迟到而受到其他成员的告诫时，便可以起到这种示范效应。当然，也有小组功能出现障碍的情况，例如，那些雄心勃勃、积极性很高的员工可能被迫按统一的规范进行生产，而不是根据他们的能力来生产。

> **行为规范**是指所期待的小组成员行为。

16.5.2 一个特殊的小组：焦点问题小组

焦点问题小组常常被用来进行市场调研，例如，在进行大规模的调查之前，将实际的或潜在的顾客分成小组对产品或服务进行评论。评论可能被录音或记录下来，对这些反馈进行分析后即可确定顾客对产品或服务的态度、认知度及满意度。

焦点问题小组已在欧洲使用，德国的公众参加价值研讨会来确定国家长期的能源政策。这种尝试表明，公众可以对价值研讨做出贡献；参与者很满意这个过程；参与者急于帮助解决这些不一致性问题。

> www.pnm.com

焦点问题小组也被用于评价组织内部的管理工作。新墨西哥州的公共服务公司建立了六个焦点问题小组，并通过这些调查组反馈有关绩效考评、报酬和利润系统。基于这些反馈结果，公司实施更灵活的福利计划、工作重新设计计划和新的决策过程。公司允许员工积极参与整个变化过程，而不是把组织变革强加给员工。

16.5.3 小组的作用与优点

小组有许多作用。小组在改变其成员的行为、态度、价值观及在加强成员纪律性方面是很有成效的。前面已经提到，越轨的成员可能在压力下遵守小组规范。此外，小组还可用于制定决策、进行谈判和讨价还价之中。因此，不同背景的小组成员可能将不同的观点带到决策过程之中，然而，这并不意味着小组决策一定比个人决策强。

小组观念对本书其他章节涉及的问题也至关重要，特别是不同小组结构影响沟通模式这一点。因此，当通过某个关键成员的渠道进行沟通或在所有成员间自由地进行沟通时，沟通的效果是不一样的。如果团队中的每个成员只与其老板沟通，那就很难将他们视为一个团队，因此，团队工作要求所有成员之间公开沟通。有效的小组互动也可能会影响激励，例如，参与制定目标的小组成员可能为实现小组目标而竭尽全力。最后，领导必须体现在小组的形成和发展过程中。了解小组观念对于理解领导与下属之间的相互作用和小组成员之间的相互作用是有帮助的。简言之，了解和熟悉对履行各种管理职能，尤其是领导职能是很重要的。小组是有组织的生活和非组织的生活的一种客观存在，重要的是要了解小组是如何工作的，以及在有利于小组行动的情况下高效率地发挥小组的作用。

小组对个人也有好处。它确实为其成员提供社交上的满足，使其有一种归属感，并支持个人需要的满足。小组的另一个长处是它能促进沟通，沟通可能是在正式会议上交换意见，也可能是道听途说，即小组成员通过非正式的沟通得知"公司究竟发生了什么事"。小组还为人们提供安全感，有时成立工会正是为了这个原因，即向其会员提供工作保障。最后，通过同僚之间的认可和接受，小组为成员增强自尊心提供了机会。

16.6 团队

> **团队**是由少量的具有互补技能的人员组成的，其成员致力于一个共同目的，制定绩效目标，并采用共同承担责任的方法。
>
> www.boeing.com

团队是由一些授权完成目标的人员组成的，正如本章开头所提及的，委员会、小组和团队有许多相似之处。人们可以将**团队**定义为"由少量的具有互补技能的人员组成，其成员致力于一个共同目的，制定绩效目标，并采用共同承担责任的方法。"至于委员会，它下设不同的团队，有的是提供建议的，有的是有权做出决策的，有些则是实际上进行运作的。有的团队是为了解决某些问题而建立的，如"质量圈"；有的则是进行跨职能部门协调的产物，如设计、市场营销、财务、制造、人事等部门。这种跨部门的团队可以用来开发新产品或提高产品或服务的质量。例如，在设计和开发波音777飞机的过程中，有大约200个跨职能的团队参与其中。显而易见，对委员会的所有表述同样适用于团队。

16.6.1 团队建设

人们对如何建设有效的团队并没有一个明确的规定，不过，实践证明下面的一些方法是有用的。必须要让团队成员相信，其宗旨是值得的、有意义的，而且是紧迫的。团队成员应该是根据完成目标所需技能选拔的，这种技能应该合理搭配，如有来自职能或技术方面的技能，有专门解决问题和做出决策的技能，以及必不可少的人际关系的技能。团队需要有团队行为规则作指导，如定期参与、保密规定、基于事实的讨论，以及每个成员都要做出贡献等。在组建团队早期就应该确定团队的目标和任务，其成员应该通过认可、及时反馈和奖励相互鼓励。

16.6.2 自我管理团队

> **自我管理团队**是由那些具备完成一项相对完整任务所需各种技能的人员组成的。

近年来许多组织在使用**自我管理团队**，其成员常常是由那些具备完成一项相对完整任务所需各种技能的人员组成的。由此，这样的团队有能力决定需要做什么，如何完成，什么时间完成以及哪些人去完成等事项。团队成员以一个整体来进行评估和奖赏，特别是当团队具有非常大的自主权时，这样的团队可能被称为"高绩效团队"或"超级团队"。

16.6.3 虚拟团队

在快速变化的环境中，公司必须应对这种变化以便抓住机遇。这可能需要**虚拟管理**。人们将虚拟管理描述为"管理那些不在同一地区、不向你汇报工作，甚至不在你所在组织工作的成员组成的团队的能力"。不在同一地区，甚至不向同一上级汇报工作使得管理这样的团队更加困难，所以，至关重要的是要有一个清晰的目标，要有明确的任务和假设条件，要有效地通过电子邮件、传真、电话，甚至项目网页进行沟通。同样重要的是要审慎地观察可能出现的冲突，以便尽快地解决这些冲突。

> **虚拟管理**是指管理那些不在同一地区、不向你汇报工作，甚至不在你所在组织工作的成员组成的团队。

16.7 委员会、小组和团队的冲突

尽管委员会、小组和团队有许多优点，但是冲突在所难免。在前面探讨委员会时，已经指出了它的不足之处，这些对小组和团队也是适用的。此外，有大量的文献专门探讨工作小组和团队的冲突。冲突可能来源于个人之间（人际间冲突）、小组之间（小组间冲突），也可能来源于组织和它所在的环境，如与其他组织之间的冲突。除此之外，人们可能对那些不出力却分享奖赏的"独来独往"的成员产生怨恨。

> 冲突可能来源于个人、小组和组织与它所在的环境。

本章小结

委员会是由承担一定责任的人员组成的，它可以是实权性的或参谋性的，可以是正式的或非正式的，也可以是永久的或暂时的。人们用委员会这种方式进行集体讨论和判断，以避免一个人集过多的职权于一身，同时反映不同群体的观点。委员会也可以协调不同部门、计划和政策，同时分享信息。有时，管理人员不一定拥有所有所需职权做决策，因此，通过委员会这种形式可以巩固职权。除此之外，委员会通过让人们参与决策过程来加大激励的投入。

委员会也有不足之处：它们开支很大，其行为可能会造成在最小共同基础上的妥协，其讨论可能会导致议而不决，在一个人控制整个会议的情况下，委员会内部会出现自我解体的倾向。还有一点不足是，责任被淡化，没人觉得应该为决定负责。此外，委员会少部分成员可能会坚持他们不可取的观点而反对大多数的意愿。

委员会的有效运作需要确定其职权，选择适当的规模，审慎地选拔成员，确定合适的主题事项，任命有能力的主席，做好和沟通会议记录，以及确保只有在好处大于成本的情况下才使用委员会这种形式。

阿施（Asch）的试验表明了小组压力对顺从的影响。焦点问题小组是一种特殊的、用来收集顾客、公众或员工反映的小组。在组织使用小组形式前必须要考虑到这种做法的优缺点，委员会是小组形式的一种体现，另外一种体现形式是团队。在自我管理团队中，成员有着完成相对完整任务所需的

各种技能。在虚拟管理中，团队成员不在同一个地区，不向同一上级汇报工作。随着委员会、小组和团队的广泛使用，人际间和小组间冲突在所难免。除此之外，组织之间、组织与环境之间的冲突也需要得到解决。

主要概念回顾

委员会	使用委员会的原因	焦点问题小组
小组过程的四个阶段	委员会的不足之处和使用不当	小组的职能和优点
多元执行委员会和董事会	使委员会成功的建议	团队和团队建设
实权性和职能性委员会	小组的特点	自我管理团队
正式和非正式委员会	规范	虚拟团队
永久和临时委员会	阿施对小组压力的试验	委员会、小组和团队冲突

讨论题

1. 某一著名的管理纪实小说评论家指出："我认为那种雇用 10 个人去做一个人就能做出决定的奢侈做法不应再继续下去了。尽管职业管理有各种各样的优越性，但它往往促使官僚主义膨胀。"请对此进行评论。
2. 区别委员会、团队和小组。
3. 采用委员会的原因是什么？如果理由充分，为什么委员会又常遭到抨击？
4. 在职能活动中，何谓个人与委员会行动的相对有效性？说明哪些活动由委员会承担最有效。
5. 阐述并讨论委员会应用不当的性质。
6. 你对提高委员会的有效性有何建议？
7. 在互联网上查找有关团队管理的文献。
8. 组织中小组的主要特点是什么？

企业案例

以自主创新为导向的仁创科技集团①

仁创科技集团是中关村国家自主创新示范区集科工贸于一体的"高新技术企业"，起源于 1993 年创立的"北京市长城铸造新技术开发公司"，于 1996 年改名为"北京仁创科技有限公司"。集团生产实力雄厚，拥有 6 家子公司，1 所研究院和 5 大生产基地，占地面积 1500 余亩，具有年产 20 万吨覆膜砂、30 万吨孚盛砂和 300 万平方米生泰砂系列建材产品的生产能力，形成了仁创砂产品的产业化。

仁创科技集团拥有一支高素质的、300 多人的科研技术和管理人才队伍，其中博士和硕士约占 20%。集团的技术委员会由建筑材料、高分

---

① http://www.china-landscape.net/space/index.asp?userID=651/.

子材料、油气田开发和铸造、生态建筑等各领域专家组成，其中院士1名，教授级专家和高级工程师十几名。正是这支高素质的科研队伍，历经近20年"风积沙综合利用技术"创新，开发出150多项原创性科研成果，开辟了一条科学用砂治沙新途径，形成绿色可循环的工业型"砂产业"，为解决长期困扰人类的"沙漠化、水资源短缺、能源枯竭"三大世界性难题做出了贡献。胡锦涛、吴邦国、温家宝、贾庆林、李长春等党和国家领导人视察仁创科技集团时盛赞此为"利国利民之举"。

"砂产业"就是以沙为原料，通过技术创新，加工成各种各样对人类有益的砂产品。仁创科技集团长期专门致力于"砂产业"开发，系统集成形成"以砂治水、以砂增油、以砂低碳、以砂治沙"的解决方案，开创出一个具有完整产业价值链的战略性新兴产业。

秦升益是仁创科技集团董事长兼总裁，25年前，只有中专学历的他仅是一名技术员。25年间，他发明了70多项成果，研究领域从汽车零部件铸造到石油开采业，继而进入建材业。1986年，他研制成功覆膜砂技术，填补国内空白，并通过技术转让组建了我国第一家覆膜砂专业生产厂。1990年，他研制成功"耐高温覆膜砂"产品，填补了一项国际铸造业的空白。1991年，他又发明了"壳型铸造用耐高温覆膜砂"技术，荣获国家发明奖。2009年5月，秦升益研发的仁创生泰砂基透水砖荣获"国家自主创新产品"称号。

2008年8月8日，举世瞩目的29届奥运会在北京召开。在18000平方米的奥运场馆水立方，地面铺设的全部是生泰砂基透水砖，下雨洒水地不湿，而且还能回收地面水再利用，堪称不折不扣的建材行业创新产品。

秦升益发明的透水砖专利产品实属来之不易，历经数年艰辛努力。为了解决水资源短缺问题，秦升益在研制和推出用于铸造业的耐高温覆膜砂和用于石油开采的孚盛砂基础上，于2004年年底研制成功了透水砖，并于2005年5月形成了透水砖产业化，成为北京奥运会透水地面砖的独家供应商。至此，秦升益所从事的产品创新和研发经历了从铸造到石油、再到建材行业的跨越。

从铸造到石油到建材，跨度极大，但秦升益始终没有离开对沙子的研究。秦升益和他的研发团队所进行的所有跨行业的创新，围绕的都是一个中心：小小的沙粒。在铸造工业中，很多诸如汽车发动机等精密仪器的制造需要用沙子做的模具来完成，而这项功能并非普通沙子所能胜任。半个多世纪以来，中国一直依靠进口的锆英砂。这种进口砂1吨价格高达1000美元，需求量大，相当昂贵。我国从1950年年初就开始研究寻找替代品，但一直没取得技术突破。

秦升益涉足的第一个高难度研究项目就是研制能做模具的沙子。不到两年，他用内蒙古沙漠上1吨10块钱的石英砂取代了锆英砂，这个发明产品命名为覆膜砂。但是，比起天然不膨胀的锆英砂，覆膜砂在高温下会膨胀变形，影响模具精度。秦升益又连续进行了三年的试验，在耗费了9000公斤沙子，失败了6000多次后，终于推出了耐高温覆膜砂，开辟了铸造业中的一个新领域。

随后，秦升益发明了一系列关于覆膜砂的技术，解决了我国汽车制造业发动机缸体等复杂铸件和大口径离心铸造管的生产难题，为我国汽车制造国产化，尤其是桑塔纳轿车国产化发挥了重要的推动作用。据统计，国产化轿车发动机90%以上是用覆膜砂技术制造而成。

截至2008年年底，仅秦升益的仁创科技集团自主产业化销售的覆膜砂就累计达100万吨左右，技术转让厂家销售高达500万吨，累计销售额约100亿元人民币。

秦升益的创新理念是：把传统文化与现代科技有机结合，探索创新规律，筑建创新模式。在成功研究出耐高温覆膜砂后，秦升益又进入了石油开采业。从铸造到石油再到建材，跨度极大，但秦升益始终没有离开对沙子的研究。

汽车工业发展必然产生大量油耗，但油不可再生，怎样才能充分发挥现有油田的采油潜能？发达国家是将陶土烧制成陶粒，再通过压裂工艺把地缝撑开，把油水挤出来。但我国开采的油井中水含量非常大。能不能用沙子替代陶土，只透油不透水？秦升益萌生了研制孚盛砂的创意。

经过数年的不懈努力，秦升益研制成功的孚盛砂产品广泛应用到中原油田、辽河油田、土哈油田、克拉玛伊油田和大庆油田等采油现场，产生了明显的经济效益，平均增油15%以上，个别油田甚至能增油到300%。

秦升益认为，创新是一个链条，即创意—试验—中试—产业化环环相扣，只有整个链条取得成功，才称其为创新成功。在这个链条上，末端产业化环节难度最大，对资金和人员的投入要求更高，尤其是满足消费者的众多个性需求以及选择进入市场的时机。

不难看出，企业创新是一个系统工程，涉及技术创新、经营创新、管理创新和制度创新，重中之重则是培养创新思维和理念。

（本案例根据报刊资料整理而成）

◆ 思考题

1. 你如何评价仁创科技集团的自主创新？
2. 自主创新型企业如何才能确保其创新产品的产业化？
3. 秦升益所从事的产品创新跨越铸造到石油到建材行业，难度极大。他是如何进行跨越式创新的？
4. 仁创科技集团的自主创新模式对中国企业有何启示效应？

17

沟 通

[学习目标]

学完本章后,你应该能够:
1. 描述沟通的目的和基本的沟通过程。
2. 解释组织中沟通的流向。
3. 描述书面、口头和非语言沟通的特征。
4. 确定沟通中的障碍和中断,提出改进沟通的方法。
5. 理解电子媒介在沟通中的作用。

虽然在管理工作的各个方面都需要沟通,但在行使领导职能中,沟通的作用却特别重要。**沟通**是信息从发送者到接收者的传递过程,而信息则是接收者所理解的信息。这种定义构成了本章所探讨的沟通过程模型的基础。这个模型集中研究沟通的发送者、信息的传递以及信息接收者,同时,也特别关注那些干扰信息顺利沟通的噪声以及促进沟通的反馈。此外,本章还探讨了电子媒介对沟通的影响。

> 沟通是信息从发送者到接收者的传递过程,而信息则是接收者所理解的信息。

17.1 沟通的目的

就广义而言,企业中沟通的目的就是要实现变革,即对有助于企业利益的行动施加影响。由于沟通把各项管理职能联成一体,所以它对企业内部职能的行使至关重要。尤其是,企业需要沟通来:(1)建立并宣传企业的目标;(2)制定实现目标的计划;(3)以最有效果和效率的方式配置人力资源及其他资源;(4)选拔、培养、考评组织成员;(5)领导、指导和激励人们,并营造一个人们想要做出贡献的氛围;(6)控制绩效。

沟通不仅促进了各项管理职能,而且也把企业同其外部环境联系起来了。企业管理人员通过信息交流了解客户的需要、供应商的可供能力、股东的要求、政府的法律法规以及社区关切的事项等。任何一个组织只有通过沟通才能成为一个与其外部环境发生相互作用的开放系统。正因如此,本书自始至终强调了沟通的重要意义。

17.2 沟通过程

简单地说，沟通过程涉及信息的发送者、通过选定的渠道传递信号以及信号接收者，如图17-1所示。下面仔细地考察一下这种过程的具体步骤。

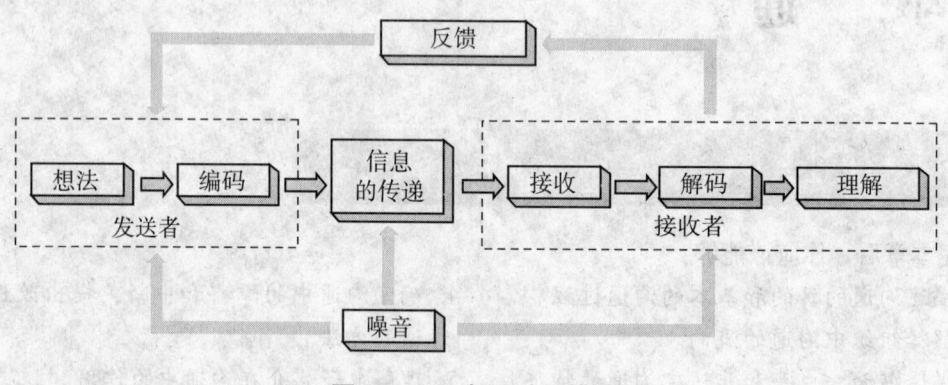

图17-1 沟通过程模式

17.2.1 信号发送者

沟通始于有某种"思想"或想法的发送者，然后以发送者和接收者双方都能理解的方式进行编码。人们通常以为只是把信号编成一种常用语言，其实有许多编码方法，如可把想法编制为计算机语言。

17.2.2 信号传递渠道的应用

信号是通过联系发送者和接收者的渠道进行传递的，信号可以是口头的或书面的，可以通过备忘录、计算机、电话、电报、电子邮件、电视或其他媒介来传递。当然，电视机也为肌体语言和视频提示信息传递提供了方便，有时人们使用两种或两种以上的传递渠道。例如，在电话沟通时，双方有可能先达成一个基本共识，即之后用信函方式予以确认。因为有许多渠道可供选择，且每种渠道都各有利弊，所以，选择恰当的渠道对实施有效的沟通是极为重要的。

17.2.3 信号接收者

信号接收者需随时准备接收信息，以便把信号回译成思想。一个人沉浸在一场精彩的足球赛时，他就不大可能注意别人正在谈论的库存报告的内容，从而加大了沟通故障出现的概率。沟通的下一个步骤是解码，即接收者把信号回译成思想。只有当发送者和接收者对信号所含符号的意思有着相同的，或者至少是类似的理解时，准确的沟通才会产生。显而易见，用法语编码的信号需要懂法语的接收者。但有一个不甚突出而又经常被人忽略的问题，即含有技术术语或专业行话的信号需要懂这种语言的接收者。所以，除非术语是为人们所理解的，否则沟通就是不完整的。理解必须植根于发送者和接收者的心中，那些头脑闭塞的人一般情况下不能完全理解信号，尤其是信息内容与其价值体系相反时更是如此。

17.2.4 影响沟通的噪音

遗憾的是，沟通经常受到"噪音"的干扰。无论是在发送者方面，在传递过程中，还是在接收者方面，噪音是指妨碍沟通的任何相关因素。下面是一些噪音方面的实例：

- 噪音或受到限制的环境可能会妨碍清晰思路的形成；
- 由于使用模糊符号可能造成编码错误；
- 传递过程可能在渠道中受静电干扰，如电话连接状况很差；
- 因漫不经心而可能造成不准确的接收；
- 因用词不当和错用符号而可能造成解码误差；
- 各种成见可能影响理解；
- 因唯恐变革产生不良后果使本应沟通的理想变革未能产生；
- 在跨文化沟通中，不仅语言表述，而且手势和姿势都有可能造成沟通不畅。

> "噪音"是指妨碍沟通的任何相关因素，无论是产生于发送者方面、在传递过程中，还是在接收者方面。

17.2.5 沟通的反馈

为了检验沟通的效果，反馈是必不可少的。在没有证实信息反馈之前，人们绝不能肯定信息是否已经得到有效的编码、传递、解码和理解。同样，反馈也可表明，由于沟通的结果，个人的变化和组织的变革是否已经发生。

17.2.6 沟通中的情境和组织因素

有许多情境和组织因素左右着沟通过程。从外部环境看，可能有教育的、社会学的、法律政治的和经济的因素。例如，压制性的政治环境就会抑制沟通的自由流向。另一种情境因素是沟通距离。面对面的直接沟通既不同于两个人远隔万里的电话交谈，也不同于电报和信函的往来。时间也是沟通中必须考虑的因素之一，一个事务繁忙的高层管理人员恐怕没有足够的时间，准确无误地接收和发送信息。其他影响企业内部沟通的情境因素包括组织结构、管理和非管理流程以及技术等。其中，在技术方面，计算机技术对大量数据的处理有着长期的影响，这是一个很好的例子。

> 有许多情境和组织因素左右着沟通过程。

总之，沟通模式对沟通过程提供了一个总的看法，即确定关键的影响因素，并指出它们之间的相互关系。这样反过来又帮助企业管理人员找出沟通中存在的问题，并采取解决问题的措施，甚至做得更好些，从源头上防止困难出现。

> 沟通模型对沟通过程提供了一个总的看法，即确定关键的影响因素，并指出它们之间的相互关系。

17.3 组织中的沟通

在当今企业中，信息流动之快是前所未有的。即使在快速运行的生产线上出现的一个短暂故障，都可能造成产量减少，蒙受损失。因此，迅速沟通生产中出现的问题，对于及时采取矫正措施是非常重要的。另一个重要因素是信息量问题，逐年俱增的信息量往往引起信息的超载。人们经常需要的倒不是更多的信息，而是相关的信息。企业管理人员为了进行有效的决策，有必要确定哪些信息是有用的。这种经常性的相关信息的获得，来源于管理人员的上司和下属，也来源于组织中的各个部门和成员。

17.3.1 管理者须知

企业管理人员要成为有效的管理者，就必须拥有行使管理职能和进行管理活动所必要的信息。但只要偶尔看一下沟通系统的情况即可得知，企业管理人员往往缺乏决策所需的重要信息，或他们得到太多的信息以致超载。很显然，企业管理人员在选取信息时必须有所取舍，一个简单的办法是自问："对于我这个职位而言，我需要知道些什么呢？"或者问："如果我不能定期得到这些信息，将会发生什么后果？"管理人员所需要的并不是最多的信息，而是相关的信息。很显然，并不存在普遍适用的信息系统，相反，信息系统必须与管理人员的需要挂钩。

17.3.2 组织中沟通的流向

在一个有效的组织中，沟通是全方位流动的：自上而下、自下而上、横向交叉。传统管理强调自上而下的沟通，然而，大量的事实证明，如果只有自上而下的沟通就会出问题。实际上，人们知道，有效的沟通必须从下属开始，这意味着主要是自下而上的沟通。信息可以横向流动，也可以斜向流动，图 17-2 展示了各种不同的信息流向，下面将予以详细探讨。

自上而下的沟通

> 自上而下的沟通就是在组织职权层次中，信息从高层次成员朝低层次成员的流动。

自上而下的沟通就是在组织职权层次中，信息从高层次成员朝低层次成员的流动。这种沟通方式在专制气氛盛行的组织中尤为突出。自上而下的口头沟通所运用的各种媒介方式包括指示、谈话、会议、电话、广播，甚至小道消息；自上而下的书面沟通方式有备忘录、信函、手册、小册子、公司政策声明、工作程序以及电信新闻展示等。

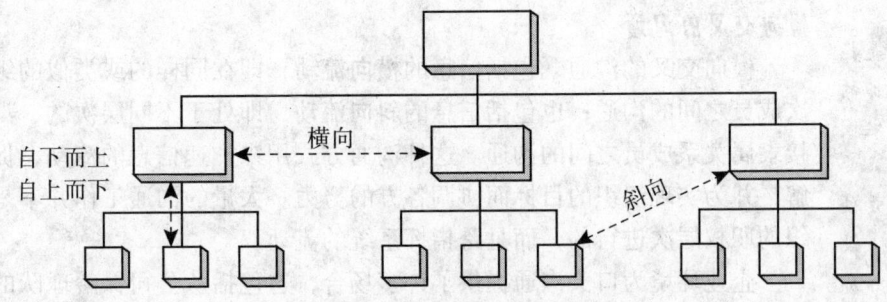

图 17-2　组织中的信息流向

遗憾的是，信息在向下属指挥系统传送时往往遗失或被曲解，最高管理部门颁布的政策和工作程序并不能确保有效的沟通。事实上，许多指示并未被下属所理解，甚至未曾过目。因而，要确保接收者是否按照发送者的意图去理解信息，必须要有一个信息反馈系统。

自下而上的沟通

自下而上的沟通就是从下属到上级、按组织职权层次逐级向上的信息流动。遗憾的是，这种流动经常受到沟通环节上的管理人员的阻碍，他们将信息过滤，不把所有信息，特别是不利的消息向上级传送。然而，就控制而言，客观地传递信息至关重要。上层管理部门特别需要知道生产的绩效情况、市场营销信息、财务数据和基层员工在想些什么以及其他情况。

自下而上的沟通主要是非指示性的，它通常存在于参与式的和民主的组织环境之中。用于自下而上沟通的典型方法，除指挥系统外，还包括提建议制度、申诉和抱怨程序、控告制度、调解会议、共同制定目标、小道消息、小组会议、门户开放政策的做法、士气问卷调查、离职交谈，以及巡视员（ombudsperson）。

巡视员的概念直到近几年才在美国出现，以前用得很少，它出自于瑞典，在那里本国公民可以向国家公务员调查有关政府官僚主义的申诉。今天，一些美国公司已经专门设置了调查员工关注问题的职位。有些公司发现，巡视员的职位能够提供有价值的自下而上沟通环节，有效地进行自下而上的沟通需要有一个使下属感到可以自由沟通的环境。组织氛围在很大程度上受到高层管理人员的影响，因而，创造自下而上沟通这样一个自由流动的责任，在很大程度上应由上级领导承担，尽管这并非是唯一的途径。

> **自下而上的沟通**就是从下属到上级、按组织职权层次逐级向上的信息流动。

> **巡视员**是指专门调查员工关注问题的人员，这样能够提供有价值的自下而上沟通环节。

横向交叉的沟通

> **信息横向流动**是指在同样的或类似的组织层次成员之间的沟通。
>
> **信息斜向流动**是处于不同层次的、没有直接隶属关系成员之间的沟通。

横向交叉的沟通既包括信息的**横向流动**，即在同样的或类似的组织层次成员之间的沟通；也包括信息的**斜向流动**，即处于不同层次的、没有直接隶属关系成员之间的沟通。这种沟通方式用来加速信息的流动，促进理解，并为实现组织的目标而协调各方的努力。大量的沟通工作并不是按组织的职权层次进行的，而是跨指挥系统的流动。

企业环境为口头沟通提供了许多场合，这包括从公司保龄球队的非正式碰头会、员工共进午餐，到较为正式的会议、委员会会议和董事会会议等。这种口头沟通也存在于不同部门成员组成的特殊任务小组或项目小组之中。最后，信息的沟通往往超越了组织界限，例如，负有职能权限或咨询权限的参谋人员同不同部门的业务主管人员交往时。

此外，书面沟通的形式能使人们不断了解企业。这些书面形式包括公司主办的报纸或杂志以及布告栏等。现代化企业运用各种口头和书面方式进行横向交叉的沟通，以弥补信息纵向流动之不足。

由于信息可能不按指挥系统流动，所以就需要采取专门的保护措施以免潜在问题的发生。具体来说，横向交叉的沟通必须基于这样的理解，即只要是合适的，横向交叉关系则在任何场合都应受到鼓励；下属要自律，不要做出超越其权限的承诺；下属要随时让上级了解部门之间的重大活动。简言之，横向交叉的沟通可能会带来困难，但是，为了适应复杂而动态的组织环境的需要，这种沟通对于许多企业来说都是必要的。

17.3.3 书面、口头和非语言的沟通

书面和口头沟通媒介这两种形式各有利弊，因此，这两种方式经常同时使用，使之优势互补。除此以外，还可用直观辅助工具来弥补书面和口头沟通之不足。例如，在管理人员培训课上，利用讲义、幻灯片、录像带、电影等可以使讲课更有效果。实践证明，运用多种媒介方式重复某一信号，接收者就会更加准确地领会和记住这一信号。

在选择传递媒介时，人们必须考虑到沟通者、听众及其情境因素。一个在大庭广众面前感到不自如的高层管理人员可能会选择书面沟通的形式，而不是采用演讲的形式。另外，那些不习惯备忘录的人们很可能因直接的口头沟通而受到激励。

书面沟通

法国管理人员几乎对书面沟通方式情有独钟，不仅是正式的书面格式，而且包括非正式的口信。法国管理人员认为，只有落实在纸面上的东西才能算数。

书面沟通具有提供记录、可供参考和法律防护依据等优点。人们可以认真准备信息并通过大批量邮寄把信息直接传发给广大听众。书面沟通也能促进政策和程序的一致性，在有些情况下还能降低成本。

书面沟通的缺点是可能造成文件堆积成山，能力差的撰写者写的文件可能措辞不

当。书面沟通有可能不能及时提供信息反馈，因此，要花很长的时间来了解信息是否已被接收，并理解无误。

口头沟通

绝大部分的信息是通过口头传递的。口头沟通可能是两个人面对面的交谈，或者是管理人员面对广大听众演讲；可能是正式的或非正式的；可能是计划好的，也可能是即兴的。

口头沟通的优点是交流速度快，及时提供反馈，人们可以提问并澄清疑点。在面对面交往中，人们可以注意到效果反应如何。此外，下属同上级会晤可使下属感觉到自己的重要性。显而易见，非正式的或计划好的会谈可以极大地有助于问题的了解。

但是，口头沟通也有缺陷。这种沟通方式并不总能省时，正如那些参加了既无结果也达不成协议会议的管理人员所了解的那样，就时间和成本而论，这些会议代价可能很大。

非语言沟通

人们用许多不同的方式进行沟通，可以用**非语言沟通**的方式，如用面部表情和肢体语言来加强（或否认）所说的话。人们希望用非语言沟通的方式来强化语言沟通的效果，但有时往往事与愿违。例如，一个作风武断的管理人员一面用拳头敲打台面，一面宣称从现在开始实施参与式管理，这种自相矛盾的沟通使其诚信度大打折扣。同样，有些管理人员可能宣布实施门户开放政策，而同时又命令其秘书仔细筛选那些想见他的人，这就造成管理人员言行不一。这是沟通过程模式中"噪音"的具体体现。显然，非语言沟通既能强化语言沟通的效果，也能起相反作用，由此使人联想起事实胜于雄辩这句名言。

非语言沟通包括面部表情和肢体语言。

17.3.4 沟通方法

沟通有不同的方法和渠道，有的采用口头的，有的采用书面方式，有的采用信息技术。这些方法包括面对面的沟通、小组会议以及前面探讨过的各种书面沟通形式。技术用于某些沟通方式，如有线和无线电话、传真、音频邮件（voice mail）、电话会议（teleconference）以及可视会议（videoconference）等。前面特别阐述了各种沟通方式的优点和不足之处，如反馈及时、使用简单、成本低、省时间以及正规化和非正规化。人们可能不愿采用电子邮件邀请一位颇有身份的贵宾，另一方面，对于非正式的沟通，如果时间容许，技术上不存在问题，那么，人们可能更愿意使用电子邮件，而不愿使用常规邮件。

本书其他部分分别探讨了其他沟通专题，例如，第10章讨论了小道消息、非正式和非官方沟通渠道，而技术对沟通的影响将在第19章讨论。

17.4 沟通中的障碍和断裂

管理人员频频地谈到沟通故障是他们面临的最重要的问题之一，恐怕这样说是不足为奇的。然而，沟通问题往往是那些根深蒂固的深层次问题的表象。例如，计划工作不当可能是企业发展方向摇摆不定的原因；同理，一个设计糟糕的组织结构也不可能理顺各种组织关系；模糊不清的绩效衡量标准使得管理人员对其预期要求心中无数。因此，有见识的管理人员首先去寻找沟通发生问题的原因，而不是处理表面现象。障碍可能存在于发送者方面，也可能存在于传递过程中，或存在于接收者方面，甚至存在于信息反馈方面。下面具体讨论一些沟通障碍。

17.4.1 缺乏计划

良好的沟通极少是偶然发生的，在很多情况下，人们对口信传送的目的还没有思考、计划和说明就开始议论和写起来了。不过，对一个下达的指令说明理由，选择最合适的沟通渠道和适宜的时间，在很大程度上能增进对信息的理解，并减轻抵制变革的阻力。

17.4.2 未经澄清的假设

经常为人们所忽略而又非常重要的问题是，构成信息基础的假设没有得到沟通。一个客户可能发来一份通知，说她要来参观卖方的工厂，于是她可能假设卖方会到机场迎接她，为她预定旅馆房间，安排好交通工具，制订好参观工厂的整个方案。但是，卖方可能假设该客户此行主要目的是参加婚礼，借此到工厂做一次例行访问。这些未经澄清的假设对双方都会引起混乱，并造成信誉损失。

17.4.3 语义曲解

有效沟通的另一个障碍是语义曲解，这种现象可能是故意的，也可能是偶然的。一则扬言"低价出售"的广告本身就有意含糊不清，引出这样一个问题：究竟比什么低？有些言辞可以引起不同的反应，如"政府"这个词对某些人来说可能意味着干预或财政赤字，而对另一些人来说则可能意味着帮助、平等和公正。

17.4.4 表达不清的信息

不论信息发送者头脑中的想法是多么清晰，但仍有可能受措辞不当、疏忽遗漏、缺乏条理、表达紊乱、句法笨拙、陈词滥调、乱用行话术语以及未能阐明信息的含义等问题的影响。信息表达不清楚和不准确可能造成损失，但这些问题只要在信息编码时高度重视是可以避免的。

17.4.5 国际环境中的沟通障碍

由于语言、文化和礼节的不同，国际环境中的沟通难度更大。广告用语的翻译就很有风险。例如，埃克森石油公司的广告用语"把老虎放进你的油箱里"（Put a Tiger in Your Tank）风行美国，而在泰国则是一句侮辱人的话。在不同的文化中，颜色也有不同的含义，许多西方国家通常把黑色同死亡相联系，而在远东国家则用白色表示哀悼。在美国商业性交往中，沟通时直呼对方其名是十分普遍的，但是在大多数文化中，尤其是在那些制度等级森严的文化背景中，人们一般都互称对方姓氏。

www.exxon.com

在中国文化中，有些用词不一定能表达人们的原意，因为有的人希望给人一种谦卑的印象。例如，下属面临晋升时，他（她）可能会说自己不够条件，不足以承担更大的责任。然而他的真实意图是，希望上级敦促其接受这一晋升机会，并会列举其优点和优势，以及他（她）最适合这一新的职位等评论。

为了克服国际环境中的沟通障碍，一些大型公司采取了各种措施。例如，德国大众汽车公司（Volkswagen）进行广泛的语言训练，此外，这家公司还拥有大批翻译人员。那些既精通驻在国语言又熟悉驻在国文化的当地公民，常常受聘出任该公司的高层职务。在美国，外国企业认为聘用在美国大学留学的本国学生是有利的。

www.vw.com

17.4.6 信息传递中的衰减和截留

信息从一个人传到另一个人的一系列传递过程中会越来越失真。另外，对信息的截留也是一个严重的问题。很明显，人们有必要运用各种渠道反复地沟通信息。因此，许多公司往往运用多种渠道来沟通同样的信息。

17.4.7 不善聆听和过早的评价

能说会道的人很多，而耐心的听众却很少。人们经常看到，有些人用毫不相干的话题插进别人的讨论而自发一通议论。究其原因可能是这些人正在显露自己的问题，如维护他们以自己为中心的自负心态，或是在其他小组成员面前留下好的印象，而不是旁听别人的对话。聆听要全神贯注和自我约束，要避免对他人的发言进行过早的评价。人们普遍的倾向是，急于对别人所说的加以判断，表示赞成或不赞成，而不是试图去理解谈话者的基本内容。但是，聆听意见而不予草率地评判能使整个企业更有效率、效果更好。例如，以同情的心态聆听意见可能带来良好的劳资关系和增进管理人员的理解。具体讲，销售人员能够更好地了解生产人员的问题，而信贷部门管理人员会意识到，限制过严的信贷政策可能会引起销售额不必要的损失。简言之，以同情的态度倾听意见能够减轻工作中一些日常的沮丧，获得更好的沟通效果。

17.4.8 非个人的沟通

有效的沟通不仅是把信息传递给员工而已，它需要在一个公开坦诚和相互信任的环境中进行面对面的沟通。提高沟通效果常常不需要运用大量的和复杂的（非个人的）沟通媒介，而是上级领导愿意与下属进行面对面的沟通。这些不显露地位特征或不基于正式职权地位的非正式聚会，可能对高层管理人员构成威胁，但是，所涉及的风险与由此所产生的好的沟通效果相比，无疑是划得来的。

17.4.9 猜疑、威胁和恐惧

猜疑、威胁和恐惧都是有害于沟通的。在存在这些因素的氛围中，任何口信都要受到怀疑，之所以受到猜疑可能是上司行为前后矛盾的结果，或者是由于曾经因向上司如实反映不利，但又是真实的情况而受到惩罚的经历所致。与此相类似的是，面对威胁，不管是真正存在的还是想象中的威胁，人们会表现出神情紧张，心理上处于防卫状态，并且扭曲信息。人们需要有一种信任的氛围，以此促进公开而真诚的沟通。

17.4.10 缺乏适应变化的充裕时间

沟通的目的就是要对与员工切身利益相关的变化施加影响，如工作时间、地点、类别、工作顺序或小组编排顺序或使用技能的变化等。有些沟通需要有进一步的培训、涉及职业生涯的调整或地位的安排。变化以不同的方式对人们产生影响，而这可能需要人们花费一定时间来理解某一信息的全部含义。所以，为了获得最大的效率，在人们尚不能适应这些变化之前，重要的是不要强制变化。

17.4.11 信息量超载

有人也许认为，比较多的、不受限制的信息流动会有助于解决沟通中产生的问题，但是，不受限制的信息流动会导致信息过量。人们以多种方式对付信息超载问题。第一，他们可以无视某些信息。一个人收到的信件太多，可能干脆把应该答复的信件也束之高阁了。第二，一旦人们被过多的信息搞得晕头转向，在处理中就会出差错。例如，人们可能会把信息所传送的"不"字（否定之意）忽略了，从而使原意颠倒。第三，人们可能会延缓信息的处理，既可能无限期地拖延处理信息，也可能放在日后处理。第四，人们可能会对信息进行过滤。如果首先处理那些最紧迫的也是最重要的信息，之后再处理那些不太重要的信息，那么信息过滤是有用的。然而，即使有机会首先关注那些容易处理的事项，但人们往往把难度较大的、也许更为关键的信息忽略了。第五，人们干脆从沟通工作中脱身以此对付信息超载问题。换言之，由于信息超载，人们会把信息束之高阁或者不进行沟通。

应对信息超载也可采用适应性策略，有时也可以是职能性的。例如，在信息量下降之前，延缓处理信息这可能是有效的做法，另外，从沟通工作中撤出是没有意义的。另一种处理信息超载的方法是减少信息需求量。在企业内部，可坚持只处理关键性信息原则，如处理严重偏离计划的信息。减少来自企业外部的信息需求量通常比较困难，因为管理人员很难控制这些信息。例如，如果政府要求所有的政府合同都要提供详细文件，那么，同政府发生业务关系的公司就只好照此办理了。

17.4.12 沟通的其他障碍

除上述障碍以外，还有其他许多影响有效沟通的障碍。在选择性认知方面，人们倾向理解他们认可的东西，这在沟通中意味着人们注意聆听想要听到的信息，却忽略了其他相关的信息。

同认知密切相关的是态度的影响，态度是指采取某种行动或不采取某种行动方式的倾向性，是一种有关事实或事态的心理定式。很显然，如果人们已经下决心做某件事，那么就很难客观地聆听别人的意见。

沟通的另外一些障碍是信息的发送者和接收者双方之间在地位和权力上的差异。此外，信息在通过数道组织等级层次过程时往往会遭到扭曲。

17.5 旨在有效的沟通

在本章开始部分所阐述的沟通过程模型（见图17-1）可以帮助人们识别沟通过程中的一些关键因素。在每个阶段都有可能发生沟通断裂，例如，在发送者把信息编码时，在信息的传递过程中，或在接收者对信息解码和理解时。在这个过程的每一个阶段，有效的沟通肯定会受到噪音的干扰。

17.5.1 改进沟通的指南

不论是管理人员还是非管理人员，都是为了企业的共同目标而工作的，因而，有效的沟通是组织中所有人员的职责。沟通是否有效可用预期的效果来评价。以下几条指南可以帮助人们克服沟通中的障碍。

(1) 阐明信息的目的性 信号发送者必须阐明他们想要传递的信息，这就意味着，进行沟通的第一步必须阐明信息的目的性，并制定实现预期目的的计划。

(2) 使用通俗易懂的编码 有效的沟通要求以信号发送者和接收者都熟悉的符号进行编码和解码，因此，管理人员（特别是参谋人员）应当避免使用不必要的术语，因为这些术语只有各自领域里的专家才懂。

(3) 征求别人的意见 沟通计划不是在真空中形成的，相反，应该征求别人的意见，并鼓励他们参与其中，如收集事实、分析信息、选用适当的媒介。例如，管理人员在把一项重要的备忘录下发到组织中去之前，不妨请同事阅读一下，当然，其内容应该同接收者的知识水平和组织氛围相适应。

(4) 考虑接收者的需要 要考虑信息接收者的需要。在条件容许的情况下，无论短期或在较远的未来，人们都应该向接收者沟通有价值的信息。尽管有时短期内影响员工的非常规措施，但如果从长远来看对他们有利的话，也比较容易被员工接受。例如，只要公司表明这一措施从长远来说将增强公司的竞争地位和不解雇员工的话，那么，缩短周工时的措施可能更容易为员工所接受。

(5) 使用适当的语调和语言以确保可信度 有种说法叫做音调组成音乐。同理，沟通中的语音语调、措辞以及讲话内容与讲话方式之间的和谐一致等都会影响信息接收者所做出的反应。一个作风专制的管理人员命令属下的主管实行参与式管理，这会造成难以克服的信用缺失。

(6) 得到反馈 只传递而没有沟通的情况屡见不鲜，这是因为信息只有为接收者所理解了，沟通才算是完整的。除非发送者得到反馈，否则他就不会知道信息是否为人所理解。可以通过提问、要求复函以及鼓励信息接收者对所接收信息做出反应等方式来取得反馈。

(7) 考虑接收者的情绪和动机 沟通的作用不只是传递信息而已，它涉及情绪问题。情绪在组织内上下级和同事之间的人际关系方面起着非常重要的作用。除此之外，沟通为营造一个激励人们为企业目标而工作的同时，也为实现个人目标而工作的环境是极为重要的。沟通的另一个作用是控制，正如在论述目标管理的章节中所阐述的，控制并非一定意味着自上而下的控制，相反，目标管理理念强调人们的自我控制，这就要求沟通通畅，并了解衡量绩效的标准。

(8) 聆听 有效的沟通不仅是发送者的职责，也是接收者的职责。因此，聆听是一个需要另外阐述的话题。

17.5.2 聆听：理解的关键

一个终日忙碌从不聆听意见的管理人员，很少掌握有关组织运行状况的客观看法。对于沟通者的信息要付出时间、要有同情心、要用心，这些都是理解的先决条件。人们希望别人能听到他们的看法，希望别人认真地倾听，也希望被人理解。正因如此，管理人员必须避免打断下属的话，还要避免使他们处于心理防范状态。同时，明智的做法是既要给予反馈也要求得到反馈，因为没有信息反馈，人们不会知道信息是否被人理解。为能得到真实的信息反馈，管理人员应该营造一种相互信任和充满信心的氛围，应该采用支持性的领导作风，少摆领导架子（如坐在豪华宽大的老板台后面与人们谈话）。

> 聆听是一种通过适当的方法能够提高的技能。

聆听是一种能够加以提高的技能。约翰·W·纽斯特姆（John W. Newstrom）和基思·戴维斯（Keith Davis）提出了改善聆听的十条指南：(1) 自己不再讲话；(2) 让谈话者不感到拘束；(3) 向讲话者显示你是要倾听他的讲话；(4) 克服心不在焉的现象；(5) 以同情态度对待谈话者；(6) 要有耐心；(7) 控制自己的情绪；(8) 对争辩和批评要平和；(9) 提问题；(10) 自己不再讲话！第1条和最后一条是最重要的，人们必须先聆听后发言。

17.5.3　改进书面沟通的建议

有效的书面沟通与其说是一种规则，倒不如说是一个例外，受教育和高智商都不能保证良好的书面沟通。许多人热衷于使用那些只为同行专家所能理解的技术行话。书面沟通中的普遍性问题是，撰写者在报告中省略结论，或把结论渗透在了报告中，或行文拖沓，语法不通，用词不当，句子结构混乱以及单词拼写错误等。

约翰·菲尔登（John Fielden）指出，书写格式应该适合具体情况和撰写者想要达到的效果。他特别建议，当撰写者拥有权力时，其写作风格要有强制性，措辞既彬彬有礼又坚决有力。当撰写者的地位比信息接收者的地位低时，以平铺直叙风格为宜；如果传递好消息和要求采取措施的说服请求，则可以采取私函风格，而传递负面消息通常则以非人称的风格为妥。撰写好消息、广告以及推销函件适宜于采取既生动又光彩的风格。另一方面，书写常用的业务往来信函，可以采取平铺直叙的公函格调，而不必文采飞扬。

17.5.4　改进口头沟通的建议

对于一些人来说，包括一些高层管理人员，一想到要作演讲就如同做噩梦一般。然而，通过学习不仅可以掌握演讲艺术，而且可以从中获得乐趣。一个人怎样学到口头沟通艺术的最典型例子是希腊政治家德摩斯梯尼（Demosthenes），在第一次演讲失败甚感沮丧后，他通过实践、实践、再实践而终于成为最伟大的演讲家之一。

管理人员需要激发、领导和沟通愿景。就领导力而言，对组织目标有清晰的想法尽管很重要，但还不够，这种愿景必须要广而告之。这就意味着不但要将事实表达出来，而且要在传递这些愿景的过程中，通过联系员工的价值观、自豪感和个人目标来激发员工。

尽管大部分改进书面沟通的方法同样适用于口头沟通，但是以下几点改善口头沟通的建议值得在此一提。

17.6　电子媒介沟通

组织越来越多地运用各种电子设备来改进沟通，如大型计算机、微型计算机、个人计算机、电子邮件系统、在行进中通话的手机，以及与办公室保持联系的BP机（beepers）。关于计算机对管理过程不同阶段产生的影响，将在后面第19章中与管理信息系统一并讨论，这里仅稍做概述。首先，让我们总体上讨论一下无线电通讯问题，然后再具体地探讨越来越广为使用的电视会议沟通方式。

17.6.1 无线电通讯

电信业务目前正在广泛地得以应用。许多组织早已采用不同的方式，有效地利用了这种新技术，如以下实例所示：

- 一些银行为公司客户提供硬件和软件，以便让他们把资金转拨给供应商；
- 有些银行现在推出电话银行服务业务，甚至包括个人电话服务；
- 使用传真或电子邮件，可以在几秒钟或几分钟内把信息传递到地球的另一面；
- 汽车公司用无线电通讯方式同它们的供应商保持密切联系，告知它们的需求，以便及时交货降低库存成本；
- 计算机化的民航订票系统方便了人们预定航班；
- 许多公司的数据库中都存有详尽的人事信息，包括绩效考评和职业生涯培养计划。

正如你所知道的，无线电通讯有多种用途。但是，为了使这种电信系统更有效，技术专家必须竭尽全力确定组织和客户的真正需求，并设计有用的、简便易行的系统。现在让我们再来看一下新技术的特殊应用——电视会议。

17.6.2 电视会议

电视会议是群体通过带有移动或静止图片的音频和视频媒介进行相互沟通和互动。

由于各种系统名目繁多，包括音频系统、附有电视监视器上显示瞬像的音频系统以及实况影视系统，现在对电视会议这个词很难下定义。一般来说，大多数人认为，**电视会议是群体通过带有移动或静止图片的音频和视频媒介进行相互沟通和互动**。

全景电视常常用于举行管理人员会议。这样，他们不仅能彼此听见，而且也能看到各自的表情或陈列物。当然，这种沟通很昂贵，可以使用音频和静止视频系统。在讨论技术问题时，这种沟通方法对显示图表和图解很有用。

电视会议的潜在优势包括节约差旅费用和时间，只要需要便可开会，无须提前制订差旅计划。由于这类会议可以频繁召开，进一步加强了公司总部和分散在各地区的分支机构之间的沟通。

电视会议也有弊端。由于这种会议安排起来比较省事，有可能会议开得过多，却实属没有必要。此外，由于这种会议方式运用很新的技术，使用过于频繁，设备容易受损。也许最重要的一点是，电视会议是面对面沟通方式的一种勉强替代品。尽管存在这些局限性，人们仍可预计今后这种电视会议的形式会与日俱增。

17.6.3 用计算机处理信息和进行网络连接

今天，随着电子数据处理的普及，大量的数据得到处理，也使更多的人能够分享信息。因此，人们能够相当经济地得到数据、分析和及时地归纳数据。但是，人们不能忘记，数据不一定都是信息，信息必须让人们知晓。新的计算机图形能够在几秒内直观地进行沟通，显示公司重要的信息，百事可乐饮料公司的管理人员过去都是从大量的计算机打印件中去挖掘信息，而现在能够很快地从彩色地图上看出公司的竞争形象。

新的信息技术从根本上改变了沟通方式。传真、电子邮件和即时口信（instant messaging）正在替换传统的沟通渠道，如邮政业务。**即时口信**是指朋友或同事是否在互联网上，如果是，口信能够即刻传递过去。在诸如美国在线公司（America Online）、美国电话电报公司（AT&T）、环球通公司（Earthlink）、可视通公司（MSN）等互联网接入商提供的系统上，电子信件可以通过高速、低价的方式传递，信息技术使得全球性组织成为可能，使公司能够更快速地应对全球化变革。

在计算机应用的早期，专家、专业人员和管理人员是计算机基础设施的主要用户，而现在，非管理职位的员工也像高层管理人员一样使用这些系统。目前已经出现了从个人电脑向工作团队计算机系统、从公司内部计算机系统向单位间计算机系统的转移倾向，也就是说，将公司内部员工与诸如银行、政府部门、分销商、客户和供应商等外部机构的计算机系统相连接。例如，更快和更好的沟通效果不仅极大地促进了外包业务的发展，同时也促进了协调和合作。

从简单地管理信息扩展到信息的沟通，计算机正在拓展其功能，网络化提供了前所未有的沟通渠道，成为学习型组织的工具。例如，互联网更有利于人类智商的集成，但是，信息技术的新时代也带来了一系列的新问题，如个人隐私的侵犯、违反安全规定，甚至威胁自由。本书第19章将深入探讨计算机和网络化的影响。

> 即时口信是指朋友或同事是否在互联网上，如果是，口信能够即刻传递过去。
> www.aol.com
> www.attbi.com
> www.earthlink.com
> www.msn.com

本章小结

沟通对组织内部的正常运行和确保组织与外部环境的互动方面至关重要。它是信息由发出者到接收者的传递过程，目的是让接收者能理解信息。沟通的过程始于发出者，发出者以编码方式向接收者发出口头、书面、视觉或其他方式的信息。接收者收到信息后要解码，并正确理解对方所传递的内涵，这反过来可能会导致一些变化或举措。但是，交流的过程可能被那些阻碍沟通的"噪音"所打断。

在组织内部，管理人员为做好工作而应该掌握必要的信息。这种信息不但可以在公司纵向结构上下流动，而且可以横向或斜向流动。信息沟通方式可以是书面的，但更多的是口头性的。此外，人们还可以通过肌体语言和面部表情进行沟通。

沟通可能会因沟通过程中的障碍或断裂而受影响，了解这些影响沟通的障碍和善于聆听，不仅易于理解还有利于管理工作的进行。电子媒介可以改善沟通效果，例如，采用电话会议和应用计算机处理组织中日益增多的信息以及应对全球化的浪潮，是许多方法中常见的两种方法。

主要概念回顾

沟通　　　　　　　　横向交叉沟通　　　　　　信息超载的应对措施
沟通过程模型　　　　书面沟通：优点和缺点　　改进沟通的指南
沟通中的"噪音"　　　口头沟通：优点和缺点　　聆听是理解的关键
自上而下的沟通　　　非语言沟通　　　　　　　电视会议
自下而上的沟通　　　沟通中的障碍和断裂　　　即时口信
巡视员

讨论题

1. 概要地说明沟通过程模式。在你运用这个模式进行分析时，找出一个沟通方面的问题，并确定造成问题的原因。
2. 列举传递信息的不同渠道。论述各种渠道的优点和缺点。
3. 有哪几种自上而下的沟通？论述一下你所熟悉的企业中哪些沟通方式最为常用，各种方式的有效性如何？
4. 自下而上的沟通有些什么问题？你有什么建议来克服这些困难？
5. 书面和口头沟通各自的优点和缺点是什么？你愿意采用哪一种？在什么情况下采用？
6. 何谓信息超载？你曾遇到过信息超载吗？你是怎么处理的？
7. 你是怎样聆听的？你如何提高本身的聆听技能？
8. 讨论沟通中的电子媒介作用。

企业案例

汇源果汁收购案

北京汇源饮料食品集团有限公司组建于1992年。① 成立19年来，汇源集团在全国22个省、区、市创建了50个现代化工厂，链结了400多万亩名特优、标准化水果生产基地，建立了基本遍布全国的销售服务网络，构建了一个全国性的果汁产业化经营体系。汇源旗下的100%果汁与中高浓度果汁分别占据中国市场50.2%、45.0%的市场份额。短短十几年，汇源集团快速发展成为国内市场上主营果汁及果汁饮料的现代化大型企业集团，实现了公司"争做果蔬饮料行业领跑者"的战略愿景，开创并带动了中国现代化果汁产业的发展，引领了中国果汁健康消费的新时尚，促进了水果种植业、加工业及其他相关产业的现代化发展。

汇源集团拥有180多条世界先进的水果加工、饮料灌装等生产线。水果原浆加工的冷破碎、浓缩果汁加工的超微过滤、饮料灌装的UHT超高温瞬时灭菌、无菌冷灌装等项工艺、

---

① http://www.huiyuan.com.cn/.

技术，均处于世界领先地位。健全、实施了ISO9001、HACCP、ISO22000、OHSAS18000、ISO14001等质量、安全、环境管理体系，并实施体系认证。汇源纯果汁、中浓度果汁饮料的全国市场份额处于领先地位，浓缩果汁、果浆和部分成品果汁出口5大洲的30多个国家和地区。

汇源集团荣获中国驰名商标、中国名牌产品、农业产业化国家重点龙头企业、全国农产品加工业示范企业、全国轻工行业先进集体、人民社会责任奖、社会责任突出贡献奖等众多殊荣。汇源集团董事长朱新礼荣获"改革开放30年中国饮料业突出贡献奖"、"中国改革开放30年年轻工业十大领军人物"和"2008年CCTV中国经济年度人物"等殊荣。

汇源集团的企业使命是"营养大众、惠及'三农'"，其果汁的加工和生产大量消化水果资源，增加农民收入，带动了数百万农民奔小康，促进水果种植、加工及其相关产业的发展。累计缴纳税金30多亿元，向社会公益、慈善事业捐献资金、物资价值2亿多元。

2007年2月，从北京汇源集团分拆成立的中国汇源果汁集团有限公司在香港联交所主板上市。

经过近20年的发展，汇源集团的主要经营业务基本覆盖了果汁产业的各个链节，从产业上游的果园种植和浓缩汁生产、中间环节的果汁加工，到下游的分销渠道，形成了纵向一体化的布局，积聚了产业集中度。由汇源集团控制果汁资源（果蔬基地、浓缩汁和果浆），上市公司汇源果汁负责果汁生产加工和批发销售，形成了全产业链覆盖（见图1）。

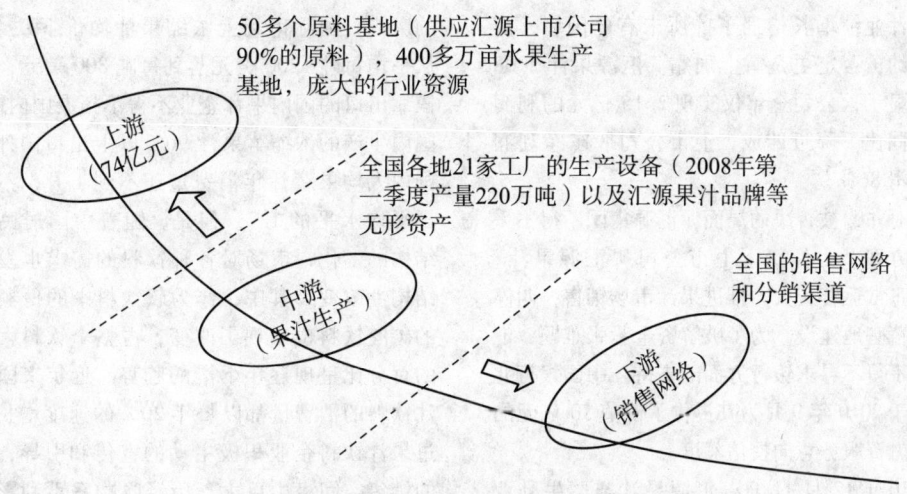

图1　汇源集团的产业链布局（截至2008年年底）

2008年12月，可口可乐公司旗下的全资附属公司向中国商务部提出以179.2亿港元收购上市公司汇源果汁全部已发行股本。若交易完成，汇源果汁将被撤销在中国香港联交所的上市地位。

截至2008年年底，汇源果汁股权结构为：汇源集团董事长朱新礼41%；法国达能23%；荷兰银行7%；华平基金（Warburg Pincus）7%；富达国际7%；公众持股15%。如果交易成功，朱新礼将获得74亿港元，届时将全部出售资金用于产业链上游的果蔬基地建设和浓缩汁生产，以便控制浓缩汁业务环节，构成对产业链中段果汁加工和下游果汁分销业务的垄断。

中国商务部于2009年3月18日正式宣布，根据《中华人民共和国反垄断法》，以"对竞争产生不利影响"为由禁止可口可乐收购汇源。这是《中华人民共和国反垄断法》自2010年8月1日实施以来首个未获通过的案例。①

汇源果汁是中国最大的中高浓度果汁生产企业，商务部否决了可口可乐公司并购汇源果汁的申请后，市场对其投资信心急剧下降。2009年3月19日，商务部否决可口可乐收购汇源申请的第二天，汇源果汁股价由前一交易日的8.30港元急挫至3.99港元，公司第三大投资方华平基金对汇源果汁投资出现了630万美元的浮亏。2009年6月9日，华平基金宣布全部撤出其6500万美元投资。

从原材料到市场终端，汇源集团覆盖着整个国内果汁产业链条中所有环节。如此长的产业链，不但需要强大的资金链去支撑，还需要强有力的管理能力。长期受制于低浓度果汁成长性不足和上游投资过猛造成的资金紧张，使汇源果汁业绩增长遭遇了前所未有的困境，而并购要约被否定更是雪上加霜。汇源果汁2008年年报显示，公司全年仅实现2.15亿元的利润总额，同比下降近四成，上市公司股东净利润大幅下滑86%。

面对并购被否决的局面，汇源集团不得不采取应急方案，力保旗下上市公司"汇源果汁"资产的正常运转，大力推进果汁市场销售，叫停上游果蔬基地建设。为了破解资金紧张难题，汇源集团不得不寻求银行方面的支持。中国银行北京分行于2010年9月为其提供了价值50亿元的贷款和融资服务意向授信额度。

2010年12月11日，汇源果汁与蒙牛乳业集团签署了战略合作协议，中国果汁和中国乳业两大行业巨头的强强合作，会带来更大的互补互动效应。2011年7月初，汇源集团公司与日本丸红株式会社签署战略合作协议，大力进军日本市场。汇源集团将通过日本丸红株式会社向日本及海外市场销售苹果、桃等浓缩果汁及果浆产品，日本丸红株式会社将获得汇源集团生产的浓缩果汁和果浆在日本的总销售代理权。同时，日本丸红株式会社也将通过其海外网络向汇源集团提供浓缩果汁、茶叶、咖啡、乳制品等原料。

汇源集团所生产的浓缩果汁、果浆和部分成品果汁已经出口到全球30多个国家和地区，日本丸红株式会社在全球70多个国家和地区拥有126个海外分支机构和459家投资企业。汇源集团董事长朱新礼表示，与日本丸红株式会社合作，汇源将获得更为稳定优质的产品原料，同时，汇源也将借助日本丸红株式会社的渠道及分支，进一步开拓全球市场。

中国是水果生产大国，也是浓缩果汁的生产大国。尤其年产量超过80万吨的浓缩苹果汁，占到全球产量的60%以上。目前世界上60%的浓缩苹果汁产自中国。受全球金融危机的影响，国际市场上浓缩果汁均价下跌40%，从平均每吨1200美元落到每吨800美元，主要依靠出口的国内果汁企业不得不拓展国内需求。国内生产的浓缩苹果汁90%以上出口国外，而国内人均果蔬汁年消费量还不到1升，不到世界平均水平的1/7。但是，随着中国居民消费结构的变化，市场对各种饮料的需求也发生着结构性改变，其中，作为软饮料中的份额最老的碳酸饮料也出现了改变，占整个饮料大市场的百分比呈现逐年下滑的趋势。近年来国内果汁饮料的消费量都以每年20%的速度增长，通过果汁饮料企业积极主动的宣传和引导，国内的销售空间潜力巨大。历经收购案不利影响的汇源集团已经摆脱了被动局面，正在焕发新生，继续朝着中国果蔬饮料行业领跑者的方向奋力前进。

(本案例根据报刊资料整理而成)

---

① http://www.mofcom.gov.cn.

◆ **思考题**

1. 结合产业价值链理论，从汇源集团的角度阐述你对汇源果汁收购案的看法。
2. 从全球化竞争的视角，你认为控制果蔬饮料行业上游浓缩汁的生产能对果汁加工环节的企业构成垄断吗？
3. 在什么情况下，企业应采用全产业链覆盖和掌控的做法？
4. 就国内市场消费者对果汁、茶叶、咖啡、乳制品等饮品的当前和潜在需求而言，你认为汇源集团在发展战略上有哪些调整的余地？

第6篇
控　　制

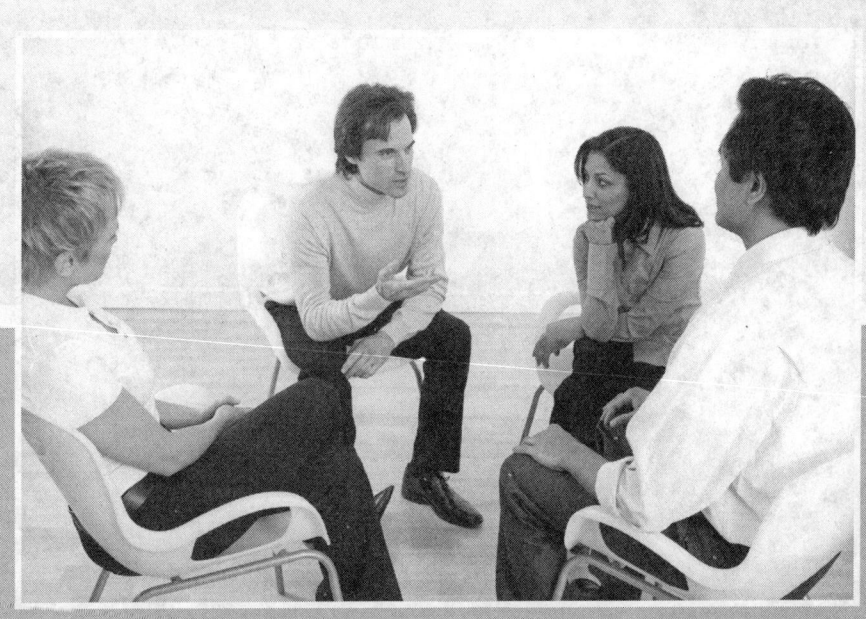

第18章　控制系统和控制过程
第19章　控制方法和信息技术
第20章　生产率、经营管理和全面质量管理

18

控制系统和控制过程

[学习目标]

学完本章后,你应该能够:
1. 描述控制的基本过程。
2. 列举和阐释关键控制点、标准和对标。
3. 具体说明反馈系统的应用。
4. 理解即使是实时信息也解决不了所有的管理控制问题。
5. 表明前馈控制系统能使管理控制更有成效。
6. 描述一些最常用的企业全面控制方法。
7. 认识到通过会计师事务所进行管理审计带来的问题。
8. 理解官僚控制与小团体控制的区别。
9. 列举并说明有效控制的必要条件。

管理的**控制**职能是对绩效进行衡量与矫正,以确保企业目标以及为实现目标所制订的计划能够得以完成。计划与控制密切相关,事实上,有些管理学作者认为,计划与控制这两项职能是不可能分割的。然而,我们认为从概念上对两者加以区分是明智的,因此,本书第 2 篇和第 6 篇分别对此加以论述。即使如此,人们仍然可以把计划和控制看成是一把剪刀的双刃,缺任何一刃,剪刀也就没有用了。没有了目标与计划,控制也就无从谈起,这是因为绩效必须以一些已经确定的标准来衡量。

> **控制**是对绩效进行衡量与矫正,以确保企业目标以及为实现目标所制订的计划能够得以完成。

18.1 基本控制过程

控制方法和系统与控制现金、办公程序、员工士气、产品质量和其他任何事项在本质上是相同的。不论在什么地方,也不论所控制的是什么,控制的基本过程都包括三个步骤:(1)确定标准;(2)对照这些标准衡量绩效;(3)纠正偏离标准和计划的情况。

18.1.1 确定标准

由于计划是管理人员设计控制工作的基准，所以从逻辑上说，控制过程的第一步总是制订计划。然而，由于计划的明细度和复杂性、差异性很大，并且管理人员通常也不可能面面俱到，所以就得制定具体标准。**标准是衡量绩效的尺度**，是从整个计划方案中挑选出来用以衡量绩效的量度单位，这样管理人员可以得到工作进展状况的信息，而无须过问计划执行过程中的每个步骤。

> 标准是衡量绩效的尺度。

标准有许多种，其中最佳标准是可考核的目的或目标，这些在目标管理的论述中已经提及（见本书第4章）。本章后面还会涉及更多的有关标准的细节，尤其是在关键点上发生偏差的情况。

18.1.2 衡量绩效

尽管按标准衡量绩效的方法并不总是行得通，但理想的做法是，将衡量绩效建立在前瞻性的基础上，这样，能事先发现偏差并采取适当的措施避免偏差。那些精明而又有远见的管理人员，有时能够预见到偏离标准的做法。但是如果缺乏这种能力，则需要尽早揭示偏差。

18.1.3 纠正偏差

标准应当反映组织结构中各种不同的职位，如果按相应标准来衡量绩效，纠正偏差就容易了。管理人员根据委派给个人或群体的任务，确切地知道必须在何处采取纠正措施。

纠正偏差是控制职能的起点，由此可以把控制看成是整个管理系统的一个组成部分，与其他管理职能密切相关。管理人员通过重新制订计划或调整他们的目标来纠正偏差（这是运用导向改变原理），他们也可以运用组织职能重新分派任务或明确职责来纠正偏差，他们还可以采用增加人员，更妥善地选拔和培训下属人员，或采用极端做法解雇人员等办法来纠正偏差。除此以外，他们还可以通过加强领导，如更详细的工作说明和更有效的领导方法来纠正偏差。

18.2 关键控制点、标准和对标

标准是衡量实际绩效和预期绩效的基准。在简单的经营活动中，管理人员可以通过亲自认真观察所做的工作来实行控制。然而，在大多数经营活动中，由于经营活动的复杂性，这是不可能做到的。管理人员每天所做的工作远不止亲自观察绩效，因此，必须选出一些需要特别关注的控制点，然后，对他们进行观察以确保整个经营活动按计划进行。

所选择的控制点应当是关键性的，其含义在于，它们或者是经营活动中的限制性因素，或者是优于与计划相关的其他因素的更有用的指标。有了这些标准，管理人员便能掌管一大批下属，从而扩大管理幅度，节约成本，改善沟通。**关键控制点原则**是一条重要的控制原则，要求在实施有效控制时，必须关注那些按照计划评价绩效的关键因素。另外一种控制方法是通过对标将本公司的绩效与其他公司进行比较。

> **关键控制点原则**要求在实施有效控制时，必须关注那些按照计划评价绩效的关键因素。

18.2.1 关键控制点标准的种类

许多计划方案的每一项目的、每一个目标，这些方案的每一种活动，每一项政策，每一项程序以及每一种预算，都可成为衡量实际绩效和预期绩效的标准。在实际做法上，标准主要体现在以下几个方面：（1）实物标准；（2）成本标准；（3）资本标准；（4）收益标准；（5）计划标准；（6）无形标准；（7）以目标为标准；（8）战略控制过程中以战略计划作为控制点。

实物标准

实物标准是非货币衡量标准，通常在耗用原材料、雇用劳力、提供服务及生产产品的操作层面上使用。这些标准反映诸如每单位产出工时数、每小时每马力所耗燃料磅数、货运的吨英里数、单位机器台时的产量、每吨铜的电线英尺数等数量标志。实物标准也可反映品质，如轴承的硬度、公差的精密度、飞机的爬升高度、面料的耐磨度或颜色的牢固度等。

成本标准

成本标准是货币衡量标准，如同实物标准一样，通常用于操作层面，其货币价值是体现在具体的经营业务中的。广泛使用的成本标准包括单位产品的直接成本和间接成本、单位产品或每小时的人工成本、单位产品的原材料成本、工时成本、航班旅客英里费用、每美元或单位销售额的销售费用，以及每英尺钻井成本等。

资本标准

资本标准有多种，全是以货币衡量标准应用于实物的产物。这些标准同投入于企业的资本有关，而同经营成本无关，所以它们主要是同资产负债表相关，而同利润表无关。对于新投资和综合控制而言，使用的最广泛的标准也许是投资报酬率。典型的资产负债表会揭示其他资本标准，如流动资产与流动负债比率、债务与资本净值比率、固定投资与总投资比率、现金及应收账款与应付账款比率、债券与股票比率以及库存量与库存周转比率等。

收益标准

把货币价值用于销售量即为收益标准，包括如每辆公共汽车乘客英里的收入、每位顾客的平均销售额，以及在既定市场范围内的人均销售额。

计划标准

管理人员可能奉命编制一个可变动预算方案,一个正式的新产品开发计划或一个提高销售人员素质的计划。在考评计划绩效时虽然难免夹杂一些主观判断,但可以运用时间选择和其他因素作为客观判断标准。

无形标准

更加难以确定的是既不能以实物又不能以货币来衡量的标准。例如,管理人员能用什么标准来测定事业部采购代理或人事部主任的才能?人们能用什么标准来确定某一广告计划是否符合短期目标和长期目标?怎样确定公共关系计划是否取得成功?主管人员是否忠诚于公司目标?办公室人员是否精干?上述问题足以说明,要确定清晰的定量或定性目标或标准是很困难的。

以目标为标准

目前,一些管理卓有成效的企业倾向于,在每一层次的管理部门建立可考核的定性或定量目标的整体网络,这样,无形标准虽然仍很重要,但其用处日益减少。在复杂的计划实施中和管理人员本身的绩效方面,现代管理人员发现,经过研究和思考,有可能确定一些目标作为绩效标准。尽管定量目标固然有可能成为前面概述过的各类标准,但定性目标定义本身代表着标准领域内的一大发展。例如,如果地区销售部的计划明确包括诸如按专业性计划来培训售货员的内容,则这份计划及其本身要求也就成为了客观的"有形"的标准。

战略控制过程中以战略计划作为控制点

> 战略控制对战略控制点进行系统监控,并以此为依据来修正组织的战略。

战略控制要求对战略控制点进行系统监控,并以此为依据来修正组织的战略。正如前面论述中提及的,计划与控制两者密切相关,所以,战略计划需要战略控制。此外,由于控制有利于对预期目标同实际绩效做比较,因而也就提供了学习的机会,进而又形成了组织变革的基础。最后,通过战略控制的运用,人们不仅洞察组织的绩效,而且通过监控也审视了不断变化的外部环境。

18.2.2 对标

> 对标是一种根据最好的产业做法来确定目标和生产率衡量标准的方法。

对标是一个广泛使用的概念,是一种根据最好的产业做法来确定目标和生产率衡量标准的方法。对标是从衡量绩效所需数据的过程中开发出来的。应该采用什么标准?如果一家公司需要6天来满足客户订单,在同一产业的竞争对手需要5天,而在另一个非相关产业的公司仅用4天,那么,5天就不能成为标准。即使看上去是难以实现的目标,但是,以4天为标准就成了对标。然后,对满足订单的过程进行认真的分析,鼓励人们推出创新性方法来完成这一对标。

对标有三种不同的类型。第一,战略对标比较各种战略,并确定关键的战略成功因素;第二,经营对标比较相关成本或各种产品差异的可能性;第三,管理对标集中在支持性职能方面,如市场计划和信息系统、物流、人力资源管理等。

> 对标有三种不同的类型:战略标杆、经营标杆和管理标杆。

对标流程始于对标内涵的确定,之后,选择绩效卓越的公司作为对标,收集和分析数据,这些数据将成为绩效评估的基础。在新方法的实施过程中,对绩效要定期进行评估,并采取相应的纠偏措施。

18.3 作为反馈系统的控制

管理控制的基本过程,实质上与物理系统、生物系统和社会系统中广为采用的基本过程是相同的。许多系统通过信息反馈进行自我控制,反馈能显示偏离标准的差距,并由此引发变革。换言之,各类系统运用它们自身的一些能量来反馈信息,借以按标准比较绩效,并引发纠偏措施。本书第4章中已经演示了一个简明的反馈系统(见图4-1)。

管理控制通常被看成是类似于普通的家用恒温器所具有的反馈系统,在图18-1中,人们能够清楚地看到管理控制的反馈过程。这个反馈系统把控制不单单是看成确定标准、衡量绩效和纠正偏差的工作,而是把控制视为一个非常复杂且更切合实际的过程。管理人员是要衡量实际绩效,将绩效与标准相比较,还要确定和分析偏差,但是,为了做出必要的纠正措施,他们必须制订一个纠偏的方案并加以实施,以便达到预期绩效。

> 管理控制通常被看成是类似于普通的家用恒温器所具有的反馈系统。

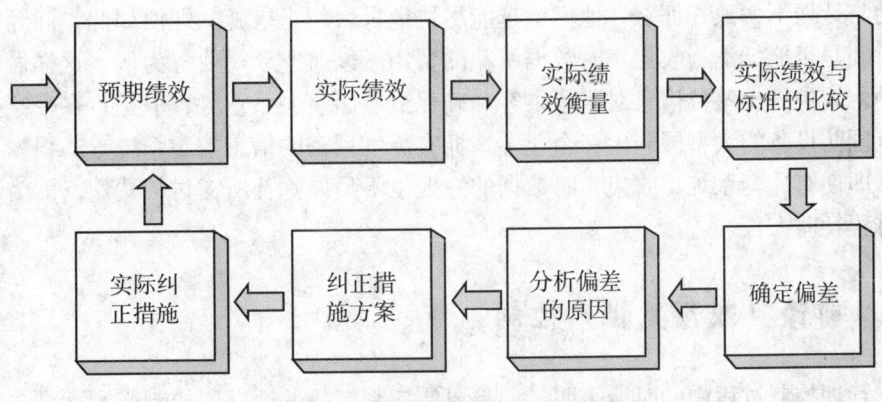

图18-1 管理控制的反馈回路

18.4 实时信息与控制

> **实时信息**是事情一旦发生就出现的信息。

计算机的使用和数据的电子收集、传送和储存的应用，带来了一个令人振奋的进步，即**实时信息**系统的开发。实时信息是事情一旦发生就出现的信息。在许多经营活动中，以各种手段来获得实时数据在技术上是可行的。多年来，航空公司只要把航班班次、飞行航段（如由洛杉矶到纽约）和日期输入记忆系统，就能即刻获得机上座位信息。超级市场和百货公司配备了供营业使用的电子收款机，它能立即把每一笔销售额输入数据储存中心，在那里能在销售货物的同时得到库存、销售额、毛利、纯利以及其他数据。工厂经理也能拥有这样一套系统，随时报告诸如生产进度、累计工时以及某项产品是否及时完工等反映生产计划落实状况等信息。

有些人把实时信息看成管理人员在重要业务领域中取得实时控制的一种手段，换言之，即在信息显示出偏差时采取的控制手段。但是，从图18-1所示的管理控制反馈回路中可以看出，除了最简单的和最异常的例子外，实时信息不可能做到实时控制。在许多管理领域中，有可能收集衡量绩效的实时数据，在许多情况下，也有可能把这些数据与标准相比较，甚至可能找出偏差，但是，分析偏差产生的原因，制订纠偏方案以及实施这些方案都会是极为耗时的工作。

例如，以质量控制而言，可能要花费相当长的时间去查明造成工厂废品的原因，还可能要花更多时间去实施纠正措施。再以更为复杂的库存为例，特别是在制造业公司中，库存物品多种多样，如原料、零部件、半成品和制成品，纠正时间可能非常长。一旦获悉库存量太高，采取措施使库存降至所要求的水平，可能要花上几个月的时间。这种情形与大多数管理控制问题相类似，即时滞是不可避免的。

但这并不意味着及时衡量绩效不重要，事实上，管理人员越及早了解他们负责的业务活动与计划不一致，那么，他们就越能尽快地采取纠正措施。即使如此，问题是节省几天时间是否能抵消为收集实时数据所花的费用。以航空公司业务为例，这样做往往是值得的，因为机舱座位信息对服务乘客和确保机舱满座关系重大，但是，在一家生产某种重点国防设备的大型国防生产企业中，拥有高度精密的信息控制系统，却很少有实时信息。即使有这套系统，收集实时数据的好处也不足以弥补所支付的费用，因为纠正偏差的过程耗时太长。

18.5 前馈（或预见性）控制

在管理控制过程中的时滞表明，如果要使控制有效的话，则控制必须面向未来。时滞的存在表明，仅用一个系统的产出作为反馈，并以此作为控制手段衡量产出是有问题的。时滞也表明了来自会计报表的历史性数据的缺陷。

管理人员所需要的有效控制系统是，在他们及时采取纠正措施时，系统能提醒他们，如现在不采取行动，就会出问题。从系统的产出得出的反馈不足以提供有效的控制。这类反馈充其量是事后分析，而对于过去发生的事情人们是无能为力的。

面向未来的控制实际上大都受到忽视，其主要原因是，管理人员为了达到控制目的而过分依赖会计和统计数据。可以肯定，在缺乏任何把握未来手段的情况下，仅仅根据过去是一系列事件开端这一有争议的假设，基于历史数据的控制总比没有任何参考余地要好些。

> 管理人员所需要的有效控制系统是，在问题发生之前，系统能提醒他们潜在的问题，使他们能有时间采取纠正偏差的行动。

18.5.1 人体系统中的前馈控制

我们发现不少人体系统中的前馈控制的实例。例如，一个驾车者想要保持爬坡速度，通常不会等到速度表显示速度下降后才去踩加速器。相反，驾车者知道，山坡是系统中干扰车速的一个变量，所以在速度下降前踩加速器来弥补这一不足。同样，猎人总是瞄准野鸭飞行的前方，以便纠正射击与希望击中目标之间的时滞。

18.5.2 前馈系统与反馈系统

简单的反馈系统衡量运行过程中的产出，再将其衡量结果反馈回系统或将纠正措施反馈回系统的投入端以取得预期的产出。就大部分管理问题而论，由于纠正过程中的时滞因素，简单的反馈系统是不够的。前馈系统监测则进入运行过程中的投入端，以便确定投入是否符合计划，如果不符合，就要改变投入或运行过程，从而取得预期结果。

> **前馈系统**监测进入运行过程中的投入端，以便确定投入是否符合计划，如果不符合，就要改变投入或运行过程，从而取得预期结果。

从某种意义上说，前馈控制系统实际上是一种反馈系统。然而，该系统的信息反馈是在投入端，因而在系统产出未受影响前就加以纠正。此外，即使有了前馈系统，管理人员仍会要衡量系统的最终产出，这是因为谁也无法确保工作完美无缺，足以确保最终产出完全符合预期目标。

18.5.3 管理中的前馈系统

管理控制的前馈概念可以通过库存计划系统的实例加以说明。如果管理人员要对库存进行有效控制，就必须要确定系统中的变量，有的变量对库存起反面影响，有的则起正面影响。

此外，如果能准确地描述系统中的变量及其对运行过程的影响（每个企业都应设计与其实际情况相适合的系统），那么，除非及时采取措施，否则，任何脱离预计投入的偏差都有可能导致非计划的产出。例如，在库存模型中，如果进货量大于计划，或者如果工厂使用量出现低于计划数量的情况，而假如不采取纠正措施的话，那么，就会造成高出计划的库存量。毫无疑问，要使前馈控制发挥作用，就必须严格地监控投入。

在整个前馈控制系统中,有一个问题是工程师们所称的干扰因素。这些因素在投入模型中未加考虑,但它们对系统和最终结果都有可能产生影响。很显然,把所有可能影响方案实施的投入变量都放在模型中是不切实际的。例如,一家大型供应商的破产可能是一个非预见性、非程序化的投入变量,其结果会延迟采购物品的交货。正因为非程序化的事件时有发生,可能会影响预期的产出,所以必须通过审视和关注不寻常和突如其来的干扰因素,对投入系统实施定期的监控。

18.5.4 前馈控制的必要条件

前馈控制系统可行的必要条件归纳如下:
(1) 要对计划和控制系统做仔细和认真的分析,并确定那些更重要的投入变量。
(2) 为这个系统建立一个模型。
(3) 要确保这个模型的新颖性,换言之,应定期检查模型,以便了解已确定的投入变量及其相互关系是否仍能反映现实情况。
(4) 定期收集投入变量数据,并把它们输入到系统中。
(5) 定期评估实际投入数据与计划投入数据的差异,并评估这些差异对预期最终结果的影响。
(6) 采取措施。像其他计划与控制方法那样,前馈控制系统能做到的就是要向人们显示问题的存在,因此,人们必须采取措施来解决这些问题。

18.6 全面绩效的控制

人们越来越把计划和控制视为一个密切相关的系统。随着部分控制方法的出台,人们已经开发了按总目标来衡量企业(或其中的一个事业部或项目)全面绩效的控制手段。

对全面绩效进行控制是有多种原因的。第一,正如全面计划必须与企业或主要事业部的目标相适应一样,全面控制也必须与目标相一致。第二,职权的分权化(尤其是产品部或地区部)形成了半独立性的单位,这些部门必须置于全面控制之下,以避免出现全盘独立的混乱。第三,全面控制容许对地区管理人员的全面工作进行衡量,而不仅仅衡量其中的一部分。

许多企业中的全面控制是财务性的。

正如人们可能预见到的,许多企业中的全面控制是财务性的。企业是靠赢利才得以生存的,其资本资源是稀缺的、生死攸关的要素资源。由于财务是企业关键要素,财务控制理所当然地成为衡量计划是否成功的重要的客观标准。此外,复杂的计算机项目可以将财务报表作为战略工具。

财务衡量方法作为共同的标准综合概括了各种计划的实施情况。财务衡量还准确地表明用于完成目标的总资源支出额,这一点在各种企事业单位中都是如此。尽管说学校和政府机构的目的是非营利的,但是,所有管理人员都必须弄清楚为了完成目标要耗费多少资源。适当的会计制度不仅对企业，而且对政府部门也很重要。

像其他控制系统那样，财务控制必须切合具体企业或职位的需要。在不同组织层次工作的医师、律师和管理人员，对控制各自业务的运行都有不同的需要。财务分析能提供一个极好的"窗口"，使人们能从中看到非财务工作完成的情况。例如，发生偏离预计费用情况时，可使管理人员找出计划不周、员工培训不足和其他非财务方面的原因。

18.7 利润亏损控制

企业的利润表之所以能服务于重要的控制目的，主要在于它能确定表明企业成败的各项收益和成本因素。很显然，如果利润表首先以预测的形式推出，那么，它就成为一种更加有效的控制工具，因为它可使管理人员有机会在事情发生变化之前就去影响收入、费用以及利润。

18.7.1 利润和亏损控制的性质和目的

由于一个企业的生存通常取决于利润，而利润则是衡量企业成功的明确标准，所以许多公司都利用利润表来对其事业部或部门进行控制。由于利润表是既定时间内所有收入和费用的财务报表，它也就是企业经营效果的如实总结。把损益控制运用于事业部或部门是基于这样一个前提，即如果企业的总体目标是要获取利润的话，那么，企业内的每一个部门都应为此做出贡献。所以，企业某个部门实现预期利润的能力就成为衡量其绩效的标准。

> **利润表**是既定时间内所有收入和费用的财务报表，它也就是企业经营效果的如实总结。

18.7.2 利润和亏损控制的局限性

损益控制方法因会计核算和公司内部转移成本与收入所引起的账务处理而受到很大限制。但是，计算机的大量应用极大地降低了这些成本。即使如此，就会计记录的重复、许多管理费用的分摊以及为核算公司内部销售所花费的时间与精力而言，如果实施损益控制过头的话，其代价是相当大的。

18.8 投资回报率控制

另外一种控制方法是，用资本投资与收益的比率来衡量公司或公司内部部门的绝对和相对成效。投资回报率衡量方法（常简称为"ROI"）一直是杜邦公司控制系统中的核心部分。回报率是衡量一家公司或分公司所投入资本能够赢得收益的尺度。因此，这个工具不把利润看成是绝对的，而是视之为企业运用资本的所得。同样，企业的目标未必是追求利润的极大化，而是投资于企业的资本回报的最大化。这一标准确认这样一个基本

> **投资回报率控制方法**用资本投资与收益的比率来衡量公司或公司内部部门的绝对和相对成效。

事实，即资本几乎就任何企业而言都是一个关键要素，而资本的稀缺性足以限制企业的发展。这一控制方法也强调了这样一个事实，即主管人员的职责就是要竭尽全力，充分运用托付给他们的资产。

18.9 管理审计和会计师事务所

尽管有许多管理咨询公司从事多种评价管理系统的工作（通常把它作为组织研究的一个部分），但对管理审计最感兴趣的却是会计审计公司。近年来的一项重大发展是，管理审计已进入带有广泛咨询性质的管理服务业务领域。由于这些会计审计公司早已了解企业内情，且所掌握的企业财务信息也为其了解管理问题提供了现成的窗口，所以扩展管理审计业务是一个有吸引力的领域，但也由此引起一些利害冲突问题。换言之，问题是，同一家会计审计公司是否能够成为既提供管理咨询建议和服务，同时又能够完全客观地进行会计审计业务。事实上，会计审计公司已经试图从组织上把这两项业务分开，以避免上述冲突问题。

长期以来，会计师事务所享有很高的信誉，然而，美国联邦检察官对安达信（Arthur Andersen）会计师事务所在2002年安然公司倒闭事件中妨碍司法的指控，使这一切发生了变化。

18.10 官僚和小团体控制

官僚控制的特点是大量使用规则、规章、政策、程序和正式职权。

小团体控制是建立在道德规范、共享的价值观、预期行为以及其他文化因素基础上的。
www.nokia.com

组织通过不同方式实施控制。人们可以区分两种控制方法：官僚控制和小团体控制。**官僚控制**的特点是大量使用规则、规章、政策、程序和正式职权，要求有清晰的工作说明、预算，以及常常是标准化的任务。要求员工遵守规章制度，有限度地参与管理。

相比之下，**小团体控制**则是建立在道德规范、共享的价值观、预期行为以及其他与组织文化相关的因素基础上的，这些内容在本书第10章中已经专门阐述过。小团体控制的特点是，处在动态环境中的团队和组织，必须适应快速变化的环境。诺基亚公司是芬兰最大的手机制造商，试图将官僚控制保持在最低限度，逐渐形成了与芬兰文化相适应的企业环境。

18.11 有效控制的必要条件

尽管所有精干的管理人员都想要有一个充分而又有效的控制系统来协助他们确保一切按计划行事，但有时未必能认识到，管理人员所采取的控制方法必须按具体任务和预计的对象来设计。虽然说控制的基本过程和基本原理都是普遍适用的，但实际的控制系统却需要专门设计。

的确，如果要使控制系统正常运转，那么，这些系统就必须与计划和职位相适应，与管理人员及其个性相适应，同效率和效益的需要相适应。

18.11.1 控制与计划和岗位挂钩

所有控制方法和系统都应反映所制订的、有待实施的计划。同样，控制应该同职位相适应，主管制造的副总裁所要做的工作肯定不同于车间主任的工作。此外，控制还应反映组织结构，表明谁对计划的实施和产生脱离计划的偏差负责。

18.11.2 控制与每个管理者挂钩

控制也必须依各个管理人员的情况而定。当然，控制系统和信息都是为了帮助各个管理人员履行其控制职能，假如这种系统不是管理人员所能理解或会理解的话，那就是无用的。人们对不能理解的东西是不会信任的，而对不信任的，就不可能使用它。

18.11.3 在关键点上进行例外情况控制

使控制满足效率与效益的需要最重要的方法之一是，要确保设计的控制系统能处理例外情况。换言之，关注预期绩效的例外情况可以使管理人员充分利用由来已久的例外原则，检查他们需要关注的地方。

但是，仅仅注意到例外是不够的，有些偏离标准的情况无关紧要，而另外一些偏差却意义重大，某些方面的细小偏差也许比其他方面较大的例外情况会有更大的影响力。例如，某位管理人员也许对办公室人工成本超出预算5%深感忧虑，但对邮资费用超出预算的20%却无动于衷。

因此，在实际工作中，例外原则必须同控制关键点的原则一并贯彻。仅仅注意例外情况是不够的，人们还必须注意关键点上的例外情况。当然，管理人员越能把控制努力集中于例外，他们的控制就越加有效。但是，有效的控制要求管理人员将主要精力放在那些最为重要的事项上。

> 有效率的控制要求管理人员关注例外情况，而有效益的控制则要求管理人员将主要精力放在那些最为重要的事项上。

18.11.4 力求控制的客观性

管理必然带有许多主观成分，但对下属人员工作的好坏不应加以主观评定。如果控制是主观臆断的，管理人员或下属的个性会影响对绩效的判断而使其失去准确性。但是，如果通过定期审核不断更新绩效标准和衡量绩效的方法，人们就很难摆脱对他们的绩效控制了。有效控制要求客观的、准确的和适合的标准。例如，正如在本书第1章中所探讨的麦当劳案例那样，麦当劳公司在其所有的餐馆内严格实施和保持同样的质量标准。

www.mcdonalds.com

18.11.5 确保控制的灵活性

面对变更的计划、不可预见的情况或彻底的失败，控制职能仍应能发挥作用。在计划失败或者发生意料不到的变更情况下，要想保持有效控制，则控制系统必须具有灵活性。

灵活控制的必要性是容易加以说明的，预算系统可以预计一定数量的经费，并授权管理人员在此经费标准内雇用劳动力，采购原材料以及提供服务。在通常情况下，预算是以一定的预测销售额为依据的，如果实际销售量大大高于或低于预测，那么，这个预算也就变得毫无意义了。由于在这类情况下缺乏灵活性，人们对这种预算制度提出了质疑。无须赘言，人们需要的控制系统既要反映销售量变化，又能反映其他偏离计划的情况。

18.11.6 控制系统与组织文化的匹配

为了确保有效的控制，任何控制系统或方法都必须适合组织文化。例如，一个员工享有相当大的自主权和参与权的企业组织，如果采用严格的控制系统，其结果会违背员工意愿以致注定它要失败。另外，如果下属是由一位几乎不允许员工参与决策的主管来领导，那么，即使采用一般化和随意性控制系统也难以取得成功。凡参与意识不强或不习惯于参与管理的员工，都希望有明确的绩效标准和衡量绩效的方法以及具体的指示。曾几何时，豪华汽车制造商梅赛德斯—奔驰公司张榜公布，公司生产的每一辆汽车都要经过多个检查员的核查，后来，随着组织文化的改变，质量控制的责任在很大程度上给予了一线的生产工人。

www.mercedes.com

18.11.7 控制的经济性

控制一定要物有所值。尽管这个要求很简单，但做起来却常常会遇到困难。管理人员有时难以确定某个具体控制系统是否值得，也难以判断其费用多少。经济与否只是个相对的概念，因为控制的效益随业务活动的重要程度、业务规模、在非控制情况下可能产生的费用以及控制系统起到的作用而有所不同。

18.11.8 导致纠正措施的控制

一种适宜的控制系统应能揭示何处出现失误，谁对失误负责，并能确保采取纠正措施。只有通过适当的计划、组织、人员和领导的努力纠正了脱离计划的偏差，才能证明控制系统存在的必要性。正如第13章所提及的，通用电气公司和摩托罗拉公司采用六西格玛（Six Sigma）质量控制方法，每百万个运作不能超过3.4个瑕疵。

本章小结

控制的管理职能是对绩效的衡量与纠正,以确保企业的目标以及完成这些目标的计划能得以实现。这是从总裁到基层主管所有管理人员的职能。

不论所要控制的对象是什么,控制方法和系统基本上是相同的。无论在何处进行控制,也不论控制什么,控制的基本过程都包括以下三个步骤:(1)确定标准;(2)用标准来衡量绩效的进展情况;(3)纠正脱离标准和计划的偏差。标准的类型不同,但所有标准都应当能够揭示关键点的偏差。

管理控制常常被看做是类似于普通家用恒温器的一个简单的反馈系统,但是,无论反馈信息的获得有多快(甚至是实时反馈信息,即所获得的有关正在发生事情的信息),在分析偏差、制订纠正方案及实施这一方案时,都会不可避免地存在着时滞。为克服这一控制中的时滞问题,建议管理人员不仅要依赖反馈,还要采用前馈控制方法。前馈控制需建立过程或系统的模型,监控投入因素,以期找出可能会与标准或计划偏差的地方,以便给管理人员留有采取纠正措施的时间。

许多全面控制方法是财务性的,其中之一是利润和亏损控制。另外一个控制方法是计算和比较投资回报率,其基本原理是,不应该视利润为绝对的衡量标准,而是企业或其中部分投入资本的回报所得。管理审计也是一种控制手段。官僚控制是建立在规则、规章、政策、程序和正式职权基础上的,相比之下,小团体控制则是受道德规范、共享的价值观和预期行为影响的。

如果要使控制可行,那么控制必须要与计划和职位相适应,必须与各个管理人员相适应,必须要与效率和效益相适应。为使控制有效,在设计控制方法时应确保能揭示关键点上的例外情况,确保控制的客观性和灵活性,应能适应组织文化、应能经济适用、应能形成纠正措施。

主要概念回顾

控制	实时信息系统	官僚控制
控制步骤	前馈控制	小团体控制
关键点控制	利润和损失控制	有效控制要求
关键点标准的种类	投资回报率控制	例外原则
对标	管理审计	关键点控制原则
反馈系统		

讨论题

1. 人们常常认为计划与控制是一个系统,也有人常常把控制称之为系统,这两种看法说明了什么?这两种表述都可以成立吗?
2. 为什么说实时信息不足以实施有效的控制?
3. 什么叫前馈控制?为什么它对管理人员有重要作用?除了本章中所列举的库存控制的实例之外,你能否提出有哪些业务领域也可以使用前馈控制?选择其中一个,并解释如何进行控制。
4. 为什么大多数的全面绩效控制往往是财务性的?应该是这样的吗?你还有什么建议吗?

5. "利润和亏损控制是有缺陷的,因为它没有强调投资回报率;但投资回报率也有缺陷,因为它过分强调当前结果而有可能危急未来发展"。请讨论。

6. 如果请你为一家公司制定一个"量体裁衣"的控制系统,你将会怎么办?你还需要了解些什么情况?

7. 在对标过程中,公司用最优的做法与其绩效相比较。你为什么认为那些建有有效系统的公司往往愿意与其他公司分享信息?

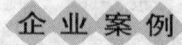

金王公司的高端品牌战略

迈克尔·波特是哈佛大学商学院教授,当今世界上少数最有影响的战略管理专家之一。他认为,"企业不要把竞争看做是争夺第一的竞争,而是通过竞争变得与众不同,更具有独特性。"青岛金王集团可谓是打造独特性的成功范例。

一、发展历程

"三支小蜡烛"赶上一台大彩电,这是青岛金王集团创造的奇迹。金王集团1993年始创于青岛,是一家不断致力于创新前沿,引导世界时尚消费潮流的企业。陈索斌以2万元起家,创建了金王的前身——青岛金王轻工制品有限公司,主营玻璃、蜡烛新材料及制品。短短两年时间,便在深圳、广州、北京、上海、大连、青岛等地开设了100多家连锁店及专柜,并获得了消费者高度的满意与认可。仅仅十几年的时间,依靠自主知识产权和核心技术专利,金王集团在国际市场上成功地打造了"Kingking"烛光产品品牌。金王的销售遍及60多个国家与地区,全球合作客户达到1500余家。在欧美市场,金王的销售量相当于平均在每4个家庭中,就有一家拥有一件Kingking的产品。

陈索斌把蜡烛配套玻璃制品作为主打,在1995年广交会上拿到了第一笔出口美国的定单。之后,他一边用做贴牌赚取的加工费来维持和发展企业,一边用部分利润进行科研,加大产品创新力度,采用金王商标做出口。2003年,金王专利突破了200项,2005年进入全国企业专利申请前10强时,平均每天就有一项专利技术诞生。

2005年,金王与沃尔玛定单超过3000万美元,成为沃尔玛全球最大的蜡烛供应商。

2006年12月15日,金王以亚洲第一家、全球第三家蜡烛行业上市公司的身份在深交所上市,当日开盘价一举冲刺至每股14.61元,比发行价大涨89.9%。

2008年后,金王提出了"产业升级"战略,开拓从上游能源资源到终端市场网络资源的纵向一体化战略,优化产业布局,推进自主创新来提高产品的市场竞争力和企业的国际竞争力,以改善企业经营管理来提高劳动生产率、降低生产成本。

经过多年的国际市场网络拓展,金王已初步在全球建立了两个核心辐射中心,形成市场细分、优势互补、反应快速、品牌拉动的运营模式:一是以美国为中心覆盖北美、南美地区;二是以中国为中心覆盖环亚太地区。

公司根据不同的区域市场特点采取研发中心、境外加工贸易工厂、贸易公司等多种形式,强化美、欧、亚三大主要战略市场,使研发、制造、销售逐步与国际接轨,迈出了国际化发展模式的第一步。

二、"哑铃式"产业价值链战略

20世纪90年代以来,西方跨国公司不断地加大了产业价值链两端环节的比重，缩小了中间生产制造环节的比例，使其产业价值链的形态成为两头大、中间小的"哑铃型"。在西方企业长达10多年的产业价值链转型过程中，中国企业利用自身劳动力成本低、市场潜力大的特点，通过外包方式大量引进和承接了西方的加工、制造技术和加工业务，形成了庞大的生产加工优势，使中国的产业价值链逐渐呈现为两头小、中间大的"橄榄型"（见图1）。①

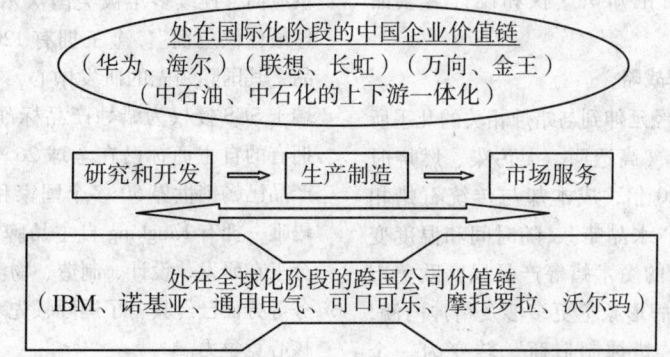

图1　中国企业价值链与跨国公司价值链的比较

这种"橄榄型"的产业价值链在短期内对中国企业是有利的，但长此以往，会削弱企业在产业价值链上游的研发和设计能力，严重影响企业的自主创新能力。事实上，中国企业在全球供应链中，只扮演了利润最少的"组装"角色，处于全球增值链的末端。正如郎咸平在其《产业链阴谋——一场没有硝烟的战争》一书中所指出的，"我们制造业的问题不是我们不勤劳，不是我们不努力，而是一开始就定位在整个产业链结构中最没有价值的那部分。"②

"橄榄型"下游的国际市场是企业利润的重要来源地，在当前金融危机仍在全球蔓延、美元不断贬值、人民币升值压力越来越大、国内生产经营成本不断上升、企业出口壁垒不断增多的情况下，中国企业必须加大"走出去"的力度，更大范围地参与全球市场竞争。在这方面，金王集团不愧为中国中小民营企业的排头兵。

世界蜡烛市场需求潜量很大，蜡烛制品每年销售额为120亿美元，其中欧美等国占75%以上份额。仅蜡烛配套的玻璃烛台，每年的贸易额就高达30亿美元。作为中国最大的蜡烛制造和出口商，金王公司曾经与大多数制造型中小企业一样，在很大程度上受价值链下游国际大型零售商的控制。

陈索斌说，"对大型零售商供货很难控制利润，比如对沃尔玛供货要以实际销售额付款，如果产品没有销售掉，即便放在沃尔玛的仓库里，也是我们的仓库，一旦产品不好销售，对方就会不断压价。"

为了摆脱对下游零售商的依附，金王采取了"哑铃式运营"的战略发展模式，在哑铃的一端是自有品牌、自有设计、自有产权，另一端就是营销渠道。金王规定，对沃尔玛公司的销售额不

---

① 马春光：《我国制造企业产业链转型问题思考》，载于《企业经济》2010年第1期。
② 郎咸平：《产业链阴谋——一场没有硝烟的战争》，东方出版社2008年版。

得超过30%，在和家乐福、宜家等17家全球零售商合作的基础上，还向数百家国际中小型零售商供货，现款现货，没有库存，风险很小。从2006年起，在产业价值链的中间环节，金王逐渐将50%的制造业务以低成本外包给本地和外地的中小企业，重心向产业链上游移动，将主要精力集中在创建自主知识产权和设计著名品牌上。

三、高端品牌战略

金王的品牌已经延伸到与蜡烛相关的几乎所有产品，其果冻蜡（高透明、无污染、燃烧时间是普通蜡烛的20倍，成本却与传统石蜡相同）、晶莹剔透的"水晶蜡"、随时间和温度变换各种颜色和气味的魔术蜡等产品风靡欧美市场。这些产品在品牌形象上更多涉及精神内涵，金王逐渐由一个"蜡烛制造商"转变为一个"时尚生活情趣甚至生活艺术的供应商"。在确立品牌地位的基础上，金王建立了国际销售系统，建了6个专业销售部，在国内建立了26家专卖店，在国外设立多家办事处，进而降低了对下游供应链条的依赖程度。金王已在美国、韩国和中国香港地区成立了分支机构，在美国本顿维尔城设立了海外研发设计中心，在韩国釜山的工厂已颇具知名度。金王利用"两个市场、两种资源"，把境外投资项目作为对外窗口和跳板，快速进入国际市场。近年来，面对原材料价格上涨和美国市场反倾销等困难，金王逆势上涨，国际市场销售收入同比不断增长，其高端品牌价值在欧美市场上得到了快速提升。

金王坚信创新是企业持续发展的动力源泉，金王实验室与国际顶级化学实验室展开合作。金王自主研发的新型复合体烛光材料，被确定为国家行业标准。公司实现10年持续盈利高速稳健增长，综合经济实力排居全国同行业前列，被《中国企业家》杂志入选为全国最具有成长性的企业。

目前，金王是日用消费品蜡烛类行业中亚洲第一家、全球第三家上市公司，是亚洲同行业规模最大、综合实力最强的蜡烛制品生产商、集研发、设计、生产、销售于一体的高新技术企业。

金王是沃尔玛、宜家家居及家乐福等26家世界500强企业在日用消费蜡烛类产品最主要的供应商，连续多年被美国沃尔玛集团评为"全球最佳供应商"。金王拥有1200项专利品牌产品，其国际领先的研发中心，被瑞典宜家家居、瑞士SGS授权为蜡烛产品标准检测机构。金王拥有的自主商标已在全球26个国家进行注册，产品已畅销世界50多个国家和地区。是在沃尔玛唯一拥有Kingking自主品牌专柜的中国企业。金王在研发、设计、制造、物流、销售网络、服务等方面已经具备了国际领先水平，具有很强的核心竞争力。

2010年，金王主营业务额为7.997亿元、净利润3758万元，总资产为8.78亿元。金王正在努力打造一个"国际化的金王"，其发展目标是在2008~2013年5年内发展成为全球同行业规模最大、实力最强的国际化企业。[①]

金王集团在产业价值链上成功定位的案例充分说明，企业在产业价值链上进行战略调整和转型，既不是西方企业的"专利"，也不是只有大型企业所为。波特教授的产业价值链理论对现阶段的中国企业尤其是加工、生产、制造企业至关重要。系统地从产业价值链的角度探讨中国制造企业的战略转型，找出中外企业在产业价值链定位上的差距，分析战略转型中的成功经验和失败教训，对现阶段中国企业提高战略管理水平有很强的借鉴和参考价值。

中国制造企业在产业价值链上的优势不能仅仅体现在生产制造环节，从科学发展观的角度看，其战略重心必须向产业价值链的两头拓展，在上游加大自主创新力度、提高研发和设计能力的同时，向下游延伸，向国际市场的纵深和腹地

---

① 《青岛金王应用化学股份有限公司2010年度业绩快报》，2010年2月26日，http://www.ifeng.com。

进军。只有占据和掌控全球产业价值链的两端，才能确保中国企业在世界经济一体化和企业经营全球化的格局中始终保持竞争优势，立于不败之地。

（本案例根据报刊资料整理而成）

◆ 思考题

1. 由"蜡烛制造商"转变为"时尚生活情趣甚至生活艺术的供应商"的意义何在？
2. "哑铃型"和"橄榄型"产业价值链的优劣势是什么？企业从"橄榄型"向"哑铃型"转型应具备哪些必要条件？
3. 金王的经验对中国中小企业探讨在产业价值链上的转型有何借鉴意义？
4. 中国跨国经营企业如何才能在产业价值链下游摆脱国际大型零售商的控制？

19 控制方法和信息技术

[学习目标]

学完本章后，你应该能够：
1. 解释预算编制的性质和预算种类。
2. 介绍零基预算。
3. 讨论非预算控制方法。
4. 解释作为主要计划和控制方法的时间——事项网络分析法。
5. 理解信息技术的性质和应用。
6. 认识到计算机在处理信息中的重要作用。
7. 解释新的信息技术带来的机遇和挑战。
8. 讨论数字经济以及电子商务和移动商务的发展。
9. 理解消费者关系管理。

虽然管理控制的基本性质和目的没有改变，但是，多年以来运用了各种手段和方法以帮助管理人员进行控制。正如本章所探讨的，所有这些方法中首先便是用于计划的各种手段。这说明了一个基本真理，即控制的任务就是要保证计划获得成功，理所当然，在实施计划时，控制必须反映计划，而计划则必须先于控制。

19.1 预算作为一种控制方法

管理控制中广泛运用的手段是预算。的确，有时人们把预算看成是实现控制的手段，但是，许多非预算方法也是必不可少的。

19.1.1 预算概念

> 预算是以数字表示未来某个时期的计划。

预算是以数字表示未来某个时期的计划。据此，预算是以财务术语（如收支预算和资本预算），或者以非财务术语（如直接工时、物资、实际销售量或生产量）来表述预期的结果。例如，有人常把财务预算称为计划的"美元化"过程。

19.1.2 预算的危险性

预算是用来制订计划和进行控制的一种手段，但不幸的是，有些预算控制方案制订得如此全面、细致，以致显得笨重拖沓、毫无意义、劳民伤财。此外，预算控制也可能用的不是地方。

人们有多少次会听到管理人员说这样的话："这个想法不错，但它不在我的预算之内"？预算往往控制了一些不该控制的事情，它衡量了投入却忽略了产出，如产品质量和消费者满意度。这些因素很难衡量，然而它们却可能是企业成功或失败的关键所在。管理人员为了满足预算要求而可能做出不明智的决定，尤其是预算中留有节约预算节余奖。他们可能不在研究和开发方面投资，不把资本投资用于提高生产率上，或不在那些最终会增加市场份额的业务活动上投资，原因是这些投资不会产生即期效果。这里涉及的有些项目应该包括在长期计划之中，而不是年度计划。真正的节约可能来自更有效率的机器、新产品或其他创新性的想法，而不是一味地靠预算。

19.1.3 零基预算

编制预算的另一种方法就是**零基预算**。这种预算方法的设想是，把企业的规划划分为由目标、业务活动以及所需资源等组成的几个"一揽子计划"，然后以零为基数开始计算每个一揽子计划的费用。由于每个一揽子计划都是以零为基数开始的，因此，对每个预算期间的费用都重新计算，这样可以避免预算编制中只注意前期变化的这种普遍倾向。

> **零基预算**是把企业的规划划分为由目标、业务活动以及所需资源等组成的几个一揽子计划，然后以零为基数开始计算每个一揽子计划的费用。

这种预算方法通常适用于所谓辅助性业务活动，而不适用于实际的生产过程，其依据是，在诸如市场营销、研究与发展、人员管理、计划与财务等领域的大多数规划中，对各项费用都拥有一定的自主权。先计算合乎需要的各种计划费用，按它们对企业的效益加以审议，然后按效益的大小进行排列，再选择那些能提供合乎所需效益的一揽子计划。

显而易见，这种预算方法的主要优点在于迫使管理人员重新编制每个一揽子计划。这样做的结果就是管理人员可以全面审查连同新计划及其费用在内的现有的规划及其费用。

19.2 传统的非预算控制方法

尽管有一些传统的控制方法与预算控制相关，甚至运用了预算控制手段，然而许多传统的控制方法与预算无关。其中较为重要的一些方法包括涉及经营诸多方面的统计数据、具体部门的专门报告和分析、经营审计和由企业内部或外部审计人员做出的独立评估报告以及诸如走动式管理类的亲自观察。

19.3 时间—事项网络分析

时间—事项网络分析是又一种计划和控制方法，亦称为计划评审法（PERT）。在计划评审法推出之前，已有其他一些方法用来观察在时间和事项推移过程中，如何把计划的各个部分有效地结合在一起。

19.3.1 甘特图

在这些方法中，首先是亨利·L·甘特（Henry L. Gantt）在20世纪初提出的图表系统法（见图19-1），并以他的名字来命名的这种条状图。尽管这种图的概念看起来很

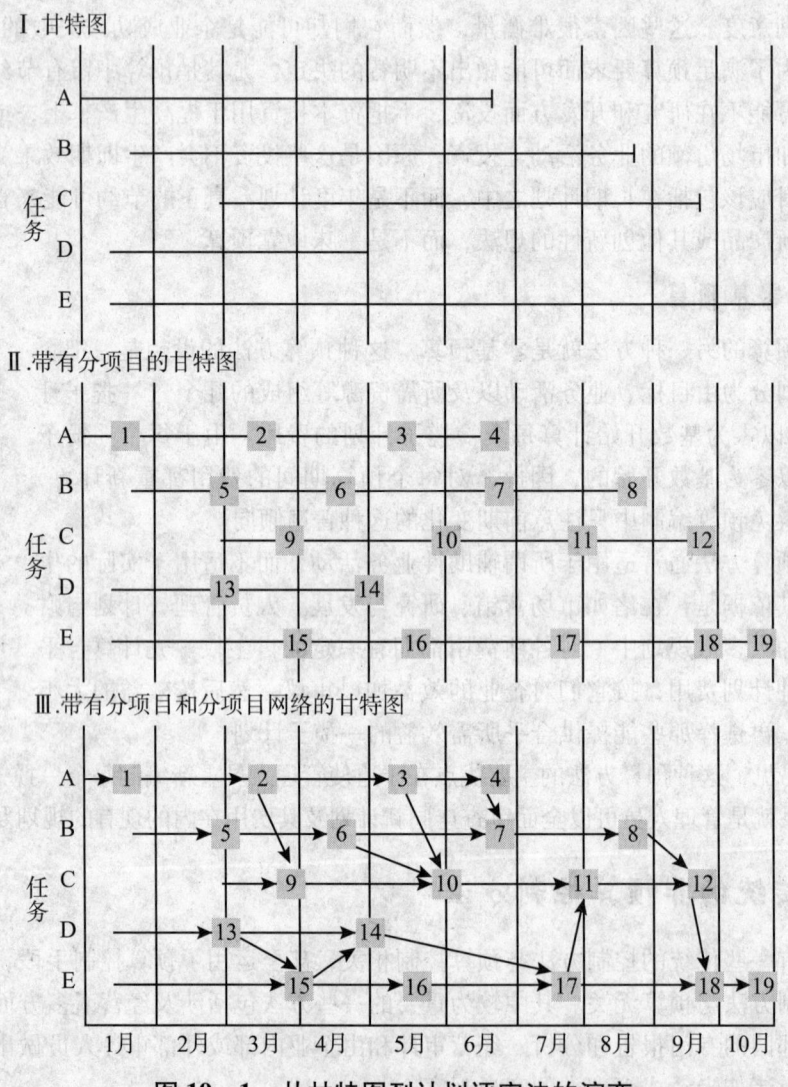

图 19-1　从甘特图到计划评审法的演变

注：第一个甘特图表明完成某项任务（如采购，任务A）已经安排的时间进度和完成其他各项任务（如零部件制造，任务B）相关的时间进度。每项任务又细分为若干分项目，如编制采购明细表（任务A-1），然后再确定每项任务与其他任务的各分项目之间的网络关系，其结果就是计划评审法示意图的一些基本要素。

简单，只是表明了生产计划中各"事项"之间的时间关系，但它被认为是管理中的一次革命。甘特所涉及的是，把总的计划目标看成是人们能够理解和执行的、具有相互关系的一系列的计划或各项事项。这种控制方法最重要的贡献在于，它体现了这样一个既简单又基本的控制原则，即从计划中挑选出那些更具关键性的部分加以密切注视。

> **甘特图**是一种条状图，表明生产计划中各"事项"之间的时间关系。

19.3.2 分项预算编制

随着基于甘特图原则的控制方法进一步的发展，加上人们对计划的网络性质有了更确切的理解，于是"里程标"或"里程碑"预算方法（Milestone Budgeting）和计划评审法脱颖而出，极大地便利了许多项目和经营活动的计划和控制。里程标或里程碑预算方法把一个项目分解为若干个可控制的小环节，然后再认真地加以实施。即使是比较简单的项目也包含着若干支持性分计划或分项目所组织的网络。按照这种控制方法，分项被定义为可以确认的部分，一旦完成了某个既定部分，就能确定成本或其他结果。

19.3.3 计划评审法（PERT）*

美国海军特别项目局所开发的计划评审法技术，在1958年首次正式应用于北极星武器系统的计划和控制工作，有力地促进了整个项目计划的顺利完成。多年来，计划评审法技术一直受到军事部门的青睐，实际上它已成为军火工业和航天工业中各大承包商和分包商所使用的一种必要工具。尽管当今在国防和航天工业合同中不再经常提及计划评审法，但是它的一些基本原理仍是计划和控制中至关重要的手段。此外，在许多非政府的项目活动中，包括建筑、工程技术和机床安装等项目，甚至在诸如为每月发布财务报表所做的活动进度安排等简单事项方面，运用计划评审法或与之有关的网络技术——关键路径法（Critical Path Method），都是有益的。

计划评审法的主要特征

计划评审法是一种时间—事项网络分析系统，其中，要对计划或项目的各种事项加以确定，并附以具体的完成时间。这些事项被放置在一个网络中，清晰地表明每一个事项与其他事项的关系。从某种意义上讲，计划评审法是分项预算编制的一种变型（见图19-1）。

图19-2显示的是一架飞机的主要组装流程。这个实例表明这个计划评审法的一些基本特征，其中每个圆圈代表一个事项，即一个分项计划，并按既定的时间来衡量各分项目完成的情况。这些圆圈按事项发生的顺序

> **计划评审法**是一种时间—事项网络分析系统，其中，要对计划或项目的各种事项加以确定，并附以具体的完成时间。

---

* 杜邦公司的工程师们几乎在同一个时间单独开发了关键路径法，与计划评审法非常相近。本书仅讨论计划评审法，是因为尽管关键路径法有些方面与计划评审法略有差异，但它们采用的基本原理是一样的。

编号,每个箭头则表示一种作业活动,即某一项计划的耗时因素,也是两个分项目之间所必须做出的努力。箭头旁边的数字代表活动时间,系指完成作业所需要的时间。

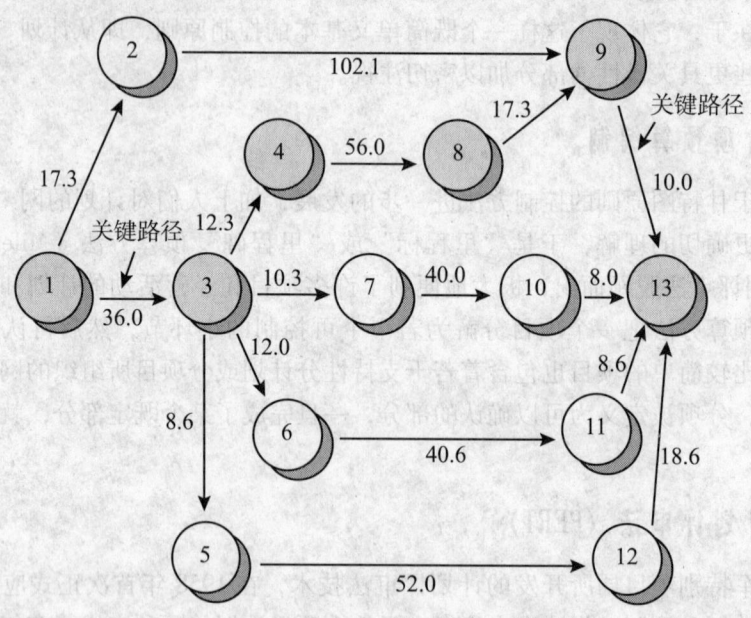

图 19-2 计划评审法流程

注:一架飞机的主要组装流程(以周时数表示)涉及的事项(工作进程主要分项目)包括:(1)采购计划;(2)启动发动机采购计划;(3)完成计划和明细表;(4)完成机身设计;(5)提交政府采购需求量(政府提供的飞机设备);(6)签署机尾组装分包合同;(7)签署机翼分包合同;(8)完成机身制造;(9)完成机身发动机装配;(10)验收分包商加工的机翼;(11)验收分包商组装的机尾;(12)验收政府提供的飞机设备;(13)飞机组装完毕。

在这个实例中,仅举了一个时间,但最初的计划评审法中,计划有三种时间估计值:乐观的时间指在工程进展非常顺利的情况下所需用的时间估计值;最可能的时间指项目工程师确信完成任务所需要的一种时间估计值;悲观的时间是假设合乎情理地会碰到运气不好(并不是重大灾难)的情况下所需的时间估计值。在计划评审法中往往包括这三种时间估计值,因为在工程技术和开发项目中,往往难以精确地估计时间。这些若干不同的时间估计值往往是平均值,通常采用加权的方法,对最有可能性的估计值加以较重的权数,然后使用该估计值进行各种计算。

下一步是计算关键路径,即占用时间最长、没有任何富余时间(或最少)的事项序列。在图 19-2 中,关键路径由 1-3-4-8-9-13 事项所表示。在这一路径上,完成这一事项序列的总作业时间是 131.6 周。如果承诺在 135 周内交货,那么,完成这条关键路径的工作还有

关键路径是占用时间最长、没有任何富余时间(或最少)的事项序列。

3.4周的富余时间。有几条其他路线几乎同这一关键路径一样长。例如，1-2-9-13这条路径是129.4周，这在计划评审法图中是很常见的，即通常按重要程度来确定几条关键路径。虽然在计划的其他部分因主要事项受到延误而会导致关键路径的变化，但是，只要在开始时就能确定这些变化，那么，密切关注这一事项序列可以确保计划按进度完成。

典型的计划评审法分析要涉及成百上千个事项，尽管较小规模的计划评审法分析可以用人工完成，但是据估计，当计划涉及200~300个事项时，如果不使用电子计算机，简直无法进行计算。

计划评审法的优点与缺点

计划评审法有五大优点：第一，它迫使管理人员去做计划，因为如果不编制计划，如果不了解怎样把各项工作有机地结合起来就不可能进行时间—事项网络分析；第二，它迫使管理人员将计划按管理链依次交付下去逐级完成，因为每一个下级管理人员都必须对其所负责的事项做出计划；第三，它把注意力集中于可能需要采取措施的那些关键因素上；第四，它使前馈控制有了可能，因为如果管理人员不能缩短未来一些行动的时间作为弥补手段，则一次延误就要影响后续各个事项乃至整个项目；第五，拥有包括子系统在内的整个网络系统可使管理人员在恰当的时间，针对组织结构中相应的管理层次提出报告，并在适当的地方施加压力，采取行动。

计划评审法也存在某些局限性。由于作业时间的长短对于计划评审法的运用关系重大，所以，如果计划本身模糊不清，并对时间进度做出不切实际的估计，这样的计划评审法是没有用处的。然而，即使在这种情况下，只要在成本预算范围内，仍可采取安排两批或更多的人员完成某个事项的做法，以确保计划的实现。计划评审法的一大缺点是强调时间，而不是成本。尽管这种强调性对于那些时间因素至关重要或时间和成本之间有直接和密切关系的计划是适用的，但是，如果这种方法的分析中引入的不只是时间因素，那它就更为有用了（不过，还有一种考虑成本的被称为计划评审/成本的方法）。

19.4 平衡记分卡

平衡记分卡是一种管理工具，有助于确保公司战略目标与经营活动的一致性。所以，平衡记分卡方法是专门用于制定高层目标的战略规划工具的有益补充。具体来说，平衡记分卡帮助组织形成对其经营活动全方位的看法和确保成功的运营措施，以有利于公司完成其战略目标，获得预期财务绩效。这些措施和看法既有定性的，也有定量的，从企业内部和外部的不同视角来平衡其绩效与战略和管理措施。

战略目标 使公司成为技术领先、产品创新、收益持续上升的公司。

尽管平衡记分卡方法的推出和完善已有20年之久，但是，这个工具主要还是用来指导公司职能部门制定目标和衡量绩效，以期完成公司总体目标。例如，公司要求管理人员就财务绩效、消费者认知度、内部流程，以及组织学习和创新等方面制定运营目标和衡量指标，而这些目标应该与公司总体目标相一致。这里的逻辑关系是，如果运营目标得以完成，公司总体目标是可以实现的。

例如，如果总体目标是使公司成为技术领先、产品创新、收益持续上升的公司，那么，公司可以使用平衡记分卡工具。

平衡记分卡方法将运营管理人员具体、可衡量的目标（如将产品残缺率降低10%）与公司的高层战略目标（如取悦消费者）挂钩。使用平衡记分卡方法的主要目的是给一线管理人员制定可完成的目标，如果目标适当且可完成，那么，公司层面的战略目标是可以实现的。

随着新概念的不断出现，平衡记分卡方法更多地集中用在两个方面，即组织学习和有效的内部流程，做到这些可以提高消费者认知度和财务绩效。这个方法也同样关注战略路径以便于管理人员区分具体的战略目标和与目标相关的可衡量的目标。

自问世以来，旨在提高公司效益的平衡记分卡方法广泛应用于不同类型的组织。政府部门、社区组织、非营利单位以及高科技企业将平衡记分卡的基本精髓用于各个方面。尽管人们对平衡记分卡方法用于战略实施有效性的争论仍在继续，但这个方法至今经受住了时间的考验，成为管理人员用来提高企业绩效的工具。

19.5　信息技术

信息技术的发展大幅度地降低了组织控制的成本。管理的系统模式（见第1章）认为，有必要通过沟通来实施管理的各项职能，并将组织与外部环境有机地联系起来。沟通和管理信息系统（MIS）使组织的管理成为可能。

人们有必要从一开始就分清数据和信息的区别。数据是原始事实，只有成为信息才有用途，即接收者将这些数据经过处理，成为有用的、可以让人理解的信息（见第17章中的沟通模式部分）。这个原则适用于人际沟通，也同样适用于信息技术。

信息技术包括各种技术，涉及各种不同的硬件（如计算机、打印机等）、软件（如操作系统、文字或数据处理软件等）、计算和通信技术（如电信、数据库管理等）。事实上，诸如3G（第三代无线技术）等新技术的发展突飞猛进，极大地扩展和提高了信息技术的能力。甚至在3G尚没有广泛应用之前，人们已经推出了第四代技术（4G）。

信息技术促进了管理信息系统的开发。人们对**管理信息系统**这个词有不同的称谓。本书将其定义为一个旨在支持管理人员履行其职能，以及时、有效益和有效率的方式来收集、集成、比较、分析和传播企业内外部信息的正式系统。管理信息系统必须适合专门用途的需要，包括诸如月度报告这样的日常信息，指出例外情况，特别是在关键点上的例外情况的信息以及预测未来所必需的信息。

> **管理信息系统**是一个旨在支持管理人员履行其职能，以及时、有效益和有效率的方式来收集、集成、比较、分析和传播企业内外部信息的正式系统。

电子设备可以快速而又经济地处理大量数据，带有专门程序的计算机在处理数据时能得出合乎逻辑的结论，并能把数据分类随时供管理人员使用。如前所述，在把数据加工成有用的形式之前，数据还不能称为信息。

19.5.1 基本数据的扩充

随着信息处理技术的改善，人们对管理信息的注意力已集中到解决久为人知的信息本身的局限性问题。多年来，管理人员已经认识到，基于计算利润为目的的传统会计信息，对于控制管理的价值是有限的。尽管如此，许多公司实际上仍是仅仅定期地收集和分析这类数据。管理人员需要有关企业外部环境的各种非会计信息，其中包括社会的、经济的、政治的以及技术开发等方面的信息。除此之外，管理人员还需要企业内部运行状况的非会计信息。这些信息应该既是定性的也是定量的。

尽管信息技术尚未取得长足的进展以满足上述需要，但计算机加上运筹学的应用已促成大量现有管理信息的膨胀。人们可以看到，特别是关于市场营销、竞争、生产与分销、产品成本、技术变革与开发、劳动生产率和实现目标等方面的数据。当《经济学家》杂志的读者被问及何种技术影响经济活动时，他们中的大多数都列出了信息技术。

19.5.2 信息消化不良和商情服务机构

对优质、快捷数据处理的效果有所体验的管理人员，正在关注信息"消化不良"的危险。他们对数据的需求胃口很大，而数据收集者和处理者在以惊人的速度提供资料。管理人员一直在抱怨自己被埋在一大堆打印输出件、报告、展望以及各种预测数据之中，他们对于这些资料或者没有时间去读，或者看不懂，或者这些资料并不适合他们的具体要求。

人们试图解决信息超载问题的方法之一是建立商情服务机构和培养新的职业情报专家。这种服务是由专家提供的，这些专家知道（或寻找）信息管理人员需要哪些信息，知道如何消化和解释这些用于管理用途的信息。有的公司在内部建立了一些称为"管理服务"或"管理分析和服务"部门，以确保信息通俗易懂、颇具实用性。

19.5.3 量化管理

早在管理思想发展的初期，人们就试图将管理量化。被誉为科学管理之父的弗雷德里克·泰勒（Frederick Taylor）致力于提高劳动生产率和效率（见本书第1章）。同样，运营管理注重与产品和服务相关的经营活动（见第20章）。人们使用各种各样的工具量化经营活动和任务。质量大师爱德华·W·戴明（Edwards W. Deming）用统计工具改进质量（见第1章），近年来，人们又推出了专注质量和消费者满意度的六西格玛工具（参见第13章"通用电气杰克·韦尔奇"部分）。近来，人们试图在诸如国际商用机器公司（IBM）这样的大型企业中推出基于"量化"（numerati）概念的员工管理方法，其目的是在大型组织中建立员工数学模型。

下面用诸如IBM一类世界级组织中的基于"量化"概念项目为实例来阐述员工模型。项目可以用数字表述，所需的技能也可以用数字表述。员工可以从世界各地的不同下属机构以中招聘，预算也用数字表述。为了招聘到合适的员工，可以在巨大的数据库中寻找数字化的个人简历，就这个复杂的项目而言，可以参照斯蒂芬·贝克力著的《量化》（The Numerati by Stephen Baker）中阐述的概念，即试图借助于大型数据库来量化人员变量，以期达到利用综合因素提高生产率和效率。这些数据库内存有员工邮箱地址、手机谈话内容、电子日历以及计算机信息等。人们也可以用这些数据形成非正式的社交网络。

19.6 计算机在信息处理中的应用

> 计算机能储存、提取和处理数据，以便使数据成为信息。

计算机能储存、提取和处理数据，以便使数据成为信息。计算机有不同的类型，大型计算机是一种大规模的计算机，能处理大量数据，一台往往价值数百万美元。功能最强的大型计算机为超级计算机，用于工程设计、仿真及大量数据库管理。小型计算机的储存能力有限，比大型计算机容量小，往往同辅助设备一起使用。微型计算机还要小，它可以是台式计算机、家用计算机、个人计算机、便携式计算机，或者是用于企业系统的小型计算机。然而，一些大型组织越来越多地把小型计算机作为独立使用或作为网络系统的组成部分来使用。

不过，随着微型计算机的出现和大量小型计算机用于网络系统之中，各种类型计算机的差别正在逐渐消失。原先必须由大型计算机才能完成的工作，现在完全可以由连接在一起的小型计算机来承担。蒙桑托（Monsanto）食品生物技术公司就是采用网状技术获得这种计算处理功能的。公司不是购买大型计算机，而是将诸多小型计算机连接起来。尽管网状技术最初是由学术机构和政府研究部门开发出来的，现已经广泛地应用于企业之中。应该指出的是，硬件（计算机）的充分使用取决于软件项目的开发。

在许多企业中，计算机用于原料需求量计划、生产资源计划、制造机械的计算机辅助控制、项目成本核算、库存控制以及采购等方面。这里的一些方法将在下一章中讨论。计算机也可以用于辅助设计和工程管理，正因如此，美国航天计划才得以实现。此外，在诸如应收账户和应付账户、工资支付、资本预算和财务计划等财务信息处理中，计算机还有许多用途。计算机辅助的沟通方式不仅影响了决策，而且影响了组织设计。

19.6.1 计算机对不同岗位上管理人员的影响

不同的组织层面的管理人员有不同的信息需要，因此，计算机所产生的影响也各不相同。在基层管理层面上，经营活动通常有很高的程序性和重复性，因而计算机的运用就很普遍，如生产进度安排、每日计划以及作业的控制等，不一而足。

诸如职能部主管或工厂经理这类的中层管理人员，通常负有行政管理和协调之责。如果这类公司建立了全面的信息系统，那么，对中层主管人员有重大关系的信息也可以提供给高层管理人员。正因如此，有些人认为，计算机将会减少中层管理人员的必要性，另有人预测，计算机将扩大和改变中层管理人员的角色。

高层管理人员要对本组织的战略和总体政策负责。他们不仅要决定公司总的发展方向，而且也要对公司同其所处环境之间适当的相互作用负责。显然，首席执行官的任务是不易程序化的。然而，高层管理人员能从数据库中提取信息，以便于决策模型的应用，这样能使公司及时应对外部环境的变化。此外，计算机的运用对高层管理人员工作的影响程度比对低层管理人员工作的影响小得多。

19.6.2 微型计算机的应用和影响

个人用计算机已经越来越得到管理人员的青睐，原因是这种计算机灵活方便又相当便宜，它同一般大型计算机相比能较快地为人们所掌握使用。它的用途包括电子数据表、图表演示、财务分析、编制预算、预测、模拟模型、文字处理、电子邮件、数据库应用和分时。

微型计算机的使用日益增加，其含义是多方面的，包括需要有专门职能人员的支持、对管理人员和非管理人员的培训以及工作的重新确定等。例如，直线部门同参谋部门之间的区分变得越来越模糊了。现在，直线管理人员可以从数据库中轻而易举地获取以往由**参谋人员收集**的信息。另外，那种原先属于高层管理人员授权范围内的信息也能供基层人员使用，由此可能促成权力向组织基层的转移。当然，不是所有的信息都能提供给公司的全体人员，因此，当前许多企业所面临的问题之一就是维护信息安全。

19.6.3 微博推特神奇

微博推特（Twitter）可谓是近年来的一个技术神奇，人们可以凭借这个平台，传送不超过140字的短信息。这是一个免费的社会网络服务，发出短信息的作者往往有许多跟随者，发出的短信息可以是公众的，也可以仅限于朋友之间。打开这个平台的首个问题是："你在做什么？"许多人对此并不做答复。不管怎么说，它启动了链接。

推特于2006年在头脑风暴的基础上推出，之后迅速发展。上推特网的人既有朋友，也有政治家、新闻记者（如美国哥伦比亚广播公司）、抗议者以及仅仅是希望别人了解其观点的人们。参与2008年总统选举的候选人使用了推特，在同一年的孟买袭击案中，现场目睹者用推特发送了诸如医院地址的关键信息。当年美国航空公司的飞机坠落在哈得逊河面上，人们在新闻记者抵达前已经用推特发出了这条信息。在2009年伊朗大选中，抗议者们有效地利用了推特来传递信息。

推特网站从风险资本公司那里筹措到了大量的资金。但是，目前其长期获利前景和商业模式尚不得而知。尽管计算机互联网是今后的发展重点，但是新技术层出不穷，有可能会对推特网站以及其他技术公司的未来构成威胁。

19.7 信息技术带来的机遇和挑战

信息技术给企业带来的挑战之一就是要消除未经批准使用的信息。其他的挑战和机遇包括缓解人们对使用计算机、适应语音识别装置、电信沟通、计算机网络以及应用互联网的抵制。

19.7.1 抵制计算机的运用

尽管中学生使用计算机时感到很自如，但有些管理人员却恐惧计算机。据一项研究报告透露，受这种恐惧影响的管理人员通常是50岁左右的男性，他们大部分时间都在同一家公司工作。有些管理人员不愿意使用计算机，原因是如果他们不能理解新技术，也不具备把数据输入计算机通常所需的打字技能，那么他们自然不想让人看到自己的无能。在美国最大的保健组织罗马帝国永恒公司（Kaiser Permanente），医生拒绝使用新的信息技术，原因是他们必须要输入病人的医疗记录。为了鼓励医生使用这些新技术，公司给医生提供了菜单，以便于在电脑屏幕上填表。医生们尝到甜头后，其抵触情绪也就销声匿迹了。

19.7.2 语音识别装置

语音识别装置是鼓励人们使用计算机的另一种方法，其目的就是按照人们正常说话的方式，而不是通过键盘将数据输入到计算机中去。有些公司正在着手开发这种装置，虽然简单的语音识别已经小范围地使用了一段时间，但是，仅仅通过增强存储功能来加大词汇量是不够的。不妨假设一下区分谐音（英语词汇）所需要的复杂程度，如英文谐音单词"then"与"than"，"to"与"too"和"two"之间的差别。尽管存在这些复杂的问题，有些人仍然认为，人们在这方面已经付出了努力，其结果会带来办公自动化的一场革命。

经过缓慢地起步后,语音识别已经广泛地应用在电话公司的呼叫中心、航空和财务服务公司。这种技术的成本效益性是其得以广泛应用的主要原因之一。计算机越来越便宜,互联网的宽带接入和无线局域网的应用越来越普及。此外,语音识别产生的最大影响可能体现在汽车中,而开发语音识别最大的障碍可能是人们无法就其产业标准达成一致意见,至少在美国是这样的。

19.7.3 电讯沟通

广泛使用计算机并通过电话线路(或无线装置)把个人家中的计算机同公司的计算机主机连接起来,就形成了**电讯沟通**。也就是说,人们在家里利用计算机终端工作,而不必往返上班。这些好处包括安排工作进程有较大的灵活性,可以避免交通阻塞以及减少办公场地的需要。

电讯沟通意指人们在家里利用计算机终端工作,而不必往返上班。

未来学家阿尔文·托夫勒(Alvin Toffler)设想在家里有一间装有计算机终端设备的"电子小屋",但是约翰·奈斯比特(John Naisbitt)在他的《大趋势》(Megatrends)一书中,却对此想法表示怀疑。他指出,电讯沟通的结果是,工作人员将没有机会在办公室跟同事聊天和开展人际交往。那些把工作包给从事电讯沟通人员的公司已受到了指责,因为它们没有提供通常给予办公室工作人员的那些好处。然而,在太平洋贝尔公司(Pacific Bell),自愿参与电讯沟通计划的人员被视为全职员工。除此之外,有些员工每周至少到办公室去一次,查看他们的邮件并和他们的同事联络感情。

随着日益增多的交通阻塞,特别是在大都市,电讯沟通的用途在与日俱增。但是,电讯沟通能否取代当今的办公室,人们正在拭目以待。

19.7.4 计算机网络

广泛使用可独立应用的计算机常常会导致重复劳动。例如,台式计算机不一定能进入大型计算机或微机中的数据库。所以,人们已经开发了连接各个工作站的、连接大型计算机和辅助设备的计算机网络。这种相互连接使几个不同工作站的用户彼此都能相互沟通,也能接入其他计算机中。此外,还可以把工作站同单机用户利用率不足的昂贵硬件相连接。例如,人们可以共享激光打印机或存储数据文件的磁盘备份装置。

计算机网络还有很多用途,例如,电子邮件处理和数据、信息以及知识的收集、传播和交换。尽管计算机联网仍处于初级阶段,但是,新技术的发展将迅速地改变信息处理系统。

19.7.5 计算机互联网

计算机互联网是最大的计算机网络，也是互联网络的网络。

www. aol. com
www. compuserve. com
www. earthlink. net
www. att. com

计算机互联网是最大的计算机网络，实际上它是互联网络的网络，大到美国电报电话公司（AT&T）的大型正式网络，小到任何人都能接入的非正式网络。1969年，美国国防部首先推出了互联网，目的在于连接那些军事研究承包商和承担军事研究工作的大学，而现在，政府、大学、公司以及任何拥有计算机和调制解调器的个人都可以使用互联网。个人用户常常使用在线服务来发送电子邮件，如美国在线公司（America Online）、计算服务公司（CompuServe）、环球链接公司（Earthlink）、神童公司（Prodigy）或美国电报电话公司等在线服务公司，在网上与世界各地的其他人聊天，下载信息（如从在线图书馆或报纸上下载），人们还可以通过互联网获得天气预报或体育比赛结果信息。同时，互联网也是人们进行公司调研和开展商务活动的极好的工具。互联网的另一个用途是在网上的新闻板报栏中就任何专题进行讨论，这些专题的范围包括计算机辅助功能到人们的个人爱好和体育节目。无须赘言，建立网上社区是互联网的目的之一。

互联网由于万维网的问世而得到了极大的发展，万维网是欧洲粒子物理实验室（European Particle Physics Laboratory）开发的。在万维网上表达数据的标准是所谓的超级文本显示语言（Hypertext Markup Language，简称"HTML"），随着伊利诺伊大学（University of Illinois）学生马克·安德森（Marc Andreessen）推出莫扎克浏览器（Mosaic browser），万维网也得到了快速发展。莫扎克浏览器使人们能够运用这个工具，轻松地在世界各地获取信息，如访问公司的网页，了解公司概况以及其产品和服务的信息。莫扎克浏览器可以从网上免费下载。后来，安德森又推出了莫扎克浏览器的商业化产品，即网景公司，由此，当公司于1995年上市时，安德森成了千万富翁。

没有人能知道到底有多少人在使用互联网，1993年，当时估计为2000人，1996年上升到3300万人，到2001年大约在10亿~20亿人，而用户数字还在与日俱增。

互联网正在改造从电信到旅游等许多产业。作为一种开放系统，互联网成本低，很快会渗透到世界任何地方。互联网已经形成了一些与互联网相关的公司，如网景公司（Netscape）、雅虎公司（Yahoo）和信息现金公司（Cybercash），还有许多公司几年之前尚未问世。互联网同时也在改变商业的运作方式和服务的提供方式，例如，人们可以通过点视软件（PointCast software），得到个性化的新闻下载服务，该软件定期地与互联网连接，从点视服务器上收集所需要的信息。

电子沟通也会对语言产生很大的影响。一些信息技术术语已经问世，如网站浏览器（网络搜索器）、新闻共享器（newsgroup）、万维网、网络规则（netiquette）以及互联网。语言连接世界，而互联网上广泛使用的语言是英语。据估计，在计算机存储的信息中，80%是用英语表述的。互联网上到底有多少信息使用英语，人们不得而知，但是，互联网上几乎所有的科技资料是英语。为了个人生涯的进步和在全球化环境中发挥作用，人们至少需要懂一点英语，即使英语不是自己的母语。

互联网还有政治和社会含义。例如，在亚洲，一些政府希望他们的国家在信息技术上走在前面，但是，他们可能会考虑限制那些有争议的、社会或政治上敏感的材料传送到互联网上。

19.7.6 其他类型的网络

除了互联网外，还有其他类型的网络，其中，**内联网**（intranet）是将计算机和互联网技术用于组织或组织内部的相关部门。同样，**外联网**（extranet）是将计算机和互联网技术与组织内部和外部有关部门连接起来。例如，一家采购代理商可能与某些客户相连接，以便于进行销售和购买交易。

19.7.7 计算机群体共享软件

网络有利于管理流程和其他经营活动。网络上的一群人可以通过应用**群体共享软件**在同一时间进行远距离的协作，这一软件使多个用户在其显示器上同时阅读文件，发表评论意见或对文件进行修改。这样，位居世界不同地区的人们可以就同一项任务进行同步协作。

> **群体共享软件**使网络上的一群人同时进行远距离的协作。

19.7.8 免费软件：商业模式的探索

人们对"免费软件"这个词没有取得共识，通常情况下意指没有任何成本的可用软件。但是，有可能使用时附有附加条件，如仅限个人使用，不得用于商业目的。需要注意的是，免费软件与软件不同，后者往往要求用户初步使用一段时间后付费或升级到其他功能。

当今社会中，许多先前涉及成本的信息现在可以免费获取。例如，基于万维网的维基百科（Wikipedia）与贡献者合作，提供免费的网上百科全书。许多网站代替了代理商或公司。网上交易取代了旅行社，会计软件涡轮税网（Turbo Tax）取代了会计师，搜索引擎取代了旅行社。还有其他免费的网站，如在苹果手机（iPhone）或苹果播放触摸器（iPod Touch）上，人们可以免费收听潘德拉音乐频道（Pandora）的音乐，在胡露电影频道（Hulu），人们可以免费看电影，而人们也可以用Skype免费网络电话网站免费打电话。YouTube网络浏览器是个人和组织使用的视频共享网站。例如，在2009年，梵蒂冈教廷（Vatican）尝试新技术，在YouTube网络浏览器建立了自己的网站（http://de.youtobe.com/vatican?h1=en），并提供多种语言服务。由此，这些提供免费接入服务公司的商业模式是什么呢？

传统的模式是这样的：人们首先提出一种想法，然后筹措资金将这个想法推向市场，如果成功，继续融资扩大业务，最后，一家大公司买断这个创业产品或服务。但是，在

2008年全球金融风暴期间，融资很困难，于是一些公司在寻求新的商业模式。很流行的 Facebook 社交网站有很多消费者，但却很难提高广告收入。广为使用的 YouTube 网络浏览器也在苦苦挣扎。人们可能会问，微软在文字和图表软件免费的市场上是如何竞争的。微软建立了一个自己的商业软件网站，免费提供给小型、组建不足 3 年、营业额不超过 100 万美元的新企业使用，目的是希望这些公司成长后购买和使用微软软件。

软件用户从免费软件中获益匪浅，可提供这些服务的公司仍在强撑着寻求获利的商业模式。

19.7.9 信息安全

随着信息技术的大量应用，人们越来越关注信息安全问题。不仅企业，而且个人也易于受计算机闯入或拦截或电子传输的改变。计算机黑客（非法进入计算机系统的人）可能或甚至销毁银行或其他记录。通过混码器（encryption）可以保护计算机免受侵犯，这个方法是用密码打乱信息，使其无法读出来。使用防火墙也可以起到保护作用。防火墙可以是软件（如诺顿个人防火墙2002年版本或区位警报器专业版），或诸如太空路由器（Ethernet router）这样的硬件。人们已经推出了各种不同的防病毒软件，以保护计算机免受病毒侵扰，而这些病毒可能会对计算机和网络造成大面积的损害。除此之外，也要关注组织中与信息系统打交道的人员，他们应该富有责任心，要加强对他们的培训，使其对自己的行为负责，对于破坏安全规定的做法要给予严厉的惩罚。个人和公司都应该保护数据，定期拷贝备份，放置于安全、也许是在他们工作之外的地方。

19.8 数字经济、电子商务和移动商务

美国联邦储备委员会主席艾伦·格林斯潘在世界金融界是最有影响力的人物之一，他在 1999 年时曾经指出："我们称之为信息技术的最新创新举措，已经以 5 年前人们无法预见的方式，在改变我们企业运作和创造价值的做法。"**电子商务**（网上商务交易）正在改变我们的商务方式。

19.8.1 新兴的数字经济

信息技术在很大程度上影响企业和个人生活。计算机的功能在迅速提高，而它的价格却在大幅度地降低。当今销售的福特公司陶拉斯品牌轿车（Taurus），其计算功能远远超过价值高达百万美元、用于阿波罗空间项目（Apollo space program）的大型计算机主机。信息技术不仅在货物的生产和分销，而且在服务方面也提高了生产率，生产率的改善反过来又提高了人们的生活水平。这种新技术的影响是全球性的，促进了竞争和创新。轻而易举地处理大量的研究和开发数据的能力，缩短了新产品的开发周期，加快了新产品推放市场的速度。

互联网产生的主要影响方面是对企业经营方式的改变，企业与供应商和消费者的关系在发生戏剧性的变化。电信和信息技术对美国和平年代最长时间的经济扩张期的贡献是巨大的，美国在信息技术上的投资最终得到了回报。当今，我们拥有了所有以"电子"为前缀的信息手段（e-everything），如电子邮件、电子商务、电子企业、电子现金（智能卡和数字现金的使用）、电子旅游、电子理财、电子贷款、电子图书、电子邮票以及许多电子经营活动。

电子商务的经济收益来源于在线公司成本的降低（与那些拥有商店的、"砖头加水泥"运营模式的公司相比），分销成本的降低以及中介机构的取消。购买者在自己舒适的家中或办公室里就可以进行价格上的比较和进行最好的选择，如此一来，那些成本很高的、"砖头加水泥"运营模式的公司又怎么能与电子商务进行竞争呢？像凯玛特和沃尔玛这样的零售公司也在网上进行交易，成为"点击加水泥"或"点击加砖头"运营模式公司，意味着人们可以通过点击鼠标或亲自光顾它们的零售店进行采购。

互联网有助于以下四种交易（见图19-3）：

（1）企业与消费者（B2C）。从亚马逊公司的网站上订购书籍或其他物品，或从戴尔公司在线服务上订购计算机，是典型的企业对消费者的实例。安全之路杂货店（Safeway grocery store）按顾客网上采购的订单，直接将商品送到顾客的家中。

（2）消费者与企业（C2B）。消费者与企业交易的例子是那些潜在乘客通过价格在线公司的网上服务，竞标优惠机票。

（3）消费者与消费者（C2C）。易趣公司（eBay）拍卖网站提供消费者与消费者的交易，个人可以通过这个平台销售货物。

（4）企业与企业（B2B）。企业与企业交易也许对经济的影响最大，例如，两家最大的轿车制造商通用汽车公司（GM）和福特公司计划，在今后几年内将采购业务全部在网上进行。通用汽车公司宣称，它的网页将是世界上最大的虚拟市场，这对未来的消费者意味着什么？福特和通用两家公司可以根据顾客的订货在数日内交货，就像人们从戴尔公司订购定制的计算机那样容易。很有可能，通用和福特公司将发展成为擅长轿车设计和品牌营销的虚拟公司。

	消费者	企业
消费者	**C2C** 易趣公司（拍卖）	**C2B** 价格在线（你自己定价的旅游报价）
企业	**B2C** 亚马逊（书籍等） 旅游城（旅游）	**B2B** 福特、通用汽车、戴姆勒—克莱斯勒（制造商到供应商）

资料来源：Adapted from "E-Commerce Survey," The Economist, February 26, 2000, Insert p. 11.

图19-3　电子商务矩阵

福特、通用和戴姆勒—克莱斯勒公司组建的新的合资企业考维森特公司（Covisint），与雷诺—日产公司可能会成为供应商与供应商之间进行交易的交换场所。人们在关注这样的问题，即这一切是否会形成垄断做法，导致美国司法部的调查。

www. covisint. com

民航领域引发了另一场战斗，美国最大的五家航空公司（大陆、达美、西北、联合和合众国航空公司）有一个被称为 Orbitz. com 的共同网页。这个网页与传统的旅行社以及诸如微软公司下属的旅游城（Travelocity）和捷便（Expedia）等在线旅行社发生了冲突，后者在试图削减它们的价格。

www. orbitz. com

电子商务 3/4 的业务量发生在美国，而 90% 的商业网页起源于美国。然而，按居民人均互联网网络流通量（Internet hosts per inhabitant），芬兰排名第一，美国排名第二。由《财富》杂志评出的全球最受尊重的公司中，许多处在信息技术领域。这里提及几个人们熟悉的名称：微软、戴尔、思科系统、英特尔、诺基亚以及朗讯。然而，在 2002 年，一些以 ".com" 称谓的公司失去了投资者的青睐。在信息技术产业之外，许多公司采用复杂的技术来获得竞争优势，包括沃尔玛、通用电气和福特。

www. nokia. com
www. lucent. com

19.8.2 移动商务和无线通信

当电子商务正在改变企业经营方式的同时，无线通信和移动商务（mobile commerce）的出现起到了推波助澜的作用。日本和欧洲在这方面走在了前面，然而，欧洲落在了日本的后面，尽管人们预计，欧洲的移动商务和无线通信的应用在今后数年中会激增。诸如南方贝尔、摩托罗拉、高通、爱立信、朗讯、诺基亚、微软等公司正在设法利用无线通信机会，采用无线应用标准（WAP）的设备包括手机和个人数字助理（PDAs），如手掌导航（Palm Pilot）。无线应用方式包括商务交易、提供财务和旅游信息、社区聊天室或发送电子贺卡。

www. palm. com

电子企业、电子商务以及移动商务给企业提供了大量的机会，管理人员需要关注其发展趋势，并充分利用新技术的优势制定战略。

19.8.3 网络连接机会与问题

为了摆脱经济危机，奥巴马政府计划将刺激经济复苏的部分资金用于宽带网络接入。各种技术都在设法参加竞争，以提供更快的网络连接。不同的技术优劣势不同，以下举例说明。

光纤（Fiber–Optic）网络适合家庭服务项目，如高清晰度的视频和其他服务，其高成本的投入使这种接入方式仅适合城市和郊区。

无线网络（WiFi）常常用于家庭和企业的无线接入服务，也可用于农村地区。

全球微波接入互通技术（WiMax）提供宽带服务，适用于远距离的消费者。因此，这种服务一般用来满足边远地区的接入需要。

数字用户线（DSL）是电话公司用其铜质电话线传输数据的一种技术，速度比光纤接入慢。

混合光纤同轴网（HFC）通常使用同轴电视电缆接入，适合于城市和郊区居民消费者使用。

电力线宽带上网（Broadband over power lines）是另外一种通过电线接入的宽带服务，为家政服务类的公司所青睐。用户只要将调制解调器插入电源插座即可接入，非常简单易行，只是费用比其他几种选择方式略高。

19.8.4 消费者关系管理（CRM）

消费者是组织存在的原因，所以，要想成功，企业必须要关注消费者的需求。消费者关系管理涉及这一需求。公司同时也需要有一套系统，以便降低成本、协调销售、市场营销和服务方面的努力，给消费者带来一种好的体验（如处理怨言等）。正是通过消费者关系管理系统，中央数据库收集了大量的有关顾客方面的信息。

目前尚没有统一的有关消费者关系管理的定义，从宽泛的意义上讲，消费者关系管理意指通过收集、分析和使用信息来促进消费者和公司之间的互动，以便更好地服务顾客。消费者关系管理的提出并非新创，它已经经过了不同更迭阶段。它最初是在1993年由赛博尔系统公司（Siebel Systems Inc.）推出的。诚然，在20世纪90年代，企业在运用消费者关系管理（CRM）方法上有很多失败的范例。在最初阶段，重点强调的是市场营销流程，第二阶段关注顾客关系，第三阶段应用互联网重新评估流程、重新设计系统以及自我服务。只是到了第四阶段，人们更多地关注顾客的具体需求。

拉布教授（Raab）和其同事认为，消费者关系管理（CRM）基于三个支柱，即技术、组织和人员，这些是消费者导向性、消费者满意度、消费者忠诚度和消费者利润率的基础。另外一种研究消费者关系管理流程的方法认为，技术、组织和人员三大支柱的有效利用有利于消费者导向、产品质量、消费者满意度、消费者忠诚度、消费者价值的提升，最终使公司获得成功。

许多组织推行消费者关系管理，例如，万豪酒店集团（Marriott）采用消费者关系管理提升了业务额，管理了"万豪奖励项目"（Marriott Rewards program）以及其宽带系统（Broadsystem）。这套系统拓展了公司的市场营销计划。旅游行业广泛地应用消费者关系管理来改善与消费者的关系。例如，西南航空公司、捷蓝（JetBlue）、最佳西方国际公司（Best Western）、英国航空公司、三角洲航空公司（Delta）、美国航空公司、阿拉斯加航空公司（Alaska Airlines）、沃尔特·迪士尼公司（Walt Disney）、环城旅游公司（Travelocity）和快捷公司（Expedia）等纷纷采用消费者关系管理。

消费者关系管理有人们对它的担忧，同时它本身也有局限性。例如，要建立和维护这套系统需要大量的投资，不仅需要硬件和软件，还要对系统使用人员进行高成本的培训。顾客更关注他们的隐私，担心公司收集的有关他们的信息可能会使用不当。

很显然，消费者关系管理在解决组织与顾客之间问题方面并非灵丹妙药。然而，可以采取一些措施使其成功。首先，进行审慎的计划是必要的。其次，因为系统的安装要求组织变革，人们应做好文化调整的心理准备。在许多情况下，一开始就推出一套昂贵的复杂系统是不明智的。相反，公司应该先推出一个实验性项目，然后不断地加大这个系统。无论如何，为了保持竞争优势或获取竞争优势，公司可以通过消费者关系管理始终保持与顾客的密切关系，而这一点也正是组织成功的根本原因。

本章小结

有许多的工具和方法用来帮助管理人员实施控制。这些方法通常是制订计划的工具，表明控制必须反映计划。有些工具是管理人员长期以来一直在使用的，而另一些则是传统方法的新发展。较为传统的控制方法之一是预算，编制预算是用数字形式编制未来某个时期的计划。预算编制中有许多危险因素，零基预算方法比较精确，它把项目分为几个"一揽子计划"，然后从零开始计算每个计划的成本。在实际工作中，为使预算控制更为有效，管理人员必须切记，预算只是工具，不能用来取代管理。在传统的非预算控制方法中，有统计数据和分析、专门报表与分析、经营审计和亲自观察等。

一种计划编制和控制技术方法是时间—事项网络分析。计划评审法（PERT）是在最初甘特图的基础上改进的，甘特图用条状图标明各个必须完成的事项以及为了整个计划的完成，什么时候做这些事情。计划评审法也是分项预算编制方法的改进方法，分项预算编制是把一个工程项目分解为若干个被称之为"里程碑"的可控制的小部分，把这些"里程碑"连接在一起形成一个网络，并标明完成每一个"里程碑"所需的时间，就是一个计划评审法/时间—事项网络。使用这些事项的序列和所需的时间，人们就可以确定关键路径，即占用时间最长、没有（或最少）富余时间的序列。

管理信息系统（MIS）是以及时、有效和高效率的方法来收集、集成、比较、分析和传播企业内外部信息以支持管理人员工作的正式系统。

计算机（大型计算机、小型计算机和微型计算机）正在得到广泛应用。计算机对不同层次的管理人员的影响不尽相同。信息技术提出了许多挑战，有些管理人员仍旧抵制使用计算机，但是语音识别系统推动了计算机的使用。计算机也为电讯沟通做出了贡献，使人们可以坐在家里，用其与公司大型主机相连接的计算机工作。计算机网络越来越多地将各个工作站、大型计算机和外围设备连接在一起。

互联网革命给企业和个人生活带来了令人振奋的新的机会，改变了企业的运作方式，使企业与供应商和消费者之间的关系发生了巨大的变化。图 19-3 显示了四种电子商务交易方式。目前出现了无线通信和移动商务趋势，尤其是在日本和欧洲。消费者关系管理旨在满足顾客的需要。

主要概念回顾

编制预算	非预算控制手段	计划评审法（PERT），关键路径法
预算种类	甘特图	管理信息系统
预算编制中的问题	分项预算编制	计算机种类
零基预算	信息技术	计算机对管理人员的影响

微型计算机的应用	互联网	移动商务和无线通信
语音识别系统	群体共享软件	消费者关系管理
电讯沟通	信息安全	
计算机网络	电子商务：B2C、C2B、C2C、B2B	

讨 论 题

1. 控制技术似乎同编制计划的技术一样，都具有控制的性质。在什么情况下这种说法是正确的呢？为什么你会希望出现这种说法？
2. 如果你要为高层主管制订一项有关专门控制的报告计划，并做出分析，那么你将如何着手进行？
3. 计划评审法是管理上的一种创新，它利用了一些基本原理和知识，通过设计而达到预期的目的，提供了一种有用的计划和控制方法。请根据这一认识来分析计划评审法。
4. 举例说明信息技术是如何影响你的。
5. 你为什么认为计算机会对不同管理层次的管理人员产生不同的影响？
6. 电子商务会如何影响你未来产品和服务的购买和销售方式？
7. 如果将你的个人信息存放在与你有业务往来公司的消费者管理系统里，你对此有何想法？

小肥羊集团的国际化经营战略①

一、发展历程

1999年8月，在包头市的昆区乌兰道上，一家营业面积不足400平方米、只有30张桌子、50多名员工的小肥羊火锅店正式开业。2008年6月12日，中国领先的全套服务连锁餐厅营运商小肥羊集团有限公司在中国香港联合交易所主板上市，这是首个在香港上市的中国内地餐饮品牌企业，被誉为"中国火锅第一股"。

2000年，小肥羊火锅在上海、北京、深圳开始构建直营和连锁加盟店体系，小肥羊物流配送中心也应运而生。2001年，第一个小肥羊肉品加工基地建立，正式开展特许加盟业务。小肥羊的第一家省级总代理落户河北，并于同年在甘肃、山东、东北三省、青海、新疆等设立了6家省级总代理，小肥羊公司更名为"内蒙古小肥羊餐饮连锁有限公司"。

从1999年创业之初到2005年年底是小肥羊的高速发展阶段。此间，小肥羊在全国快速发展加盟店，鼎盛时期全球加盟店数量达到700多家。在快速扩张的过程中，一度加盟者素质、服务、管理质量参差不齐，严重影响了小肥羊的品牌。例如，一些加盟店不从小肥羊的总部买羊肉和调料品，不接受总部的管理和约束。

2006年6月，英国3i私募基金和普凯投资基金以共同投资者的身份，对小肥羊投资2500万美元。其后，小肥羊加快了对加盟店的清理整顿，将店面数量从700多家减少到了300多家。

---

① http://www.littlesheep.com/company/Overview Introduction.aspx.

2008年6月12日,小肥羊在对公司店面进行规范盘整后在香港成功上市。

2011年5月7日,中国连锁经营协会公布了"2010年中国餐饮百强榜",小肥羊以20亿元销售额和300多家门店规模再次荣登该榜单。2008年至2010年,小肥羊的净利润分别为1.28亿元、1.33亿元、1.55亿元。截至2010年年底,小肥羊在中国境内拥有179家自营餐厅,274家特许经营餐厅。

二、国际连锁经营

2003年11月,小肥羊第一家境外连锁店在美国的洛杉矶开业。2004年12月,公司投资800万港元在中国香港特别行政区注册成立了"小肥羊香港控股有限公司"。2005年3月,小肥羊加拿大分公司成立,内蒙古小肥羊公司占60%股份,加拿大籍华人刘小兵占40%股份,小肥羊迈出了国际连锁经营的实质性步伐。

2006年,小肥羊与广洋国际投资公司、奥卡公司、自然人王芳共同出资在美国旧金山兴办的"内蒙古小肥羊美国公司"成立。之后,小肥羊在美国、日本、澳大利亚等60多个国家和地区申请注册"小肥羊"商标,并在16个国家拿到注册证书,为小肥羊实施国际化经营战略取得了通行证。小肥羊的最终目标是让"全球每一个有华人立足的地方都有小肥羊"。按其战略规划,小肥羊的海外业务将占到集团总业务量的1/3,来自海外利润将大大超过境内。

2009年年底,小肥羊对外宣布,以总价34.5万美元向合作伙伴王芳转让美国小肥羊的69%权益。此前,小肥羊已经相继转让了加拿大和日本的控股公司股权。至此,小肥羊发展的美国、加拿大、日本三大海外市场,均已退出直营方式。

小肥羊在进入中国香港之初便坚持直营店的形式,全资控股。之后进入日本及北美市场,一直采用直营店模式。不过,出于对当地市场不熟悉的考虑,小肥羊在一些地区采取了合资形式,但仍掌握控股权。作为重大的战略调整,截至2010年年初,小肥羊已退出其除港澳外在海外的全部直营业务,海外业务发展改为加盟方式。

三、股权出售

2009年3月25日,小肥羊发布公告表示,百胜餐饮集团将收购小肥羊20%股份,耗资约4.9亿港元。2009年10月,百胜增持小肥羊股权至27.3%。

截至2010年年底,小肥羊在国内市场拥有480家门店,其中包括184家自营店和296家特许经营店。2010年,小肥羊实现净利润1.88亿元。

2011年6月3日,小肥羊餐饮公司发布公告,百胜餐饮集团提出以每股6.5元港元、总价45亿港元收购小肥羊已发行的93.2%股权。收购完成后,小肥羊将从香港联交所退市。

2010年,百胜餐饮集团在中国市场上的营业额为336亿元,约占其全球营业额的1/3。百胜餐饮集团在中国市场上的肯德基和必胜客连锁店总数已经超过4000家。近年来,百胜餐饮集团将海外扩张作为业务重点,计划到2015年,该公司利润中75%将来自国际业务。2011年7月14日,百胜餐饮集团首席执行官大卫·诺瓦克在公司第二季度财务报表中明确表示,公司将收购中国小肥羊,控股小肥羊是其在中国进行业务扩张的重要部分。供应链整合是百胜的强项,短处则是店面综合运营能力。百胜与小肥羊之间在餐饮业务上是互补关系,百胜借助其巨大的品牌影响力和在西式快餐行业的支配地位,会带动火锅市场的拓展,进而产生联动效应。

百胜和小肥羊都是著名餐饮企业,资产和销售规模很大。《中华人民共和国反垄断法》有明确规定,前两家主要合并人,如销售额达到了100亿元人民币,同时每家单独在中国市场营业额超过4亿元人民币,都要受到中国的反垄断和经营者集中审查制约。商务部在审核此次外资收购案时,评判标准是"是否构成垄断",小肥羊所处的餐饮市场,目前仍较分散,而百胜控制的市场规模较可口可乐要小很多，所以收购后难以对市场形成垄断。

2011年11月7日，中国商务部发布公告，批准百胜集团提出的全面收购小肥羊集团的反垄断审批。① 收购成功后，百胜集团将持有小肥羊已发行股本93.2%，小肥羊创办人则持有余下的6.8%。百胜集团将经营和管理小肥羊的所有业务，小肥羊股份将撤销及终止在香港联交所的上市地位。

四、百胜收购小肥羊引发的思考

2010年，中国餐饮行业产值接近两万亿元，连续16年实现两位数高速增长。近两万亿元的产值规模，在国内各个行业中居于前三位。据中国烹饪协会数据显示，全国火锅餐饮网点约有20万家，年营业额高达1400亿元，约占餐饮行业总产值的8%左右。在2010年度百强餐饮企业中，火锅企业经营额占近三成，火锅类企业占了前10强中的4个席位。

然而，目前上市的内地餐饮企业，只有全聚德、湘鄂情、味千拉面、小肥羊、西安饮食（餐饮并非其主营业务）、乡村基等6家，其中3家在国内，3家在海外。要引导近两万亿元产值的中国餐饮企业蓬勃发展，继而走出国门参与国际市场竞争，6家上市公司显然势单力薄，力不从心，而小肥羊如果被百胜集团收购成功继而从香港市场退市，则是祸不单行，雪上加霜。

与国际餐饮业从事特许经营的著名品牌麦当劳和肯德基相比，小肥羊集团开展国际经营业务才刚刚起步。回顾其发展历程不难发现，小肥羊在进入国际市场之初采取的是直营店形式，之后很快退出其除港澳外在海外的全部直营业务，改为加盟方式。这种给当地经营者充分授权的做法，不失为一种"放养"的管理方式，很容易改变小肥羊原有的经营模式，颠覆其长期以往的经营理念、价值观，导致其核心竞争力的缺失，使一个刚刚在国际市场上显露头角的中式餐饮连锁商业模式自生自灭，最终退出历史舞台。麦当劳和肯德基起步于美国，得益于国际市场，在历经几十年严格的品牌管理和高度标准化经营后，最终才在世界各地遍地开花。例如，肯德基于1986年在北京前门开设了其在大陆市场上的第一家品牌餐厅，其后一直采取的是直营店的模式，而其授权国内经营者加盟却是最近几年的事。就小肥羊的商业模式而言，在国际化经营中，在仅有一个本土成长起来的品牌优势的状态下，放手"加盟"，让当地经营者独立经营，这种"本土化"很难控制其"火锅"标准化流程和品质管理，在激烈竞争的国际餐饮市场上难有立足之地，更谈不上增强小肥羊的品牌影响力和提升其国际竞争力了。

在开展国际餐饮业务尤其是特许经营过程中，中国企业必须树立长远的经营理念，必须"强"字当头，"精耕细作"，"长期"而为。绝不能浮躁心态作祟，急功近利，追求短期效益。企业只有做强，才能最终做大。像小肥羊这样在中国本土成长起来的餐饮连锁企业，要想成功进入并立足于欧美等发达国家市场，必须应对繁杂的法律法规等约束和巨大的跨文化管理方面的挑战。首先，海外市场尤其是欧美市场饮食文化与中华饮食文化和习俗有相当大的差异，在消费者口味、偏好和食材等诸多方面大相径庭，而中国企业对这方面缺乏深度了解。其次，跨文化管理人才是中国餐饮企业开拓海外市场的关键成功因素，而从国内外派经营和管理人员，不仅成本高，更因不熟悉当地文化和语言障碍等问题增加了管理的难度。如何在短期内培养出一大批高层次的国际化经营人才，是中国"走出去"企业面临的一大难题，更是开展国际餐饮连锁经营企业的"短板"，小肥羊在美国和加拿大市场退出直营、改为加盟的做法只不过是这些问题的一个缩影。

麦当劳和肯德基等著名国际餐饮连锁经营企

---

① http://www.mofcom.gov.cn.

业的成功经验,为中国餐饮企业、尤其是"走出去"的餐饮企业树立不可多得的范本和示范效应。在当前国际金融危机继续蔓延、欧美市场需求低迷、全球实体经济萎靡不振的态势下,中国企业如何重视非股权经营模式,尤其是探索中国餐饮企业运用特许经营模式开拓国际市场、加大"走出去"力度,借以扩大中国饮食文化、乃至中国传统文化和价值观念的影响力,是一个十分重要和迫切的研究课题,不仅有现实意义,更具长远的战略意义。

(本案例根据报刊资料整理而成)

◆ 思考题

1. 小肥羊集团推行其国际化经营战略的优劣势是什么?
2. 小肥羊集团的战略目标是让"全球每一个有华人立足的地方都有小肥羊"。你如何评价这个目标?
3. 你如何评价小肥羊退出美国、加拿大、日本三大海外市场的做法?公司退出直营从而给当地经营者以充分的授权,会使小肥羊火锅更快地实现"本地化"吗?
4. 百胜餐饮集团收购小肥羊的战略意图是什么?对中国餐饮连锁经营企业有何影响?

20 生产率、经营管理和全面质量管理

[学习目标]

学完本章后，你应该能够：
1. 确定生产率问题的性质，并提出提高效益和效率的方法。
2. 把生产和运作管理作为管理计划和控制工作的一个应用案例来描述。
3. 理解运作管理系统。
4. 讨论提高生产率的工具和方法。
5. 认识质量的重要性、各种改进质量方法的性质以及精细制造。
6. 尽管供应链管理和价值链管理这两个词有时混用，但请加以区别。

从实际意义上说，本书的全部篇幅都在讨论提高生产率的问题。但是，本章对这个重要的问题给予特别的关注，重点放在生产和经营管理的微观方面。*

20.1 生产率问题及其衡量

毫无疑问，生产率是21世纪中管理人员所关心的主要问题之一。对生产率的关注是世界性的，甚至因改善生产率而著称的日本，今天也在关注着如何在世界市场保持其竞争力的问题。

20.1.1 生产率问题

生产率意味着衡量，而衡量又是控制过程中关键性的一步。虽然人们普遍赞同需要提高生产率，但对造成生产率问题的根本原因和如何提高生产率意见却大相径庭，把对生产率问题的责难归咎于各种因素。一些人从整个劳动力结构的角度，认为不熟练工所占比例太大；另一些人则不同意这一看法。有些人认为，造成生产率问题的主要过错是

---

* 本书其他章节讨论了另外一些生产和经营管理的专题。例如，第6章涉及了各种决策问题，第11章阐述了工作设计问题，第19章探讨了管理信息系统和各种控制方法。

削减研究经费和强调短期效应;另一个原因是人们越来越富裕,而进取心在递减。还有人把生产率困境归于家庭结构的破裂、工人的工作态度以及政府政策法规上的原因。人们越来越多地把注意力转向管理,认为这是造成生产率低下的原因,也是解决生产率问题的方法,这也是本书所关注的问题。

20.1.2 脑力劳动者生产率的衡量

> **生产率**是一定时间内,确保质量前提下的投入—产出的比率。

正如本书第1章中对生产率下的定义,**生产率**是一定时间内,确保质量前提下的投入—产出的比率。这个定义可以应用于组织机构、管理人员、职能人员和其他工人的生产率上。衡量熟练工作相对容易,但衡量脑力工作却比较困难。这两种工作的主要区别在于有关知识和技能的运用,由此,可以把生产线上的人员看做是熟练工人,而以计划工作为自己主要职能的经理助理,则是脑力劳动者。管理人员、工程师、程序员都是脑力劳动者,因为他们大量的工作并不像砌砖工、机械工、屠夫那样需要技能。但是,工作名称并不是区别熟练和脑力工作的唯一准则。加油站的业主也许要安排日常任务进度、决定优先次序、指挥下属,但业主也可能要给驾车者更换刹车片、调换汽化器或调整汽车前轮动平衡。

很显然,脑力劳动者的生产率通常要比熟练工人的生产率更难以衡量(另请注意:衡量工人生产率往往忽视资本成本,因而有些水分)。衡量脑力劳动者生产率的难点之一是,有些产出实际上是一些有助于实现最终结果的活动。因此,工程师是为最终产品的形成间接地做出了贡献。另一个难点是,脑力劳动者经常帮助企业组织的其他部门。广告部管理人员所做的努力应该改善销售,但是很难确定什么才是恰如其分的贡献。还有一个问题就是脑力劳动者产出的质量通常是难以衡量的。例如,一种战略决策的效果可能在若干年中并不显著,甚至新战略导向的成败可能取决于超出管理人员控制范围以外的许多外部因素。

那么,通过良好的管理实践来提高生产率这一贯穿本书的观点是不言而喻的。不过,本章的讨论将集中在生产和经营管理这一具体领域,原因是衡量工作较容易进行,且已成为以往提高生产率计划的焦点。

20.2 生产和经营管理:制造和服务

在任何一个企事业单位中,不论是工商企业,还是政府部门,或是其他组织,主要业务领域之一就是生产和经营管理。也正是在这个领域,经营作为一门基于科学的艺术问世了。综观管理学的先驱弗雷德里克·泰勒、亨利·甘特、弗兰克·吉尔布里斯(这里仅提到很少的几位)等的贡献,人们就会注意到,他们所关心的主要是提高生产率和最有效地制造产品,尽管他们认识到(正如他们所做的那样)人力要素的重要性,即企业投入中不可或缺的要素。

过去，**生产管理**这个词是指制造产品所必须从事的那些活动。然而，近几年来，生产管理的范围已经普遍扩大，包括诸如采购、仓储、运输以及能够提供给买方产品而进行的从采购原材料到各项活动的其他业务经营。另外，**经营管理**一词是指那些与提供服务和有形产品相关的活动。

当然，一家典型的企业还从事一些其他基本活动。这些企业的职能通常包括研究与发展、工程设计、营销和销售、会计和财务工作。本章仅涉及被称为经营管理或生产管理，或通常所说的生产与经营管理这一专题。应该指出，这一专题与运筹管理理论并不是一回事，后者是以理论或科学作为基础对实务（经营）所做的一种研究。

> **生产管理**意指制造产品所必须从事的那些活动。
> **经营管理**意指那些与提供服务和有形产品相关的活动。

服务性组织不提供有形产出，但提供服务作为产出。例如，学生入学时知识、技能和学习态度有一定的局限性，但通过上课、案例分析、参加课堂练习以及参与其他活动，拓宽了知识面，掌握了技能，形成了以得到学历证书为产出的毕业生。其他提供服务的单位和个人包括医院、医生、顾问、航空公司、餐馆、音乐家以及大量的零售店。

20.3 信息时代的质量衡量

在过去，质量概念仅限于产品，如轿车、电冰箱等。随着服务公司日益增加，质量概念必须同样要应用于这些企业，这就意味着要对诸如期望值、经验和情绪等指标进行衡量。例如，那些在餐馆或迪士尼乐园过山车前排队等候的消费者是怎么想的？或者那些在电话里等待帮助的人们是怎么想的？

信息时代对质量又赋予了新的内容。软件包装质量不仅包括可靠性，而且包括技术支持服务、兼容性以及软件升级性，其信息基础结构的联系性不仅涉及公司，而且涉及软件供应商和用户。例如，沃尔玛公司通过供应链管理提升了竞争优势。在新信息时代，关注信息基础结构的质量对于公司的成功至关重要。

20.4 经营管理系统

必须把经营管理看做是一个系统。在这个经营管理模型中，投入包括顾客的需要、信息、技术、管理和人工、固定资产以及同转换过程有关的可变资产。管理人员和员工利用信息和物质要素提供产出，其中有些物质要素，如土地、厂房、建筑物、机器和仓库，相对来说是永久的；其他物质要素，如原材料和供应品则消耗于产出的生产过程中。转换过程包括计划、经营和控制系统，涉及许多方法和技术。这个模型体现出对系统改善持久性的关注。产出包括产品和服务，甚至包括咨询机构所提供的信息。

许多诸如安全法规或公平劳动力惯例等外部因素都会影响经营活动。本书的其他章节已对外部环境问题进行了阐述（尤其是第 2 章和第 2 篇），这里就不再论述了。重要的是，经营管理必须是同其他环境因素互相作用的开放系统。

20.4.1 经营系统的规划

一个企业的目标、前提和战略（第 2 篇已讨论过）决定了企业寻找和选择何种产品和服务作为其产出方式。在讨论这个问题时，人们注重的是物质产品的生产，但这些概念对提供服务而言也是适用的。一旦选好最终产品，那么就可以确定产品的规格以及考虑产品生产技术的可行性。经营系统的设计需要决定有关设施的地点、采用的流程、产品的数量和质量。

产品决策中的特殊利益

企业的基本决策之一，是选择其所要生产和销售的一种或几种产品，这就要求企业收集产品的设计构思，以满足顾客的需要并有助于实现同公司战略相一致的企业目标。在产品决策中，必须考虑到职能部门管理人员的各种利益。例如，生产部门管理人员可能希望生产一种简单易行、成本合理并有较长生产周期的产品。工程师可能分享上述目的中的许多方面，但是他们往往追求工程设计的精密度，而不注重怎样能以合理的成本去生产产品。销售或营销部门管理人员的利益很可能在于满足顾客的需要，因而他们的目的是以迅即供货的能力和以有竞争力的价格来增加产品销售量。此外，销售部门的管理人员可能会提供宽泛的产品系列而不必考虑工程设计、生产、运输和仓储成本等涉及的问题。财务部门管理人员所关注的可能是成本和利润、高投资报酬率和低财务风险。这些各司其职的管理人员和专业人员利益的多样性，会影响产品的生产和营销，因而，总经理必须把各种利益融合在一起，并在收入与成本、利润与风险、长期增长与短期增长之间取得平衡。

产品和生产设计

产品的设计和生产要求一系列的经营活动，常常涉及以下几个步骤：

（1）通过研究顾客的需要和审定各种备选方案，提出产品的构思。

（2）基于各种思路，包括市场数据和经济分析，进行总体的可行性研究。

（3）通过评价各种备选方案，考虑到产品的可靠性、质量及维修要求，拟订一个初步设计方案。

（4）在开发、测试以及模拟运行过程以确定是否可行的基础上做出最终决策。

（5）就企业现有的设施是否够用、是否需要新的或改造现有的设施做出决定。

（6）选择产品的生产流程、考虑技术和方法的可行性。

（7）产品设计后，着手准备拟使用设备的布局、计划生产系统和安排各种任务的时间进度表。

系统设计

产品的生产可以考虑几种基本的生产布局。第一种布局方案是按产品的生产和装配次序布局。例如，可以对一条卡车装配流水线进行这样的安排：把预先装配好的前后轴放到底盘上，然后再安装导向系统、引擎、传动等装置；在卡车进行路面试车之前，把刹车系统和电缆线接通，并将其他部件安装、油漆完毕。

第二种布局方案是根据所使用的流程来设计生产系统。例如，医院很可能遵循特定的程序来安排工作，即从病人接诊、治疗（通常包括特定的分步骤）、付费到出院。出院后可能还要对病人进行愈后跟踪治疗。

第三种布局方案是将产品停留在某一装配地点（有时也称固定位置布局）。这种布局方法用于装配一些特大型的、粗重的物件，如印刷机、大型露天采矿机或船只。

第四种布局方案是根据工程的性质来安排布局。建造一座桥梁或一条隧道通常以一次性工程和设计来适应特殊地理条件的需要。

第五种布局是按有利于产品销售来安排工作流程。在超级市场里，诸如日用品之类及食品通常被排列在远离付款台的地方，这就需要顾客走过长长的通道，以此来希望他们在途中挑选其他一些日用品。

第六种布局方法是设计一种有利于产品仓储和运输的流程。仓储场地费用较大，而有效的和高效率的设计则可以降低仓储成本。此外，为了找到某个物件也无须搬动其他许多物件。

20.4.2 经营系统的运作

选好产品并设计和建立起生产系统之后，下一步就是运行这个系统。这需要建立组织结构、配备人员上岗及培训员工，需要一些能够进行监督和领导的管理人员，以确保为所需产品或服务而必须进行的经营活动。其他诸如采购、维持库存等活动在系统的运行中也是需要的，其目的是在一段时间内适当地考虑质量问题，以便取得最佳的生产比率。

20.4.3 强调信息系统的经营控制

像任何一种管理控制那样，控制经营活动也需要确定绩效标准，并以此来衡量绩效，对那些不理想的偏差采取矫正措施。这样，人们能控制生产、产品质量和可靠性程度、库存水平及劳动力的工作绩效。人们已开发出了一些方法和技术来进行控制，因为这些方法比经营和生产具有更广泛的应用性，前面一些章节中已经对此讨论过了。但是，有些方法对经营活动来说也很重要，这里侧重探讨一下经营控制中的信息系统的作用。

信息系统已使用了若干年，它在几乎是同步基础上集成信息，因而大大地减少了通常妨碍有效控制的延误。随着计算机硬件和软件的发展，现在已经完全有可能在事件发生的同时记录下任何可衡量的数据。这些系统可用来快速而系统地收集对总体经营活动有影响的数据，使其随时可供使用，并在任何时候都能及时汇报大型项目的进展情况。因而，这些系统主要是用来提供有效地计划和控制的信息系统。

很显然，这些系统和其他运用快速计算技术的系统，只有在所有生产领域中的计划更为精确、控制也更为有效的前提条件下才能起作用。这些系统的不利之处不是成本，而是管理人员不能花费时间和精力把系统及其相互关系概念化，或了解一下组织机构中其他人是怎样做的。无论如何，正如第18章中所指出的，在任何反馈系统中，就解决延误问题而言，提供快速信息本身并非是真正意义上的实时控制，只有前馈控制方法可以克服这类延误。

20.5 提高生产率的工具和方法

有许多提高制造和服务经营水平的工具和方法，包括库存计划和控制、适时库存系统、外包、运筹学、价值工程、工作简单化、质量小组、全面质量管理、精细制造、计算机辅助设计以及计算机辅助制造。

20.5.1 库存计划和控制

在运筹学的历史上，人们对库存控制的关注远远超过对其他任何经营领域的关注。人们可以把基本系统的相互关系看做是一个小"黑匣子"，如图20-1所述。

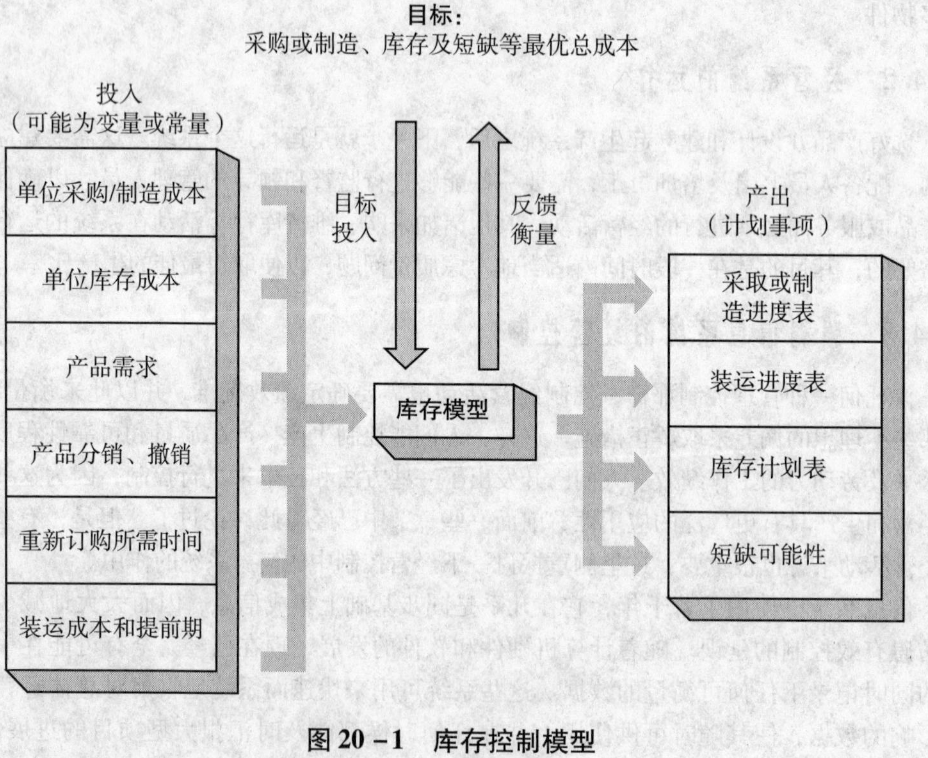

图 20-1 库存控制模型

把这些概念性关系用数学公式表示，则如下所示：

$$Q_e = \sqrt{\frac{2DS}{H}}$$

式中：Q_e 为经济订购批量（EOQ）；

D 为年需求量；

S 为生产准备费用；

H 为每年每件产品的库存（仓储）费用。

图 20-1 中的模型表明了若干要点。它促使人们考虑期望目标和需要注入到产出和投入因素之价值，它也给管理人员提供了制订计划的基础以及衡量绩效的标准。尽管这一模型具有这些优点，但它只是个子系统，不能融合诸如生产计划、分销计划和销售计划等其他子系统。

企业使用**经济订购批量**（EOQ）方法来确定库存水平已有多年了。在全年（如不存在季度变化）需求可预测且相当稳定的情况下，这种方法在确定订购批量时很有成效。但是，在确定某些生产流程中所需零部件和物料的库存水平时，这种方法就很难奏效了。例如，劣质零部件可能会增加这类生产投入的需求量。因此，需求量容易是断断续续的，造成时而库存不足，时而库存积压。那些按此种制造布局确定库存水平的企业发现，诸如物料需求计划（MRP）和"看板"（just-in-time，适时）系统等方法比经济订购批量方法效果更好。

20.5.2 适时库存系统

适时库存系统是指供应商只是在需要和适时装配时才把零部件准时发送到生产企业的生产线。导致日本制造业生产率高的一个原因是运用适时库存方法来降低成本。在这个系统内，供应商只是在需要和适时装配时才把零部件准时发送到生产企业的生产线。这种方法或其他非常相似的方法也称为**零库存**和**无库存**生产。

> **适时库存系统**是指供应商只是在需要和适时装配时才把零部件准时发送到生产企业的生产线。

为使适时库存方法有效，必须要做到：首先，部件必须是高质量的，任何次品都会终止整个装配线的运行；其次，必须与供应商保持可靠的关系和密切合作；最后，理想上供应商应设在公司附近，并有可靠的运输保障。

20.5.3 外包

近年来美国和欧洲出现了**外包**趋势，意指将生产和经营承包给那些在某些领域具有专长的外部单位，其目的可能是出于节约人事支出、降低成本、减少人员或将员工调配到其他更为重要的岗位。由此，外包成为公司扩张和维护其竞争地位的重要工具。外包使企业能够专注于核心能力，让外部公司做他们最擅长的业务。例如，大型运动鞋供应商耐克公司将其制鞋生产业务全部外包，只将最复杂的耐克空气系统（Nike Air system）的

> **外包**意指将生产和经营承包给那些在某些领域具有专长的外部单位。
>
> www.nike.com

生产保留在自己的内部。除此之外，耐克公司还将其广告业务外包，专注于自己最擅长的业务，耐克公司取得了超乎寻常的高增长率。

其他外包理由包括在全球范围内寻求最好的货源，公司和其上游供应商共同分担风险，给关键成功因素配置资本，将难以管理的职能外包或外包那些缺乏实施某些任务能力的部门。

外包还可以作为战略武器，例如，通用汽车公司大约2/3的零部件由自己生产，相比之下，克莱斯勒公司自己生产的零部件只有1/3。这给克莱斯勒公司带来了竞争优势，因为通用汽车公司内部生产中劳动力的成本远远高于供应商的成本。柯达公司发现，将其1万辆汽车的日常运营车队外包比自己运作更为有效，同样，宝洁公司也从其车队外包中获益，降低了成本，提高了销售队伍的生产率。另外一个可以外包的职能方面是物业管理，例如，约翰逊控制公司（Johnson Controls）专门提供厂房的运营和维修服务；费城（Philadelphia）的长老会医疗中心（Presbyterian Medical Center）推出了一站式的、集各种管理任务为一身的集成服务，包括食品服务、安全、环境服务、中心处理、运输、维修以及工程服务等。甚至连苹果计算机公司（Apple Computer）也将其系统、网络工程以及通信和问讯服务业务外包给了一家加拿大公司。英国的沃尔沃斯百货公司（Woolworths department store）将其零售商信息系统的一部分外包出去，使其降低了成本，提高了技能。

有人建议，在决定外包之前应该进行企业实务流程再造研究。* 这种分析结果可能会表明，哪些业务最好留在企业内部，哪些应该承包出去。

外包的不利之处

在许多公司热衷于外包的同时，一些公司在重新审视他们的战略。生产自动柜员机的美国 NCR 公司注意到，越是复杂的机器越是需要消费者直接参与设计过程，对外国生产的产品哪怕是在设计上稍做变动都会延误交货期。而不幸的是，NCR 公司不得不在全球各地跑来跑去做这样的调整。所以，公司将一些机器放在美国生产。同时，公司没有从根本上放弃外包，目前仍然在中国、匈牙利、印度生产自动柜员机。设在拉美、亚洲和欧洲一些地区的生产厂仍在运营中。

20.5.4 运筹学

运筹学是运用科学的方法，对某个问题情景中的备选方案进行研究，并着眼于在定量基础上得出最佳解决方案。

就运筹学而言，几乎有多少这个专题的作者，便有多少个运筹学的定义。这里为了便于讨论，最能接受的定义是，**运筹学**是运用科学的方法，对某个问题情景中的备选方案进行研究，并着眼于在定量基础上得出最佳解决方案。由此，着重点在于科学方法、定量数据的运用、目标以及实现目标的最佳方法的确定。换言之，运筹学还可以称为"定量化常识"。

---

* 见本书第7章有关流程再造方面的讨论。

20.5.5 价值工程

运用**价值工程**能够改进产品，降低成本。它包括分析产品或服务的经营活动，估算每道工序的价值以及在保持每个步骤或部件低成本的基础上，力图提高经营效率。为此，提出以下几个步骤：

(1) 把产品分为部件和工序。
(2) 确定每个部件和每道工序的成本。
(3) 确定每个部件对最终成品所做贡献的相对价值。
(4) 找出解决那些高成本低价值工序的新方法。

> **价值工程**是一个过程，包括分析产品或服务的经营活动，估算每道工序的价值以及在保持每个步骤或部件低成本的基础上，力图提高经营效率。

20.5.6 工作简单化

运用**工作简单化**也能够改善工作方法，是通过简化工人作业方式争取他们参与的过程。让工人参加培训项目，给他们讲授一些诸如时间和动作研究、作业流程分析和工作环境布局之类的技术性概念和原理。

> **工作简单化**是通过简化工人作业方式争取他们参与的过程。

20.5.7 质量控制小组

质量控制小组或简称质量小组（QC），是指一组来自相同组织部门的人员，定期会面解决其工作中遇到的问题。小组成员在解决问题、运用统计质量控制方法和在群体工作的过程中得到培训。通常每个小组有一个辅导员，每个小组一般有6~12个人，每月碰头开会4小时。尽管质量控制小组成员也许会得到认可，但他们一般不收取现金报酬。

> **质量控制小组**是指一组来自相同组织部门的人员，定期会面解决其工作中遇到的问题。

质量控制小组是由建议项目演化而来的，通过这两种方式，工人参与解决与工作相关的问题。建议项目中的问题通常十分具体，但是，质量控制小组处理的问题往往更为复杂，需要几个小组成员共同参与。小组成员主要由普通工人组成，有时也包括一些领班。那些所谓的效率专家往往被排除在小组之外。

令人感兴趣的是，质量控制的理念源于美国，而日本人似乎将质量控制运用到极致。近年来，美国企业已"重新发现"质量的重要性，如克莱斯勒和福特汽车公司都在其广告中强调了质量。无论如何，美国和其他国家的公司也能采用质量控制小组的形式，这一点是不容置疑的，因为这些公司正面临着世界市场范围内要求高质量产品的竞争环境。

20.5.8 全面质量管理

提高质量的一个流行方法被称为**全面质量管理**（以下简称"TQM"），然而这个称谓有多种含义。一般而言，TQM涉及整个组织系统内长期对持续质量改善的承诺，各个层次所有员工的积极参与以及满足并超出客户的期望值。这种由最高管理层驱动的理念被看做是一种组织生活的方式。从某种意义上讲，TQM本身就是有效的管理。

全面质量管理涉及整个组织系统内长期对持续质量改善的承诺，各个层次所有员工的积极参与以及满足并超出客户的期望值。

尽管所采取的具体方案不同，但通常都要求对客户的需求进行分析，对这些需求目前能够满足的程度进行评估并制订计划以填补现状与期望之间的差距。要使提高质量的方法奏效，常常需要与供应商加强合作。此外，要使TQM方法起作用，高层管理人员一定要参与其中。他们必须提供愿景，强化注重质量的价值观念，设定质量目标并为实施质量计划配置资源。很显然，TQM需要信息纵向、横向和斜向的自由流动。

人员的培训和培养对开发技能以及学习如何使用诸如统计质量控制方法等工具和方法是非常重要的。改进质量的不懈努力需要一个被称之为学习型组织的环境（见第13章）。任何提高质量的努力不仅需要从上到下各级管理人员和非管理员工的支持，还需要他们的参与。应当赋予人们发起并进行各种变革的权力。在现代的、交叉连锁的组织机构中，团队工作常常是组织有效而又高效率地运行的一个必要的前提条件。

提高质量的各项活动需要通过不断采集的数据、评估、反馈和改进方案而得以连续地监督执行。TQM不是一时的努力，相反，是需要得到人们认可、强化并奖励的一种长期而又持续的努力。

TQM的有效实施会使客户增强满意度，次品率下降，减少浪费，提高总体生产率水平，降低成本，提高利润率，并营造出一个高度注重质量的环境。

对质量的关注不应仅局限于工商企业。提高质量的原则也适用于政府机构。威斯康星州麦迪逊市的市长向人们表明了质量方案是如何在市政府中得以实施的。该市最初是在汽车设备部门进行尝试，初始成功之后，在全市范围内实施正式的质量方案。令人感到吃惊的是，对质量方案采取抵制的不是工会也不是市议会，而是那些中层官僚，他们认为部门间障碍的消除和更多的团队合作削弱了他们手中的权力。

质量管理引起了全球的关注，所以，第3章关于全球化管理中，就有关质量大师所做贡献、马尔科姆·鲍德里奇国家质量奖（the Malcolm Baldrige National Quality Award）、ISO9000质量标准认证以及全面质量管理欧洲模式等专题进行了讨论。

20.5.9 精细制造

麻省理工学院的一项研究就美国、日本和欧洲汽车制造商进行了比较，结果发现，日本通过使用较少的员工、更短的产品开发周期、低库存量、较少的供应商、较少的生产空间以及少量投资而生产更多的车型获得了竞争优势。相比之下，日本公司的交货期比美国和欧洲公司的更短，因而生产力更高。

http://www.pw.utc.com

应该指出的是，自从进行这项研究以来，美国和欧洲汽车制造商大量地引用精细生产理念，大大地提高了生产力。精细思维甚至传播到非汽车生产公司，例如，美国零售商沃尔玛公司安装了适时交货系统，将供应商与其自身的计算机化订货系统相连接,这样一来,供应商就可以预测其产品的需求。美国普拉特·惠特尼宇航公司(Pratt & Whitney)重新规划了工作流程,结果降低了70%的库存水平,单位成本减少了20%。

20.5.10 计算机辅助技术

近年来,产品的设计和生产发生巨大的变化,这主要是由于计算机技术的应用。计算机辅助设计(CAD)和计算机辅助制造(CAM)是未来工厂基石中的重要组成部分。

计算机辅助设计和计算机辅助制造,有助于工程师在设计产品时能够比传统的纸加笔的操作方法更快些,其重要性在与日俱增,原因是产品生命周期越来越短。快速占领市场在竞争激烈的环境中至关重要,此外,企业能更迅速地针对特殊要求客户的需要做出反馈。许多公司的最终目标是计算机集成生产。

20.6 供应链和价值链管理

供应链管理和价值链管理这两个词有时混用,但是,《产业周刊》(Industry Week)指出,**供应链管理**关注原材料采购的次序和在制造过程中采用更经济的方法进行装配,而**价值链管理**则包含更广的含义,涉及分析过程中的每一个步骤(从原材料的采购到服务于终端客户)、以最低的成本给它们提供最大的价值。所以有人建议,供应链管理更侧重在企业内部流程,强调诸如材料等资源的有效流通,而价值链管理在目的性上与前者相似,更关注诸如消费者等外部环境。

迈克尔·波特教授推广了**价值链流程模型**,包括诸如投入物流、经营、产出物流、营销和销售以及服务在内的主要业务活动。这个流程得到了企业基础设施、人力资源管理、技术和采购方面的支持。波特的模型表明,价值链分析比供应链管理有着更宽泛的导向性。

价值链管理的目的是通过制造商将涉及供应商到消费者之间的业务活动形成无缝隙链接,借以达到和超出制造商的预期。这个流程要求,所有的计划、组织、人员、领导和控制管理职能以密切合作的方式,高效率地得到有效的实施。除此之外,整个流程要得到技术上的支持,第19章关于信息技术的有关内容讨论了如何进行技术支持这一专题。价值链管理可能要求对使用流程再造理念的组织流程进行全面的分析,这一点已经在第7章进行了探讨。

> **供应链管理**关注原材料采购的次序和在制造过程中采用更经济的方法进行装配。
>
> **价值链管理**涉及分析过程中的每一个步骤(从原材料的采购到服务于终端客户)、以最低的成本给它们提供最大的价值。
>
> **价值链流程模型**包括诸如投入物流、经营、产出物流、营销和销售以及服务在内的主要业务活动。这个流程得到了企业基础设施、人力资源管理、技术和采购方面的支持。

20.7 价值链与管理职能的整合

价值链阐述了管理人员是如何在价值链的每一个环节，运用有效的计划、组织、领导、人员和控制系统管理方法提高公司效益的。系统方法的有效实施降低了投入成本，减少了浪费，提高了品牌价值和定价能力，产生了更好的消费者体验，并最终带来了更高的销售额和利润。

管理的系统方式（全力以赴地关注包括计划、组织、领导、人员和控制这些关键的管理职能）可以提高公司价值链各个环节的效率和效益，有助于整个组织的成功。

正如我们在本书中指出的，管理是一种重要的人类活动。我们阐述的系统管理方法，是将关键的管理活动集成在计划、组织、领导、人员和控制管理职能平台上，这些职能对任何组织都是至关重要的。当然，关键管理活动的应用以及每个职能所花费的时间是因每个组织水平和企业性质而异的，即利润导向还是非营利。管理是基于基础科学的一门艺术，所有管理人员的目的是相同的，即产生盈余。这样的结果不仅有利于人民，有利于组织，而且也同样有利于国家和社会。

本章小结

生产率是管理人员关心的一个重要问题。生产率意味着衡量，是控制过程中的一个重要步骤。总的来说，衡量技术工人的生产率比衡量诸如管理人员等脑力劳动者的生产率要容易一些。然而，管理的生产率非常重要，特别是对那些处在竞争环境下的组织就更是如此。

生产管理是指那些制造产品所必需的活动，也包括采购、仓储、运输和其他活动。经营管理的意义与此类似，是指那些生产并提供服务和物质产品所必需的活动。信息时代的质量衡量，要求包括诸如信息基础设施和软件供应商服务等因素，而不仅仅是可靠性。

经营管理系统模式包括投入、转化过程、产出和反馈系统。确定生产产品或提供服务要求考虑消费者的需求、组织目标以及企业职能管理人员的各种利益。计划和设计产品以及生产产品涉及诸多活动，公司可以从六种满足不同生产或经营需要的生产布局中做出选择。为了确保系统的运行，组织、人员和领导管理职能必须要得到有效地实施。控制经营过程要求有一个通常是计算机支持下的信息系统。

有各种工具和方法可以使经营更有成效，包括库存计划和控制、适时库存系统、外包、运筹学、价值工程、工作简单化、质量小组、全面质量管理、精细制造以及各种计算机辅助方法。供应链管理与价值链管理的理念相类似，但是，后者比前者更详尽，强调产品或服务的最终用户。

生产率问题和衡量　　　　　经营管理　　　　　　　经营管理系统
生产管理　　　　　　　　　信息时代的质量　　　　产品和生产设计的步骤

生产布局　　　　工作简单化　　　　供应链管理
库存计划和控制　　质量小组　　　　　价值链管理
适时库存管理　　　全面质量管理　　　价值链流程模型
外包　　　　　　　精细制造　　　　　价值链管理和管理职能
运筹学　　　　　　计算机辅助设计
价值工程　　　　　计算机辅助制造

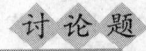

1. 你是如何衡量管理人员和其他脑力劳动者的生产率的？请详细说明。
2. 为什么生产和经营管理领域很适合作为计划和控制方法的案例？为什么你认为管理学界先驱们愿意用这个领域来分析和提高生产率？
3. 区分通常用于生产和经营管理中的计划和控制与应用于所有管理领域中的计划和控制。为什么会有这些差别？
4. 说明在制定生产和经营管理规划中通常涉及的每一步骤的性质和原因。
5. 在生产规划的设计中有许多典型的布局方法。哪种布局方法一般是用于汽车制造？为什么？
6. 在生产领域中可以广泛地利用实时信息，但是它不能解决控制问题，为什么？
7. 运筹学研究中有哪些方法已广泛用于生产和经营管理？这些方法有何共同之处？如果有，应该是什么呢？
8. 在你看来，为什么日本大规模地使用质量控制小组？

谷歌并购摩托罗拉给中国企业的启示

2011年8月15日，谷歌公司和摩托罗拉移动公司同时宣布，谷歌将以每股40.00美元现金收购摩托罗拉移动，总额约125亿美元，相比摩托罗拉移动股份的收盘价溢价了63%，双方董事会均已全票通过该交易，标志着谷歌完成了对摩托罗拉的并购之举。①

人们普遍认为，这是一次"双赢"的并购。摩托罗拉情愿被谷歌收购，是为了企业的长远利益和全局利益，为企业提供更多创新机会，扩大移动设备和家用设备的市场。并购行为完成后，摩托罗拉移动作为独立业务运营单位，继续为消费者提供服务。对谷歌来说，并购摩托罗拉是被誉为"最有效的决策者"的新任首席执行官拉里·佩奇又一个大手笔的战略举措，其目的是为了获取安卓（Android）系统的专利，以此达到进一步扩大谷歌在全球影响力的目的。通过将软件与硬件集成和借助摩托罗拉的机顶盒专长，谷歌公司才能与苹果公司等竞争对手更好地抗衡。

摩托罗拉是全球顶级通信设备公司，在全球

---

① http://tech.163.com/special/googlemoto/.

的知名度和影响力可谓家喻户晓，人人皆知。一个经营了83年的通信业领军企业为何被一个后起之秀收购？这起2011年全球最大的并购案给人们留下了更多的疑问和思索。

2003年9月19日，摩托罗拉公司前任董事长兼首席执行官克里斯托夫·高尔文宣布退休，结束了他执掌其祖父于75年前建立的摩托罗拉公司6年半的任期。高尔文的离开，标志着摩托罗拉从创始人保罗·高尔文开始的家族统治的终结，人们期待着摩托罗拉一场重大战略调整和管理变革的到来。然而，长期根深蒂固的家族传统和故步自封企业文化，已使摩托罗拉失去了敏锐的商业洞察力和创新能力。高尔文的退休并没有给摩托罗拉带来新的转机，占摩托罗拉总营业额40%的手机部门利润连年下滑。惨淡经营8年后，摩托罗拉不得不出售其移动业务事业部。①

步入21世纪10年后的今天，人类已经进入速度经济时代。这个时代最重要的特征是速度成为生产力。速度生产力导致了通信设备巨头摩托罗拉的倒下，同时也催生了苹果公司的崛起。与速度生产力紧密相关的行业驱动力要素，一旦被企业家通过创新机制引入业务经营领域，会导致市场的客户价值发生翻天覆地的变化。典型范例莫过于苹果模式下的手机，在人们的心目中，苹果手机已不再是简单的通信工具，而是移动互联网时代"个人移动应用平台"。

苹果的创新模式是一个新时代的样板。从iPhone一代到iPhone四代，苹果公司的股价和市值一直节节攀升。2011年7月13日，谷歌公司向市场推出了新版"蜂巢"安卓3.2版，三星、HTC等企业多款4.0寸、1.5G赫兹双核处理器的高端新版手机也大量投放市场，苹果公司面临挑战，其iPhone 4手机在性能上落后于部分安卓高端机。在iPhone4S推送到市场之前，人们普遍认为其创意不足，苹果公司一路盘升的市场繁荣景象难以为继。然而，出乎人们的预料，苹果iPhone4S在一周内售出了400万台，销售额达10亿美元之多。显而易见，苹果iPhone4S的价值已经不再是手机本身的价值，消费者购买的是苹果的"创新价值"。在消费者的心目中，苹果iPhone4S是集音乐、网络和通信工具为一身的个人移动平台，是人们在音频、视频和网络等不同行业界限日益模糊态势下，一种新的生活方式的体验和个性化感受。不断引领消费者生活体验和发展趋势的创新能力，决定了企业的未来，拉开了与竞争对手的距离，成为行业融合的催化剂和行业新生态条件下新标准的制定者。

摩托罗拉被谷歌公司并购，值得中国企业反思。近年来，中国企业在不断加大行业内以及跨国并购的步伐，但通过并购使企业获得更好、更快发展的成功案例并不多。一些企业的并购仅仅是为了扩大规模，为了做"大"，而不是做"强"；为了增"量"，而不是变"质"；为了短期利益，而不是长远竞争力。并购是为了让企业获得更好的发展条件和更大的发展空间。谷歌公司对摩托罗拉的并购，不仅使企业规模更大，市场占有率更高，并且有助于企业的未来发展，以实现其长远的战略愿景和战略目标。中国企业在实施并购过程中，应当借鉴西方跨国公司的经验，从全球化竞争的视角，结合行业融合和相互渗透的发展趋势，运用创新的价值观和思维方式，通过并购提高和增强自身的核心竞争力。

（本案例根据报刊资料整理而成）

---

① http://power.motorola.com.cn/.

◆ 思考题

1. 摩托罗拉被谷歌公司并购的根本原因是什么？
2. 你如何评价苹果 iPhone 系列产品？其创新之处体现在哪里？
3. 要能够引领消费者的生活体验，企业应该如何进行创新？
4. 谷歌公司并购摩托罗拉案例对中国企业有何借鉴意义？

Heinz Weihrich, Mark V. Cannice, Harold Koontz

Management: A Global and Entrepreneurial Perspective, thirteenth edition

ISBN: 978-0-07-070072-7

Copyright© 2010, by Tata McGraw-Hill Education Private Limited.

All Rights reserved. No part of this publication may be reproduced or transmitted in any form or by any means, electronic or mechanical, including without limitation photocopying, recording, taping, or any database, information or retrieval system, without the prior written permission of the publisher.

This authorized Chinese adaptation is Jointly published by McGraw-Hill Education (Asia) and Economic Science Press. This edition is authorized for sale in the People's Republic of China only, excluding Hong Kong, Macao SAR and Taiwan.

Copyright© 2012 by McGraw-Hill Education (Asia), a division of the Singapore Branch of The McGraw-Hill Companies, Inc. and Economic Science Press.

版权所有。未经出版人事先书面许可，对本出版物的任何部分不得以任何方式或途径复制或传播，包括但不限于复印、录制、录音，或通过任何数据库、信息或可检索的系统。

本授权中文简体字改编版由麦格劳-希尔（亚洲）教育出版公司和经济科学出版社合作出版。此版本经授权仅限在中华人民共和国境内（不包括香港特别行政区、澳门特别行政区和台湾地区）销售。

版权© 2012 由麦格劳-希尔（亚洲）教育出版公司与经济科学出版社所有。

本书封面贴有McGraw-Hill公司防伪标签，无标签者不得销售。

北京市版权局著作权合同登记号：01-2012-2923

教师反馈表

McGraw-Hill Education,麦格劳—希尔教育出版公司,美国著名图书出版与教育服务机构,以出版经典、高质量的理工科、经济管理、计算机、生命科学以及人文社科类高校教材享誉全球,更以网络化、数字化的丰富的教学辅助资源深受高校教师的欢迎。

为了更好地服务中国教育界,提升教学质量,2003 年麦格劳—希尔教师服务中心在京成立。在您确认将本书作为指定教材后,请您填好以下表格并经系主任签字盖章后寄回,麦格劳—希尔教师服务中心将免费向您提供相应教学课件或网络化课程管理资源。如果您需要订购或参阅本书的英文原版,我们也会竭诚为您服务。

书名:	
所需要的教学资料:	
您的姓名:	
系:	
院/校:	
您所讲授的课程名称:	
每学期学生人数:	_____人 _____年级 学时: _____
您目前采用的教材:	作者:_____ 出版社:_____ 书名:_____
您准备何时用此书授课:	
您的联系地址:	
邮政编码:	联系电话(必填)
E-mail:(必填)	
您对本书的建议:	系主任签字 盖章

麦格劳—希尔教育出版公司教师服务中心
北京 – 清华科技园科技大厦 A 座 906 室
北京 100084
电话:010 – 62790299 – 108
传真:010 62790292
教师服务热线:800 – 810 – 1936
教师服务信箱:instructorchina@ mcgraw-hill. com
网址:http://www.mcgraw-hill.com.cn